時代の一面

東郷茂徳 大戦外交の手記

東郷茂徳

中央公論新社

目次

序に代えて　東郷いせ　15

前書き　21

第一部　第一次大戦より第二次大戦まで　23

第一章　奉天在勤時代　24
（第一次世界戦争勃発と日支交渉）

奉天在勤　欧州大戦勃発　北支視察　二十一箇条要求
日支交渉成立後の状勢　巴布察布事件

第二章　瑞西在勤時代　31
（第一次世界戦争中期より独逸帝国崩壊に至るまで）

瑞西赴任　瑞西在勤　瑞西の国情　欧州大戦終熄　共
産主義を研究す　三浦公使の帰朝

第三章　第一次伯林時代　42
（対独媾和前後）

媾和会議　山東問題　大戦直後の独逸　媾和問題に対す

る独逸の意向　共産主義に対する見方　独逸復興の見透し
戦争責任の問題　媾和条約調印　カップ騒乱　日独外交
関係再開とゾルフ大使　欧州視察　米国の第一印象

第四章　第一次東京在勤時代　65
（一九二二年より一九二六年まで）
ロシヤ・サーヴィスに入る　大連会議　ワシントン会議と
米国の対日政策　ゼノア会議　シベリヤ撤兵　後藤ヨッ
フェ会談　芳沢カラハン会談　北京条約と日蘇国交回復
米国在勤を命ぜらる

第五章　華府在勤時代　77
（一九二六年より一九二九年まで）
米国赴任　米国事情の研究　米蘇関係と米国の対日政策
不戦条約問題　禁酒法問題

第六章　満州出張および印度洋渡航　87
満州出張　南満州の事態　北満に於ける蘇支紛争調査
畑司令官との会談　財部全権　帰朝と牧野内府に対する報
告　独逸赴任　英国の帝国主義活動

第七章　第二次伯林在勤時代（付寿府軍縮会議）　97
対独関係の改善　日独関係　高松宮御来遊　ナチ勢力の台頭　満州事変勃発す　一般軍縮会議　列国の不一致と不熱心　一時帰朝す　欧米局長を命ぜらる　軍縮会議閉幕　寿府に於ける満州問題

第八章　欧米局長時代　111
国際聯盟脱退　内田外相に意見書を提出　予の根本思想　東支鉄道譲渡問題　買収に関する交渉　満蘇国境画定問題　外務省機構の改変　五相会議　国際状勢の推移　米国の状勢　海軍軍縮条約問題　一九三四年予備会議　一九三五年倫敦軍縮会議　二・二六事件と広田内閣組閣　北洋漁業交渉　防共協定問題　防共協定の功罪　広田内閣倒壊　第一次近衛内閣成立　駐独大使任命の経緯　対英交渉の準備　乾岔子事件　支那事変勃発　満州視察　伯林赴任

第九章　在独大使時代　168
独逸の状勢　伯林外交団　ヒトラーに御信任状呈示　ヒトラーとナチ首脳部　日本一部のヒトラー心酔　独逸の在

支将校引揚げと満州国承認　リッペントロップ外相就任　独の墺国併合と対独政策　三国同盟問題　ミュンヘン協定　ベルヒテスガルテンにおけるヒトラーとの会見と伯林離任

第十章　在「ソ」聯大使時代　192

北洋漁業問題　在欧大使会同と伊藤公使訪欧　漁業暫行協定成立　モロトフ外務人民委員となる　波蘭に関する英・仏・蘇交渉と独蘇不侵略条約締結　第二次大戦勃発　ノモンハン事件処理　漁業交渉　不侵略条約締結後の独蘇の関係　独軍の優勢　日米関係の悪化　日蘇不侵略条約の構想と通商協定に関する交渉　不侵略条約に関する交渉　日本の政状と三国同盟条約締結　莫斯科離任　近衛首相との会談　松岡外相との会談　独蘇戦争

第二部　太平洋戦争勃発まで　217

第一章　第一次外務大臣就任　218

三国同盟締結後の状勢　支那事変・三国同盟・日米交渉　独蘇戦争の見透し　南部仏印進駐と資産凍結　外務大臣就任に関する東条大将との交渉　東条内閣の性格と入閣の意図　交渉の膳立て　外務省電報の国内配布　外務省電報の盗取

問題

第二章　日米交渉の経過　233

米国の強硬態度　日米交渉の発端　日米諒解案の経緯　近衛兼摂外相の照会　松岡外相の意向　五月十二日日本案　独伊よりの抗議　六月二十一日米国案　六月二十一日オーラル・ステートメント　日本内部の失望と不満　独蘇戦争の勃発　七月二日御前会談決定　七月十五日日本側対案　第三次近衛内閣成立と南部仏印進駐　米国の対日経済圧迫　日本海軍の窮地　米国の仏印中立化案　近衛・ローズヴェルト会見申入れ　ローズヴェルト・チャーチル洋上会談　近衛メッセージと米側四原則　九月六日日本側申入れ　九月六日御前会議決定　九月二十五日日本案と十月二日米側覚書　荻窪会談　第三次近衛内閣の退陣　近衛公と日米交渉

第三章　日米交渉の歴史的背景　280

日米関係の歴史　華府会議以後　日本の大陸発展と日米の抗争　過去の事実を明らかにするの要　戦争に就て

第四章　十一月四日決定に至る経緯　291

連絡会議と政府・統帥部の関係　連絡会議の構成と廟議の運営　十月下旬の状勢判断　連絡会議に臨む腹案　十月下旬以後の連絡会議に於ける全面的再検討　検討事項　甲案　甲案に関する軍部との論争　駐兵期限　甲案に関する駐米大使宛訓令　乙案　乙案に関する軍部との論争　連絡会議の大詰　即戦論を却く　軍部の「ジリ」貧論　戦争全局の見透し　「交渉不成立の場合開戦の決意を為す」ことにつき一夜の猶予を求む　辞職の考慮　連絡会議決定に同意す　十一月四日御前会議　野村大使に対する訓令　米国の傍受電報悪訳　日米交渉と関係国との関係　交渉は最終段階にあったこと

第五章　華府に於ける交渉　330

来栖大使派遣　甲案の交渉　在京米英大使との会談　独逸との関係　十一月中旬の交渉　来栖大使交渉に参加す　乙案の交渉　米国側の対日準備　華府に於ける米、英、蘭、豪、支の折衝並びに両大使の具申

第六章　「ハル・ノート」　346

「ハル・ノート」　「ハル・ノート」発送直前の華盛頓　「ハル・ノート」発送直後の華盛頓　「ハル・ノート」の内容

日本側の落胆と廟議の決着　「ハル・ノート」の本質と終戦後の諸論議　「ハル・ノート」は何故に受諾し得ざりしや　米英側も日本のノート受諾を予期せず　「ハル・ノート」は最後通牒に等し　「ハル・ノート」に痛く落胆し辞職を考慮す　戦うの外なしとの結論に一致す　自衛の範囲　「ハル・ノート」以後の交渉

第七章　開　戦　373
重臣に説明す　十一月三十日連絡会議　十二月一日御前会議　海軍作戦の機密保持　開戦手続に関する海軍との論争　対米通告案の決定　対米通告は宣戦通告に等し　通告手交の方法に関する経緯　通告手交遷延の事情　独伊との関係　泰国との関係　蘭印との関係　英国との関係　十二月八日朝の米英大使引見　米大統領の親電　親電接到後の取扱い　親電は効果なき性質のもの　当夜の印象

第三部　太平洋戦争勃発後　407

第一章　宣戦直後　408
緒戦に於ける国内の戦勝気分　英国の和議申入れ説は無根　連絡会議に於ける戦局検討　俘虜・抑留者問題　我が方の

利益保護および交換船派遣　満州国参戦問題　対独関係
独蘇和平問題　支那問題　東条内閣の国内施策　支那事変解決問題の行悩み　爾余の大東亜地域

第二章　対東亜政策および大東亜省問題　427
東亜政策　大東亜省案の風聞　ミドウェー海戦　大東亜省問題に関する閣議　外務大臣辞職　辞職後の成行き

第三章　一九四二年九月より一九四五年四月までの戦局および考察　435
太平洋戦局の頽勢　船舶問題　独逸の敗色と伊太利の降伏
テヘラン会談　東西戦線の悪化と東条内閣の退陣　終戦の構想　戦局急迫と国内状勢　ヤルタ会談　独逸の無条件降伏　日蘇中立条約廃棄通告

第四章　第二次外相就任とその直後　448
鈴木内閣入閣の経緯　戦争継続の困難　大東亜大使会議
大東亜地域の状勢　独逸の崩壊　最高戦争会議　瑞典公使の斡旋申し出の経緯　対蘇関係と施策の準備

第五章　終戦工作　462

最高戦争指導会議構成員の会合　五月中旬の構成員の話合い　広田・マリク会談　戦況と外交活動　六月八日御前会議決定の経緯　木戸内大臣との会談　五月中旬・申合せ第三項の発動　六月二十日の内奏　六月二十二日の御召し　広田・マリク会談促進の努力　日本の無条件降伏に関する米国側の宣伝　ダレス申し出　戦争継続不可能の意見具申　特派使節問題　戦局の急迫と統帥部への申入れ　阿南陸相との意見交換　スチュアート門下生申し出　特派使節を近衛公に御下命　莫斯科への申入れ　ポツダム会談と我が方申入れ　蘇聯政府の応酬

第六章　ポツダム宣言受諾と終戦直後

ポツダム宣言　宣言に対する判断　宣言の取扱い　宣言黙殺の新聞発表　原子爆弾攻撃　蘇聯の対日参戦　八月九日構成員会議の論争　八月九日閣議　八月九日御前会議第一回の聖断　八月十日日本政府申入れ　蘇聯大使との会見　八月十日重臣の御召し　聯合国回答　八月十二日閣議　八月十三日構成員会議　陸軍内の動揺と阿南陸相　八月十三日の閣議　両総長および軍令部次長と会見　八月十四日御前会議　第二回の聖断　終戦の詔勅発布　阿南陸相の挨拶　一部の騒擾　四国政府に対する申入れ　在

中立国財産文書引渡要求拒否　枢密院本会議と陛下の御放送
鈴木内閣総辞職　停戦　東久邇内閣入閣辞退

解　説　東郷茂彦　527

令和版補遺解説　東郷茂彦　535

時代の一面——東郷茂徳　大戦外交の手記

序に代えて

昭和二十五年七月十八日、私は当時巣鴨拘置所に拘禁中病重く蔵前橋の米陸軍病院に入院加療中の父の面会に参りました。その折、父はなるべく早くこれを読んで意見を聞かせてくれと云って、ノート・ブック二冊と数十枚の用紙に鉛筆でぎっしり書いたものを私に渡しました。ところが未だ充分それを繙く暇もないその五日後、七月二十三日に突然病院からの訃報に接しました。

父は一生を外務省生活に捧げ、殊に今度の戦争の開戦と終戦と双方に外務大臣を務めると云う、恐らく外交官としても最も働き甲斐のある機会に際会しました。父が終始自分の一身を顧みずひたすら国のため国民のためと働いておりました様子は、私も傍からよく見て参りましたが、特に今度の戦争がどうして始まり、またどうして終ったかと云うことについては、これを精しく正確に国民に伝えることが残された自分の義務であると、折に触れ私にも語っておりました。しかし巣鴨に参りましてからは何分にも不自由な環境であり、必要な参考書類とて何一つない事情で思うに委せずするうち、健康の衰頽著しく、恐らくこの分では生きて巣鴨を出ることも望めないとの気持も起ったのでしょうか、亡くなる半歳前、一月の五日から筆を執って三月十四日までの二月余りの間に一気に書き下したのがこの『時代の一面』であります。しかも最後の面会となるとも知らぬ亡くなる五日前に父が私に手渡しましたことを考えると誠にいいようのない感に打たれます。

前にも申したように父はこれを読んで意見を聞かせてくれと申しました通り、この草稿は父としても固より未推敲であるのみならず、幾多の箇所に亙って更に詳細補足する積りでその趣旨を欄外に記しております。この草稿を更に完成するいとまもなく亡くなったことは、父としても一つの心残りであったろうと思いますが、その終生の事業を、自分の寿命のあるうちにと、最後の全精力を注いで書き留めたこの草稿は、なお若干敷衍すべき部分を残しつつも、これをそのまま公にして広く読んで戴くことが故人の希望に沿う所以であると信じております。

なお父の遺して参りましたものの中から長詩一つと和歌若干をここに掲げて、その心境を伝えるよすがと致したいと思います。

昭和二十七年七月

東郷いせ記

長詩

憂きことを　二とせ余り　牢屋にて　過し来りぬ　朝夕に　心を紊す　束縛の　とみに多ければ　内わなる　魂こそは　大鳥の　大空の辺に　羽搏きて　のぼり行くごと勢ひの　たけくあれど　旅人の　高き山根に　故郷を　かへり見するごと　過ぎ行きし　くさ〴〵のこと　且又は　来るべき世の　すがたをも　思ひ浮べつ　春雨の　大地に入りて　諸草を　霑ほすがごと　我胸に　思ひの花を　とり〴〵に　育て上げたり

夜な〳〵に　眠れぬ時し　ありとても　書きしるすべき　鉛筆も　物見るめがねも夕な〳〵に　持ち去られ　我辺になくに　夜の明けて後　そこはかに　しるしたるぞこれ

殊にわれ　稚き時ゆ　東西の　文明のすがた　較べ見て　そが調整の　すべもがと心ひろめつ　これこそは　わが生涯の　業なりと　思ひ来ぬれば　とりわけて　此方面に　つき多く　思ひを馳せぬ

人の子の　育てる時と　所とは　いみじくもまた　運命を　さししめすかな　わが育ちしは　黒潮の　めぐる薩摩潟　朝夕に　煙りたへざる　高千穂に　神代を偲びぬ　秋去れば　遠鳴る海ゆ　台風の　天地を動かし　春来れば　霞棚引く　海門に南国を按ず　風物の　雄々しき中に　大目球　天を敬ひ　人を愛す　てふ世の道を　示したる　大南洲の　遺風こそ　身にはしみたり

天地の　なりにし始め　人類の　起源に付て　くさぐ〳〵の　議論はあるも　とことわに　空に輝く　月や星　いみじくも　花や草木に　さやかなる　進化の跡　誰れとてか　自然の奥に　いと貴き　ものを感ぜぬ　人とてやある

さればこそ　有史以来の　四千年　人類の　進歩のいとど　早くして　絢爛として輝ける　機械文明　飛行機は　火星に迄も　飛びぬべく　原子弾こそ　人類を　地獄に迄も　苦しめむ　科学の進みは　人類の　心の進歩を　上へ走り　世に禍ひを　齎せし　基とはなれるも　いまははや　止むなきやこれ

などか世の　人の運命《さだめ》の　奇しくして　其為す業の　はかなしや　戦に勝てる　為な

らで　戦をなくする　為の公事　なりと声高く　のらせしに　暇もあらせず　第三次世界戦争　不可避とぞ　叫びちらして　御互に　相手の罪を　数へあげ　今度の戦こそ　ボタン一つ　押してたゞちに　始まること　と公言しつ　且つは又　原子爆弾黴きんと　使用禁止の　約束に　かゝはることなく　公然と　使用すべしと　説き立て丶　戦さの瀬戸に　押て来し　ものとぞ見ゆる

これもよし　時の動きと　且つは又　諸大国の　不可避的　状勢と　見るべきなれど裁判の　目あてと呼びし　戦さの廃棄は　これはそも　如何なりたる　又かゝる　動きのさまに　司直者《つかさびと》は　耳を掩ひてか　判決に　いそしみ居るや　たわごとの　さても空しき　業なれや　時に折に不図　われはなど　こゝにありやと　いぶかしみ　世のしれごとを　あざ笑ふ　ことのあればこそ　ああこれ　勝ちし国の　己れらに　都合よかれの　業にして　神の目よりせる　正義のしるし　今はまた　何処にぞありや思へ人々

世の人の　尊敬と信頼を　裏切りて　本務にいそしまず　敵国の　能力《ちから》を無視し　古びたる　日露戦争の　隋性にて　進歩せる　戦術を　考ふる愚かさ　政治上の　欲望のみ　強く働き　民衆を　眩惑するに　巧みなり　戦さに敗けはせずと　公言せし

其無智と無責任は　いみじくも　緒戦に酔ふて　自己の権勢を　固めんと　反抗する者は　府中宮中団結して　排除す　すめらぎも　遂には　軍の云ふ所信じ難し　とさへ仰せらる　かゝる軍部の　空疎な頭　自衛的権勢欲に　国の運命を　托せしことの如何に不幸なりしよ

あな静か死生一如の坂越へて　春の野原に暫したたずむ

鉄窓に磨硝子あり家人の　しのばむ月も見えがてにして

梅雨の日に為すこともなく暮しつつ　思い出すことのさも多いかな

獄庭のヒマラヤ杉の下に生ふる　あぢさいの花に梅雨降りそそぐ

人の世は風に動ける波のごと　其わだつみの底は動かじ

前書き

悠久の宇宙と比較しなくても地球の生命と対比しなくても、ほぼ人類の発生せしと覚しき年代に比べても、一世紀や二世紀の長さは重要視するに及ばぬことは明らかである。しかし現代人より見れば、一世紀は重大の意義があり、殊に第一次世界戦争は人生初めての大動乱期に際会せるのであるから、文明史上から見ても相当の重要性を付与するは当然と云わなくてはなるまい。予はここに予の公的生涯を通ずる期間、即ちあたかも第一次世界戦争勃発の頃より第二次世界戦争終末に渉る間に於て、予が直接見聞せるところ並びに関与した事件に就て率直なる叙述を為さんとするのである。

従って本書の目的は予の自伝に非ず、また自分の行動を弁解せんとするのでもなければ、日本政府のとった政策を弁解せんとするのでもなくして、自分が見た時代の動きを記述するを本旨とし、自己が見聞しかつ活動せるところに就き、主として文明史的考察を行わんとするのである。しかし時代の進みも自分の働いていたところから見ることになるので、章節の分け方はこれに従いたるところがあり、一方自伝的色彩を帯ぶるところが少なくないかもしれない。また時代の推移並びに予の直接関与せる程度よりして、記述の重点が太平洋戦争に存することは当然である。

本来日本の官吏には公文書の写しを所有することは許されなかった。従って回顧録の著述に困難がある。殊に終戦の前後記録を焼失したとのことで、この困難ますます大（市ケ谷裁判にて経験）である。予は巣鴨拘置所内に在って本書を起草するのであるが、ここには参考史料に欠如し、年表の如きものすらなく、開戦および終戦に関する予の手記、東京裁判記録の一部、その他一、二刊行物の外すべて記憶によるほかなき次第であるから、正確なる年代または引用語句を欠くことになるのも致し方なき次第である。

満州事件以来大東亜戦争の勃発までの事件に就ては、近来米国側にても相当の資料が公表された外、東京裁判記録その他自叙伝的書冊が公にせられた。口供書等裁判関係の書類は一般の閲読に適しないのみならず、必ずしも正確と云えないものがあり、また前記自叙伝的のものには自分が見たものだけでも誤謬の箇所が少なくない。自分は由来他人を批評しまたは批難するが如きことを好まないので、一面自己弁解を為さざると共に、他面他人に対する批難を避くるに努むるものであるが、史実を闡明し、以て日本の再建および延いては世運の進展に資するためには、時として忌憚なき叙説批評を為すことがあるかもしれぬが致し方なきことと諒察を願うのである。

昭和二十五年一月　　　著　者

第一部　第一次大戦より第二次大戦まで

第一章　奉天在勤時代（第一次世界戦争勃発と日支交渉）

奉天在勤

大正初頭の奉天即ち今の瀋陽は当時に於ける日本の対外発展の最重要基点であった。自分は明治の末年即ち大正元年に外交官試験に合格し、政務局第一課および通商局第一課に各々数カ月を勤務し、日本の東亜に於ける外交通商関係に概念を得た後、我が外交官生活の初任地として、大正二年九月赴任したのである。

紺碧の空高く横たわり茫々たる高粱《こうりやん》の野涯しなき満州の野は大陸の情趣を満喫せしめて遺憾なかったが、他方北陵清朝の墳墓に中国興廃の跡を見、吉林長春に遊びて日露勢力の角逐を現実に察した。自分の外交官生活中、支那に旅行したことは二、三回もあるが、これに在勤したのはこの奉天在勤のみに止まった。しかし自分の外務省勤務に於ける第一着の任地として、最近の極東外交史が結びつき、当時日本の大陸発展の中心たりし奉天に二カ年余を在勤したことは、自分には意義あるものであった。日本は明治三十七、八年の戦役により、露西亜《ロシヤ》の南下を食い止め、その侵略の歩武を挫いたのであるが、その戦略的重要性と資源の豊富によりて英米また虎視眈々たるものがあり（満州にある凡ての鉄道を中立化せんがため、国際管理に付せんとする提議は素より米国の満州に対する積極政策の片鱗、錦州より愛琿に達する鉄道敷設権を獲得したので、日本は南満鉄道の並行線として支那政府に抗議して遂にこれを排撃した）、満鉄に平行する鉄道敷設の計画を進めたので、日露の妥協を誘致し、両国は二回に渉る協約により各々南満および北満をその勢力範囲とするに至り、同地方に於ける列国の角逐はやや小康を見ていたのであったが、列強勢力がなんらかの原因により均衡を失う時には、忽ちこの地域にも変動を来すべき状勢は明らかであった。

欧州大戦勃発

然るに世界は中欧を震源地とする大地震により動かさるるに至った。一九一四年「サラエヴォ」の事変が世界に伝わった時、当時の奉天総領事落合氏は当初より本事件が遂に全欧の戦争に至るべきを説いた。同氏は小村寿太郎氏の門下であり、露西亜に長年勤務したので、欧州の情勢に精通していたので、独墺対露仏英の武力的衝突となるべきは明らかなりとし、その影響は極東殊に満州に波及すべきであるから、早きに迨《およ》んで日本も準備すべき必要があるとて自分等も一再ならずその警策を受けた。同年八月欧州戦争の勃発に引続き日本の参戦となり、一九一七年北米合衆国またこれに参加し、世界戦争となったのであるが、駈け出しの外交官として奉天に在って耳にしたこの「サラエヴォ」こそ、世界が大変動乱に突入する前触れであったので、今なおその日の激動は記憶に新しきものがある。

北支視察

その後間もなく日本は膠州湾返還に関する最後通牒を独逸《ドイツ》に送り、独逸これを容認せざるため、両国間の戦争となったのであるが、青島の攻略はもともと容易のことであったので詳述する必要はないであろう。しかし自分は同地陥落後直ちに山東に赴き、独逸の施設の跡を審らかにし、併せて山東省の資源につきても一応の研究を遂げた。

当時青島に船越大使館参事官、済南府に林領事および平野守備隊長がいたので便宜を受けた。泰山に於て孔子の遺徳を偲び、黄河を渉ってその歴史的経済的意義を念い、天津に入った当時同地の総領事は後年一方ならぬ縁故を持つに至った松平恒雄氏であって、一夜招宴に預りながら、白河の洪水に対する各国居留地の防衛に関する体験を聴いた。北京は流石に中国固有の文化頗る見るべきものがあり、天壇のみならず清朝の宮殿および万寿山等をも訪ねて、規模の大なるを喜ぶと共に興亡の跡夢の如きものあるを感じた。北京の地たる遠山逶迤《いい》として自然に大都城をなすの趣があって、大帝国の首都たるに適するものがあった。予はこの後に遊んだ維納《ウィーン》および羅馬《ローマ》と共に北京を以て世界の三大城市とするものであるが、これは近代の経済的軍事的観点より選択せるものではない。

この旅行の結果感知したのは、黄河流域を基盤として発展した漢民族およびその後の興亡、および現在の動き（清朝打倒、但し国民主義的なりや否や——Johnson との問答——共産主義化し得るや——中共——）に非常なる興味を感じた。また同時に支那は日本なくとも存立し得るが、日本は支那なくては存立し得ないことの感じであった（一つは日本の生存圏思想、一つは共存共栄思想となるべし）。

二十一箇条要求

奉天に帰任後間もなく発生したのが大正四年日支交渉である。即ち予の北京を訪ねた際、帰朝中であった日置公使は東京に於て加藤外相から訓令を受け、匆卒北京に帰任のうえ袁大総統に対し交渉を開始したのである。然して本交渉は東三省に於ける日本の地位確立を主眼とせる関係上、奉天総領事館は調査、電報の継受等に一方ならざる多忙を見るに至り、大正四年五月遂に支那側に最後通牒を発し、万一の場合に備える第五師団一部兵力の集結、居留民の立退き準備を行いたるため、一時奉天の空気は甚だ緊張せるものがあったが、究極に於て袁世凱が我が要求の大部分を容れたために事なきを得たのである。本交渉は二十一箇条要求として支那側のみならず、その他の多数方面より日本の苛酷なる要求として非難の種子となったのである。交渉の内容および推移に就きては幾多の刊行物があり、かつ事態も全然変ったことであるから、今さらこれに蛇足或いは弁明を加うる必要はないわけであるから、ここに二、三事項を記述するに止めたい。

その第一は二十一箇条にも及ぶ広範囲の要求と云う点にあるが、その大部分は南満鉄道および安奉線遼東半島租借の期間延長による日本の満州に於ける地位の確保と、山東省に於ける独逸利権の幾部継承と云うので、日本よりすれば日露戦争および対独戦争により、満州および山東省を支那の手に取り止めた代償として当然許さるべきと考えたのであって、当時としては無理はない。現在でも大国は安全保障の名のもとに他国に駐兵または根拠地を認めしめ、或いは資源を提供せしめている例が少なくないが、相手国が自国と文化その他を通しての力が余り懸隔なきときには、かかる政策は実行困難になるので、その点は後に論述することがあろう。そのうちの顧問聘用の要求の如きは余り重点を置かれたとは思えない。当時外国人の顧問は支那各省省長たる督軍連より装飾品に類する取扱いを受け、ほとんど実用なき状態にあったので、日本側でも余り多くの期待を顧問に置かなかったのである。また満州に於ける鉱山開発の要求にしても、日本側にては的確なる調査さえなかったのであるから、真実のところ鉱山の各箇に対しては大なる熱意を有すべき根拠はなかった。次に日本が最後通牒による強圧手段に訴えたという非難であるが、自分はこの点に就ては、袁世凱自身強要せられたる形を装いて国民の了解に便ならしめんため、我が日置公使に使嗾するところがあったとは、その後自分は同公使より直接聴取した（本交渉に於ける取扱い方の拙劣が支那側をして乗ぜしむ)。

日支交渉成立後の状勢

とにかく満州に於ては本交渉成立後日支の関係は著しく好転し、我が落合総領事と奉天省上将軍張錫鑾および第七軍長張作霖間、従って将軍公署対総領事館間の融和は甚だ見るべきものがあって、正に和気藹々たるものがあった。自分はその後約一カ年間同地に引続き勤務したのであるが、その間には従って難問題も発生しなかった。その間の事件として、記憶するのは第一には城内日本人一薬房に爆弾を投下せる事件である。当時あたかも落合総領事が怪我したので、自分が奉天省交渉署を相手として交渉に当ったのであるが、数次会見の後妥結の歩武を進めた。第二は日支交渉の結果たる土地承租に関する事件であった。その最も困難なりしは北陵付近榊原農場の問題で、同農場主が関東軍幹部の支持ありと称して横車を押したのである。自分は支那側が裁判事項として提起して来るなら領事裁判主任官として榊原の敗訴にするとまで云って、関係日本人に反省を強要したが、これも自分の離任後遠からずして両者の間に妥結することになった。但しこの承租の問題は、一九三一年満州事変発生の時まで南満各地に発生し、両国間交渉に少なからざる紛糾を惹起せるものである。

巴布察布事件

なお現地に発生せる問題ではないが、ここに特記すべきは、巴布察布事件と称するものである。大正五年三月、東京より外務省政務局勤務森田領事密使として在奉天および哈爾賓《ハルビン》総領事館に来り、本省の意向として、袁世凱は日本政府の意向に反し帝制を宣布せんとするにより在満宗社党の反対を利用し、まず「ハイラル」奥地に在る蒙古の一王族巴布察布が反旗を翻すを助けんとするもので、追っては満州独立まで進展するやもしれない、右は陸海軍外務省間の打合せによるもので、追って某陸軍大佐の一行が乗込むはずであるが、領事館では前記の事情を心得置くに止むべしとのことであった。その後間もなく陸軍将校の一団が来奉し、日夜遊蕩に耽るのを目撃し、他方巴布察布なる者の人柄をも聞知し、益々かかる計画の実現せらるべきもないとの感を強くしたが、自分は在瑞西《スイス》国公使館に転任を命ぜられ、急遽一応帰国すべしとのことで奉天を去ったのであるが、袁世凱が急逝して巴布察布の運動は目的を失することとなり、有耶無耶の間に本事件は終了した由であった(これが満州独立の第一着手、成功すべしとは思えずとの感を以て去る。同時に満州が日露支の間にあり、日露戦役の後を受けて非常に重要地域となれり。但しこれを支那の一部とせず独立せしめんとせば禍根とけず。依てこれを緩衝国とし同時に支那との間に関税同盟、以て永く平和、然らずんば支那も安心せず日本も安心せず)。

第二章　瑞西在勤時代（第一次世界戦争中期より独逸帝国崩壊に至るまで）

瑞西《スイス》赴任前一応帰朝したのであるが、同地日本公使館は、欧州状勢に対する観測所として新たに設置せらるることとなり、三浦公使も急遽出発することになっているから自分にも速かに出発すべしとの命令であった。なお外務省の見透しとして、第一次世界戦争は聯合側の勝利により遠からず終熄するから出発を急ぐべしとのことであったが、参謀本部に就てその見透しを聞くと、戦争の早期終了についてはほぼ同様であったが、勝利はむしろ独逸側にあるのではないかとの見方であったのには一驚を喫した。

瑞西赴任

とにかく西伯利亜《シベリヤ》経由赴任することとし、一九一六年六月東京発浦塩《ウラジオ》に赴き、在同地総領事館に勤務中の坪上君から同地方の状勢を聞いた。東方よりする戦時物資の輸送に同港は賑っていたが、税関等に於ける警戒検閲もなかなかに厳重であった。東支鉄道経由北満を横ぎった後、「チタ」「イルクーツク」「オムスク」等と西進したのであるが、西伯利亜の天地荒茫として行けども涯しなく、週日にして「ウラル」を越えて欧州に入り、更に数日の後「ペトログラード」即ち今の「レニングラード」に到着したわけである。尨大なる領域に莫大なる資源を有する「ロシヤ」が海口を欠くの不満足はあるべきも、何がために大スラブ主義とか満州併呑政策の如きを企てたのか、予には了解し難きの感があった。「ペトログラード」にては本野大使より一夕の招待を受け、聯合側の戦況不振と共に、露西亜《ロシヤ》国内の事情不安なるものあるも、近く羅馬尼《ルーマニヤ》の参戦を見るべきにより、同方面より局面の大転換を見るに至るべしとの話を聴問した。なお同大使よりは、両三日前より発熱中なりし予の健康を心配せられて、一両日の滞留方を勧められたが、微恙意に介せずとて旅程を進めたが、この発熱こそ倫敦《ロンドン》に長期滞在を為すの因となったのである。

中欧、「バルカン」、土耳古《トルコ》いずれも敵国であり通過の方法がないので、「スカンヂナヴイヤ」、英国経由瑞西に入国の経路を採ったのであるが、「ペトログラード」より北上、かかる機会に非ざれば普通旅客の通過することなき「トルネオ」「ハパランダ」に至り、漸く「ストックホルム」を経て「ベルゲン」より英国向け乗船した。時あたかも「キッチナー」元帥遭難の時より一週日を経たる頃であったので、北海に於ける警戒は甚だ厳重であり、乗客は救命救輪の支給を受け、独逸潜水艇の襲撃に備え人心恟々たるものがあった。

しかし自分はこの頃より頻々睡眠を催すものがあって、半ば嗜眠状態の下に北海を渡り、「ニューカッスル」より倫敦に到着したのであるが、同地に着すると同時に甚だしき高熱一時に起り、同地に在りたる辻医学士（後に京都大学病院長となる）の診察により腸「チプス」なること判明し、浦塩にて病原を得たるものなるべく、その後よくも長途の旅行を果したものだとのことで、直ちに入院することとなった。その後両三日人事不省の状況にあったが、同士並びに英国医師の手当により漸く快方に向かった。珍田大使、本多参事官以外同地大使館在勤中の重光、堀内両君に一方ならぬ世話になったのだが、一時は絶望状態であったとはあとから承知したところである。その後予は瑞西に於て、一九一九年の所謂、西班牙《スペイン》風邪に罹り肺炎となり、その後は東京に於ては一度は自動車事故により、幾度かは政治的変動により生命の危険に遭逢したので、今なおよくも生きていたとの感にさえ撃たれることがある。この種事項は余り私事に渉りし感がないではないが、後日予の政治的活動に資した死生一如の信念は、これら事件の間に涵養せられたところが少なくないので、些か付記した次第である。

なお倫敦に於ける約二カ月に渉る病院生活、その後静養のための一カ月半の英国滞在はあたかも戦時中に於ける英国人の不撓不屈の気魄と現実的な考え方とに触れしむることが多かった。当時同国人に接するごとに、「英国の歴史は始め戦争に負けても終りには勝つことを証明している」「戦時でも仕事は平常通りだ」とか、「出征中のものも、留守中のものも、各々その職務に努めているので、お互いに心配し合う必要はない」とかの言に接し、一九一六年秋の戦局あたかも悪化せる際にも拘らず、悠々として自己の任務に従事している状況を見て、これこそ大国民の態度なりとて感心した。自分は後年英国の活動を考察する時は常にこの時の英国人を想起したので、世の中の凡てに光明面と蔭の面がある如く、死の一歩手前まで運んだ病痾の反面には英国研究の基礎があったことに感謝したのであった。

瑞西在勤

英仏海峡はなお独逸潜水艇の出没激甚で、これまた浮環を身につけているようにとの注意があった位であるが、漸く「ルアーブル」に上陸した。在瑞西三浦公使よりの督促が激しいので、巴里には一夜を過しただけで急遽「ベルヌ」に向かった。戦塵酣《たけなわ》なる折柄とて「ルーブル」の如きは閉鎖せられていた。

交戦国を離れて瑞西に入ると、流石に和暢の気欣ぶべきものがあったが、資源に乏しき小国とて同国特産の「バター」「チーズ」にも配給統制を加え、白「パン」は病人と外交官だけが入手し得る状況であった。在「ベルヌ」日本公使館は欧州状勢観測のため、特に新設せられたと云いながら、当初は公使の外に自分と書記生一名しかいない貧弱な人員であり、事務所も公使と自分が止居した「ベルナーホーフ」の狭小なる一室を以てせる状況であった。当時独逸留学中戦争のため引揚げ来りし者、また独逸に留学せんとする予定なりしも、遂にこの国特に「チューリヒ」「バーセル」の大学にて研学せんとする者で相当数の在留民を数え、その他欧州見学の日本官民も、高台のこの地より中欧の形勢を観望せんとするが如き気持で入国する者が多く、これらに対する査証接待も人手少なき折柄には相当の煩労となった。なおまた面倒なのは、聯合側にてこれら入国日本人の目的につき疑惑を挟んだことであった。我が国民は今でもそうであるが、同盟国と云えば国民全体が親類にでもなったが如き呑気な国際観念を有して、当時は協商国側に只管《ただただ》共鳴した旅行者に対し敵国に通ずるものに非ずやとの嫌疑をさえ加えたことがあった。当時内務省あたりより派遣せられた官吏で英国官憲から侮辱的待遇をさえ受けた者もあった。日本人が同盟国と云えば自己の利益を犠牲としても他の便宜を計るものと考え、更にまた同盟条約を締結すればその関係は永年を支配するものと速断する傾向は、その後最近に至るまで各種の方面に残っていたが、我が国民も種々の国際環境を試みた今日では、最早かかる素朴な国際観念を一掃して然るべきであろう。

瑞西の国情

館務の主要なるものは勿論独墺側の形勢を報告するにあって、甚だ繁忙を極めたが、自分が瑞西に入りて感銘したのは同国の民主的政治と自然の風物に外ならなかった。着任挨拶のため、恒例により聯邦政府幹部を訪問する際、大統領が「ベーレン・グラーベン」付近の「アパート」に極めて質素なる居住を構えておるに一驚を喫し、更に同氏と電車内で邂逅せるに驚いたが、一視同仁、四民平等の観念が確乎たる根底を有しておるに対し賞讃の念を禁じ得なかった。また追っては独逸、仏蘭西、伊太利および「フレーミッシュ」の四民族が議会の論議に、政治の実際に、緊密に協力せる状況によりて民族融和の実例に接し、驚異の念に打たれた。これらは自分が後日見聞した米国等の民主政治とも異なる点があるが、いずれも自分が世界に於ける政治の一般的趨勢として考慮する際に一基本的事実になったものである。

同国在任中を通じ、甚だしく感銘せる事項にして、ここに併記するを便とすべきは、同国の永世中立に対する熱意であった。同国が独仏伊の中間に介在する関係上、これら諸国の全部が戦争状態に入る場合、中立関係を維持するの困難なることは当然であり、殊に同国が各種原料を交戦諸国より輸入する必要ある事情は、参戦に誘惑せらるること少なくないものがあった。なお戦局が西部戦線に膠着した際には、瑞西の「ニューシャテル」方面より進撃し得るに於ては、独仏いずれの側も非常の便宜を得るとて、瑞西ではその中立の侵犯せらるるを甚だ虞れた。しかし同国では、当時政府でも民間の各個人でも言明していた通り、独仏いずれからでもまず侵入して来るものを敵とするの主義を闡明して、これを確持するの決心を示した。当時瑞西聯邦政府が一方ならぬ苦心を重ねたことは自分も熟知するが、あの難局に立ちて中立を維持し得たのは政治的利益に迷わさるることなく、まず侵入し来るものを敵とするとの簡明なる方針の下に国民一致の団結が出来たからである。

これ「ウィルヘルム・テル」に現われた如き独立自由の気象が凝結せるもので、一朝一夕の業ではないが、中立維持に関心あるものの採って似て範とすべきところである（第二世界大戦に於ては、前の経験に徴し中立維持に一層細心の注意を払った）。

次に自分の興趣を動かしたのは当然同国の自然であった。入国直後、深碧の「アール」谿河上の「コルンハウス」橋より「ベルナーアルプス」の連峰を眺めた時より、これに魅了せらるるものがあったが、「インターラーケン」「ユングフラウヨッホ」に遊び、その後一九一八年病後の休養時を利用して、「ジュネーブ」湖畔「ゼルマット」「ルチェルン」四森州湖畔より「サンモーリス」、および伊太利国境に到り、雪山氷河の畔、碧空の下、緑樹青草を連ぬるところ、山岳の美正にここに極まるとの感を抱いた。印度洋の夕陽は慈悲の光に世界をつつんで浮世の苦悩を忘れしむるものがあり、アルプスの山巓に身を置いて世界を眺めると、脚下の下界に於て人の心を激昂させた凡ての争闘が実につまらぬものとなり、身は浄化せられて宇宙と同化する気持となる。国外移住の瑞西人が老後甚だしき郷愁に冒さるるとは当時よく聞いた話であり、そのまた当然なるを了得したのであるが、他方この山岳地帯の状勢が国民の性格形成に大なる影響を及ぼしておることが看取せられた。

欧州大戦終熄

一九一六年秋羅馬尼《ルーマニヤ》の参戦により、一時聯合側に喜色を齎したが、中欧側の反撃により折角の期待も水泡に帰せんとし、露西亜《ロシヤ》では翌年三月帝制崩壊、十一月には労農革命の成立を見、聯合側に苦杯を喫せしめた。中欧側は「バルカン」に、西部戦線に、また伊太利戦線に善戦し、一九一八年に及びても三月に「ブレスト・リトフスク」条約を「ソ」聯に強要して気勢を挙げ、その春季攻勢は聯合側の心胆を寒からしむるものがあったが、軍事資材と食糧の不足は漸次顕著となり、戦争の長期化と共に人心の倦怠不平が加わり来る状勢にあった。聯合側は米国の参戦により士気を新たにし来ったに反し、中欧側は勃牙利《ブルガリヤ》、土耳古《トルコ》没落し、墺洪国また媾和に汲々として戦志なく、独逸のみ孤軍奮闘の勢いを示せるも敗色ますます濃きものがあったが、十月突如「ウィルソン」の声明した十四箇条を容るるを条件として媾和を申し出て、十一月十一日休戦が成立し、これと同時に独国の帝制は崩壊し、皇帝は和蘭《オランダ》に逃亡した。かくして四年四カ月の長きに渉る大動乱も終焉を告げ、戦敗国はもちろん戦勝国の大部分も疲弊し切っていたので、喜色は天下に満ち、当時英米側に於て頻りに宣伝した「戦争を廃滅するための戦争」なることも実現せらるるに非ずやと、世人は考えたほどであった。

独逸帝国の没落は「ロシヤ」に於ける「ソヴィエト」革命の成功と共に、欧州に於ける共産主義的活動に拍車を加えた。されば瑞西《スイス》に於ても、独逸革命勃発せんとすとの報伝わると同時に、「グリム」一派の活動頓に旺盛となり、「ベルヌ」の要衢《ようく》は共産主義を唱道する宣伝者を見、形勢甚だ険悪なるものがあったが、聯邦政府が果断の措置を採ったので両三日にして平静に復するに至った。

共産主義を研究す

由来瑞西《スイス》は自由を尊び政治犯をも庇護するを国是とし来ったので、各種の思想を持するものが居住した例が多いが、本次戦争となり交戦国に於ける反戦論者等に対する迫害加わるに及び、瑞西に避難する者もあり、左派社会主義者のこの国に影を潜めておるものが相当あることは瑞西入国後間もなく知ったが、これらの人々が「キエンタール」または「ツインメルワルド」に会合し、遂に独逸軍部との了解を得て「ロシヤ」に帰還し帝制政府顚覆の挙に出でたのである。自分は右主義者とはなんら直接の関係はなかったが、その消息に幾分通じておる者からその主義をも承知したので、「マルクス」「エンゲルス」等の研究を始め、ロシヤ革命の勃発頃より「レニン」の著書等も書肆の店頭を飾ることとなったので、第一には『国家と革命』に就きて所謂「ボルシェヴィズム」を研究した。「マルクス」の経済理論の各部に就ては納得し兼ぬるものがあり、また「ボルシェヴィキ」の暴力的革命に就きても疑問を有し、またその宇宙観、人生観につきても唯物論的の点に不満足を感じた。蓋し共産主義が社会的矛盾の解決に邁進せんとする態度は、これを嘉すべしとしても、矛盾は社会的のみならずして人々に内在することに留意しないのは遺憾である。さればこの内在的矛盾、即ち仏家の所謂「我」の問題を解決しない。即ち各人の幸福が永続し得ぬこと、即ち人は物質的のみにては満足せぬ点に欠陥ありと信じた。しかし科学的社会主義が人類の協同を目指して進まんとする点は極めて意義あるもので、他の思想に優るものであるが、協力の範囲は各人の利益に規定せられて根本的に人類の幸福を招来するに不充分なる欠点を有する。人類の幸福は各人の利益の充実によりて招来せらるることなく各人相愛するところに発生する（母親は自分の子供なるが故に幼児を愛するに非ず、可愛きが故に愛するなり）。そして相互愛は人生にありても既に本能的となれり。これ神より与えられたるに非ず、人類進化の結果なり。この相互愛なき点は社会主義殊に共産主義の最大欠点なり。個人の利益を調節するための協同体として人類を考えると、利害を基準とする限り欲望の満足を求むることになるが、欲望は充たるるに従い新しい欲望を生ずるので遂に底止するところなく、真の幸福には達し得ぬ。よって自我を離れたる幸福を探究する必要が生ずる。

「ボルシェヴィズム」が社会の未来につき一定の理想を有し、積極的にこれを推進せんとする闘争的態度は、資本主義と民主政治とに対し甚大なる脅威を齎すものなるを感じ、一九一九年初め入独後は特に研究を加えることにした。

三浦公使の帰朝

なお瑞西を去るにさきだち、記述して置きたいのは、三浦（弥五郎）公使が一九一八年六月突如帰朝を命ぜられたことであった。これは外務省人事の上に自分が第一に目撃した不愉快の事件であったが、当時の公使館武官たる佐藤大佐との衝突が起因となったのである。同大佐は自分が在奉天総領事館に勤務中、同地の満鉄公所長であったので熟知の間柄であり、その長所も短所もよく判っていたので、自分は自分の直属長官たる三浦公使との間に於ても極めて公平かつ真率なる態度を持し、同武官の行動については同公使にも充分に警戒を促したことがあるが、遂に両者の間に事務上のことより衝突したのであった。時あたかも外務大臣として後藤新平氏が新任した際であるので、これと密接の関係にありし佐藤氏は直ちに参謀本部に通報すると共に、後藤外相に旨を通じ三浦公使の召喚を見るに至った。当時後藤氏はその後任として佐藤武官の昇任を企てたとのことであるが、流石にその頃までは外務省の威信地に堕ちざるものがあって、右の計画は実施するに至らず、在英本多参事官が後任として来瑞することになった。軍部がとかくの術策を施すことは本件のみならず、自分も種々の機会に於て了得し、かねてこれに備うるの方策をも案じていたが、晩年軍部との間に種々の関係を生じ、殊にまた在独大使としてはこの時に於ける三浦公使とほぼ同様の運命に陥りたるは自分ながら滑稽の感があった。

第三章　第一次伯林時代（対独媾和前後）

媾和会議

独逸《ドイツ》の休戦後、聯合国は直ちに巴里に媾和予備会議を開催し、米国よりは前例になく大統領「ウィルソン」自身渡欧し、一時は救世主の如く敵味方より景仰せられた。しかし媾和条件の検討が進行するにつれて、独逸が和平受諾の基礎としたウィルソンの十四箇条原則の適用は、英仏等各自の利害関係から反対を受け、「ウィルソン」またその最大希望たりし国際聯盟規約を成立せしむるために、媾和条件に就きては譲歩を敢てし、その結果史家をして、媾和条約に不合理の点多く、その各箇条は欧州を爆破するの可能性を包蔵すと批評せしむるに至ったが、本条約に就きては更に後に述べることがあろう。

山東問題

媾和会議開催と共に日本側にては独逸の政治、軍事、経済の現状、媾和に関する意向および将来の見透し等につき、現地に就て調査を為す必要ありとて、外務陸海軍および財界より視察団派遣を企て、予は外務省を代表して入独すべしとの内命を受け、巴里に出張を命ぜられ、一九一九年三月同地に赴いたが、その頃日本全権団に於ては前記二問題の外、山東問題および人種平等問題につき多忙を極めていた。山東問題とは、日本は自己の武力により独逸を同地から駆逐したのであるから、独逸の有した地位に代わるのに不思議はないはずで、支那へはその後の交渉によりて利権回収の要求に応ずべしとするので、支那代表部の即時返還の要求と相反するものがあった。また人種平等問題は、人種の如何により差別的待遇を加うべきに非ざるを主義的に声明すべしとの提案で、日本代表部はこれにより直ちに移民問題等に具体的適用を計らんとするに非ざることを説明したが、白豪主義を堅持する豪州代表「ヒューズ」の猛烈なる反対があり、英本国代表も漸次これに引摺らると共に、米その他の諸国もむしろ反対を支持するの色を示し、日本全権部は主席代表西園寺が囲碁の劫に準えてその一を棄てざるを得ざるに至り、山東問題に全力を集中することに決めたのである。

これ山東の地が戦争を敢てして占領せし矢先であって、直ちにこれを抛棄することは国民の手前から見ても大なる困難があったによるのだが、日本側はおっては利権の大部分を返還する意向を充分に有していたのは事実であるが、遂には感情的にも支那の主張を拒否するところまで悪化した。その頃予は珍田、伊集院両全権および落合事務総長等に対し、曩《さき》に予が現地に就て見たところに依り、山東利権の価値を過大に評価するの過りなること、従って山東に占拠するは北京に対する圧力の支柱となるを眼目とすべきが、日本の満州よりの圧力は先年日支交渉の成立により充分にして、それ以上は徒に支那人の悪感を刺戟し経済的に損するの虞れ大なり、これに反し人種平等の主張は人類の正義に合致するのみならず、南方資源の獲得にも資するところ大なるにより、山東問題につき徒に体面に捉わることなく、譲歩すべきは思い切り譲歩し、他方人種平等の声明を推進するを可とすべしとの意見を述べたが、右は青年外交官の空論にして時宜に適せずとて顧みられなかった。但し日支の関係はその頃より大体悪化の一途を辿り、その結果として太平洋戦争をも見るに至ったのであるから、巴里会議のこの際に於て対支侵略とも云うべき方向を一転し、更に正当なる経済的発展に意を用いていたなら、我が国の進路は今とは別箇のものがあったろうと云う次第である。

大戦直後の独逸

さて予はかくのごとく遊軍として巴里に在った間に、珍田大使の一方ならぬ斡旋により独逸視察団の編成を了し、陸軍よりは渡辺大佐（後に教育総監、二・二六事件により暗殺せらる）、今井少佐（後参謀次長に至り死去）、鴨脚大尉（夭死す）、海軍より現役主計総監宇都宮鼎の外、横井大佐（遠からずして退役す）と共に「コロンヌ」経由入独のうえ、伯林《ベルリン》着「カイザーホーフ」に投じた。同「ホテル」には、一九二〇年三月「カップ」騒乱による全国大「ストライキ」の時まで引続き滞留していたので、後日の総統官邸と相対するところ幾多の感慨と記念とを有する。

伯林に入った時には「アレキサンダープラッツ」に於ける銃火にほど遠からぬ頃とて、人心の安定せざるは勿論、戦時の食糧不足による影響は各方面に著しいものがあった。日本大使館雇独逸人で容貌魁偉と聞いていたものが、痩身蹉跎として別人の思いがあり、また「ウェルトハイム」等の「デパート」の陳列棚が、ほとんど全部飾り箱であったなど、今なお記憶に著しいものがあり、他方今次日本の終戦時と比較し感慨極めて深きものがある。当時独逸に於ては、労働者および左翼社会主義を除く外、相当の知識階級を含めての一般民衆は形容枯槁せるものあるに拘らず、我々は食糧不足に負けたので、戦争に負けたのではないとの言を常套語としておった。当時あたかも「ライプチッヒ」にて開催中なりし戦時経済博覧会に於て、衣類食糧品の大部分に代用品の使用せられたことを見て、戦時生活の惨憺たるを思い知った。やがて漢堡《ハンブルグ》に米国より生活物資を搭載せる初めての汽船入港の報があった時の独逸人の喜びは、一方ではなかったことを記憶する。負けず嫌いの普魯西《プロシャ》人もとにかくここに一撃を加えられ、その進出も頓挫を見たので引け目となり、弱気となって、戦前に比し少なからず謙抑の態度を執っているので、新興に伴う悪弊は除かれた姿で、大いに愛すべき国民性を見せていた。なお戦前の日本の名誉領事を永年勤めた

「シンチンゲル」氏の如きは、皇帝のいない独逸国内に居住を欲せずとして、和蘭《オランダ》に去ったが、一方労働者は企業の社会化を唱道し、殊に社会党左派は「ロシヤ」からの宣伝者と共に活躍し、労農制政権の樹立に向かって邁進した。しかし多数派社会党は中央党と提携し政治経済の安定に努めていた。

かくして国内的には憲法制定会議が開かれ、所謂「ワイマール」憲法の制定を見、「エーベルト」の大統領就任に至ったのであるが、一九一九年前半に独逸人の最大関心を払ったのは、当然媾和条約の問題であった。巴里に於ける各条件討議の模様は、新聞その他により詳細に伝え来り、領土賠償条項の甚だしく苛酷なるのみならず、戦争責任をも全部独逸に負わせんとする形勢ありとの報道頻繁として伝えらるるので、独逸国民のこれに対する反対は熾烈となって、如何にしてこれに対すべきかの議は至るところに論議せられた。

媾和問題に対する独逸の意向

自分は前記の如く取調事項として訓令を受けていることでもあり、媾和問題に関する独逸官民の意向に就ては最大の興味を有していたが、本問題に対する自分の考察は、聯合国の課せんとする媾和条件を苛酷なりとして拒絶せんとする場合には、労農「ロシヤ」と結ぶの外なかるべく、また独逸にして万一かかる径路を採るに於ては、欧州延いては世界の将来に大なる波紋を投ずるものなるを憂えた。蓋し入独前後より独逸は休戦条約により独力干戈に訴うるの手段を奪われているは勿論、国民自身戦争に倦き果てているので、媾和条件を拒否する唯一の道は、絶望状態に駈られて労農露国と提携するの外なしと推断したのである。

なお独逸に入ったのは、この時を始めとするので、政界その他に知人を有するわけでなかったが、以前独逸大使館付海軍武官として東京にあり、爾後も日独協会のため斡旋に努めた「プスタウ」海軍大佐が、官民各方面に渉り面会方を斡旋してくれたので、閣僚、政党首領、重要なる実業家、学者および新聞記者等の多数と面談し、各種事項、殊に前に記した独露提携の如何に就て意見を交換するの機会を得た。

共産主義に対する見方

右諸氏の間には、共産主義に根本的反対を表明し、その人類の本性に背反し自由と進歩を害するもので、一時露西亜に於て政権を掌握せしも遠からず壊滅するの運命を有すと云い、聯合側の圧迫ありとて右は一時のこととして、処置の方法あるも、共産主義の実害は本質的のものだと云うので、一時的政略的提携も為すべきでないと主張するものも相当あった。また一部には聯合側の媾和条件は何の途苛酷のものに相違なく、聯合諸国は結局独逸を「カルセーヂ」と同一運命に陥れんとするものであるから、かかる奴隷的境遇に陥らんよりは、「ロシヤ」と提携して極力聯合側に対抗するを可とし、右以外独逸の生きる途なしとするものがあった。右「ロシヤ」との提携論者は独立社会党の「ハーゼ」等は勿論のことであるが、真面目なる大学教授等にも相当存在することを発見した。

かくの如く、当時に於ては労農政府の永続性も疑問に付せらるる実状であったが、その将来および独逸との関係に就て尤も興味ある考察として聞いたのは、当時の「アルゲマイネ」電気会社社長、後に外務大臣として暗殺せられた「ラーテナウ」の所見であった。同氏は曰く、「自分は労農政府は世人の云うが如く早く崩壊するものとは考えない。またよし露国の「ソヴィエト」政府がつぶれても、共産主義思想は絶滅するものとは考えない。労農政府の施設は、人類の一試験であるから、しばらく籍するに時を以てして成功するや否やを見ることが尤もいいと思う。しかし、右の制度は「ロシヤ」の如く国土大にして自給自足の可能なる地域に非ざれば、試験期を経過することさえ困難となるから、独逸の如き資源不足し多数国との交易に由らずしては生存の出来ない国柄に於ては、実行不可能なるにより、共産主義制度は独逸には実現の余裕なし」とのことであった。

然るに、多数派社会党を主なる構成分子とする「シャイデマン」内閣では、流石に乾坤一擲の変革を為すの勇気なく、中央党と共に中道に由る社会改革を施策し、独立社会党より左翼を圧迫し、「ロシヤ」との連繋を危険とした。この情勢より判断すれば、聯合国より強要する媾和条件は如何に苛酷なるものなりとするも、独逸はこれを認諾する外なしとの結論に到達したので、入独後間もなく、予は右の趣旨を以て東京および在巴里全権部に報告した。

独逸復興の見透し

なお、予に課せられた調査第二項、即ち独逸の将来、換言すればその復興如何につきては、当時到るところに悲観説が盛んであった。独逸の領域は縮小せられ、「ザール」地方は分割せらるべしとの噂高く、植民地は全部没収せられ、休戦の際までには「ノン・イムデムニティー」を予想せるに拘らず、極めて巨額の金額が「レパレーション」として課せらるべしと伝えられたので、独逸の前途は暗澹として終に光明を見る時期はなきに非ざるやとの考察は、むしろ当然であった。しかし独逸国内の施設にして、戦火を受けたものはなく、工業設備はそのままに利用し得べく、独逸人の自己の科学および技術に対する自信は、敗戦後と雖も、依然これを持続しているので、その勤勉性が発揮せらるるに於ては、その生産能力は欧州を圧するに至るべく、他方賠償の取立ては独逸生産品の売捌きに由るの外ないが、その結果は世界市場に於ける各国工業に致命的打撃を与えることにもなるので、事甚だ容易ならず、同一人種たる墺国との聯合の禁圧の如きも「ウィルソン」十四箇条の一つで、今次条約の一原則となっている民族自決と相反するもので、列強が自己の利害により、国際正義を無視せる跡を余りにも明示した。

また独逸東方国境の改訂は、これまた民族自決の主義に反するばかりでなく、人工的に一時を弥縫せんとするところが多い。由来、勃興の域に在る一民族を永きに渉り桎梏せしめんとするも遂に成功せず、従って幾多の媾和条約が久しからずして効力を失墜するに至った実例は、歴史上あまりにも多数あるので、今次巴里会議もその轍を踏むべき形勢は明らかであった。これ多数国の会議ではとかく各自が自己の案を持出して、これを押し通そうとする結果、最大公約数の線で決定せられ、殊に受害国が参加せざる会議では、各国妥協の結果は尨大なる案となるのは当然予期せらるることで無理もない。殊に戦時中、敵愾心を鼓舞するために、種々の好餌で国民を誘導して来た各国政治家は、その振出したる手形を、形式的なりとも支払う必要があり、また戦争直後のこととて敵国人に対する復仇、憎悪の念が戦時中の作為的宣伝、例えば独逸人の人肉処分その他の残虐行為に対する妄信と相俟って、民衆の心理も未だ正常に復しないものがあり、媾和条約の苛酷を増大することになったのも無理ではない。

但しかくの如き状況、かくの如き心理作用の下に成立した媾和条件は、敗戦者に押付け得たとするも、その永続的効力を期待するのはこれまた当然無理である。されば予は、独逸の復興如何と云う課題の答案を作成する際には、この点をも考慮に入るるを当然と感じた。かくて入独約一カ月にして巴里に赴き、我が全権部に独逸事情につき報告した際に、前記の諸事情を審らかに説明し、媾和条件が如何に苛酷なりとも独逸はこれを受諾するものと見るべきが、媾和条約は苛酷なればなるほど消滅の時期を早むるものなることを述べ、独逸復興の見透しに就ては、約一世代と見るを適当とすべしと断言した。その最後の点に就ては全権団員中大なる異論があり、殊に従来親独的なりし軍部の方面より、独逸の復興には少なくとも百年以上を要すべしとて、予の所論に反対した。ただその際自分が聞いた批評の中で興味を感じたのは、日本全権の一人たりし伊集院大使が、「かかる苛酷な媾和条件を鵜呑みにするなら独逸民族の将来は恐るべきものがある」と云ったことで、その含蓄するところは甚だ偉いものがあると思った。その頃予の外に唯一人独逸の復興急速なりと唱えたのは、媾和条約成立後直ちに在漢堡《ハンブルグ》総領事に就任した大野君であるが、同君は十五年以内に復興するとの説であった。後より見ると予の一世代説より大野君の見透しが一層正しかったこととなる。

戦争責任の問題

なおその頃、即ち媾和条件直前に於て独逸側要路の者が一大関心を有していたのは、戦争責任の問題であった。独逸では、帝制崩壊後直ちに「カウツキー」等の手により外務省公文書を発表したが、右によっても、独逸が墺洪国と共に進んで戦争を惹起せるを確証するに足らざるものがあるのみならず、独逸人一般に知識階級をも含めて、戦争責任が単独に中欧側のみに在らざることを強く主張しており、新聞雑誌にもその趣旨の記事が少なくなく、自分等も入独後頻繁にその趣旨の議論を聞かされた。戦争の起因につきては、直接の事項として「サラエヴォ」事件発生の責任、これが処理に関する墺洪国の態度、独逸が墺洪国の同盟国として如何なる使嗾を為したりや、露国が動員したる時期如何、仏はその同盟国たりし露国に如何なる慫慂を為せりや、英国政府は何が故に当時速かに有事の際には仏露と行動を共にすることを示さなかったか等、多数の問題につき厳密なる検討を加うる必要があり、戦後三十余年を経過した今日に於ても判明しないものがあるが、戦争発生の責任を全部独逸側に帰せんとするのは公平を失するものなりとの判断が、公正な歴史家の間に定論となりつつある実情であるから、当時独逸人が戦争責任を自己のみに帰せしめられんとするに対し、大なる不満を抱いたことは充分の理由があると云わなくてはならぬ。またその戦争の遠因に至っては、当時の列強はいずれも自国の利益擁護の外他念なく、またその帝国主義者たるに異なることなく、各々野心を包蔵して軍備に汲々たるものがあったので、いずれを正、いずれを不正と判定するのは不可能である。

例えば欧州諸国が早きに迨《およ》んで他国を侵略併合し、暴力と奸策により植民地を獲得せる事跡は余りにも正義の観念に合致せざるものがあり、かつ今なおその果実を享受しつつあるのは道徳上よりは甚だ珍妙なものである。また自分達の他国領土を併合し植民地を獲得せるは昔時のことで、これは問題とはならぬ、ただ今後のかかる行動は世界の平和を害するものであり、また自分達の安全を脅すものであるから侵略として絶滅しなくてはならないとの主張も、如何にも利己的で一国家が国格を有する以上許されず、神の前で大きな声では云えない主張と思う。されば欧米の帝国主義的活動を恣にした諸国は、今後戦争絶滅を図るに際しては、その由って来る実質的理由まで突き止めた考察を為すと同時に、自己の過去に於ける罪悪も坦懐にこれを認めるの必要あるを痛感する。無論これは現在並びに将来に於ける帝国主義的侵略を是認する趣旨ではないので、ただ過去に於て侵略または併合を行った諸国が、道義上衷心より反省するに非ざれば国際社会の正しき進歩はあり得ないことを指摘するに過ぎない。

また一方世界の大勢から見るならば、地球の表面はほとんど全部いずれかの国に所属し、新たに植民地設定の方法なき状勢となったので、持てる国と持たざる国との間の利害は益々相反することとなって、最近の世界大動乱となったのであるが、他方人類社会の新気運は戦争防止の方向を著しく指示した。されば持たざる国、例えば独逸は世界の分割、かつは領土の略奪に立ち遅れたるは、結局自国の不注意または不運の致すところとして隠忍すればことなくして終り、平和裏に世界の中流国として繁栄を期し得たかも知れない。しかし独逸人の性格が勤勉なることは、近隣を圧し、理論的なるため、他国の為せるところ自国また為し能わざる理なしとの理を推して、他の思惑を顧みず、また直線的の性情よりして、他が納得せざるまでもこれを説明せんとする労を採らず、直ちに力に訴えんとする傾向あるため、軍国主義を以て形容せらるることになったので、今次世界戦争の起因も、独逸の高圧的態度に因るところ大なるものありと判定せらるるも致し方がない。かかる傾向が進んで「ヒトラー」の第三帝国に於ては益々強化せられ、その所謂生活圏を欧州内に求め、「バルカン」「ウクライナ」の方面にこれを設定せんとし、ために「スターリングラード」に惨敗を喫するに至ったのは、第一次大戦の失敗に懲りるどころか、更にこれを拡大したものと云うべきである。

かくのごとく第一次大戦に於ける戦争責任の問題については、自分は独逸側にも相当云い分があるので、これを同国のみに帰せんとするのは正当に非ずと考えていたので、独逸民間人のこの種主張に対しては、本問題は後日歴史家の検討に俟つべきものであると答えるを常とした。しかし問題の一端はかくのごとく非実際的方面に非ずして、聯合国の意図は戦争責任を独逸側に帰した上、賠償、戦争責任者の処罰等を正当化せんとするもので、這般《しゃはん》の消息に通ぜる独逸当局の苦心は大なるものがあって、当時外務省情報局長たりし「ナウマン」公使から本件を持込んで来たことがあるが、更に「デルンブルグ」蔵相は「ワイマール」に於て会見を求め、本戦責問題処理は独逸内部に於て困難なるのみならず、媾和条件に及ぼす影響も甚大と思うが、独逸のみが戦争発生の責任を負わなくてはならないとの論は事実に合致しないものであるから、日本側の尽力により本問題を緩和することになれば幸甚であるが、右は不可能であろうかどうか自分の意向を承りたいとの申し出に接した。自分は先方申し出の無理からぬ点も認めるが、巴里会議の状勢から、日本側の力により本問題につき決定せしところを修正することは到底不可能と認めたから、予は同氏に対し、最近予が巴里に赴きて得たる印象によれば、本問題は専ら英仏米三国の意向によるものと云うべきであるから、これら諸国が合意に到達したところは差当り修正の余地は存し得ないと思う旨を述べたのである。然るに、今次太平洋戦争に敗北した日本の外務大臣として、市ケ谷法廷に於て戦争責任に就き釈明することになったので、一方ならず当時の独逸官民の苦衷を想記したわけであった。

媾和条約調印

その後、巴里に於て媾和条約草案の提示を受けた際、独逸全権「ブロックドルフ・ランツアウ」は、第一に本戦責条項に異議を唱え、一応伯林《ベルリン》に引揚げたのであるが、強力の前には言説の効果なく、修正を見るに至らずして「ヘルマン・ミュルレル」全権の署名となり、「ヴェルサイユ」条約の成立となったのであった。独逸国内に於ては、右は「命令にして条約に非ず」とし、その他の条項に対しても不満不平の声が喧しかったが、敗戦国の主張は凡て無視せらるるの状況であった。これが他日「ナチ」の台頭を大いに助けたことは周知の通りで、ここに詳記する必要はあるまい。聯合国側に於ては、独逸国内の不満の大なるに鑑み、万一調印を拒絶するやも知れずとして、「ライン」橋頭に兵力を整えたが、独逸の内部より見れば、とてもその勇気あるべしとは考え得られないので、日本視察団は凡て伯林にそのまま滞留していた。敗戦後の独逸人は、元気なお旺盛なるものありしも融和的であった。自分は大学に於て、「ゲーテ」および「カント」の自由主義的傾向に親しむところが多かったので、この際に於ける独逸には同情とかつ了解を有するに吝かでなかった。

媾和前後、自分が外務省代表者として伯林にあった間には、日独間の問題がほとんどなかったが、一、二を挙げれば、第一は加藤海軍少将一行が来独したことである。媾和条件に関する論議がなお酣《たけなわ》なる時、同少将は突然「カイザーホーフ」に自分を訪ね、「君の電報により今度来ることになったからよろしく頼む」とのことであった。その趣旨は、自分が入独後しばらくしてから、独逸の技術を日本に移入する好時期と思うから、日本の実業家を派遣せらるよう取計いを乞う旨の電報を東京に発したことがあるので、加藤少将一行は右電報に刺戟せられ、独逸の軍事上の技術を移入する目的を以て来たと云うわけだ。自分の電報の趣旨は民間事業に関するものであり、また軍事上の技術については聯合国間に申合せもあるので、自分は右一行に対し援助すべき地位に非ずとて申し出を拒絶したことがあるが、その後予が伯林から東京に引揚げた際、同少将は御蔭で立派な潜水艇が出来ることになったとて、一夕御馳走になったことがある。

第二は事実右の電報が起因となってのことであるが、住友の鈴木馬左也氏が「ハーバー」式空中窒素安定法の特許権を買入れんがため、多数の部下を引率して入独したのである。自分は右に対しては大なる興味を有していたので、双方を招いて会談の機を作るなど、相当の便宜を供与したが、独逸側にて当時なお自己の技術を高く評価すると共に、日本の技術を過小評価したる事情その他日本側の都合もあり、交渉進捗せざる間に「カップ・プッチュ」に遭遇したるため、一行は蒼惶和蘭《オランダ》に引揚げそのままとなったことがある。

カップ騒乱

「カップ」騒乱につきては、勃発数日前に知人たる旧独逸将校の一人より「バルチック」地方よりの独逸軍隊引揚げ来る際には、現政府の顚覆を見る危険ありとの情報を受けたけれども、独逸の対外状勢危殆を告ぐる際、極右方面よりの妄動は好ましからざると共に成功の見込みもなきに非ずやと云い、大した信用をも払っていなかったが、早暁旧帝制時代の国歌を吹奏する楽隊に醒め、「カイザーホーフ」の窓を押せば、付近の各省建物には凡て旧独逸の国旗を掲げてあるので、益々前記情報の真なりしを知った次第である。その後「シャイデマン」内閣は避難し、伯林には一時「カップ」一派の組閣を見たが、社会党は労働組合と共に全国に対し、全般的「ストライキ」を声明し、交通通信機関はもとより、「ホテル」その他の飲食店さえ数日間閉鎖することになったが、「カップ」一派は遂に国外に逃亡するに至った。これにより一揆的騒乱を起すことの比較的容易なるを感じたが、真にその成功を見るには充分なる準備と成功に導く充分なる原因がなくてはならないと考えた。また当時の「ストライキ」の整然として一般に行き亘ったのは見事であった。

日独外交関係再開とゾルフ大使

その後間もなく媾和条約が実施せらるることとなり、日独間も外交関係が再開せられ、条約の規定に従い、差し当り代理大使を交換することになった。独逸側より種々希望者があったようだが、同国外務次官より前外務大臣「ゾルフ」を大使として派遣したく、差し当り代理大使に任命したいが、日本政府の「アグレマン」を取付けてほしいとの申し出であった。自分はその適任なるを申し添えて東京へ電報し、間もなく受諾方の回答に接した。「ゾルフ」氏はその際、日本を知るには如何にすればいいかとの質問を提出したので、自分はそれに対し、日独間には差し当り政治上の重大問題はなく、また日本の研究をその方面より始むることはかえって真相を失するの虞れがあるから、精神的文化的方面より着手するに優れるはなく、またその方面に於ても仏教、儒教、神教より入るを可とする、殊に「ゾルフ」氏は「サンスクリット」学者であるから、仏教中の大乗教より入れたら尤もいいと思う旨を以て答えたところ、その後東京に於て再会の節、右の指針が非常に効果ありたることを述べた。同氏は敗戦国の使臣として甚だ困難なる立場にありたるに拘らず、日本朝野の信用を博するに至り、後藤新平氏の如きは、「ゾルフ」氏位の人物が独逸には沢山おるのかとの質問を発せられたほどであった。右は同氏の人柄、知識、経験によるところ大なるは勿論であるが、同氏が日本人の性格および考え方を充分に了得していたことがその基礎をなしたものである。由来外国人が他国を見る場合、政治的経済的利害関係より入りたる者は時勢の動きにより好悪変転するを例とするが、精神的文化的方面より充分の研究があれば、その好悪も判断も誤つことがない。外交官に於ては殊に留意すべき点と思う。

欧州視察

大使館開設と共に、初め出淵代理大使、後に日置大使が着任することとなり、自分は首席書記官として館務を執ることになったが、館員も増加し、幾分閑散となったので、この機会に於て未知の欧州諸国を視察することとし、まず一九二〇年三月波蘭《ポーランド》に赴き、流石に同国が欧州の穀物庫と称せられしことの意義を了得した。なお予が「ワルソー」に入りたる際、同国外務大臣「パテク」の希望により面談したが、波蘭はほどなく八千万の人口を有する大国となるべしとの話であったから、自分は人口、面積の広大だけで大国となり得べしとの考え方に賛成し得ないこと、並びにかかる考え方は、結局失敗に終るに非ずやと批評したるところ、同氏は「オデッサ」の陥落は目前にあるのでその成功は疑いを容るる余地なしとて、意気軒昂たるものがあったが、自分が「レンベルグ」を経由し伯林に帰着すると間もなく赤軍の反撃に遭い、一時は「ワルソー」の運命も疑わるることとなった。自力によらずして当時独立の光栄に浴した諸国が更に大国を目指して突進することの如何に危険なるかを痛感した。

その後、更に三週間の休暇を得たので、中欧「バルカン」より土耳古《トルコ》まで巡遊することとし、一九二一年二月まず維納《ウィーン》に赴いた。同国にては「インフレーション」既に猖獗を極めていたが、首相「サイペル」以下の熱心なる努力により、労働者に対する住宅の新築、保健方法の改善など頗る見るべきものがあった。しかし大都市維納という大きな頭はあるが体軀孱弱《せんじゃく》これに匹敵しないので、一国家としての存在は甚だ困難であるとは当時面談した「サイペル」首相以下の説明であり、また一般には独逸との併合を禁止せる「ヴェルサイユ」条約の不都合を責むる声が高かった。

維納よりの旅行には「ダニューブ」の水運を利用したが、右によりて同河が欧州交通の一要路として、その歴史に少なからざる影響があった所以を了得した。「ブダペスト」にては「アンドラシイ」伯と会談し、その今次大戦争発生の理由に関する意見を聞き、また同国が農産物に豊富なる関係上墺太利《オーストリヤ》よりも立国に容易なる点を見聞したが、一九一九年春、「ベラ・クーン」の赤色革命の暴政は、当時なお話柄として残っていた。「ソフィヤ」は、当時その一部だけが近代的都市の美観を呈していたが、会見せる閣僚および政治家のいずれも媾和条項、殊に賠償の実行困難を説いた。これに反し、「ルーマニヤ」では今次戦争によって、一時に領域の拡大を見たので甚だしく自己満足の状があった。農産物の豊富と石油の噴出とに拘らず「ブカレスト」市以外は文化が普及せず、一般の生活程度は低いように見えた。その際「ブカレスト」より「ユーゴー」に向かう途次同車した一英人実業家から、「ルーマニヤ」人の経営の資質を欠くことについて種々の話を聞いた。なお同国の社会状態の不安定については、当時「ブカレスト」駐在の仏蘭西および瑞西公使よりも聞くところがあった。これは「ルーマニヤ」のみでなく「バルカン」各地に於て遭逢したところであるが、戦災の跡がなお著しく、汽車の如きもなお窓硝子の破損せるままのものがあり、寝台車の電灯は点ぜられず、灯りが入用なら蠟燭をお買いなさいと車掌から云われたところもあるので、戦後三年を経過せる後のこととて、国民の怠慢を思わしむるものがあったが、それにつけても戦禍の如何に唾棄すべきかを甚だしく感ぜずにはおられなかった。また今次敗北した我が国が戦争末期より終戦直後に渉り、当時の「バルカン」と同様の状態に陥れるを見て新しき感慨に撃たれた。

なおこの地方の交通状況の回復が緩慢であったから、「ブカレスト」まで既に二週間を費やしたので、自分の旅程は短縮の余儀ないこととなり、「ルーマニヤ」より「ユーゴースラヴィヤ」を経由して帰独することにした。同国は東西に延長し相当の広さを有し、未開発の土地も多いので、その経済的将来は有望のものあるを覚えた。しかし同国は「ブルガリヤ」「ルーマニヤ」「ハンガリー」「オーストリヤ」四国の間に突入している個所が多いので、「ブカレスト」から「ザグレブ」の間、数カ所で国境税関の検査があった。自分は外交旅券を所持しているのでなんら面倒はなかったが、一般人は一方ならぬ面倒があるようであった。とにかく右検査に要する時間が相当かかるので、行く手を急ぐ旅人には甚だしい不便を与えた。それに各国特異の通貨制度が一方ならぬ不便を与えるのであるが、由来経済的独立の基盤を有しないで、ただ民族自決主義に依る欧州内小国の増加が、果して如何ほど各種民族の幸福に資しつつありや再検討の余地があるので、本問題は少数民族の権利擁護の方法と共に更に充分研究の必要があると思った。

自分は墺太利南部の「ザルツブルグ」から「ミュンヘン」に入り伯林に帰ったが、その後間もなく東京から帰朝の電命に接した。よって和蘭、英国より米国を経由して帰国することとし旅装を整えた。由来大戦前は素より戦争直後のこの頃に於ても、我が外務省では余り省員の旅行を好まなかった。これは旅費支出が容易でなかった関係もあったのであろう。しかし自分は本来百聞は一見にしかずと信じたので、奉天在勤時以来機会あるごとに旅行に努めた。但し右の如き事態の下であったから、旅行は凡て館長限りの許可を得たので、費用は凡て私費によったのである。欧州内の旅行も同様であるが、今次帰朝につきてもその方法によることとした（独の国民性と日本の国民性とが同一なりとの思想、国民性よりもむしろ境遇の同一と云うべきなり。風俗習慣の相違と倫理性の相違とを混同するなかれ。米国通過の一理由は自分が有し出した人種問題の研究にあり）。

米国の第一印象

大西洋を渡って紐育《ニューヨーク》に着いたのが、一九二一年五月で、湾頭自由の女神を仰いだ時、気宇頓に恢宏するの感があったのは今なお記憶に新しいが、自由を標榜するこの地に来り、心気の爽快を覚えたのも一因であったろう。米国に入ったのは今度が始めてであり、また旅行日数が僅少なので、自分は大局的観察に止めたい考えであった。蓋し人世の事物に対する第一印象は、たとえ幾分の錯誤があるにしてもそれ自身大なる価値があると考えたからである。紐育では摩天楼に驚き、「マンハッタン」の阿房宮的美観に目を瞠り、機械的文明の進歩を讃えた。しかしまたあたかも紐育にて開催せられた日米協会年次大会に招待せられ、列席の米婦人の多くより、欧州の状勢につき独逸を「スクイズ」する好機会なりとの意見に接し、米国民性の一面に接した感をなした。また華府《ワシントン》にては「マウント・ヴァーノン」に華盛頓《ワシントン》の遺風を偲び、「リンカーン・メモリアル」に南北戦争時の偉傑を思慕したが、人種差別の習俗今なお大なるを見聞し、また「ニュー・イングランド」では、「エマスン」等の人道主義が実用主義に変転しつつあるを見て、一国文明の推移に注目する必要あるを痛感した。

しかしてお極りの「ナイヤガラ」瀑布、市俄古《シカゴ》のと畜場を見物した後、「サンタフェ」線により、「グランド・カニオン」の壮観を眺めて、「ロス・アンゼルス」に出て、太平洋岸の風景が日本の沿岸の風物と相通ずるものあるを欣びて桑港《サンフランシスコ》に着し、「サクラメント」等の日本人経営の農園等を視察したが、人種の融合には更に講究を要するとの新材料を発見した。「サクラメント」等に於ける日本移民はなお故国の習慣を維持している。「メルティング・ポット」でありながら、有色人種に対する差別待遇は将来の大問題と思った。

東洋汽船会社所有の天洋丸に搭乗したので、久し振りに多数日本人と一緒になって呑気に好天気を楽しみつつ布哇《ハワイ》に着し、明媚なる風景を賞したる後、大洋の水に若人のもり上がる生命を感じつつ更に航海を続け、早暁碧霄の間に玉衣する富士の秀麗に接し、吾郷洵美の感を久しくした。但し上陸後、京浜の大通りが欧米大都市の場末に似たものがあり、また日本の建物が米の「スカイ・スクレーパー」を見た眼には「マッチ」函の観を呈し、水田の青々たる嘱目を楽しみながら、周囲の庭園が玩具箱のように見えたのも、米国と云う規模の大きい事物と比較したからのことである。そのことは後日欧州方面より帰朝した時の感想に照応する時は極めて明らかであった。但し右の第一回帰朝は三十年前のことであるから、その後欧米にも日本にも事物の変遷があったので、今日とはよほど事態を異にする関係上、右の比較にも充分の訂正を加える必要あることを付言する。

第四章　第一次東京在勤時代（一九二一年より一九二六年まで）

ロシヤ・サーヴィスに入る

一九二一年六月東京着、本省に於て各方面に報告を了したが、当時の内閣は原首相の下に内田伯を外相とする政友会内閣であった。外務省では戦後の新状勢と巴里会議に於ける経験から、革新の気運が盛んであった。その一結果として従来の政務局が二分せられ、亜細亜局と欧米局との二つとなり、従来の亜細亜局長芳沢謙吉氏の外に浦塩《ウラジオ》派遣軍の政務部長であった松平恒雄氏が新任せられて間もなかった。

日本が当面した外交問題として挙ぐべきは、支那問題であるが、満州問題、山東問題も一応の解決を見たる貌であった。これに反し、従来とも我が国の難件であった露西亜関係では、労農政府の出現、延いては西伯利亜《シベリヤ》出兵となったため、これが施策に困難を加えた状況に在った。また尼港《にこう》事件の発生により輿論の激昂を見たが、他方米国軍隊は突如曩《さき》に沿海州より引揚げ、日本の占領継続に反対の意を示し、他方「パルチザン」の跋扈甚だしきに至ったため、日本でも新たに対策を講ずる必要ある時期であった。これは日本の態度にいささか慊焉たらざるものがあってのことと伝えられた。当初日本に出兵を依頼した行き掛りよりすれば、高飛車のやり方で一致の歩調を破ったことは明らかである。米はこの後も日本に対し常にこの態度を採ったのであるが、現時米「ソ」の対立に照らす時は、米も思半に過ぎるものがあろう。

予に対しては、松平欧米局長から露西亜関係事務を鞅掌すべきことを勧説せられ、また該方面の主任たる青木欧米局第一課長より自分は遠からず海外に赴任する予定であるから、その後は予を後任とすることにほぼ打合せ済であるから、是非承諾を乞うとの話があり、予自身入独の前後より「ロシヤ」問題には多大の興味を持っていたので、欧米局第一課に勤務することを承諾した。これが予の外務省勤務全期間の大部分を「ロシヤ」関係に費やすことになった嚆矢である（帰朝後驚いたのは第一に日本人の自負心の強化、松井大使三大国と聞く。第二に青年高気の輩の妄動、七高カクメイ会。とにかく自分がこれから五カ年東京に在って主任事務として鞅掌せるは「ロシヤ」問題なるため、これにはまず「ロシヤ」問題のみを叙説する）。

大連会議

当時日本内部でも労農政府の将来に対する見方は区々であり、一部の者は同政府は近く倒壊の運命にあるを以て、東方に於ては「セミョノフ」等に対する援助を強化すべしとの説もあったが、自分は同政府の立場がしかく孱弱ならざること、武力干渉が甚だしく不評判で成功の見込みなきこと、従って西伯利亜より撤兵し労農政府と交渉し諸案件の解決を図るを以て、我が対策の根本とすべしと考えていた。蓋し我が方として尼港事件に対する保障占領として北樺太およびその対岸に駐兵しているのと、戦時中の政府債権および私有財産権を確保する必要があること、並びに共産主義者の活動を防止する必要も眼に見えていたのである。

しかし日本側では労農政府との直接交渉を嫌悪するの念強固であった。労農側でもこれを察知すると共に一時の便法により我が方との妥協を計らんとする念あり、まず極東共和国なるものを創設し、日本との緩衝国たらしめんとする方策に出で、「アントーノフ」なるものから自分の帰朝前ではあるが、在浦塩嶋田滋領事に日本の各要求を容るるに吝ならざる意向を示すと共に、交渉を希望する旨の内意を洩して来たと云うので、一部には右申し出を基礎として、交渉に入るを可とすとの意見も強かった。結局交渉開始の方針を定め、同年八月より大連に於て、我が方より在浦塩派遣軍政務部長松島肇に前記嶋田領事を副え、「アントーノフ」と会商せしむることとなった。本会議に於ては、日本の諸要求に対し不離不即の態度を示しながら、遂には「ソ」聯の承諾を求むる必要あることを主張し、数カ月を経過するも交渉は進捗しなかった。

ワシントン会議と米国の対日政策

その間米国は華府《ワシントン》に於て海軍軍縮と共に極東の諸問題につき、関係国間の会議を行わんことを主唱した。米は本会議に於て支那に於ける門戸開放主義の確立および山東問題の解決を図る外、露西亜問題に就ても、日本の努力が西伯利亜に及んで米の脅威となるを虞れて、これが阻止に努めた。西伯利亜問題の付議には「ソ」聯代表者の出席を見なかったので、公然かつ派手な論議を見るに至らなかったが、米国は日本より撤兵の言質を得て、日本の進出を阻止したのである。米国の日本進出阻止の政策は遠く日露戦役末期に胚胎するので、時の大統領「ローズヴェルト」が一方露国を押えながら、他方日本を説きて媾和を成立せしめた後の行動は、強度の日本進出を以て米国の利益に合致せずとの観点より出発したものである。この政策は「ウィルソン」の政策に於ても、華府会議に於ても、また満州事変後「フランクリン・ローズヴェルト」の対「ソ」承認となり、延いては日「ソ」親善防止政策たる日「ソ」中立条約成立阻害に明らかにせられ、後日「ヤルタ」会議に於ける日本締出しの協同決議に及ぶまで、一貫せるものであることに留意する必要がある。

ゼノア会議

かくのごとき米の態度を観測せる労農政府の大連会議に対する指令は、逐次強硬となったのは当然であったので、我が方でも漸くこれを打切ることに意を決したのである。また欧州に於て各国協同し労農政府との間に一大会議を催すこととなったのも、大連会議打切りの一理由となったのであるが、欧州「ゼノア」に於ける会議も列国より、一、戦前および戦間に於ける外債の承認、二、外国人に対する特恵待遇、三、革命による外国人の損害賠償等を要求せるに対し、労農政府は、一、ソ聯政府の正式承認、二、封鎖および干渉による損害賠償要求と戦時債務の相殺、三、対「ソ」「クレヂット」の許与と云うが如き対案を提出したので、なんらの成果を収むるに至らずして散会した。これに引続き開催の「ヘーグ」会議も「ゼノア」会議と同一線上の議論を闘わすのみでなんらの収穫はなかったが、「ゼノア」会議の最中に両者とも孤立の状態にあった独逸との間に話合いを進め、一九二二年四月「ラッパロ」条約の調印を見るに至ったので、「ソ」聯の国際的立場は漸次鞏化せらるる傾向にあった（自分はこの頃課長となる）。

シベリヤ撤兵

されば日本が撤兵前、今一応の交渉に応ぜんとする意味合にて成立せる長春会議は、極東共和国と労農政府双方を代表せる「ヨッフェ」と、我が方代表者松平欧米局長との間に話合い進行すべき訳合なく、忽ちにして決裂した。かくのごとくにして撤兵前の話合いはなんらの成果を挙ぐるに至らなかったが、我が方は米への言責もあり、沿海州よりの撤兵を実施することに決定した。但し尼港事件解決の保障たる北樺太の占領はそのままであった。

後藤ヨッフェ会談

「ヨッフェ」は長春より北京に赴き形勢を観望していたが、日本側では後藤新平子が日「ソ」懸案の解決に乗り出すことになって、「ヨッフェ」の病気療養のためもあり、日本に来遊方を慫慂した。後藤氏は帝制「ロシヤ」時代より日露の関係に関心を有し、殊に満鉄総裁となった後には一層の興味を加え、曽ては伊藤公をしてその大業に当らしめんとして外遊を勧め、同公の「ハルビン」遭難となったこともある。

今次対策は加藤友三郎総理の了解を得た上に為され、「ヨッフェ」は一九二三年初め熱海に来たので、同地に於て数回会見が行われた。その内容は両国間に懸案となっていた債権および私有財産権に対する「ソ」の承諾、尼港事件の解決等が主たる問題であったが、後者に関連し北樺太売却の問題も論ぜられた。後藤氏は内田外相に対し、屢々その交渉方針を通報すると共に政府の所見を求めた。殊に同年四月二十四日には熱海に赴く前、早朝懸案全部につき政府の所見を求むる形式を以てせる長文の意見書を内田外相に送って来た。同外相より、あたかも開催せらるべき定例閣議に提出すべきにより、至急閣議案を作成すべしとの命令があったので、直ちにこれを作成し、折柄登庁し来れる松平局長に閲覧を求めたるうえ、閣議に駈付けその同意を得た。然るに更に即刻熱海へ赴き後藤氏に回答すべしとの命があって、急遽同地行汽車に乗ったが、途中の真鶴駅に着いたのが、既に正午過ぎとなった。同駅の茶屋に後藤氏一行の姿を見たので直ちに下車し、閣議決定の趣旨を伝えた。然るに後藤氏は当日も既に「ヨッフェ」と会見後であったので、今日の会見は非常に愉快だったとて、約一時間半に渉り会見の模様と同氏の対露方策全般に関する所見を聞かされた。

なお、同駅に近接せる湯ヵ原に病痾療養中の加藤首相に経過を報告すべき旨、内田外相より予め命令せられていたので、後藤氏との会談を了えた後、直ちに湯ヵ原に赴いたが、加藤首相は後藤氏との了解および自己の対露政策につき詳細説示せられ、外務省に於ても後藤「ヨッフェ」の会談を成功に導くよう措置すべく、右の趣旨を内田外相および松平局長にも篤と伝うべしとのことであった。

加藤首相および後藤氏いずれも共産主義の動向に重きを措くことなく、主として極東に於ける利害の調整を考慮せるものであった。この点は外務省の思想的方面をも包括せる「ロシヤ」全体を対象としての政策と幾分齟齬するものがあって、意見の合致を欠くものがあり、また「ヨッフェ」の待遇方法等についても感情上の行違いがあり、自分は両者の間を調停するため、屢々往復することとなったが、這般の消息は当時の通訳森孝三君がよく知っていた。右会談の結果はそのまま採用し難きものがあったので、直ちに成果は挙がらなかったが、この後藤氏の会談が一般的気運を醸成し、やがて北京交渉の基礎を造ったので、同氏の功績は顕著なるものがあった。また同氏が「ロシヤ」と提携して、対支、対米外交に備うべしとの意見であったのは、後日「ローズヴェルト」大統領の対日、対「ソ」外交と対蹠をなすものである。

やがて長きに渉り「ロシヤ」事務に関係して来た波蘭《ポーランド》駐在川上公使が帰朝して来たので、同人をして、「ヨッフェ」との間に更に具体的に折衝せしむることとし、一九二三年の六月一杯をこれに費やした。

この予備会談は諸案件の具体的検討に有益であって、成績見るべきものがあったが、尼港事件、賠償問題に於て、「ソ」聯（一九二二年十二月末成立）側は例の干渉による損害との相殺説を持出したので議熟せず、かつ「ヨッフェ」の帰国となったので、単に議事録の作成を以て右会談を了った。なお我が方では同年九月関東大地震に遭遇したので、復興事業の計画遂行に多忙で、「ロシヤ」問題もしばらく高閣に委ねらるる状況であった。

当時の内閣は所謂山本地震内閣であったが、その外相伊集院彦吉氏は対支、対「ソ」問題の処理につき種々の計画を有していたが、同内閣が虎の門事件のため急遽辞職したので、経綸を施す余裕のなかった事を自身遺憾とされた。その後間もなく病痾のため急逝せられたのは同氏の人格および識見に照らし、誠に遺憾とするところである。

芳沢カラハン会談

翌一九二四年に入り一月「レーニン」死去により労農政府は打撃を受けたけれども、その基礎強化せること明らかとなったので、二月に英を始め伊太利および北欧諸国の正式承認を得て一層その気勢を添えた。しかし極東露領に於ては日本軍の占領を継続せるものありて、「ソ」聯の面目および利害の上より見て、そのままに放置するを許さぬ状態にあったので、曩《さき》に「カラハン」の駐支使節任命となったのであるが、同年九月北京駐劄芳沢公使への接近となった。東京では山本内閣の後を受けて清浦内閣成立し、復興計画も緒に就いた時であった。依て松井外相に対し予は一日対「ソ」交渉の従来の経過を説明し、我が方よりするも早きに臨んで解決するを得策とする所以を述べて、右「カラハン」の申し出に応じ然るべく旨を進言したが、同大臣は即座に閣議案の作成を命ぜられたので直ちにこれを作成し、当時病床中にあった広田欧米局長と松平次官の同意を取付けた。その際広田氏は「ポーツマス」条約を承認せしむることの中外に対し必要なる所以を説かれたので、これを基本方針の一つとすることとし、後日北京条約にも明らかに規定せしめたのである。

北京条約と日蘇国交回復

芳沢公使にはかくして交渉開始の訓令が発せられたので、閣議決定の趣旨により我が要求を提示し、幾分折衝を重ねた際に清浦内閣の退陣となり、加藤高明氏の下に民政党内閣組織せられ、幣原氏外相に起用せられることとなった。よって芳沢公使には一時帰朝を命じ打合せを遂ぐることになったが、かねて石油問題に重大関心を有していた海軍では、是非とも北樺太の油田を我が方に確保せんとの希望を有し、同公使をして現地視察まで行わしむることとなった。かくして同公使は帰任の上、「カラハン」と引続き交渉を行ったが、従来の難問であった債権および私有財産権の問題は、後日他の諸国より不利益なる取扱いをなすことなかるべしと云う簡単なる解決を見た。また条約問題も前記「ポーツマス」条約はこれを承認するが、他の条約は新事態に応じ改新することとなって妥結した。

通商条約問題および宣伝禁止の条項の問題にも相当の論議を重ねたが、これが妥結を見、また尼港事件に就ては「ソ」聯側より遺憾の意を表することになったが、利権問題はこれと切離して北樺太に石油石炭の利権を長期に渉り日本当業者に許与することに定め、石油利権については日本の試掘を認めたが、試掘せる油田は「ソ」側と分割経営することとなった。右分割の方法も論議の的となったが、我が方海軍専門家の意見により、結局先方の提案に同意するに至り、一九二五年一月漸く北京条約締結を見ることとなった。幣原外相はこの間非常なる熱心を以て交渉を指導せられ、条約案文が英文であったので、その作成修正には更に一層の興味を示され、自分はその間外交の技術的方面に於て一方ならざる薫陶を受けた（一九二一年および二、三年等の「フーヴァー」の「ロシヤ」飢饉救済運動に日本も参加することを可とし、外務省の議を纏め、大蔵省反対なりとて小野次官に面談す。（西野？）、高橋蔵相反対なればこれに説いてほしいとのことにて面会す。高橋氏は米は救済物資売込みを為さんとするものにて、日本は事情を異にすとて同意せず）。

その後「ソ」聯大使館の新設と共に「コップ」大使の来任を見た。他方北樺太利権経営に当るべき当業者の代表が、莫斯科《モスコー》に赴き利権契約の詳細につき交渉するため準備を進めた。また日本大使として田中都吉氏が莫斯科に赴任することとなり、国交恢復は徐々にその軌道を走った。当時より通商条約および漁業条約改訂の準備を為す必要があったが、当時に於ては前者はもちろん後者も通商局の所管事項であったので、欧米局では直接に関与することはなかった。

米国在勤を命ぜらる

かかる状態の下に、自分が五カ年に渉り刻苦精励を尽した対「ソ」関係は正常の動きを始めたので、自分は或る日、広田局長の間に応じ外国勤務に転じたき希望を述べた。やがて同局長より在米大使館主席書記官として赴任方につき内意を伝えられたので、直ちにこれを受諾した。

丸五カ年の間には、自分の私生活に於ては結婚その他記憶に存する事項が少なくないが、これら個人的事象は凡て省略することとし、まず世界の状勢を一瞥するに、政治的にも社会的にも種々の事件があり、やがての動乱を暗示するが如き動きも見えたが、大体に於て第一大戦後の整理期にあったので、小康を保たんとする傾向に押される状況にあった。日本は世界戦争に参加したが、その犠牲は割合に少なく収穫は比較的大きかったとの状況に置かれ、経済的にも一時未曽有の好景気を示したが、世界市場の安定化と共にかえって我が方は不景気に陥り、他方共産主義の擡頭も手伝って社会の事相は険悪なるものがあった。しかしこれも漸次鎮静の傾向を示し、世界の安定化に同調する趨勢にあったが、自然界は突如一九二三年九月、関東に大地震を発生せしめ、これに伴う火災とによりて東京に大災害を蒙らしめた。米国が右震災に際し日本に与えたる人道的援助は日本人の衷心感謝するところであったが、その翌年日米間紳士協定を黙殺し、米国が移民法を改正し、日本人に対し差別的待遇を明らかにしたのは、我が方に対する侮辱として日本人一般の甚しく憤慨するところとなり、外務省へはその態度軟弱なりとて、これを責めるものが押しかけて来る有様であったが、とにかく日米国交史上初めての遺憾事であった。

第五章　華府在勤時代（一九二六年より一九二九年まで）

自分が米国在勤を命ぜられたのは、前記の如く移民法問題の発生後間もないことでもあったので、自分が以前から考究すべき問題とした人種問題、および日本の人口問題に対する興味は益々強化せられた。赴任前多忙の際であったが、これが参考書を渉猟するに努めたが、その頃面談した多数の日本有力者に意見を求めた。然るにその多くは右の二問題いずれをも研究せしことなきはもちろん、ほとんど関心をすら有せざるが如き状況であったには一驚を喫したことを今に記憶する。

米国赴任

曩《さき》に一九二一年には大西洋より米国に渡り太平洋を経て帰国したが、今度は横浜から「ホノルル」を経て桑港《サンフランシスコ》に渡ったのである。曩には単身であったが、今度は妻および幼児を携えての旅行であったが、太平洋上波平にして碧空碧水気清きところ、いつもいつも自然の美に人生の醜を忘るるの感があり、更に桑港からは「オバーランド・ルート」により「シカゴ」紐育《ニューヨーク》を経て華府《ワシントン》に着任した。華府にては移民問題以後、米国の人心も日本に対しやや遣り過ぎたとの感があったようにも見え、殊に事務上は苛烈の手段を採っても私人的には誠に親切な米国人は、我が方に対する態度は懇切を極むる感じをさえ受けた。殊に曩に着任せられた松平大使夫妻が社交に努められたので、両国間の感情に大なる融和を見ることとなり、かれこれ同大使在任中華府に於て交渉を要するほどの大事件はなかった。

予の着任当時、あたかも「フィラデルフィヤ」に於て米国建国百五十年記念博覧会の開催を見たので、直ちにこれを見物した。費府《フィラデルフィヤ》は先年も一通りは見たのであるが、今回更に建国に関する諸記録を見、またその後に於ける同国発達の尨大なるに顧み、讃美の念を新たにした。他方日本建国二千有余年に比較し種々の感想が浮んだ。歴史のないものは伝統に煩わさるることなく自由であるので、一国としても歴史を有しない方が仕合せではないかとの議論が、或る方面に盛んであった。これに対し自分は如何なる国でも如何なる民族でも、年のたつにつれ、五百年千年と段々に年齢を加え歴史を有するに至ることは当然避け難い一面、また歴史を有する妙味と長所があることは明らかであるので、要は歴史の長短が問題ではなくして、一国が動脈硬化症に冒さるることなく常に命これ新たなりとの態勢に在る場合、長き歴史を有することがかえって善きことになると自分は述べたことがあった。

米国事情の研究

当時自分の職務は主席書記官として館務を処理し庶務を総轄することにあったから、事務室に詰切りを要し、前述の通り重大案件はないにしても相当多忙であったので、紐育に数次赴き、また外務本省の命により「エール」「ハーヴァード」「ブラウン」「アムハースト」「プリンストン」諸大学を視察したる以外、旅行の機会を有しなかった。従って自分の米国研究の方法としては主として書冊によることとなったので、これに関する各方面の著書冊子は多数に渉ってこれを尋討した。そのうちでも尤も有益なる指針となったのは、「ジェームス・ブライス」の『米聯邦《アメリカン・コモンウェルス》』と「ビヤード」博士の『米国文明の興隆』であったことを特記して、ここに感謝の意を表するのは、右両氏とも白玉楼中の人となったことながら自分の義務とさえ感ぜらるる次第である。

なお米国工業施設の偉大なるに驚いたことは前に述べたが、その頃製鋼事業視察のため来米した日本製鋼所理事山県恒介君は、自分の高等学校時代の旧友であったが、同人は「ピッツバーク」その他を視察せる結果、余りに規模の大なるを見て、日本製鋼事業が速かに鉱石よりの一貫作業に転換することありとしても、原料の入手および販路に制限ある関係上、かくのごとく大規模の施設を範とするの余地なきにより、欧州に赴き独逸あたりの集約的方法を研究するの他なしと歎いたことを今に記憶するが、日本工業の原料難と内外市場の狭小なることはいずれの時代にも篤と考慮に加え置く必要があると思った。

かくのごとく一国の文明が四囲の自然に規定せらるること少なからざるは、物質的方面に限らないので、米国民主主義的政治の行き方に就ても、英国および瑞西等に於ける民主主義の発達と異なるものがあるのは当然である。殊に米国の建国および工業の発達が現時を去る遠からざりしため、手工業発達の余地なく、一躍、機械文明に突入せりと云うも差支えなき事態にありて、欧州諸国の社会的構成と異なるものあるのは当然である。また領土の広大と資源の豊富なるに加えて未開発の分野を有する関係上、欧州その他の諸地域が過重なる人口と生産組織を有すもの多きに比し、米に於ける自由企業は未だ充分の余地を有する長所がある。従って英の如きに於ても資本主義的機構は逐次修正せられて、自由企業に対する国家の介入旺盛となるの勢いを示したが、米では社会的政治的には民主主義を発揮したけれども、経済的には前半紀に於ける企業形態を持続し得たので、両者の間にはこの点に於ては相当の乖離を示した。

米蘇関係と米国の対日政策

自分は曩に東京に於て対「ソ」関係事務を鞅掌したため、「ソ」聯関係の事項には引続き興味を有すると共に、瑞西在勤以来、資本主義対共産主義の推移をやがて来るべき大問題と考えて来たので、米「ソ」の関係には少なからざる興味を有し、当時多数の米国人に共産主義に対する意見を求めた。然るにこれらの人々の大多数は政府当局者をも含めてほとんど関心を示すことがなく、共産主義が資本主義を全面的の敵とするを了解せんとせず、共産主義者の宣伝方法を説明しても対岸の火災視し、その脅威を説くが如きは痴人の夢なりとしたのは、今日の米「ソ」関係に照すときは、米人自身一方ならぬ感慨を有するに違いないと思う。当時米国は未だ「ソ」聯政府を承認するに至らなかったのであるが、操觚《そうこ》者中には日本の対露侵略を説いてかえって労農露国に同情の意を表するがあった。日本が反「ソ」政策を採る場合には結局のところ、米との関係も悪化するものと予見する必要ありとの結論に到達した。そしてこの現象は爾後各種の機会に立証せられた。これ華府会議に於て米国代表の採った態度と同一のものであった。

当時日米の国交関係が少なくとも表面的には極めて良好なる状態にあったことは、前に述べた通りであるが、この頃両国国交の根本に触れたる問題で華府にて輿論の注目を惹いた唯一のものは、「ティーポット・ドーム」事件であった。これは、いささか以前の問題で現時の政策と云うのではなかったが、日米戦争勃発の可能を種子として米国政府の資金的援助を求めた事件であるので、時勢の推移によりては更にまたこの種の暗躍に米国政局が動かさるる可能性あるを見て、慄然たるを禁じ得なかったことがある。

国務省は当時「ケロッグ」長官の下で極東部には「ホーンベック」教授、後に在支大使となった「ジョンソン」総領事がおり、「コードウェル」領事が日本課長の職務を執っていた。大使館と国務省の関係は誠に良好であったが、「ホーンベック」教授は親支論者として当時から有名であった。「ジョンソン」氏はさほどでもなく穏健なる意見の持ち主であったが、予が華府を去らんとする前一日、同氏があたかも勃興に際会せる支那国民党の将来は日本の明治維新に比較すべきものだとの意見に対し、自分は両者の差異を述べて議論したことを記憶するが、その後の支那問題の推移、米国の国民党に対する最近の態度等に顧み、これまた感慨の一題目である。

不戦条約問題

曩に自分は華府日本大使館に於て交渉を要するほどの大事件はなかったと云ったが、ここに一つ日米間だけではなく全世界を通じての重要問題に逢着したのである。右は不戦条約問題に外ならない。「ケロッグ」国務長官よりの本条約締結勧請の公文を日本大使館が受取ったのは、松平大使帰朝の時期が切迫せる際であった。従ってその後東京から本条約中、「人民の名に於て厳粛に宣言す」と云う点につき修正の申し込みを為すべき旨の訓令に接し、かつこれを実施したのは沢田代理大使であった。当初「人民の名に於て」なる文句の削除方を申し入れて拒絶せられ、次では「イン・ザ・ネーム」の代りに「オン・ビハーフ・オヴ」と修正方を提議し、右は同一趣旨の文句なりとてまた一蹴せられ、結局そのままに調印し、その後枢密院に於ける論議沸騰し、その決議により、批准の際に留保を付することにより結末を告げたのである。「人民の名に於て」の文句が民主主義的思想に基くことは誠に明白で、我が国憲法に抵触することもまた明らかであって、この間に調節せんとする議論が弥縫に過ぎざることも明瞭であった。されど米国側では、日本の憲法に抵触しようとも我れ関せず焉の態度であったが、窮極のところ米国輿論は、戦後欧州皇室の没落を主題せる劇曲等に見たる通り、かねてから帝王政治に慊焉たるものがあり、むしろこれを過去の遺物として取り扱わんとする傾向が存していたので、この際も帝王神権に類するが如き制度として我が憲法を見、我が方の主張を了解しようとしなかったのである。この点は太平洋戦争終結に際し、国体擁護問題の処理につき、我が主張貫徹の最後の線を何処に置くべきかとの考察の基準として大いに資するところがあった（本条約ハ Self-denial デアッテ強制ノ条項ハナカッタ、「ケロッグ」自身ノ説明、中立ノ消滅、自衛権ノ留保）。

日本に於て本条約の文句が憲法に抵触するとの議論が盛んになったのは、一九二八年八月巴里に於て調印後、本条約が公表せられた後であったが、その間には右文句につき米国政府と交渉を重ねたことは調印のため渡欧した内田前外相にも外務当局よりは説明してはなかった。その事は後日内田氏が欧州より紐育に来着した際、外務大臣の命により東京に於ける本件紛糾の成行きを通報し、なるべく新聞への意見表示を差控えられたしとの意を伝達するため面談した時、同氏の述べられたところであるが、本件に関する事務的処理の不誠実が本件紛糾の一因となったことも争われない。かくのごときは当時一部者間に於ける慣用手段であったようである。即ちその後一九三〇年、倫敦《ロンドン》条約調印に関する大論争が起り、浜口首相暗殺、五・一五事件等の直接の原因となって、日本の右翼化に拍車をかけたのであるが、その起因が海軍軍令部との間に充分論議を尽さずして処理したことにあるのも、外務当局としては後日の鑑とすべきであると感じた。

禁酒法問題

自分は本問題が東京に於てもやや下火となった頃に（米国ノ帝国主義的行動、一、西部へ、二、「カリビヤン」政策、三、東洋へ、米ノ物質的文明ノ発達、物質的ノミナラズ精神的開明望マシ、科学ハ邪悪ノ手へ、「ウソ」ヲ発見スルキカイ、米国の永久繁栄）、帰朝することとなったが、華府を去る前に特筆したいのは米国に於ける禁酒問題である。これは同国国内の一問題に過ぎないが、一般的社会問題として当時自分には種々の興味を喚起した。禁酒法は販売者を処罰し、飲用者は不問に付すると云う趣旨で、立法上不徹底のものであったが、外交官は海外よりの輸入により自家用および宴会用としてなんら不自由のない状態であった。一般には国内の密造、国外よりの密輸入が甚だしく、その取締りはほとんど不可能に近く、「ブートレッガー」の跋扈は社会を風靡し、青少年等に於ても好奇心、虚栄心よりかえって速かに飲酒の弊に陥るものが少なくなく、本法遵守の念は地を払った実状であった。無論本法は戦時措置の一弁法とも見るべきものであったが、元来の禁酒論者は本法の永久化を主張し、反対論者を圧していたのであった。しかし遂にはその弊害の大なるに顧み、一九三三年、憲法改正第十八条により廃止の運命に到達したのである。

自分が本法施行の実状につきまず感じたのは、理想的には善美の立法も実施困難なるものは遂に立法の威厳を害し、国民の遵法の念を阻害することが甚大であると云うことであった。更に反面より云えば如何に善美なる理想に基く社会的機構と雖も、一国の道徳的水準に適合せずして実行不可能なる場合には、かえって社会的弊害が多いので、社会的機構の改革は一般人の道徳の向上に比例するを要することで、ここに立法上の限度があると云うことである。更に云い換えれば、立法手段により社会の改善を計るべきでなく、立法は道徳の進歩を前提とし、少なくともこれに伴うべしと云うのである。これは共産主義が暴力革命を以て「プロレタリヤ」の独裁政治を樹立し、この権力により社会制度を改善せんとすると同様の手続を思わしめたのである。人類社会の進歩を計ることは何よりも大切なことで、保守因循の採るべきにあらざるは当然であるが、他方社会の「ユートピヤ」を理想として邁進する場合にも、人類の道徳的社会的進歩がこれに伴い得るに非ざれば、革命の成功も期し得ず、また一時これに成功してもやがて旧態に復することは、「フランス」革命等幾多の前例があるに徴して明らかである。無論旧態に復しても革命前の状態よりは理想に近いことは明らかであるが、暴力革命も遂にかかる成果しか挙げ得られないとすれば、むしろ民衆に了解せしめて同一の境涯を作り上げるといずれがいいかと云う問題であって、無理押しをする暴力手段よりも啓発による進歩の方法に出ずるを適当とするとの結論に到達したのであった。

かくのごとくして、予は一九二九年五月華府を出発し、「ニューオルリンズ」に一泊した後、「サンセット・ルート」に依り米国南部地域を汽車の上から眺めつつ更に「ロス・アンゼルス」を経て桑港に到着し、再び太平洋を渡って横浜港上の人となった。

第六章　満州出張および印度洋渡航

予の横浜上陸は田中内閣の総辞職と時を同じくした。同内閣は前記不戦条約批准に関する枢密院の反動のみならず、張作霖横死事件に関連して国内の不統一を見るに至りたるため、総退却に決したものである。後任として浜口民政党総裁の組閣となり、幣原男の外相就任を見た。

よって自分は幣原外相に帰朝の報告をすることになったが、次官吉田茂氏は予に参事官として独逸に赴任方を求めた。久し振りに欧州に赴きその状勢を審らかにすると共に、この二、三年講究した米国文明と欧州文明とを新しい観点から比較研究するのも有益だと考えたので、右の申し出を許諾した。然るにその後満州に出張、暫時滞在することとなり、かつまた渡欧の途を印度洋に採ったため、伯林着任までには半歳の長日月を費やしたので、便宜上これらの叙述を纏めて一章とする次第である。

満州出張

右任命承諾の際、自分から日本内地に就ては自分ら外務省のものは視察する機会が少ないわけで、この辺に欠陥を見ることを指摘し、この時機に於て予は北海道方面等内地を旅行したき旨を申し出で、その内諾を得た。そして郷里薩南に両親の起居を奉伺して帰京すると、直ちに大臣および次官より、曩に哈爾賓《ハルビン》に於て、東三省官憲が「ソ」聯総領事館に手入れしたる事件より漸次拡大し、奈辺に止まるべきや分り兼ぬる状態があるから、直ちに同地に赴き事態の推移を考察し、事件の処理につきても総領事を指導して欲しいとの命令があったので、急遽出発した。満韓の地を踏むのは十五年振りであるので、事物の変遷に接し一方ならぬ興趣を以て旅行した。

南満州の事態

朝鮮および満鉄沿線付属地の施設は面目を一新し、その進展著しきものがあったが、満州各地に於ける日支の反目の甚だしいのは驚くほどであった。十五年前自分が奉天に在りたる頃の日支官民間の融和状態は煙と去って何処にも求むるを得ず、その頃懇意であった人々でも白日の下を避け、暗夜「ホテル」に来訪すると云う有様であり、日本人側でも長きに渉り在留した少数の者を除く外は、普通の方法では近来倨傲を加え来りたる張学良政権と協調し得べしとは思われないとの意見を述べる状況であった。無論張作霖爆死事件後間もないので、張学良は日本側との協力を峻拒し、利権回収に邁進しており、日本居留民は経済的地位の維持にも困難を覚える状況にあったので、両者の対立は険悪なる状況にあった。

北満に於ける蘇支紛争調査

自分は奉天に於て林総領事および旧知の日支人から種々の事情を聴いた後、自分の当面の任務を処理するため、哈爾賓《ハルビン》に入った。同地ではまず露支紛争事件の起因たる「ソ」総領事館手入れの真相を探尋するため、後に満州国総理となった護路司令張景恵に面会し、委細の事情を尋ねたが極めて不得要領であった。次では在同地領事団の二、三から右手入れの事情、および「ソ」聯の態度を聴取したが、多くは本件の起因を東三省政権の利権回収に帰し、「ソ」聯の武力行使を予想しなかった。

自分は毎日総領事館事務所に赴き、「ソ」支の動静には報告を受くると共に、前記の方面につきて情報を蒐集したが、「ソ」聯も容易に動かんとする形勢なく荏苒《じんぜん》日を送る状況であったので、自分は半日を哈爾賓市内外の視察と松花江畔の遊覧に暮らし、三週間を経過した。従来激務に慣らされしものが、事件の進展も見えないところに中ぶらりんの状況に置かれたので、倦怠に堪え兼ぬることになった。よって東京には事件急転の模様なく、また幾許かの曲折を生ずることありとしても大事件に至るが如き事なきものと認むと報告して、南下することとした。これ一つには、北満に於ける「ソ」支衝突よりも南満に於ける日支関係が一層深刻なるものを感じたによるものであった。長春にては永井領事から同地に於ける形勢険悪で、今にも武力の衝突を見るに至るべきを恐るとの話があったので、再度奉天に於ける状勢を審らかにし、形勢甚だ憂うものを見て、旅順に於て畑関東軍司令官に面談するために更に南下した。途中大連では日本人の商権が支那人の手に移りつつある状況をも見た。

畑司令官との会談

畑中将は自分が先年東京にて西伯利亜《シベリヤ》出征の跡始末に苦心していた際、陸軍省軍務局長および次官を歴任していたので、度々苦情を持込んだ関係もあり熟知の間柄であったので、率直に今次満州旅行中の経験と感想を語り、事態をこのままに放置する場合には日支の衝突は免れざる状勢にあること、我が方の意図が支那側との衝突を避け平和的発展を為さんとするに於ては、速かに支那側との間に交渉を開始し諸懸案の解決を計ること、そして張学良は目下のところ奉天総領事館を相手とする意向なく、親父作霖の横死を含むところ大なるにより、日本側にて交渉開始を企図する場合には、まず張学良の怨嗟かつ畏怖の目的たる関東軍司令官に於て驩を交えて、これに導くほか途無きことを説示した。然るに同中将は言下に自分の方針とするところは日支親善にあるのだから、早速奉天に赴き張学良と融和の方法を講ずべしとのことであった。よって自分はこの勧説の効果ありしを喜んで辞去したのであったが、その後間もなく自分が渡欧の途次にあったさい、同中将逝去の報を耳にし、右会見の際をも想起し、将来好個の陸相として考えていた自分は甚だ残念に思った。然るにその後東京に於て聞いたところによれば、同中将は間もなく張学良を奉天に訪問したが、辞去後直ちに苦痛を訴え急死したので、毒殺せられたのだと云う噂があったと云うことである。万々一右様の理由がありとせば、交驩を勧説した自分の責も大なるものがあるので甚だ恐縮する次第である。

財部全権

丁度この頃の所行で今一つ自分が恐縮している事があるのでここに併記することとする。この旅行を了り、東京に帰って見ると、倫敦《ロンドン》軍縮会議が開催せられることとなって、外務省ではその代表につき人選を始めていた。自分は伯林に向け出発することとなったので、以前より知り合いの財部海軍大臣に離別の挨拶に行くと同時に、今回補助艦に関しても条約成立に至らんことを希望する旨を述べたところ、同海相もその希望も同様なることを述べ、華府《ワシントン》会議に於ける加藤代表の話に入ったから、自分は今次会議には日本海軍内部の関係重要となる可ければ、当局大臣自身出馬せられてその不平を抑えつつ成立に導かるるを必要と思う旨を述べたが、同大臣も満更反対とは見えなかったので、直ちに外務省に至り吉田次官に財部海相派遣方を説いたら、同次官は右は妙案と思うから早速外務大臣に話すこととしようとのことであった。その後も財部海相の倫敦行に対して、右予の助言がいかほどの効力があったかは知る機会はない。しかし倫敦条約締結後海軍内部の葛藤強盛となり、これがまた日本に於ける極右思想台頭の一重要原因となったので、稀に見る人格者でかつ有能であった財部大将も引退の止むなきに至ったことは誠に遺憾に堪えない。倫敦に於ける会議進行中、既に海軍内部の動きが険悪なることは明らかとなっていたので、右終了後伯林を通過、両三日滞在のうえ帰朝せられた同大将には伯林に於て御詫びをしたわけであった。永年に渉り他人に与えた忠言または勧告が好結果を来したこと多きを喜んでいる次第であるが、右二件は少なくとも自分よりすれば、いずれも御本人に多大の御迷惑を懸くるが如きことになったことを感じ、今に相済まなく思っておるわけで、世事測り難きもの多きを長大息する次第である。

帰朝と牧野内府に対する報告

さて畑司令官と旅順に於て別れて後、自分は大連より乗船、渤海湾を渡り白河を遡り太沽に上陸、久し振りに天津に入り、更に北京の風物に接した。天津に於ける日本居留民の増加、従って商権の拡張著しきと奠都後の北京が淋しいのに驚いた。始めは京漢線を経て中支の視察を行いたい計画を有していたが、余りに永くなったので北京より引返して満州および朝鮮を経て帰京した。外務大臣以下当局には蘇支紛争事件の外満州の事情につき詳細に報告し、かつ畑軍司令官との会見に言及し、同司令官に説示せると同様の趣旨を以て進言した。

なお自分は伯林向け出発の準備に着手したので、離別のため多数有力者に面談の機会があったから、その或る者には満州の実状を説述した。殊に自分が外務省就職当初外務大臣であり、その後も引続き世話になっていた牧野伸顕伯は内大臣の職にあったので、詳細に実状を伝え、このままに放置すれば何時でも爆発し得べき状況にあることを説明したが、同伯も一驚を喫した模様で、そんなに悪化した状態かと云い、自分が打合せするから西園寺公にもよく話して置くようにとのことであった。その後同伯より西園寺公は偶々京都に於て病痾引籠中であるとの知らせがあり、自分は出帆期日が既に差迫っている時であったから、右の実状は必要に応じ牧野伯より伝えらるることとし、自分は同公には直接説明の機会はなかった。しかし牧野伯には満州事変発生後、一九三三年に帰朝した後同伯より右事変発生時の取扱い方につき話があったから、自分は右満州旅行直後の報告に言及し、自分としては同事変の発生は意外ではなかったが、右報告に照らし、同伯に於ても幾分予期せらるるものがあったでしょうと述べたところが、同伯はこれを首肯せられたことがある。

独逸赴任

自分は家族と共に神戸より日本郵船会社の榛名丸に乗船、渡欧の途についた。欧州在勤は二度目であるが印度洋経由は始めてであり、上海以西の風物は凡て新しいので自分には興趣の一方ならぬものがあった。上海は支那の都市に非ずして国際都市であり、香港には支那人の多数を包含しているが英国人の都市であり、新嘉坡《シンガポール》また然りである。「ペナン」「コロンボ」は英国の色彩濃厚であるが、住民および風物が印度の特色をそのままに保持しているのが目立って感ぜられた。「アデン」の荒地に白人の住居に適せる一都市を建設せる英人の努力も大いに讃美すべきものがあるが、香港以西到る要地に占拠し、東亜大陸より印度およびその以西に至るまで永きに渉りこれを統治し来った英人の手腕には、何人と雖も最大級の敬意を表するに吝ならぬだろうと思った。

英国の帝国主義活動

南太平洋から印度洋の碧水渺々たるを楽しみながら、寄港先まで積出さるる種々の物資を目撃して英人経営の一斑を見、他方中学時代に教わった「マコーレー」の「クライヴ」の伝記等をも想起し、英国帝国主義の辛辣なるを痛感しないわけに行かなかった。英本国に於ては議会政治の嚆矢を為し、民主主義を政治の基準とし、道徳保持の「チャンピオン」なるが如き意気込を示しながら、五大州に渉る広大なる植民地に於ては圧迫搾取を恣にしているのは、該地域の原住民が萎靡無気力であったためでもあるが、英国人の帝国主義的活動の旺盛を示すもので、国家の性格に二重性があることが認められた。またこの広大なる植民地も原住民が時と共に覚醒し、殊に日露戦役後に於ける日本勃興の勢いに刺戟せられて来たので、英国の統治も漸次困難を加え、如何にしてこの頽勢を支うべきかに頭を悩ましている状況があらわになりつつあるが、実際的なる英人が如何に対処するかは政治上極めて興味ある題目であると思った。

「アデン」よりやがて紅海に入り、「アラビヤ」半島の荒原を見つつ「スエズ」運河に入った。駱駝隊に興趣を催し「シナイ」山脈に古時を偲んだ。また「スエズ」にて一時下船、「カイロ」に赴き「ピラミッド」「スフィンクス」に「エジプト」文明の盛時を追懐し、「ナイル」河の歴史的意義を考察した後、「ポートサイド」に至り更に乗船、地中海を渡って「メシナ」海峡を北上し「ナポリ」にて下船した。同地では中世紀に於ける繁栄の跡を尋ね、「ヴェスヴィアス」噴火の状が世界に嘖々たるほど壮大ならざる感を得たのは日本の活火山に比較したからのことだろうが、「ポンペイ」では発掘の跡に当時の生活の状況を審らかにし得るところ少なくなかった。羅馬《ローマ》では流石に古来の史跡と高雅なる芸術とに目を瞠り、せめて一週間の滞在をと思ったが、官途そのようのことも許されないので三日にして去り、「フィレンツェ」に一日滞在し絵画館に讃歎の情を禁ぜず、直ちに北上「シンプロン」隧道を経て瑞西《スイス》に入った。同国にては曽遊の感に堪えず、下車したき念も生じたが車上旧遊の地を偲ぶに止め独逸に入り、七年を隔てて更に伯林《ベルリン》「カイザーホーフ」の客となった。

第七章　第二次伯林在勤時代（付寿府軍縮会議）

対独関係の改善

曩《さき》に自分は一九二二年春独逸を去ったのであるが、同国では一九二三年一月、仏、白の「ルール」占領に対し消極的抵抗の方法に出でたるため大「インフレーション」を来し、「マルク」相場は未曽有の惨落を見た。またその根本問題たる賠償に関する各国の要求は容易に緩和せられず、他方仏の後援による「ラインランド」分離運動が独逸人を憤慨せしめたことは一方ならぬものがあった。しかし時日の経過と共に輿論の傾向に変化を来し、賠償も「ドーズ」案の採択により幾分緩和の勢いを示し、仏国にても「ポアンカレー」の武力的高圧主義が退却して「エリオ」「ブリアン」等の出馬を見るに至り、独逸「ストレーゼマン」の協調主義と呼応して遂に一九二五年七月には「ルール」占領仏軍の撤退完了し、十月には「ロカルノ」条約の締結となり、国際状勢に少なからざる改善を齎した。かかる状況の変化に伴い独逸国内の生活も著しく改善せられ、戦争直後の状態と比較を絶するものがあり、全国に渉り活気の溢るるのを感知した。

しかし「ヴェルサイユ」条約による桎梏は到る方面に重圧を加えているので、独逸国内到るところに同条約に対する不平の声があり、やがての爆発を懸念せしむるものがあった。従ってまた同国経済の本質は甚だ脆弱たるを免れなかった。されば米の永久繁栄の希望に反して発生した一九二九年十月の米国恐慌は、独逸にも重大なる影響を与えたのであるが、自分が着任した際には既に伯林経済界では、その前途に就き大なる危惧の情を示していた。これが翌年五月の「クレヂット・アンシュタルト」の破綻から独逸金融界の恐慌となり、終に米国大統領の「モラトリアム」許与となったのである。

日独関係

国際政情は右の通りであるが、日独間の単独なる関係に於ては更にまた重大問題を以て目すべきものはなかった。上部シレジヤの処分につき国際聯盟に於ける日本代表部の態度に若干の不平を包蔵しておるものがあったが、一般独逸人はあまりこれを意に介せざるようであった。自分の着任直後の問題として独逸の不快に感じていた軍事監督制度廃止の問題につき、我が長岡大使は伯林の外交団に於て斡旋に努め廃止に導いたことが記憶せられるのみである。同大使は間もなく一時帰朝の途につかれ、予は小幡大使の着任まで一年近くも代理大使として勤務することになった。前記両国関係に照らし右の期間ではほとんど政治的活動を要することはないので、その間の自分の仕事は日本絵画展覧会を通しての文化的啓発と高松宮両殿下の御来独を迎えたことなどであった。但しその頃でも日本人の来遊するものが甚だ多数であったので、館員の一部は視察許可の取付け、旅券の査証のみならず、「ツーリスト・ビューロー」に類する仕事に忙殺せられていた。また日本の独逸文化との交流は戦後に於ても持続せられていたので、文芸、技術、一般科学の各方面に渉り研究の目的を以て来独するものが少なくなかった。されば独逸人の方面でも日本に対する興味は少なくなかったので、この機会に於て日本文化を宣布するためまず絵画展覧会を開催すべしとの議があったので、自分も着任後これが実現に努め、日本より作品の到着を得て一般の展覧に供するを得た。これと共に日本より美術専門の学者および画家の来独を得たので、これと協力して日本美術の精髄を解示するに努めたが、相当の効果があったように思う。

高松宮御来遊

高松宮両殿下は御新婚匆々の世界旅行の途次であられたのであるが、独逸が交通の要枢にある関係もあって入独数回に及び、精神的および物質的両方面に渉り隈なき視察を遂げられた。自分は御入独匆々に「ブレーメン」と独逸を去らるる際伯林にて御下命に応じ、大戦後に於ける独逸の現状および将来の見透しにつき講演すると共に、各地御見学に随伴した。両殿下は伯林に於ては宰相「ブリューニング」、外相「クルチウス」等多数の者に面談せられたが、殊に大統領「ヒンデンブルク」は熱心に歓迎の意を表し、特例としては日本大使館に両殿下を訪問して昔話などに打ち興じ時間の経過をも忘るる有様であった。同元帥の老いてなお祖国の復興に専心せる熱意、威ありてなお寛裕の態度を持せる相貌は今なお眼前に髣髴たるものがある。

ナチ勢力の台頭

「ロカルノ」条約締結後、独逸を繞る国際政情は小康を告げた観があったが、独逸国民の「ヴェルサイユ」条約に対する不満はなかなかに除去せられなかった。殊に「ソ」聯の後援による共産主義者が多数派社会党の分野に侵入して勢力を扶植せんとする状があるので、これに正面より対抗の地位にある国民主義独逸労働党は媾和条約に対する不平を煽り立て、その廃棄を主張して国民感情に訴えんとするの方策に出たので、独逸内部に於ける動揺はその勢いを加えんとする状況にあった。またかかる変乱のさい穏和派がとかく過激派に圧倒せらるるは敢て珍しくないことであるが、独逸多数派社会党は極左の方面よりその政治的分野を侵され、更にまたこれを主とする中道派は右翼に於て一九三〇年の総選挙以来台頭し来りたる「ナチ」に圧せらるる勢いとなり、難局に遭逢するに至ったのである。これに対し聯合国の多くは無関心で、例えば一九三一年「クルチウス」外相が独墺間に関税同盟に関する議定書作成に成功した際に、「サン・ジェルマン」条約違反なりとし、国際司法裁判所にて八票対七票の差を以て否認の決定を為したのであるが、右の如き行動が独逸の中道派に大なる打撃を与え、「ナチ」をして「ワイマール」政権の無能を糾弾せしむるの具となり、現状打破を標榜する「ナチ」勢力の増大に資することとなったのである。さればその頃より大勢は「ナチ」と共産主義者の対立となり、伯林市北部に於ては両者間の衝突を見ざる日とてなく、毎日若干名の死傷者を出す有様であったが、「ナチ」は逐次優勢を加え、一九三二年七月の総選挙には議会内の最大党となったのである（「ローゼンベルグ」ト関係アル一独逸新聞記者ヨリ同人ガ面会ヲ希望シ居ル旨ノ申出アリタルモ大使館事務所以外ノ面談ハ出来ヌ故ヲ以テ謝絶ス）。

満州事変勃発す

その間我が方に於ては小幡大使の来任を見た。同大使は支那問題に関する造詣が深いので東亜の将来を話し合うことが多く、自分は満州に就て見聞したところを説示し早きに迫んで妥結するの必要を述べたが、一九三一年九月柳条溝事件突発の報に接し、その後は毎日事件の推移に心緒を悩めるのであった。然るに先年来寿府《ジュネーブ》軍縮予備委員会にて決定せられた一般軍縮会議が、一九三二年二月より寿府に開催せらるることとなっていたが、日本主席代表として在英松平大使が当ることとなったので、同大使は同じく代表たる在白耳義《ベルギー》佐藤大使等と協議の上、自分に同会議日本代表部の事務総長たるべき旨の申し越があった。自分はその前年寿府国際聯盟総会に列席し、聯盟内の空気が真面目を欠くもの多きを目撃し、今次軍縮会議も同様の雰囲気に置かるべきを感じて余り気乗りもしなかったが、右両大使のみならず小幡大使も熱心に勧説せらるるのでこれを承諾し、一九三二年二月初め寿府に赴いた。

一般軍縮会議

一般軍縮会議の前景気は寿府に於ても未曽有のもので、同市全部のホテルは勿論同市内外のアパートおよび別荘もほとんど全部会議関係者の占拠するところとなり、日本からも陸軍より松井大将、海軍より永野大将が代表に任ぜられて随員の多数と共に来着し、欧州各国代表部は首相または外相主席全権となり、米国また「ノルマン・デーヴィス」以下多数を派遣し、各国代表部の偉容甚だ見るべきものがあった。

なお満州問題につき前年九月以来聯盟に於ては頻繁に理事会を開催したが妥結に至らずして現地に「ロード・リットン」を首班とする委員会を派して報告を徴することになったが、あたかも一般軍縮会議と時を同うして総会を開催して本問題に最後的決定を与えることとなったので、松岡、長岡両氏が日本代表としてこれまた多数随員を携えて来寿することとなり、日本代表部の本拠たる「オテル・ナショナル」は非常なる賑いを呈することになった。かかる状況の下に事務総長として予の第一に遭逢した問題は軍縮会議関係者と支那問題関係者との事務上の分担を明らかにしなるべく両者の兼任を避くることであった。次には陸海軍主席随員を代表の統制より離脱せる治外法権的存在たらしめんとする陸海軍の要望であったが、長きに渉る論議の後右要望を拒否することに成功した。当時の陸軍主席随員は建川少将で、海軍は休会時帰朝の途次満州里に客死せる小槙少将であった。

会議は英国外相「ヘンダーソン」主宰の下に二月初めより開催せられたが、あたかもその直前日本軍隊が上海にも上陸したとの電報が伝わったので寿府内の対日感情は益々悪化し、「ヘンダーソン」の会議劈頭の挨拶に於てもこれを糾弾する辞句があった。各国代表はこれに引継ぎ演説を行い、各国の軍縮に関する態度を表明した。

列国の不一致と不熱心

軍縮につき尤も困難なる問題は安全保障である。戦後平和を希求する意向強烈なるを機とし寿府に於ては各国熱心に論議を重ね、安全保障、軍縮、仲裁裁判の三原則の上に所謂「ジュネーブ」平和議定書を作成採択したのであるが、英国および自治領は率先不賛成の意を表明してその成立を見るに至らなかった。由来兵器の進歩著しき今日にありて絶対的安全を求めんとするは更に困難であるので、安全の保障なくば軍縮に応じ得ずと云えば軍縮の実行は全然見込みなきこととなるわけだ。然るに本会議に於ては仏はまず独逸よりの脅威に対する保障を得ざれば軍備を縮小し得ずとの心構えを示し、国際軍設置による集団的安全保障を提議したが、英米始め自国主権の制限を好まざる列国の承諾するはずもなかった。また各種委員会の設置を見たが、例えば海軍委員会に於て英米は華府および倫敦条約の建前を維持して自己の安全を確保せんとし、日本は主力艦および大型巡洋艦、および空中母艦を進攻的なりとしてその廃止を提議し以て自国の安全保障に資せんとした。右は一例であるが、誰も自国に都合のいい案であるほど相手国より見れば受諾は出来ないというわけで、如何に論議を重ねても妥協に到達しない。また独逸からは「ヴェルサイユ」条約により独逸が軍備を縮小した事は列国に率先して実行せるもので、もし列国に於て縮小せざれば独逸は再軍備の権利あることを唱え、英仏はこれに雛形的武備を許容するの案を講究せるも無論独逸の満足する程度に達すべくもなく、「ソ」の全面的軍備廃止案の如き実行不可能を見越しての宣伝であることは明らかなので、なんら会議の進捗に貢献するものではなかった。米国代表は当初「フーヴァー」大統領の意を承け、軍備三分の一減を目的とせる案を提出して相当の熱意を示し、欧州諸国間の軍縮実行に比例しその対米債務を減却すべしとの意さえ洩したる如きも、何分同国にては経済恐慌対策に忙殺せられ、なお大統領選挙戦の近づくに伴い益々熱心の度を失った。やがて大統領当選に確定したる「ローズヴェルト」は恐慌処理のためにする「ニュー・ディール」に多忙なる外、国際問題につきては満州問題、「ソ」聯承認等箇々の問題処理には相当の熱心を示したが、一般的軍縮問題には多大の興味を示さなかった。

一時帰朝す

とにかく寿府軍縮会議は前景気に反し目醒ましき効果を見るに至らざるべき状勢明らかとなるに伴い、海軍軍縮問題は来年に予期せらるる華府《ワシントン》海軍条約署名国の会議の結果に俟つこととし、陸軍および空軍事項並びに精神軍縮につき数個の事項なりとも協定成立に導きたしとの気運が発生した。しかしこれとて容易ならぬ困難があるので暫時休会の後更に集合することとなった。日本代表部内も外務省と軍部との間には意見の懸隔大なるものがあった。しかし外務省関係者はその際議題となっていた飛行機による都市爆撃禁止を始め大型「タンク」の使用禁止等数箇の事項なりとも協定の成立に努むるを可とし、東京と打合せを進めたしとの意向が松平、佐藤両大使間に強く、自分に右休会期を利用して帰朝の上打合せを了するようにとのことであった。よってあたかも「ローザンヌ」に於ける賠償会議に日本代表として出席して任を了え、「ソ」聯経由帰朝の途に就かんとせる駐伊大使吉田茂氏と同行、「モスコー」に赴いた。同地にて広田大使に面談し、最近話合が成立した「ルーブル」換算率問題その他一般状勢に関する話を聞き、「クレムリン」内の革命記念館やら赤広場等を見物した時、あたかも松花江の洪水にて北満通過不能なりとのことで浦塩経由に決し東行列車に乗り込んだ。羅馬から帰国の途上であった吉田氏およびその家族と一緒だったので退屈もしないで西比利亜の旅を終え、浦塩にて下車、「ホテル・ヴェルサイユ」に投宿したが、同地にて最上の「ホテル」と云うに係らずその不潔なる状況には一驚を喫した。また往昔同港が国際通路として殷賑であったに比し、現在同市内外の警戒甚だ厳重なるものがあったが、国際旅客は全然姿を消し、港内の寂寥甚だしきが目に立った。しかしなお僅かに定期航海を続けている北日本汽船会社の船に搭乗して敦賀着、直ちに東上し九月九日東京に着いた。

欧米局長を命ぜらる

東京では直ちに外務省係官の参集を求めて寿府会議の状勢を報告し、代表部の意向を伝えると共に日本政府の採るべき態度につき巨細に進言し再三会議を重ねた。なお軍部にも勧説する必要を認めたので陸海軍大臣以下に会談し、三省協議会の開催まで見るに至ったが、各方面共概して熱意なく国際政局の興味は満州事変に集中しておる模様であったが、とにかく東京に於ても松平大使等の希望を充分考慮して対策を講ずることに取り決めた。然るに右の打合せが充分に進捗しない際に、今回松島君が吉田氏の後任として駐伊大使に任命せらるることになったから、その後任として自分を欧米局長に任命したいとの話が内田大臣からあった。同大臣は曩に記述の通り先年対「ソ」案件を鞅掌した際の大臣として省内の大先輩であり、この提議は拒絶するを得ぬ次第でもあり、また寿府会議の模様も到底成立の見込はないと思っていたのでもあり、また多年海外に勤務したから内地勤務に異存はなかったので承認することにした。しかし大掛りの会議に事務総長として執務し、しかも打合せのため一時帰朝中であるからこのまま滞京と云うわけには行かない、一応帰欧復命し、松平および小幡両大使に充分了解を得た上に改めて帰朝、就任することとしたしと答えたが、それでも宜しとのことであった。よってこのたびは米国経由渡欧することとし、十月二十六日横浜発「シャトル」に向かった。まだ秋口であったが北太平洋は既に荒れ模様で船の動揺が激しく、不愉快な航海であったが無事に下船し、「シャトル」から「シカゴ」経由紐育《ニューヨーク》に向かった。合衆国北部線は始めてであったが、林檎の出盛り、南部地方と異なった風景等を賞しながら極めて快適なる旅行であった。紐育では堀内総領事の歓待を受け、三年半振りに再遊した華府では斎藤君が代理大使であったので大使館邸に二泊した。然るにあたかも十一月初旬で大統領の選挙日に際会したので、斎藤君と劇場に赴き映画を見つつ選挙の発表を聞いた。「ローズヴェルト」の当選確実なるを見て引揚げ、官邸に於て同人就任後の外交政策につき種々話し合ったが、斎藤君も新大統領が「ソ」聯を支持し日本の満州進出をも阻止せんとするのではないかと憂うる旨を語った。予は更に紐育に赴き同港から大西洋を横断し「サザンプトン」に上陸のうえ倫敦より和蘭経由伯林に直行し、小幡大使に報告を了した。次で寿府に赴き東京の事情を巨細に説明し、なお急速帰朝方に関する了解を得た。

軍縮会議閉幕

寿府軍縮会議はその後なんらの実質的進展を見なかった。即ち同年十二月十一日の五強国宣言および一九三三年三月「マグトナルド」案提出せられかつ同年十一月まで集会を継続せるも遂に成果を挙ぐるを得ず、遂に一九三三年十月独逸の脱退通告により終焉を告ぐるに至った。折角世界平和に一新面を開かんとする希望も一頓挫を見るに至りたるは誠に遺憾に堪えざるところであるが、同会議に於ける各国の利己的態度を見て、国際社会がかかる人道的平和事業に成功するほどの道義的基礎を欠いているのを痛感した次第であった。

寿府に於ける満州問題

寿府軍縮会議の不成功には独逸の「ヴェルサイユ」条約に対する反発が一大原因をなしておるわけであるが、日々に強化し来る「ヒトラー」の勢力につき、在寿府英国代表部では弱体な独逸中道政府を相手とするよりも国内に確乎たる基礎を有する「ナチ」政権の出現を俟ってこれと取り引きするを可とすとの意見を有していたのは、流石に実際的な英国式の考え方として興味を惹くものがあった。

自分が寿府を引揚げる前に今一つ述べて置きたいのは、満州問題に関してである。世界が満州事変の推移に少なからざる興味を示したのであるが、本件を審議し、終局的決定を下さんとする国際聯盟総会の開催せられている寿府に於ての関心は甚大であって、一般軍縮会議を圧倒せんばかりであり、特に松岡代表来着して以来の空気は頓に緊張を告げた。また米国よりも「スチムソン」が乗り込み、対日制裁にまで導かんとする状勢であった。されば台風の中心たる日本代表部を繞る人々が、この問題に衷心よりの関心を有するのは当然であるから、自分は曩に述べた通り軍縮関係の事務総長として事務の混交を避くる方法を採ったが、各人の関心の赴くところは自然に任せた。予も松岡君と両三回論議を交える機会があったが、同年十一月末、予が一時帰朝より更に来寿した頃であるが、同君が聯盟を脱退せず主張を貫徹して帰朝する場合も、聯盟を脱退して帰朝する場合も神体視せらるることになるのだと言ったと聞いたので、同君が聯盟脱退を賭し強引に成功を計らんとするものなるを感じ、一日同人を訪い、一国の進展も一時に過大を求むべからざること、満州事件に伴う反感は欧州よりも米国に強く、「ローズヴェルト」大統領就任と共に益々悪化すべきことを説いたが、米国通を以て自任する彼は、米国に対するには強気を以て押すを最上とし、米国と雖も満州位は日本に認むるも可なるべしとて頑張ったが、右は幾分日本内に於ける自己の評判を気にしての行動でもあると思った。満州問題の国際的処理につき自分に特に強大な印象を与えたのは米の態度で、「スチムソン」の対日経済制裁は「フーヴァー」の穏健政策で一時抑制せられたが、甚だ寒心に堪えぬとの感じを受けた。これに反し英国が種々の原因はあるが、日本に対し比較的穏和なる政策をとれることであった。

自分はその後間もなくして同地を去り、伯林に帰任したるうえ残務を処理し、かつ家族を取り纏め、瑞西《スイス》経由、「クリスマス」を羅馬《ローマ》に過し「ナポリ」より乗船、帰朝の途に就いた。旅程は三年前に西行したのを逆に進むので、曩に得た知識と感想とを繰り返しつつ愉快な旅行を続けて一九三三年一月二十八日東京に帰着した。八月以来旅から旅で、五カ月間に地球を周ること一周半、やや旅行にも厭きたが帰途印度洋の航海は甚だ愉快で、旅の疲れも癒えて爽快の裏に帰国した。

第八章　欧米局長時代

国際聯盟脱退

帰朝後の恒例により郷里に老親を慰問したる後、二月末以降欧米局長としての実務を執ることになった。当時の内閣は斎藤子の主宰するところで、内田老伯満鉄総裁より転じて外相に直り、高橋是清氏また老体を提げて蔵相の地位にあった。当時外務省否日本を挙げての大問題は満州事変処理であり、具体的には国際聯盟総会の決議を受諾するや否やの問題であった。予は旅行中であり委曲を審らかにすることが出来なかったが、日本の大勢は受諾を不可能なりとしこれを拒絶するに決したと云うことだが、次に来ったのは聯盟脱退の問題であり、二月二十日廟議決定のうえ聯盟にして我が主張を容れざるときは代表は退場すべく、聯盟脱退も致し方なしとの訓令が発送せられたとの趣であった。

国際聯盟が平和保障に努力し相当の効果を挙げ得ぬではなかったが、加入各国の主権は依然として第一義的に尊重せらるるため、実際的に平和を強制するの手段を欠いていた。

かつこの国際機構が余りに現状維持を目的としたため、規則第十九条に予見する平和的変更の方法は一度も活用せられたことなく、現状に不平あるものは結局聯盟に対し非協力の態度を採るに至り、日本の脱退に引続き一九三三年十月独逸も脱退通告を発することとなった。その後の聯盟が頓に無力なものとなったのは当然であるが、世界平和機構の進展上誠に遺憾のことであったが、今後に於ける平和機構の促進には右の諸点につき篤と考慮を加える必要があることを痛感した。

内田外相に意見書を提出

自分は欧米局長就任早々であったが、満州事変関係の主管局長であった谷亜細亜局長に対し、事変関係諸案件は欧米諸国との関係に重大影響があるから、今後は右に関する重要事項は決定前に欧米局にも書類を送付せられたきを述べその承認を得た。これはその後大体に実行せられたが送付しなかったのも相当あった。自分はその際更に内田大臣に対し日本現下の外交が世界各国に与えたる不評を詳述し、その止まるところを知らざる以上米英との衝突を見得べきは必定であること、また一部に唱導せらるる対「ソ」戦争も先方の出方並びに米の態度等に顧み、これを避けざるべからざる所以を説いた。然るに同大臣は大体に於てこれを首肯すると共に詳細の事実等を挙げたる文書の提出を希望せられたので、急遽一篇の意見書を草し有田次官を経て外相に提出した。この文書は日本と欧米各国との国交状勢を見るに便利なるのみならず、先般東京に於ける極東軍事裁判所法廷にて証拠として提出されたることもあるので、聊か長文であるがこれを載録することとする。無論本篇は日本の外交政策樹立に関する主管局長より当局大臣に宛てたものであるから、現実に即して説得するを主眼とし、外交の理論的または思想的方面には必要なき限り触れなかったのである。また外務省官制に因る欧米局の主管が支那問題を含まぬことよりして本意見書には直接対支問題に触るるを避けた。なお当時対「ソ」問題が支那問題に次ぐ緊要案件として為政者および軍部の間に考慮せられていたのと対「ソ」問題は欧米局の主管であったので本問題に比較的多くの紙数を費やしたのである。

国際聯盟脱退後ニ於ケル帝国ノ対欧米外交方針（昭和八年四月中旬）

帝国政府ハ東洋平和確立ノ根本方針ニ付国際聯盟ト其ノ所信ヲ異ニシ、此ノ上聯盟ト協力スルノ余地ナキニ至リタル結果、今般遂ニ聯盟ヨリ脱退スルコトヲ通告シ、今後ハ聯盟ノ圏外ニ立チ国際政局上従来トハ異リタル立場ヲ採ルニ至レル次第ナルヲ以テ、此ノ際右新事態ニ処シ、帝国ノ対外方針ニ関シ最モ慎重ナル考慮ヲ加ヘ、帝国ノ現下直面セル重大難局ノ打開ニ違算ナカラシムルコトヲ期セサルヘカラス。甲、以下先ツ帝国ノ欧米諸国各個ニ対スル関係ニ付検討ヲ加フヘシ。

一、米国

米国ハ聯盟ノ圏外ニ立テル非聯盟国ナルモ、其ノ強大ナル国力ハ同国ヲシテ欧米諸国ニ対シテ指導的地位ニ立タシメ、其ノ現下国際政局上ニ於ケル勢力ハ聯盟ト雖之ヲ無視スルヲ得ス、之ヲ以テ一昨年九月ノ満州事変勃発以来、聯盟カ重要決議ヲ為スニ当リテハ常ニ米国ノ参加ヲ求メ、其ノ協力ヲ得テ以テ聯盟ノ行動ニ権威ヲ加ヘント腐心セルハ明瞭ナル事実ナリ。之ニ対シ米国側ニ於テハ事変勃発ノ当初ヨリ大体ニ於テ努メテ慎重ナル態度ヲ持シ、自国カ極東ニ於ケル戦禍ノ渦中ニ捲込マルルコトハ之ヲ避ケント欲スルト共ニ、「モーラル・プレシユア」ニ依リ日本ノ行動ヲ抑制セントスルモノノ如クナリシ処、昨年一月末上海事件勃発スルニ及ンテ米国上下ノ対日態度ハ俄然悪化シ、有力ナル学者政治家等ニシテ対日経済断交ヲ唱道スル者アルニ至リ、又上海ニ於テ日米両国軍艦ノ間ニ衝突事件突発スルナキヤヲ恐ルルニ至リ、米国政府ハ万一ノ場合ニ備フル為米国全艦隊ヲ太平洋沿岸ニ集中セリ。先之同年一月七日国務長官「スチムソン」ハ日支両国政府ニ宛テタル同文通牒ヲ以テ、錦州方面ニ於ケル日本軍ノ軍事行動ニ伴ヒ事変発生以前ニ存在シタル南満州ニ於ケル支那政府ノ最後ニ残存セル行政的権力ハ破壊セラレタリト為シ「日支両国及米国カ当事国タル不戦条約ノ約束及義務ニ違反セル手段ニ依リ成立セシメラルルコトアルヘキ一切ノ状態条約又ハ協定ヲ承認スル意思ナキ」旨ヲ通告シテ、茲ニ所謂「スチムソン」主義ナルモノヲ宣明シ、爾後同長官ハ数次ノ機会ニ之ヲ補足説明シ、満州ニ於ケル事態ハ不戦条約及九国条約ニ違反セルモノナリトノ意味合ヲ洩シ、遂ニハ暗ニ日本ヲ呼フニ侵略国ヲ以テスルニ至レリ。

（中略）惟フニ日米両国間ノ関係今日ノ如ク疎隔シ緊張セルコト従来其ノ類例ヲ見サル所ナリ。米国ノ全艦隊ハ太平洋ニ集中セラレ居リ之ヲ大西洋ニ帰還セシムル模様ナク、又米国ノ一部ニ於テ唱道セラレタル対日経済封鎖ハ其ノ必然ノ結果トシテ日米間ニ戦争ヲ誘致スヘシトシテ米国内ニ於テ之ニ反対スル者多キニ顧ミ之カ実現ノ可能性ニ乏シト看做サレ居ルモ、最近米国議会ニ於テハ他国政府ノ協力ヲ得テ武器軍需品ノ禁輸ヲ為スノ権限ヲ大統領ニ付与セムトスルノ決議案上程セラレ、右ハ政府ニ於テ之ヲ希望シ居ルヲ以テ結局通過ヲ見ルニ至ルヘシト一般ニ観測セラレ居ル事態等ニ照シ、若シ例ヘハ北支ニ於テ日米両国軍隊ノ間ニ不慮ノ衝突勃発スルカ如キコトアラハ之ニ由リテモ戦争勃発ノ危険アルハ明瞭ナリ。

而シテ世上ニ喧伝セラルル日米戦争説ニ付考フルニ、我国ノ一部ニハ、「ロンドン」海軍条約ノ結果一九三六年以後ニ於テハ日米海軍力ノ比率ハ我レニ不利トナルヘキヲ以テ米国ト戦ハントセハ現在ヲ以テ絶好ノ機会トストノ説ヲ為ス者アレトモ、今仮ニ日米間ニ戦争勃発シタリトシ、而シテ我方ノ作戦成功シ比律賓ヲ攻略シ米国艦隊ヲ我カ近海ニ誘寄セ之ヲ撃破シタリトスルモ之ノミヲ以テ直チニ彼ニ致命的打撃ヲ与ヘ之ヲ屈服セシムルコトトナラサルハ明ニシテ、我方ヨリ進ンテ布哇ヲ攻略シ又ハ米国本土ニ対シテ攻勢ニ出ツルコト困難ナルヲ以テ、要スルニ極東ニ於テ部分的勝利ヲ博スルノ外之ニ由リ極東以外ニ於テハ利益ヲ収ムルコト尠キノミナラス、右ノ必然ノ結果トシテ我レニ不利ナル持久戦ヲ展開シ戦争長引クノ懸念大ナリ。加之現在ノ国際関係ニ於テハ米国一国ノミヲ対手トシテ戦争ヲ予想スルカ如キハ甚タ困難ニシテ、其際ニ於ケル英ノ態度ハ素ヨリ、仏(後掲三参照)等ト雖其ノ帰趨我方ニ有利ナルヲ予断シ難キト共ニ、動モスレハ此等ノ諸国ノ共同動作ヲ惹起スル懸念大ナリ。従テ日米戦争ハ我方ヨリスルモ之ヲ避クルヲ可トス。然ルニ他方米国側ノ立場ヨリ考フルモ武力ニヨリ我方ヲ屈服セシムルコト困難ナルニ顧ミ其ノ得ル所大ナラス。之ヲ要スルニ太平洋ヲ独占セムトスルカ如キハ日米孰レニ於テモ空想事ニ過キスシテ、米国カ極東全般ニ於ケル日本ノ覇権樹立ヲ好マサルハ勿論ナルモ同国ノ極東ニ於ケル実質的利害ハ結局通商及投資関係ニ過キサルヲ以テ米国ニシテ真実之ニ想到スルニ於テハ同国カ支那ニ対シ Moral guardianship タラムトスルカ如キ思想ハ之ヲ緩和セシムル余地アリ、従テ我方ニ於テハ此ノ見地ヨリ米国ヲシテ其ノ極東政策ニ付篤ト再考セシムルヲ緊要トス。即チ日米戦争避クヘクシカモ米国ヲシテ其ノ極東政策ヲ再考訂正セシムルヲ以テ我対米政策ノ根本トセサルヘカラス。

由是観之此際日米関係ヲ有ラユル方面ヨリ研究シ、苟クモ前記根本政策ノ遂行ニ資シ得ル方策ハ之ヲ実行シ以テ両国間ニ無用ノ衝突ヲ回避シ感情ノ疎隔ヲ速ニ除去シテ太平洋方面ニ於ケル事態ノ平静化ニ努ムルコト帝国外交上ノ喫緊事ナリト言ハサルヘカラス。然ラハ日米関係ノ改善ヲ計ル具体的方策如何ト言フニ、先ツ第一ニ米国ヲシテ其ノ対支政策ヲ再考セシムル様事態ヲ馴致スルコト此際ノ急務ニシテ、之カ為ニハ満州国ヲシテ独立国タラシムル様其ノ基礎ヲ確立セシムルト共ニ成ルヘク同国ニ於ケル門戸開放機会均等主義ヲ遵守セシムルノミナラス、我国カ満州国以外ノ地域ニ対シテハ何レノ方面ニ於テモ何等領土的且政治的野心ヲ有セサルコトヲ明ニスルコト肝要ナリ。尚又米国トノ間ニ此際例ヘハ日米関係上ノ汚点タル差別的排日移民法ニ付テハ米国ヲシテ我方ニ対シ公平ナル「クオータ」ヲ適用セシムルコトニ依リ之ヲ解決スル方針ヲ以テ歩武ヲ進メ、又最近米国議会ヲ通過セル比島独立許与問題ニ付テモ従来米国ニ於テハ比島カ独立スル場合ニハ日本ノ領土的野心ノ目的物トナルヘシ等日本ヲ誣ユルノ声頻リニ伝ヘラレ又斯ル杞憂ヲ抱ク者アルヤニ認メラルルニ顧ミ、米国側ニシテ同島ヲ米国海軍根拠地トシテ使用セサルコトヲ承認スルニ於テハ其ノ中立保障ニ関シ日米間ニ協定ヲ遂クルコトハ差支ナシ。但シ右所載ノ事項ハ概ネ今日ノ両国関係ニ於テハ急速実行ヲ見ルヲ得サルヘキ処、第一着手トシテ両国間ニ調停条約並ニ仲裁裁判条約ヲ締結シ両国関係ノ平静化ヲ図ルヲ適当トス。（中略）

二、英　国

帝国ノ国際関係上最モ重キヲ置カサルヘカラサルモノノ一ハ英国トノ関係ナリ。英国ハ東洋及太平洋ニ於テ印度、豪州及新西蘭ヲ領有シ、新嘉坡及香港ノ要衝ヲ占ムルト共ニ、又支那ニ於テハ他国ニ率先シテ有力ナル経済的地盤ヲ築上ケタル大勢力トシテ多年極東問題ニ重要ナル地位ヲ占メ居レル次第ニシテ、日英関係ノ進展ハ過去ニ於テ帝国国運ノ発展ニ大関係ヲ有シタルカ如ク、今後ニ於テモ亦至大ノ関係ヲ有スヘキナリ。之ヲ過去ノ事蹟ニ徴スルニ日英同盟ハ帝国外交政策ノ枢軸トシテ二十年ニ亘リ光輝アル歴史ヲ貽シタルカ、欧州大戦ノ結果英国ノ脅威タリシ独逸ノ進出阻止セラレタルノミナラス日英同盟本来ノ目的物タリシ露西亜モ崩壊シテ印度方面ニ対スル其ノ脅威減退セルノ形勢トナリ、日英同盟ハ英国ニ取リテ継続ノ必要大ニ減少スルニ至リタルト共ニ、他方ニ於テ米国ニ於ケル極東政策及排日移民問題ニ基ク日米関係ノ緊張ハ延イテ米国民ヲシテ日英同盟ヲ極端ニ嫌忌嫉視セシメ、之カ存在ハ英国ノ最モ重要視スル英米親善関係ノ重大ナル障害タラントスル形勢ヲ馴致セルノ外、更ニ大戦後英帝国内ニ於テ頓ニ勢力ヲ加ヘタル諸自治領ノ態度モ豪州南阿等ハ日本人排斥ヲ呼号シ寧ロ米国ト感情ヲ同シクスル立場ヨリ、又加奈陀ハ米国ト数千哩ニ亘リ国境ヲ接シ経済的ニモ亦極メテ密接ナル関係ヲ有スルヲ以テ米国トノ善隣関係ヲ重要視スル立場ヨリ夫々日英同盟ノ継続ニ反対スルニ至レル等ノ事情ヨリ、英国ハ一九二一年華府会議ニ先立チ開催セラレタル英帝国会議ニ於テ日英同盟更新セサルコトヲ決定シタル上、華府会議ニ於テ日英米仏四国間ニ互ニ太平洋方面ニ於ケル島嶼タル属地及領地ニ関スル其ノ権利ヲ尊重スヘキコトヲ約スル四国条約ヲ締結シ以テ同盟ヲ終焉セシメタリ。日英同盟廃棄後支那問題ニ関スル日英協調ハ復昔日ノ如クナラス、華府会議及其ノ所産タル九国条約ハ対支国際関係ニ新生面ヲ啓キ、英国ハ率先シテ対支援助政策ヲ採リ条約改正問題殊ニ関税治外法権及租借地問題ノ解決ニ着手シタルカ、支那ニ於ケル政局ノ不安ハ依然トシテ改善ノ跡ナキノミナラス上記ノ如キ政策ハ却テ支那ヲ増長セシメ支那ニ国民主義運動ヲ勃興セシムルノ結果トナリ、之カ為利権回収ノ排外運動ヲ誘発スルニ至レリ。

（中略）更ニ又日英通商関係ヨリ見ルニ英国カ海外市場ノ維持発展ヲ計レルハ大戦後ニ於ケル産業不況及貿易ノ逆調ニ処スル当面ノ急務ニ英帝国内通商互恵ノ制度ヲ樹立シテ自治領トノ経済的提携ヲ密接ナラシムル等百方措置ヲ講シ居レル処、最近ニ於ケル低為替及労働条件ノ有利ニ基因スル本邦商品ノ海外進出ハ目醒シキモノアリ、到ル所ニ英国市場ヲ侵蝕シツツアル為両国間ニ経済戦ヲ激化シ、英国ニ於テ日貨排斥ノ声起リ、対日関税障壁ノ設定又ハ日英通商条約廃棄論ノ提唱ヲ見ル等対日反感ヲ醸成シツツアルノ事実ハ亦之ヲ等閑視スルヲ得サル所ニシテ、最近日印通商条約ノ廃棄カ主トシテ英本国ノ利益ニ基クモノナリトノ説モ亦首肯スヘキ所尠カラス。

翻テ英国ノ現状ヲ観ルニ現国民内閣ハ英国ノ直面セル未曽有ノ財政経済ノ難局打開ヲ

使命トシテ一九三一年十月末ノ総選挙ニ依リ国民大多数ノ支持ヲ得テ成立セルモノニシテ、議会ニ絶対的多数ヲ擁シ其ノ成立以来予算ノ均衡貿易ノ改善ニ努メ之カ施設見ルヘキモノアルモ、尚内外ニ幾多ノ重要案件ヲ控ヘ前途多難ナル状況ニ在リ、即チ内ニ於テハ現ニ二百七十万ヲ下ラサル失業群ヲ有シ、国庫ノ負担莫大ナルモノアリ、又客年七月「オタワ」会議ニ依リ広汎ナル帝国内通商互恵ノ制度ヲ樹立シテ自治領トノ経済提携ヲ図ルト共ニ英帝国ノ紐帯ヲ鞏固トセルモ、愛蘭ニ於テハ北部愛蘭ヲ合一スル独立国ヲ樹立シ英国ノ羈絆ヲ脱スルノ目的ヲ漸現セントシテ英国政府トノ間ニ争端ヲ醸シ居リ、又印度ニ於テハ大戦ニ基ク印度ノ地位ノ向上ト共ニ印度人ノ政治的覚醒ニ依ル自治運動澎湃タルモノアリ、印度統治法改正問題ハ英帝国内ニ於ケル刻下ノ重大問題トシテ世界ノ視聴ヲ惹キツツアリ。

更ニ対外的ニハ英国ハ国際平和ノ維持促進ノ為国際聯盟ヲ極力支持スルト共ニ戦後欧州政局ノ平和安定ヲ計ル為、仏独伊等ノ欧州諸国ノ間ニ介在シテ常ニ平和ノ調停者タル地位ヲ保持シ来レル処、寿府ニ於ケル聯盟軍縮会議ハ開会以来一年有余ニ及フモ会議停頓シテ行詰リノ形勢ニアルノミナラス、最近ニ於ケル独逸政情ノ変化ハ遂ニ「ヒツトラー」ヲ首領トスル国粋社会党ノ政権獲得トナリ平和条約改訂要求ノ声ト共ニ欧州政局ノ風雲啻ナラサルモノアリ、他面米国トノ間ニハ戦債問題ノ調整ノ外軍縮問題、世界経済会議問題ヲ控ヘテ解決ヲ計ラサルヘカラサル極メテ困難ナル事態ニ直面シ居レル現情ナリ。

日英ノ関係以上ノ如ク、而シテ英国現下ノ国内上並国際上ニ於ケル情勢亦叙上ノ如クナルヲ以テ、一昨秋満州事変勃発以来英国カ聯盟ニ於ケル其ノ地位勢力ニ顧ミ、一方聯盟ノ権威ヲ維持セムトシツツモ他方成ルヘク実際的見地ヨリ日支事件ノ妥結ヲ計ラムトシテ斡旋スルノ態度ニ出テ、而シテ同国カ聯盟調査委員ノ報告書ヲ支持シテ之ヲ基礎トシテ事件ノ解決ヲ策シ、結局帝国ト聯盟トノ所信ノ相容レサルモノアルコト明瞭トナルニ及ヒテ多数聯盟国ト全然其ノ行動ヲ共ニシタル事情ハ之ヲ了解シ得ヘシ。

惟フニ現下帝国ノ急務トスル所ハ我対満方針ヲ遂行スルト共ニ日支関係ノ調整ヲ計ルニアリテ、之カ為ニハ相当ノ年月ヲ要スヘク、其ノ間列国トノ国際関係ヲ維持スルノ必要アルハ明カナル処、此ノ点ニ於テ英国ハ支那ニ於テ他国ニ卓越シテ重大ナル権益ヲ有スル国ナルノミナラス其ノ国際政局上ニ於テ指導的地位ヲ占メ居リ、又東洋ニ於テハ多年帝国トノ同盟関係ニ依リ密接ナル提携協力関係ヲ有シタル歴史的事実ニ顧ミ、帝国カ其ノ協力ヲ求メ得ヘキ最モ重要ナル国ナリ。我国ノ一部ニハ往々ニシテ日英同盟ノ復活ヲ期待スル者アルモ、斯ノ如キハ日英同盟廃棄ニ至レル事情ヲ仔細ニ検スレハ到底其ノ実現ノ望ナキコト明白ニシテ、又支那問題ニ関スル日英協調ノ回復ト雖モ固ヨリ其ノ実現ハ容易ノ業ニ非ス。然リト雖モ日英両国ハ前記ノ如ク極東殊ニ支那ニ於テ緊切重要ナル権益ヲ有スル二大国トシテ互ニ利害関係ヲ基礎トスルニ於テハ少ナクトモ極東殊ニ支那本部問題ニ関シテハ両国ノ提携協力ヲ策スルコト必スシモ困難ナラサルヘシト思考セラル。而シテ此ノ目的達成ノ為ニハ帝国ノ対満政策ノ根本目的ニ関シ英国ヲシテ充分了解徹底セシムルト共ニ支那ニ於テ英国ノ有スル権益ハ我方ニ於テ之ヲ尊重シ両国間ニ利益衝突ノ原因ヲ除去シ成ル可ク良好ナル雰囲気ヲ作リ以テ日英協調ノ趨勢ヲ助長スルト共ニ、他方同国ヲシテ米国ト我方ノ関係改善ニモ資スル様仕向クルコト賢明ニシテ実際的合理的ナル方策トスヘシ。

三、仏　国

（中略）日仏関係ノ現状右ノ如クニシテ、仏国カ何等我方ノ親仏的態度ニ応セントスルノ模様ナキハ主トシテ仏国カ其ノ対日関係ニ於テ、先ツ英米トノ関係ヲ考慮セサルヲ得サル立場ニ在リ、而シテ現下帝国ノ之等諸国殊ニ対米関係カ円滑ヲ欠キ居ル事実ニ由来スルモノナリト認メラル。斯ルカ故ニ、若シ今日日仏提携関係ヲ具体的ニ進捗セシメントセハ、先ツ帝国ト英米トノ関係ヲ改善スルコト喫緊事ニシテ若シ将来東洋及太平洋問題ニ関シ、帝国ト之等諸国トノ関係カ更ニ悪化スヘキ事態発生シタル場合ニハ、仏国カ機乗スヘシト為シ、米等ヲ支持シ之ニ恩ヲ売リテ欧州問題ニ対スル支持ヲ得ントスルコトアルヘキハ、曩ニ「ヤップ」島問題ニ関シ日米間ニ異議アリタル際ノ仏国ノ態度、華府会議ノ際仏国首席全権カ印支海軍根拠地ヲ米国海軍ノ支配下ニ置クヘキ事態ヲ予想セルヤノ説伝ヘラレタルコト、最近仏国カ各種ノ機会ニ「スチムソン」主義ヲ支持シツツアル態度等ニ徴シ我方ニテ警戒ヲ要スル所ナリ。

（中略）要之帝国ト米英等ノ諸国トノ関係現状ノ通ナル限リ、日仏関係ハ其ノ文化的方面ニ於テ及純経済的範囲ニ於テ之ヲ促進スルノ余地アルノ外、支那ニ於ケル対共産党政策等ニ於テ協調ノ余地アルヘキモ、之ヨリ更ニ進ンテ具体的ニ日仏ノ政治的提携ヲ計ルコトハ至難ナルヘク、之ヲ具体的ニ考察スルモ、仏国ハ嘗テ雲南ニ於ケル其ノ立場ニ関シ帝国政府ノ保障ヲ求メントシタル事実アルモ、最近南支ニ於ケル米国ノ経済的軍事的活動顕著トナルヤニ認メラルル際、日仏協約ノ読直シノ如キハ之ヲ応諾セサルヘク、又仏国財団ノ対満投資等モ米国カ満州ノ門戸開放機会均等ヲ唱へ、又米蘇カ満州国陸海軍軍備ニ対シ相当危惧ノ念ヲ抱キ居ル限リ、仏国トシテハ結局右諸国ニ気兼ネシテ本件投資ニ抑制ヲ加フルニ至ルナキヲ保セス、更ニ又日仏間ニ共通ナル点少カラサル対支政策ノ協調ニ付テモ、仏国ハ主トシテ英国ニ対スル関係ヲ顧慮シ、結局突進ミタル日本トノ提携ヲ計ルカ如キコト無カルヘシト認メラル。

尚仏国ト蘇聯邦トノ関係ニ付テ見ルニ、蘇聯邦ノ将来ニ対シテハ各種ノ予測行ハレ居ルモ、仏国トシテハ最近独逸ニ於ケル極右党ノ勢力増大ノ形勢ニ鑑ミ、蘇独ノ提携防止ノ為、従来ノ行懸ニ拘ラス蘇聯邦トノ接近ヲ計ルノ緊要ナルヲ認メ、客年十一月不侵略条約及調停条約ヲ調印スルニ至レル次第ニシテ右仏蘇接近ノ傾向ハ今後独逸国粋社会党一派ノ活動顕著ヲ加フルニ従ヒ益々増進セラルヘシト観測セラル。而シテ右仏蘇関係ハ、恰モ往年ノ仏露同盟関係ト相通スルモノアリ、今日我国カ蘇聯邦ニ対シ攻撃ヲ加フル場合ニハ仏国トシテハ中立ヲ厳守スルノ義務アリ。従テ仏国カ我国ノ所謂蘇聯邦退治ヲ企ツル場合之ニ参加スルヤハ勿論之ヲ支持スヘキヤモ疑問ナリト云ハサルヘカラス。

以上記述セル所ヲ要スルニ独仏戦争等ノ大事変発生セサル限リ、此ノ際仏国カ単独ニ日本トノ間ニ「アンタント」ヲ締結スル事ハ畢竟スルニ至難ナリト思考セラルルヲ以テ、先ツ帝国ノ対米対英等ノ関係ニ於ケル親善提携ヲ計リ、之ニ依テ更ニ仏国ヲ我方ニ引付クルノ外良策ナシト謂ウヘシ。

四、独　逸

（中略）翻テ日独ノ関係ヲ考察スルニ、独逸ノ現状ハ以上ノ如ク、同国ハ目下専ラ欧州ノ事態ニ没頭シ居ル関係上比較的ニ直接利害関係稀薄ナル極東問題ヲ顧ミルノ余裕少ナキモノノ如ク、従来共極東問題ニ関シテハ積極的ニ反日的態度ニ出ツルコトナク不即不離ノ態度ヲ持シ大体ニ於テ大勢順応主義ヲ採レルモノノ如シ。

最近独逸ニ於テ旧独領南洋委任統治地域回収ニ関シ論議セラレタルカ、元来南洋諸島ハ現在ノ独逸ニトリテハ政治的及経済的ニ重大価値アルモノトハ思考セラレサルヲ以テ、帝国ノ反対ニ対抗シテ飽ク迄之カ回復ヲ主張セントスルモノトモ思ハレス、寧ロ右ハ独逸カ其ノ冀望スル東阿弗利加ニ於ケル旧独植民地回復ニ切掛ヲ造ラムトスルニ出ツルモノカト察セラル。

要之日独ノ関係ニ於テハ、独逸ニ於ケル極右党ノ政権掌握ヲ利用シ極東ニ於ケル我国ノ立場ヲ了解セシムルニ努ムルト共ニ、日独間文化的学術的ノ接触了解ヲ促進シ、以テ独逸ヲ我方ニ引付ケ置ク様仕向クルコト肝要ナルヘシ。

五、和　蘭

蘭国ハ東洋ニ広大ナル植民地ヲ領有シ、極東問題ニ対シテハ大ナル関心ヲ有スヘキ立場ニ至リ、華府会議ニ於テ四国条約成立ノ当時、蘭国側ノ希望ニ基キ、太平洋方面ニ於ケル蘭国ノ島嶼タル属地ニ関スル同国ノ権利ヲ尊重スル旨宣言スルコトトナリ、帝国政府ハ大正十一年二月五日附ヲ以テ在蘭公使ヲシテ右ニ関スル公文ヲ交付セシメタル経緯アルモ、由来蘭国側ニ於テハ今猶我方カ蘭領印度ニ対シ何等カノ野心ヲ有スルナキヤヲ危惧シ居ルモノノ如ク、又最近日本蘭領印度協会会長近衛公爵ヨリ外務大臣宛提出ノ我国ト和蘭国トノ国交増進ニ関スル建議書中ニモ、今次我国ノ聯盟脱退ニ基ク国際政局ノ動揺ニ依リ、我国ト蘭領印度トノ間ニ於ケル修交関係経済関係ノ前途ニ一抹ノ不安ヲ感スルノ感ナキヲ保シ難キ様思考セラルルニ付、此ノ際我国ト蘭国及蘭領印度間ニ於テ仲裁裁判条約若ハ適当ナル外交的施為ニ依リ斯ル不安ヲ払拭セムコトヲ政府ニ建議シ居レルカ、帝国政府トシテモ、此ノ種蘭国側ノ杞憂誤解ヲ一掃シテ日蘭親善関係ヲ増進スルト共ニ、太平洋平和ノ精神ヲ世界ニ闡明シ、依テ以テ太平洋ニ於ケル事態ノ平静化ヲ計ルニ資スルコト極メテ望マシキ義ナリト思考セラル。加之我国ハ蘭領印度及蘭領「ボルネオ」トハ地理的歴史的及経済的ニ重要ナル関係ヲ有シ、特ニ蘭領印度トノ経済関係ハ逐年緊密ヲ加へ、本邦ノ同地ニ対スル輸出ハ昭和六年六千三百四十五万円、同七年一億二十五万円ニ達シ、将来益々発展ノ傾向ニアリ、同地ヨリ本邦ニ対スル輸入モ昭和六年四千六百万円、昭和七年四千四十一万円ニ達シ、又本邦人ノ同地ニ於ケル投資額ハ既ニ約七千万円ノ巨額ニ達シ、今後更ニ其発展ノ期スヘキモノアルヲ以テ、蘭国側ノ不安ヲ除去シ、彼我経済関係ノ増進ヲ計ルハ機宜ニ適スル措置タルヘシ。(中略)

六、蘇聯邦

㈠ 日「ソ」国交開始以後最近迄ノ両国関係特ニ「ソ」側ノ対日態度

日「ソ」国交ノ基礎ヲナセル北京基本条約ノ締結ヲ見タルハ大正十四年一月二十日ニシテ、両国ハ右条約ノ実施ト共ニ大使館及領事館ヲ相手国ニ開設シ、同時ニ北樺太ニ於ケル利権契約問題及一九〇七年ノ日露漁業条約改訂問題ニ付交渉ヲ開始セリ。帝国政府ノ推薦セル日本当業者ト「ソ」政府トノ間ニ行ハレタル北樺太ニ於ケル石油及石炭ノ両利権契約ハ、何レモ大正十四年十二月十四日莫斯科ニ於テ締結ヲ了シ、又漁業条約改訂ニ関スル両国政府間ノ交渉ハ彼我ノ国家、社会及経済組織ノ相異ニ基ク主張ノ不一致ヨリ容易ニ妥結ヲ見ルニ至ラサリシモ、昭和三年一月二十三日ニ至リ新条約ノ締結ヲ見タリ。然レトモ右新条約実施ノ結果逐年種々紛争ノ発生ヲ免レサリシ為、帝国政府ハ昭和六年六月広田大使ヲシテ「ソ」政府当局トノ間ニ漁区安定問題ニ関シ交渉セシメタル結果、昭和七年八月、遂ニ円満ナル解決ヲ見タル次第ニシテ、両国ノ関係ハ、昭和五年一月「ソ」側ノ宣伝禁止違反問題ニ関シ我方ヨリ抗議ヲ申入レ、次テ浦潮鮮銀閉鎖問題ニ付相当ノ波瀾ヲ見、又沿海州林業利権企業中止ニ至リタル等ノ事実ハアルモ、大体ニ於テ支障ナク進捗セリ。

而シテ昭和六年九月十八日満州事変突発以来、「ソ」政府カ同事件ニ対シテ採リタル態度ヲ見ルニ、終始中立不干渉ノ方針ヲ以テ一貫セリ。事件カ従来帝国ノ勢力範囲トシテ認メラレタル南満州ニ局限セラレタル時代ニ於テ「ソ」政府カ前記ノ態度ニ出テタルコトハ、昭和四年東支鉄道問題ニ関聯シ「ソ」支間類似ノ紛争発生シタル際帝国ニ於テ厳正中立ノ態度ヲ採リタルコトアルニモ鑑ミ、左迄怪ムニ足ラストスルモ、其ノ後事件ノ拡大スルニ伴ヒ、帝国ノ軍事行動カ北満州ニ及ヒタル後、即チ現実ニ「ソ」聯邦ノ利益ニ触レタリト認ムヘキ時代ニ於テモ猶且不干渉ノ態度ヲ持続シ、剰サヘ東支鉄道ニ依ル帝国軍隊ノ輸送ニ同意ヲ与ヘ、在満「ソ」聯邦領事館ヲシテ「リットン」委員会ノ事業ニ協力セシメラレ度キ旨国際聯盟ヨリ請求アリタルニ対シテハ之ヲ拒絶、又蘇炳文事件ニ際シ、満州里在留邦人ノ「ソ」聯邦経由引揚ニ対シ好意的援助ヲ与ヘタルノミナラス、東支鉄道ニ付テハ之ヲ我国ニ売却シ差支ヘナキ意向ヲモ表示シ、更ニ最近国際聯盟ヨリ諮問委員会ニ参加方招請ヲ受ケタルニ対シテモ明瞭ニ拒絶ノ回答ヲ発シタルハ、前記漁区安定問題ノ解決ト共ニ特ニ注意ニ値スル処ナルカ、由来蘇聯邦ノ極東ニ於ケル日本ノ実力ニ対スル認識ハ爾余ノ国ニ比シ遥ニ大ナルニ起因シ、殊ニ同聯邦カ目下国内ノ建設事業ニ忙殺セラレ居ル際、内外諸般ノ事情ヨリ外国ト事ヲ構フルコトヲ許サレサル為何等日本ヲ刺戟スル行動ヲ避ケントシタルモノナルヘク、又満州事件後、曩ニ「ソ」側ノ提議セル不侵略条約ノ締結ヲ熱望シ、頻リニ右提議ニ対スル帝国政府ノ同意ヲ促カシタルハ満州国ノ成立及之ニ伴フ帝国ノ北満進出ニ鑑ミ、極東「ソ」領ニ対スル帝国ノ脅威増大セルヲ感シ、不侵略条約ニヨリ自国領土ノ安全ヲ保障セントシタルニ因ルナルヘシ。

「ソ」聯邦カ今日迄帝国ニ対シテ採リタル態度ハ正ニ前述ノ如ク、満州事変前ニ於テモ相当互譲妥協ノ方針ニ出テタルモノト認メラレ特ニ事変発生後ニ於テハ、前記「ソ」側ノ態度ノ為、帝国カ対満政策遂行上多大ノ便益ヲ得タルハ争フヘカラサル事実ナリ。而シテ国交開始後今日迄八ケ年余ニ亘レル両国間各種交渉ノ事蹟ニ鑑ミ、「ソ」側ノ態度時ニ硬軟ノ差異アリタルモ、其ノ国情ノ許ス限リ大体ニ於テ穏健ナル措置ニ出テタルハ「ソ」側ニ於テ不断極東ニ於ケル日本ノ地位並実勢力ニ付相当正確ナル認識ヲ有シタルト、「ソ」側内外ノ状勢ニ鑑ミ其ノ対日態度ヲ随時之ニ適応スル様調整スルノ必要アリタルトニ基クモノト云フヘク、而シテ右「ソ」側政策ノ現実遂行ヲ可能ナラシメタルモノハ同国ノ強大ナル中央集権確立ノ事実ニ在リト観ルヲ適当トスヘシ。

(二) 日「ソ」関係ノ確立ヲ必要トスル理由

「ソ」聯邦ニシテ其ノ理想トスル世界革命ニ邁進スルニ於テハ我方トノ衝突モ早晩之ヲ免レサルヘク、殊ニ同国カ熱心遂行中ナル三ケ年計画ニ就テハ、我国ハ大ナル関心ヲ以テ之ニ注目スヘキハ勿論ノ義ナルカ、「ソ」聯邦カ如何ニ赤化宣伝ニ力ヲ注クモ世界革命ヲ達成セムトスルニハ結局武力ニ訴フル必要アルヘキ処、三ケ年計画カ国民生活ヲ犠牲トシテ強行セラレ為ニ国民ハ日常食料品ニ付保健上ノ絶対必要量スラ供給セラレス、国家財政亦極度ニ疲弊シツツアル現状ニ於テ、果シテ能ク所期ノ目的ヲ達成スヘキヤニ付テハ相当疑問ノ余地アリ。仮令右計画完成シ、「ソ」側カ従来ノ所謂平和政策ヨリ脱却シテ世界赤化主義ノ為武力ニ訴フルコトアリトスルモ、右手段ハ主トシテ彼等ノ所謂社会主義化ニ適当セリトナス西欧諸国ニ対シテ行ハレ、「ソ」側中心勢力ト隔在セル我国ニ対シ其ノ主力ヲ向クルカ如キハ「ソ」聯邦ノ対西欧諸国関係ノ複雑性ニ鑑ミ可能性尠シト観ルヲ妥当トスヘシ。殊ニ我国カ今後鋭意満州経綸ヲ行フニ於テハ、日本ハ近キ将来ニ「ソ」聯邦ニ対シ一層優越ナル地位ヲ占ムルニ至ルヘク、右ハ我方ノ有力ナル強味トスル所ナリ。

帝国カ今後進ムヘキ途ハ、出来得ル限リ速ニ満蒙経綸ノ実ヲ挙クルコトニ努力スルト共ニ、右目的達成ノ為ニハ成ルヘク列国トノ間ニ無用ノ衝突ヲ避クルハ勿論、進ンテ友好親善ノ関係ヲ作リ、以テ列国ヲシテ帝国及満州国ノ極東ニ於ケル地位ヲ充分ニ認メシムルニアリ。而シテ「ソ」聯邦ノ実勢力ハ前述ノ如ク、他方同国トノ間ニハ直接間接国交ノ根本ニモ関係アルヘキ種々ノ解決困難ナル懸案ヲ存シ、為ニ動モスレハ両国民ノ感情ヲ刺戟シ、惹テ極東ノ平和ニ好マシカラサル影響ヲ与フル虞ナシトセサルニ鑑ミ、同国トモ一層善隣ノ関係ヲ確立スルニ努ムルコトハ即チ前記ノ方針ニ副フ所以ニシテ、其ノ結果ハ諸懸案ノ解決ヲ容易ナラシムル外、差当リ諸外国ニ期待シ難キ満州国承認問題ノ如キモ「ソ」聯邦ヲシテ先鞭ヲ着ケシムル可能性アルニ至ルヘシ。

（中略）日「ソ」両国間ニハ前述ノ如ク解決至難ノ諸問題アリテ、此際一挙ニ之カ根本的解決ヲ期スルコトハ到底不可能事ニ属スルモ、サリトテ両国ノ関係ヲ現状ノ儘放置スルニ於テハ彼我相互ニ対スル不安ノ念ハ之ヲ除去スルニ由ナキノミナラス、或ハ国内赤化問題ニ関聯シ或ハ満「ソ」間諸問題ノ推移如何等ニ依リ、両国間国交関係ニ一段ノ暗影ヲ投スルコトトナルヤモ知レス。

尚赤化問題ニ付テハ、我国ニ於ケル共産党事件ノ続発ニ鑑ミ、日「ソ」国交関係ノ存続ニ反対スル向モアルモ、共産党事件ノ発生ハ主トシテ国内ニ於ケル諸般ノ事情ニ原因スルモノニシテ、国交ヲ断絶スルモ左程ノ効果ナカルヘキノミナラス、両国国交関係断絶スルニ於テハ我方ハ赤化宣伝禁止ニ関スル北京条約ヲ採用シ得サルコトトナリ、「ソ」側ハ悪辣ナル手段ヲ以テ宣伝ヲ為スニ至ル可ク結果ハ却テ我方ニ不利ナルモノアルヘシ。

前述ノ諸事情ニ鑑ミ、我国トシテハ差当リ満州国ノ経営ニ専念シ、「ソ」聯邦ニ対シテハ五ケ年計画ノ成行、「ソ」側対外態度ノ推移等ニ付厳重監視ノ態度ヲ持スル一方、両国ノ外交関係ヲ不必要ニ荒立ツルコトナク、同国トノ善隣関係ヲ確立スルコトニヨリ、対「ソ」諸懸案ノ解決ニ資スルヲ上策トスルモノナリ。

更ニ日「ソ」関係ノ推移カ第三国ニ及ホス影響ヲ考察スルニ、米国ハ「ソ」聯邦共産主義ノ鞏固トナルヲ歓迎セサルモ、日本カ西伯利亜ニ於テ覇権ヲ樹立スルヲ欲セサルハ西伯利亜出兵当時ノ経緯ニ顧ルモ明カニシテ、日「ソ」紛争ノ結果武力行使ニ到ルカ如キハ同国ノ希望セサル所ナルヲ以テ、日「ソ」ノ親善甚タ濃厚トナラサル限リ両者関係ノ改善ハ何等日米関係ノ障害タルヘキ理由ナク、現ニ米国ニ於テ我方ノ対「ソ」不侵略条約拒絶ヲ以テ我国ノ侵略的意図ノ表明ナリトテ問題視シオルモノアルカ如キハ、対米関係ノ考慮ヨリスルモ猶対「ソ」関係ノ改善ノ要アルヲ示スモノナリ。

尚米国ノ「ソ」聯邦承認問題カ近ク具体化スヘキヤ否ヤハ今日ノ処予断シ難キモ、米国ニ於ケル対「ソ」承認論者タル一部有力人士中ニハ、承認ニ依テ極東ニ於ケル日本ノ行動ヲ抑制スヘシト説クモノアリ、旁々日「ソ」親善関係ヲ現在以上ニ改善シ置クニ於テハ、米国ノ対「ソ」承認ノ効果ヲ中和スルコトトナルヘシ。更ニ又日米関係極度ニ悪化スル場合ヲ考フレハ、此場合我国ハ英国ノ援助ヲ期待スル能ハサルヘク、仏国其他欧州列強ノ態度亦概シテ我ニ不利ナルモノアルヘキニモ鑑ミ、今日ヨリ日「ソ」関係ヲ鞏固ナラシメ置クコト我国ノ石油燃料ヲ確保スル上等ノミナラス、帝国背後ノ安全ヲ保障スル上ニ於テ絶対ニ必要ナリト思考セラル。

次ニ我カ外交政策上米国ト相並ンテ重要視スヘキ英国ハ、国内赤化問題印度独立問題等ト関聯シテ「ソ」聯邦トノ国交兎角円滑ヲ欠クヲ以テ、日「ソ」親善関係ノ確立ハ日英関係上何等支障ナキヤヲ憂フルモノナシトセサル処、若シ日本カ「ソ」聯邦ト親交ヲ結ンテ英国ニ対抗セントスルモノナルニ於テハ右ハ尤モノ義ナルモ、日「ソ」関係カ斯ル程度ノ「アンタント」ニ達セサルハ明カニシテ、英国側モ此点ニ付杞憂スルコトナカルヘキヲ以テ右ノ如キ懸念ノ要ナカルヘシ。現ニ仏国ノ如キ最近「ソ」聯邦ト不侵略条約ヲ締結シタルモ、之カ為英仏関係ノ悪化シタリト云フヲ聞カス。（中略）

㈢　日「ソ」関係解決具体策

（中略）我国ハ日「ソ」不侵略条約ノ締結ヲ否トスル理由ナク却テ之カ締結ヲ可トシ、他面之ト関聯セシメテ「ソ」聯邦ノ満州国承認、東支鉄道ニ関スル問題ノ外、北樺太利権ニ関スル懸案ニ付交渉ヲ行フコト適当ナルモ、現下ノ国内情勢ハ尚右条約締結ノ気運熟セサルモノアルヲ以テ、政府トシテハ先以テ日「ソ」関係ノ平静ヲ期スルト共ニ、満州国ノ対「ソ」政策ニ関シテハ努メテ同国側トノ連絡協調ヲ密ニシ、合法的平和手段ニ依リ各種懸案ノ解決ヲ計ルノ要アリ。

右方法トシテハ、日「ソ」間通商協定「トレード・アグリーメント」乃至同協定ヲ含ム通商条約ノ締結ニ依リ彼我貿易ノ発達ヲ計ルト共ニ、彼我従来ノ諸懸案解決ニ努力シテ先ツ両国経済関係ヲ緊密ニスルコトトシ、他方政治的方面ニ於テハ満州国ノ治安維持ノ為ニスル我カ用兵ノ結果「ソ」軍ト衝突ノ虞ナキニアラサルニ鑑ミ、差当リ日満「ソ」三国間ニ満「ソ」国境方面ニ於ケル武力衝突ノ予防ヲ主タル目的トスル弁法ヲ締結シテ、一面満「ソ」間空気ノ緩和ヲ計リ、他面万一ノ衝突ヲ未然ニ防止スルコトヲ期スヘク、尚右ト関聯シテ「ソ」満国境確定問題ノ解決（註一）ヲ計ル一方、東支鉄道ニ関シテ先ツ平和的手段ニ依リ鉄道経営上ノ「ソ」満平等主義ヲ確立シ、更ニ進ンテ同鉄道ニ対スル「ソ」聯邦ノ権利ヲ買収シ（註二）、以テ「ソ」満間紛争ノ禍根ヲ一掃スルニ努ムルコト適当ト認メラル。

註一　「ソ」聯邦トノ国境確定問題ハ満州国成立前ヨリノ懸案ナルカ、之ヲ未解決ノ儘トナシ置クコトハ、国境警察、密輸取締等ノ関係ヨリ「ソ」側トノ紛糾ヲ頻発セシムル所以ニシテ、動モスレハ国交ニ影響アリ。右国境確定ニ関シテハ、一九二四年ノ「ソ」支及「ソ」奉協定ニ於テ「ソ」側モ主義上同意ヲ表シオル次第ナレハ、実行上ノ困難ハアルモ、早キニ迫テ之カ解決ヲ計ルノ要アリ。

註二　東支鉄道ハ帝政露国カ極東侵略ノ為建設シタルモノニシテ、今日ニ於テモ尚「ソ」聯邦ノ極東ニ於ケル経済発展上ノミナラス、赤化宣伝ノ為ニモ有力ナル足場トナリ居ル次第ナル処、同鉄道ハ一九二四年ノ「ソ」支協定以後両国対等ノ立場ニ於テ共同経営ノ建前トナレルニ拘ラス「ソ」側ハ満州国成立ノ今日迄依然事実上優越ナル地歩ヲ占メ居リ、最近問題トナリタル「ソ」側ノ東支車輌引込問題ノ如キモ結局右不平等関係ニ起因スルモノナルヲ以テ、日本軍ノ武力行使ニ訴ヘストモ満州国側ニ於テ凡有ル合法的手段ヲ尽スニ於テハ目的達成ノ可能性アリ。但右対等関係確立後ニ於テモ同鉄道内ニ「ソ」側勢力ノ存続スルコトハ満州国ノ治安経済上好マシカラス、惹テハ日「ソ」国交ノ将来ノ為ニモ有害ナルヘキニ鑑ミ、結局ハ「ソ」聯邦ヲシテ東支鉄道ヨリ全然手ヲ引カシムルコト緊要ト認メラル。然レトモ之カ為武力回収ノ手段ニ訴フルコトハ諸外国ヲシテ十分納得セシムルニ足ルヘキ理由ナク、旁旁日本国（又ハ満州国）ニ於テ東支ニ対スル「ソ」側持分ヲ買収スル以外ニ名案ナシ。

右買収費ハ素ヨリ相当ノ金額ニ達スヘキモ、サリトテ強テ武力解決ヲ行フニ於テハ日満両国ノ対外信用ヲ著シク失墜シ、結果ハ買収費ヨリモ尚高価ニ値スルモノアルヘシ。

乙、帝国ノ対欧米諸国関係ハ上述ノ如キ処、一昨年満州事変勃発以来欧米各国ハ帝国政府カ諸条約ヲ殆ト無視シテ侵略的行動ニ出テタリトノ批難ヲ蔵シ、機会有ル毎ニ帝国カ更ニ侵略的行動ニ出ツルコト無キヤヲ懸念シ居ルハ否ムヘカラサル事実ナリ。斯クテ一昨年以来日本軍ノ武威発揚セルニ反シ帝国ノ国際信用ハ甚シク失墜セルノ憾ミアリ。近代国際間ニ於テ殊ニ大国間ニ干戈ヲ交フルハ国家ノ最大事ニシテ万已ムヲ得サル場合ニ限ラルヘク、苟モ大義名分ニ合致セサル挙兵カ遂ニ失敗ニ帰セルハ事例枚挙ニ遑アラス、逆ニ取リ順ニ守ラムトスルカ如キハ之ヲ繰返スヘキニ非ス。信義ノ尊重スヘキハ国家亦個人ト何等選フ所ナク、一国ニシテ其ノ国際信用ヲ失墜スル場合結局損失ヲ招クコト明白ナリ。而シテ帝国現下ノ緊急事ハ満州国ニ対スル経営ニ存スルコト勿論ナル処、之カ為ニハ尠カラサル年月、努力並ニ経費ヲ必要トシ、之カ経営ニ成功スルニ於テハ帝国ノ極東ニ於ケル地歩ハ尠カラス鞏固ヲ加ヘ世界ニ雄飛スルノ基礎ヲ築クヘキモ、万一右経営ニ充分ナル効果ヲ挙ケ得サルコトアレハ一昨年以来ノ帝国ノ努力ハ水泡ニ帰シ、帝国ノ大陸ニ於ケル地歩ハ遂ニ破壊セラルルコトトナルヘシ。事態斯クノ如キヲ以テ満蒙経営充分ニ実績ヲ挙ケサルニ先立チ軽躁事ヲ企ツルカ如キハ厳ニ之ヲ避クヘク、独リ軍事上ノミナラス財政経済其ノ他全般的ニ考察ヲ加ヘ窮極ニ確タル目途ヲ立テスシテ大事ヲ行ハントスルカ如キハ極メテ取ラサル所ナリ。況ンヤ現下ノ形勢ニ於テハ本年二月寿府聯盟総会ニ於テ四十余国カ一致シテ我方ニ反対セル余燼未タ冷メサルモノアリ、帝国カ或ル一国ノミヲ摘出セムトスルコトハ極メテ困難ニシテ形勢更ニ動揺スルカ如キ場合ニハ動モスレハ多数国共同シテ帝国ニ当ラムトスル状勢アリ。依テ先ツ今後相当ノ年数ノ間、即チ満州国ニ対スル経営其ノ実ヲ挙クル迄ハ他国トノ間ニ事端ノ発生ヲ避クルヲ要ス。而シテ之カ為ニハ尠クトモ右ノ期間対手国ヨリ余儀ナクセラレサル限リ支那以外ノ国ニ対シ厳ニ事端ノ発生ヲ避クヘク、現ニ我国ニ対シ武力抵抗ヲ試ミツツアル支那ニ対シテハ已ムヲ得サレハ膺懲ノ歩武ヲ進ムヘキモ機会アレハ速ニ親善ヲ回復スルノ方針ヲ確定シ、厳ニ其ノ埒外ニ出テサルコトヲ定メ更ニ事実ヲ以テ中外ニ闡明スルノ必要アリ。

而シテ現下ノ形勢ニ於テ列国中帝国トノ衝突ノ懸念最モ大ナル国二アリ一ハ蘇聯邦、他ハ米国ナリ。帝国ト蘇聯邦トノ関係ニ付テハ、前顕甲第六中ニ述ヘタルカ如ク、蘇聯邦側ニ於テハ目下我方トノ衝突ヲ極力回避セントシ居ルノミナラス、近キ将来ニ於テモ帝国ニ対シ軍事的且経済的ニ強圧ヲ加ヘムトスルカ如キ事態ニ在ラサルコトハ対蘇政策樹立上最モ注目ヲ要スル点ナリトス。

帝国カ蘇聯邦ト兵火ヲ交フル必要アル場合ニハ英米両国ヲモ率ヒテ之ニ当ルコトヲ最上策トスル処、今日蘇聯邦側ニ於テ帝国ニ対シ飽ク迄隠忍シテ事端ノ発生ヲ回避セムトシ居ルコトハ列国ノ熟知スル所ナルヲ以テ他国ノ了解乃至支持ヲ得ルノ見込ナク、若シ此ノ際帝国カ蘇聯邦ニ対シ事ヲ起スニ於テハ列国ハ帝国ヲ侵略国視スヘク、其ノ結果ハ極メテ憂フヘキモノ有ルヘシ。従テ此ノ際ハ帝国ヨリ進テ蘇聯邦ニ対シ事ヲ構フルカ如キハ之ヲ避クルヲ得策トス。

尚蘇聯邦ニ於テハ最近益々極東ニ於ケル帝国ノ実力ヲ認識シ来リ居ル処、今後帝国ノ対満州国経営ノ実挙カルニ於テハ右認識ハ愈々深メラルヘキ次第ナルヲ以テ此ノ形勢ハ之ヲ我方ニ利用スルヲ要スル処、先ツ満州関係ニ付テハ東支鉄道ニ於ケル満州国ノ地歩ヲ鞏固ニシ共同経営ノ実ヲ挙ケシメ、追テハ前顕中第六ニ挙ケタル理由ニ依テ東支鉄道ヲ買収スルコトトシ又成ルヘク速ニ蘇満両国ノ国境ヲ確定スルコトトスヘシ。次ニ帝国対蘇聯邦間直接ノ事項ニ関シテハ、先ツ明後年ニ予見セラルル漁業協約改訂交渉ニ関シ今日ヨリ我方ノ地歩ヲ固メ置クト共ニ北樺太石油利権ニ付テハ蘇聯邦側ヲシテ法規ノ適用ヲ緩和セシメ且石油会社ヲシテ事業ノ発展ニ邁進セシムルコトヲ適当トシ、東西伯利亜ニ於ケル他ノ諸利権ニ付テモ其ノ有望ナルモノハ蘇側ヲシテ之ヲ我方ニ提供セシムル様取計フヘキモノナリ。

更ニ又不侵略条約ニ付テハ前顕甲ニ述ヘタル理由ニ依リ成ルヘク速ニ之ヲ締結スルヲ可トスル次第ナル処、右ハ機未タ熟セサルモノアルト共ニ蘇聯邦側ニ於テモ客年中ニ於ケルカ如キ条約締結ニ対スル熱望ヲ今尚有スルヤ否ヤハ疑ナキヲ得サル次第ナルヲ以テ、本件ハ暫ク之ヲ措クトスルモ、尚蘇満両国国境ニ於ケル軍隊及警察隊ノ衝突ヲ予防シ又之ヲ地方的ニ局限スルノ措置ヲ講シ以テ右両国ノ関係ヲ鎮静セシムルヲ要ス。

対米関係根本方策ハ、前顕甲第一ニ述ヘタル通リ米国ヲシテ其ノ極東政策ニ付再考セシムルト共ニ日米戦争ヲ防遏スルニ在リ。米国ニ於テ帝国カ極東全般ニ亘リ絶対的優越権ヲ行使スルハ其ノ欲セサル所ニシテ、我方ニ於テモ近キ将来ニ於ケル実際的政策ト為スヲ得ス。我方ニテ努力専心スヘキハ対満蒙事業ノ完成ニシテ、米国亦其ノ実際的ニ必要トスル所ハ支那其ノ他ノ極東ニ於テ貿易ヲ促進シ企業ノ発展ヲ計ルコトニシテ、事実門戸開放機会均等ノ主義ヲ実現セムトスル次第ナルヲ以テ、此ノ間ニ両国ノ対極東政策ヲ調和シ得ヘキナリ。

即チ帝国カ之ニ隣接セル極東方面ニ於テ優越的地位ヲ有スルコトハ米国輿論ニ於テモ大体ニ於テ之ヲ認ムルモノナルヲ以テ、我方ハ凡ユル機会ニ於テ右認識ヲ明白ナラシムルニ努メ、以テ米国側ヲシテ満蒙ニ於ケル現下ノ事態ヲ承認セシムルニ尽力シ、他方支那本部ニ於テハ列国殊ニ英米等ト共同シテ其ノ開発ニ当リ、支那ノ再建ヲ計ルノ方針ヲ確立シ、之カ実行ニ著手スルコトトスヘク、一方又両国関係ノ平静化ヲ図リ前記根本方策ノ確立ヲ期スル具体的方策トシテ曩ニ米国側ヨリ提議シ来リ居ル仲裁裁判及調停条約締結ニ歩武ヲ進ムルヲ要ス。

更ニ又現下ノ状勢ノ儘推移スルニ於テハ一九三五年に開催ノ予定ナル海軍軍縮会議ニ於テハ日米両国ハ正面衝突ヲ見ルヘク、軍縮協定ノ成立セサルハ勿論、其ノ結果太平洋防備現状維持ノ協定撤廃セラルヘク、両国ノ製艦競争ヨリ日米戦争惹テハ世界戦争ヲ惹起スルノ傾向ヲ誘発スルニ至ルヘシ。而シテ其ノ結果我方ニトリテモ有利ナラサルハ既述ノ通ナルヲ以テ、我方トシテハ此ノ際米国ヲシテ其ノ極東政策ニ付テ再考セシムルト同時ニ、我方ニ於テモ軍縮対策ヲ再考スルコト必要ナリ。

尚仏独等トノ関係ニ付テハ前顕甲ニ於テ夫々述ヘタル通ニシテ、之等諸国ハ極東問題ニ関スル限リ英米ト抵抗シテ迄帝国ト同一態度ニ出ツルカ如キコト覚束ナク、之等諸国ニ対シテハ友好関係ノ促進ヲ企図スルニ止ムヘキナリ。

最後ニ英国トノ関係ニ付テハ元来同国ハ支那ニ於テ重大ナル利益ヲ有スルノミナラス印度ヲ其ノ生命線トスル関係上、帝国トノ親善関係ニ付テハ相当考慮ヲ加フヘキ必要アル次第ナルカ、他方同国ノ世界的地位ハ猶極東ニ於テモ米国ニ相次キ活動ヲ許スモノアリ、而シテ支那ニ付我方ト相当共通ナル利害関係ヲ有スルヲ以テ、帝国カ英国ト協調スルノ余地ハ他国ニ比較シ極メテ多シ。将又帝国カ万一蘇聯邦ト事ヲ構ヘサルヘカラサル場合ニ於テハ、英蘇両国ノ関係カ本質的ニモ相容レサルモノアルニモ鑑ミ、英国ヲ利用スルノ必要アリ。更ニ又英国ハ其ノ対米関係上、日米間ノ調停融和ヲ計リ得ル地位ニ在ルヲ以テ、英国トノ親善関係ヲ促進シ同国トノ協調ヲ計ルコト甚タ必要ナリ。

予の根本思想

右意見書を通ずる予の根本思想は国際信義、条約の神聖、平和的紛争処理であるが、いずれの国いずれの時と雖もその衰微を防ぐには不断の変化と発達を要するので保守停滞は禁物であるが、しかし一時代の推移も一国興隆も余りに急激なる速度を以てするは好ましからずとするにあった。この思想は本意見書の表面上にも到るところに現われており、国家的交際も個人的関係と同じく信義を緊要とすとの思想と相並んで国家の秩序ある進歩を希求しているのである。即ち一時眩惑的成功を来しても右には充分の根底を欠くことが多いから、間もなく逆転することになったのは史上の例に乏しくない。革命に於てさえその実例は枚挙に遑ないのである。なおこの点を掘り下げて文明史的考察を下すなれば、人類の科学的、物質的進歩は最近顕著なるものがあるが、精神的進歩はこれに伴わない。されば社会的変革の如きもその速度を按じ、社会の道徳性の向上と歩調を一にするに非ざれば該変革も成功せざるか、または一時成功せるが如く見えても逆転することが多い。されば時代を推進する場合も一国の興隆を計る場合にも徐々に堅実なる方法を以てするを最上の策として推薦したのである。右意見書を起草して以来十五年を閲して一昨々年、東京裁判に際し再読したのであるが、その後に於ける対支対英米関係は予の杞憂せる如き悪化を来し、軍縮問題による悪影響も正に予の予見した通りとなって、遂には騎虎の勢いを以て太平洋戦争の勃発を見るに至ったのは誠に遺憾に堪えぬ次第である。

東支鉄道譲渡問題

右意見書の提出は予の欧米局長就任第一次の仕事になったわけであるが、第二の事件は東支鉄道譲渡問題である。本件は一九三三年五月上旬「ソ」聯政府から莫斯科《モスコー》大田大使を通じ、日本政府に譲渡を申し出でて来たのが起源であった。そしてその譲渡提議の理由は、当時の「ソ」聯に於ては旧帝政時代よりの帝国主義的遺産を整理し聊かなりとも収入を計ると共に、その非帝国主義的立場を明らかにせんとする考慮があったことは「ソ」側の言動によりて察せられたが、主としては満州国、延いて日本との紛争の種子を一掃して東方の静謐を図りたい念慮に出でたことは明らかであった。蓋し西方には「ヒトラー」が同年始めに宰相に任ぜられ、「ナチ」勢力の勃興が著しいので、これに備える必要も感じたのだろうと思われた。

東支鉄道に就ては自分が前顕意見書に記載の通り夙にその買収を必要と認めたのであるが、該鉄道が満州国の心臓部を貫いている関係上、該鉄道の経営に「ソ」聯が介入し得る以上満州国の完成は期待し得ないので、自分は直ちに右提議を応諾するの必要を認めた。しかし本鉄道が国際交通の要枢に在る以上、満州国発展の上にも同国に買収せしむるを当然なりとしたので、満州国がこれを買収するの案を立てて省内の議を定め、直ちに陸軍との折衝を始めた。軍部に於ては軍務局長が主としてこの種折衝に当り、その背後に参謀本部では第二部長、軍令部では第三部長があった。時の軍務局長は荒木陸相、柳川次官の下に山岡重厚少将であったが、自分は以前よりの知合いの参謀本部第二部長永田鉄山少将に面談し買収の必要を説いた。同少将は予てから「ソ」聯との衝突は回避するを可とすとの意見を保持していたので、直ちに予の説に賛成し、陸軍内部より促進すべきことを約した。

しかし軍およびその他の一部で平和的交渉による買収に反対するものが相当存在することは分っていたので急速に取り運ぶ必要を認め、数次軍部との連合会議を外務省に開催し、他方満州国大橋外務次官と連絡し、満州国に於て買収交渉を行うこと、日本政府は交渉進捗を図るため仲介斡旋を為すことに議を定めた。右方針は閣議によって確定せられ五月下旬「ソ」聯政府に回答したのである。

買収に関する交渉

交渉は東京に行わるることとなり、「ソ」側よりは「ユレネフ」駐日大使の外「ソ」聯外務人民委員部「カズロフスキー」極東部長、北鉄副理事長「クズネツォフ」来京してこれに当り、満州国よりは駐日公使丁士源および外交次長大橋忠一の二氏が代表となった。

当初「ソ」聯側より所謂満州国の東支鉄道「ソ」聯従業員に対する圧迫行為なるものを指摘して満州国の悪感を惹起し、また買収代価として十億金留の巨額を要求し、交渉進捗しなかった。その間に満州国外務部が日本の一、二陸軍将校と共謀し「ソ」聯従業員を多数逮捕せしめたという事件が発生したので、「ソ」聯側は右従業員の釈放を見るまでは交渉を断絶するの外なしと主張し、交渉は決裂に瀕した。当時軍務局長に転任した永田少将の如きも大いに交渉の前途を憂え、他方外務大臣として「ソ」聯との国交調整に熱心なる広田弘毅氏の就任を見たので、自分は蘇聯代表者殊に「カズロフスキー」と数次会見して、蘇満双方の誤解と紛糾とを除去し交渉を漸く軌道に上すことに成功した。

その後は交渉の実質は全然日「ソ」間に移ることになり、自然自分がこれに当ることになったが、「ソ」側からも金留建の要求を撤回して多大の譲歩を示し、また我が方より代価中三分の二を日本商品にて受取るべしと提議せるに対してもこれを受諾したので、我が方にても従業員の年金支払および日本政府の支払保証につき「ソ」側の主張を容るることとし、本件全部を妥結に導いた。なお案文整理を余していたのであるが、自分は老父が重患に陥り遂に遠逝したので、細末の案件および文書整理を西欧米局長第一課長に托して自分は二週間の休暇を得て帰省した。本交渉は平和的手段により「ソヴィエト」露西亜の東進を防ぎ得たと云うので、日本では極めて一部の対露強硬論者を除く以外の者より大なる賞讃を博した。

満蘇国境画定問題

日「ソ」間に不侵略条約締結の希望が一九二九年来、外務人民委員部「カラハン」次長より帰朝中の芳沢公使に提議せられて以来相当年数を経たのであるが、日本政府では数回交渉に入るべき時機に非ずと認むとの回答を与えた成行きもあり、我が方の意向は本条約締結に熟せざるものなりと認めた。依て予はこの機会に於て予てより考慮し来った満「ソ」間の国境確定と紛争の処理委員会の設置を促進するを得策と認め、まず東京の議を纏め、次に満州国との了解を取付けることにした。しかし右両問題に就ても当初は各方面に各種の異論があった。即ち東支鉄道買収問題の解決により日本の対「ソ」方針はほぼ一定し来った観があったが、軍部内ではなお激しき暗闘があって、対「ソ」温和派であった永田軍務局長と一部対「ソ」強硬論者との対立は激甚を加え、直接には別の原因であったが同軍務局長は一九三五年夏陸軍将校のため暗殺せらるる惨事を見るに至った。因に右事件の発生前同少将は自分を来訪し、国際局面の安静化を希望する旨を述べ予に努力方を求むると共に、陸軍部内は自身意見の取纏めに尽力する旨を切言したので、右の方針を以て進むことに約束し、自分は一週間の休暇を得て軽井沢に赴いたが、忽ちにして同地で暗殺の悲報を耳にし悲嘆の念に堪えなかった。

とにかく対「ソ」関係につきては既定の方針を堅持し、「ソ」聯側との間に交渉を開始することとしたが、満州国および関東軍側より右委員会設置に先立ちて国境確定を行いたいとの主張が出たため交渉は進展しなかった。一九三六年三月に至り蘇側は若干の条件付きで国境確定にも応ずる意向を表示し、四月から十一月頃交渉を重ねた結果、まず「ソ」満東部国境に於ける国境処理委員会および紛争処理委員会を設置し、追て爾余の国境全部に同様実行することを話合い、委員会の組織権限等に関する交渉にまで入ったが、双方の意見一致せざる間に日独伊防共協定成立等によって日「ソ」間国交が悪化したに伴い遂に実現を見るに至らなかった。

外務省機構の改変

当時欧米局の事務は「ソ」聯に関係するものが多かった。殊に従来通商局の所管となっている北洋漁業問題が政治的意義を包蔵すること大で、往々本問題が両国衝突の因とさえなるの実状であったので、これを欧米局に移すことに話合いが成立したので、一層の繁務を加えた。なおあたかも日本が直面した海軍軍縮問題も欧米局に於て主管することとなったので事務の繁多を更に加えたので、北南米に関する政務を欧米局より分離して一新局を設置することにした。これが亜米利加局であり、欧米局は欧亜局と変名した。

なお付言すれば、支那問題は前に述べた通り亜細亜局――右機構改正後は東亜局と改名――の主管するところであったが、満州事変および支那事変の発生後、支那問題が日本外交の中枢として爾余諸国との関係にも甚大の影響を及ぼすので、次官室にほとんど毎朝各局長が集合して半時間余に渉り盛んに論議を交えた。幹部会に於ても満州問題および支那問題に多くの時を費やした。しかし右は意見の開示または交換に止まるので各主管局を拘束するわけではなく、また時としては右の幹部会にはなんらの通報なくて大問題が処理せらるることがあった。例えば過般の東京軍事裁判に於てさえ賑やかに論議せられた、所謂天羽声明の如きも関係者以外の局部長は右発出の後に承知したので、右談話の新聞掲載があった朝の幹部会では相当の批難が出た。自分は更に同日広田外相に直接右声明の過激性は九カ国条約に執着する諸国との間に無用の葛藤を惹起するに至るべきにより、至急善後措置を講ずる必要あるべきを進言せるに、同外相は自分は全く知らざる間に発出したものなるにより、欧米諸国の大公使等より聞かれた場合にはその趣旨を以て弁明してほしいとのことであった。

五相会議

今一つここに述べて置く必要があると思うのは、一九三三年末斎藤首相の下に高橋蔵相、広田外相、荒木陸相および岡田海相の集合した五相会議に就てである。当時は満州事変、国際聯盟脱退に伴い、対外強硬派の急速なる台頭を見るに至り、海軍部内では軍縮条約廃棄、自主的建艦の声が漸次喧しく、陸軍部内ではあいかわらず対「ソ」戦争不可避を説くものが多かったので、予算の編成にも大なる困難が到来した結果、五相間に前記諸案件につき方針を決定し、国策の円満なる遂行を図るの目的を以て開催されたるものである。本件が対「ソ」関係および軍縮会議を直接の案件とせる関係もあって、外務省にあっては自分の手許で議事を準備した。数日に渉り論議せられた後、軍備は国際状勢と財政の許す限りに於て整備すとの方針を定めたが、対「ソ」問題に就ては蔵相、外相の穏和論が勝ちを占め、軍部の強硬意見は遂に成立しないことになったのである。

国際状勢の推移

世上よく日本が日清日露以来殊に満州事変以来軍国主義的侵略の途を一途に突進したように考え、また説くものがあるが、日本内部の動きもしかく単純ではなく、右五相会議に見るが如く、日本の国策を正常化せんとするに努めたことは非常に多い。日本の例に反し英米は常に正義の権化として戦争回避に努めたるが如く唱導するものがあるが、これもまた正確なる見方とは云えない。即ち日本に於ても戦争回避を企てている間に、一九三二年「オタワ」に於て英聯邦は各邦相互間の特恵国税制度を協定し、外部特に日本品を目指して高率関税を賦課して輸入の防圧を図った。これ、一九二九年以来の世界経済恐慌に伴い、また安価な日本品に対抗するための自衛方法とも云い得るのであるが、英聯邦以外の諸国に於てもこれに倣うものが頻出したので、工業原料の大部分を輸入に仰ぎ、生産の三〇％以上を輸出していた日本は大きなる打撃を受け、失業者は激増し、農産物は暴落し、国内の不安著しく増大した。その結果原料と国外市場を確保する必要を痛感しまず満州に着目したのであるから、日本側から見れば「オタワ」協定の如き関税防壁が満州事件その他を惹起する原因になったと云い得るのである。近代戦争の起因が資本主義に伴う経済の不調和にありとするは当然の見方である。従って真に世界人類の幸福のために戦争の防止を図らんとするものは単に不戦条約の如き形式的規定のみを追求することなく、その真の起因に「メス」を加えるの勇気がなくてはならない。然るに第二次世界戦争を経たる今日に於ても、戦前米国「ハル」国務長官の予言したる自由貿易制度の実施は、夢の如く消え去らんとする状況にあるのは遺憾と云わなくてはならない。

米国の状勢

米国の国状は第二次世界戦争以前から尨大なる工業設備に豊富なる国富を有し、世界経済安定には貢献し得る余地大であったが、一九三三年倫敦《ロンドン》に於ける世界経済会議に於ては、同国は頻りに健全なる国内経済組織の発達を必要とすることを高調し、通貨価値の衡正措置にすら興味を示さず、遂に同会議を潰滅せしめたことも、同国一箇の利益よりすれば当然の措置とも云い得るが、真に世界の安定を希望するものとしては更に一考を要するものがあるだろうとは、当時各方面より洩らされた声であった。

「ローズヴェルト」が一九三三年米大統領就任後、日「ソ」間に於ける東支鉄道譲渡交渉の行悩みに乗じ、「リトヴィノフ」を招致して米国が従来長きに渉り堅持した非承認方針を一擲し、同年十一月「ソ」聯を承認したのは「ソ」聯と提携し日本の進出を抑制せんとする目的をも包蔵するものと解せられた。これも世界の安定に資するものとは云えないが、これはやがては「ヤルタ」に至る長途の一歩を踏み出したものである。

海軍軍縮条約問題

かくの如く国際状勢の動向は緊張と不安を示し来れる際に、海軍軍縮条約の所定有効期限たる一九三五年末が近づいた。その改訂は日本内部に於ける同条約に対する不満と寿府一般軍事会議に於ける列国の態度よりして、甚だ困難なるものがあることは誠に明瞭であった。よって外務省にては特に調査部第五課を軍縮問題に専念せしむると共に、第五課員を欧米局兼務として自分の指揮に入れることとなった。

これが改訂を為さんとするには所定期間内に話合いを纏める必要があるので、一九三四年十月倫敦に於て予備会議の開催を見るに至った。海軍部内に於ては軍縮条約廃棄の気勢が高まり、強硬派の全国的宣伝も盛んになって来る模様は、外務省に於て本件を主管していた自分のところには手に採るように判った。問題は我が代表に授くべき訓令であるが、吉田軍務局長が持参した案は、各国に共通の最大限を定め各国はその限度内で自由に製艦し得ると云うのであった。右は従来の軍縮方式を一変しまた過般寿府に於てなした我が主張にも異なるものであり、関係国に於ては日本にのみ都合のいいものとして到底その同意を得る見込みのないものであった。自分は海軍案の不合理かつ不適当なる点を指摘し、かかる提案をなすは条約破棄の意図を端的に示すこととなり、日米の平和的意図にも疑惑を抱かるることになると云う理由を以て右提案に同意を肯んぜず、他に妥協案の発見に努めた。海軍側は頑として妥協案の研究に応じないので、自分は無条約の場合日本に及ぼすべき不利を指摘して陸軍および大蔵省当局に奮起を求めたが、両方共に右の不利なる点は認むるも、この際海軍を抑えることは不可能なりとて逃げた。しかし自分は海軍競争が双方に於て負けはせぬとの自信を誘致する結果遂に日米間の戦争となるべきは明らかであり、これが世界平和、日本の将来に大なる禍根となるべきは必然であると信じたので爾後も海軍側と論議を闘わした。火の出るような激論も両三回はあった。或る日吉田軍務局長が米国とはそのうち支那問題のため戦争となることが予想せらるるが、その場合日本は条約の制限による建艦は非常に不利であるから、むしろ条約破棄を得策とすとの説を述べたから、自分は支那問題もさる事ながら、建艦競争の結果が戦争となることは明らかであり、戦争は日本のためにも避くる必要があることを以てこれに酬いたこともあった。かくて二、三月に渉り自分は徹頭徹尾海軍側に反対する態度を持続したが、そのうちに予備交渉開始の時期が切迫したので、自分の頭を飛び越した上局および政府首脳部の裁断によって海軍案採用に決したのである。当時総理であった岡田大将は極めて目先のきいた政治家として自分の尊敬するところであり、爾後種々の機会にその配慮をさえ煩わしたことがある間柄であるが、右の訓令発出後に余り独りで頑張らないでやんわりした方がいいよとの忠言を受けた。

一九三四年予備会議

倫敦では英米代表者を向うに廻し、松平代表並びに山本五十六代表は大いに奮闘したが、我が提案は先方の顧みるところとならなかった。山本少将は自分が華府在勤時代大使館付海軍武官であり、相識の間柄であったが、倫敦より帰朝後来訪しての話に、最大共通限度案は予想外に海外一般の受けがよくないから、海軍側で再考するように勧説したいと思うとのことであったが、同君も海軍当局からお叱りを受けたとのことでその後は軍縮には関係しなかったようだ。自分はまた軍縮条約の廃棄が戦争誘致の原因となることを切言し、華府条約の廃棄に反対したが、海軍はもちろん各方面の同意を得ないでこれまた廃棄に決し、一九三四年十二月二十九日米国政府に宛てその旨を通告した。

一九三五年倫敦軍縮会議

一九三五年の海軍軍縮会議の日本代表に与える訓令を審議した際問題になったのは、軍縮条約不成立の場合に質的軍縮または建艦通報を受諾するや否やの問題であった。海軍はかかるものは日本の国防上不利を招来すとの理由で反対したが、自分は軍縮に貢献しかつ各国間の不安を除去するに資するところ少なくないからこれだけでも成立せしめた方がいいと主張したけれども、予の意見は遂に成立しなかった。そのさい建艦通報の問題につき予は予算の関係上議会および大蔵省には艦船の内容を説明する必要が生ずるはずだ、そうすれば外国に対し秘密を期するは実際上不可能となることが考えらるるから、建艦通報には賛成しても差支えなかるべしと主張したが、海軍当局は国内に於ては議会その他には一切説明なしに押し通し得るはずであるから賛成出来ぬと述べたことがあるが、その後の成行きを見るに右の海軍式のやり方によっているので、議会の協賛権の如何に微力であったかが立証される。

かかる状態の下に永野大将および永井大使が日本代表として倫敦に赴いたので、軍縮本会議は五カ国間に一九三五年十二月初旬開催せられた。米よりは一率二割減の提議があったが、日本は共通最大限を固執し、英国より提議せる質的制限にも同意せず、翌年一月半、会議を脱退した。

自分はその以前華府条約廃棄後に於ては日本の対米英一般方策を定め置くのでなければ、騎虎の勢い、米英との戦争まで行く危険があるから、陛下御親臨の下に日本の根本方策を確立する必要ありと広田外相に進言し、同外相より岡田首相その他と協議したがこれも成立するに至らなかった。予はこの頃の状勢を以てすれば、日本は大陸発展の結果英米等と衝突するかまたはこれより全面的退却の外なきことを感じた。また日本の人口問題解決のためには大陸への発展よりも植民地に適当なる一島嶼の開発が望ましいとの見地より、「ニューギニヤ」「ボルネオ」等の全部または一部の租借に就て熱心に検討した（南洋興発松江春次）が、蘭は素より豪等の反対にて成立の見込みがなかった。

欧州に於てはその頃海軍軍縮問題の外に「エチオピヤ」問題紛糾し、国際聯盟に於て伊太利に対し制裁を加えるや否やの議沸騰し、日本輿論もその余波を受け、一時は「エチオピヤ」に、やがては伊太利に同情する有様であった。

二・二六事件と広田内閣組閣

日本では岡田内閣の軍縮条約廃棄政策もなお軍部の満足を買うに至らず、一挙に国内改造を企望する声は青年将校の一部を動かして、一九三六年二月二十六日に於ける暴動となった。麻布第一師団の青年将校が部下の兵員を指揮して首相官邸を始め斎藤、高橋その他の邸宅を襲撃し、軍部内閣の樹立を強請したのである。当日は東京に珍しい大雪であり赤坂見附議事堂辺より外務省、海軍省にかけて一味の徘徊するところとなり、一時は政府機能も停頓の状態であった。しかし陛下の毅然たる態度により順逆が明らかになったので、三、四日にして鎮静に帰するに至った。しかしこれにより岡田内閣は倒潰することとなり、近衛公が組閣を辞退したので、大命は広田外相に降った。外相官邸が組閣本部となったが自分も遂に同所に呼び込まれて組閣の手伝いをすることとなり、主として内大臣との連絡に当った。当時著しく予が感じたのは軍部殊に寺内大将を首班とする陸軍の強圧と政党人の無力であった。

北洋漁業交渉

当時予の主管事務に於ては北樺太石油試掘延長問題があったが、これも中里北樺太石油会社社長が莫斯科に赴き折衝の結果五年延長に決した。その外に漁業協定改訂期に到達したので、長時日に渉り準備した結果多数漁区を安定せしむる方針の案を決定し、「モスコー」に於て交渉せしめた。「ソ」聯との交渉はいつものことで迂余曲折があったが、一九三六年下半に至り交渉は進捗し、八カ年を新協定の期限とし案文の作成をも完了するに至った。

防共協定問題

然るに其間に防共協定問題が起った。本問題の発生に就ては東京軍事裁判所に於て委曲が判明した通り、在伯林大島武官が参謀本部の意図を受けて独逸側に交渉したのが端緒になったのである。本交渉の目的は「ソ」聯に対する防衛同盟であった。自分は「ナチ」独逸の行動が爆発的であって常に咄嗟の間に既成事実を作って相手方にこれを押付けんとする遣り方は協力を困難ならしむるばかりでなく、「ヒトラー」の過激なる行動は遂に欧州、延いては世界の大動乱を惹起すべき根源ともなるべきであるので、日本はこれと結ぶを得策とせずと反対した。しかし軍部では、当時外相に内定せる旨の噂があった有田君は一九三五年伯林に於て既に大島武官に対し日独提携には賛成なりと語れるにより、その意向によりたいとのことでその態度なかなか頑強であった。しかして新任の外相は独逸とあまり深入りした関係に入るは好ましくないが、薄墨色程度の協定には賛成だとのことであった。自分はその英仏等に及ぼす悪影響を説いたが、とにかく帰朝中の武者小路を急遽帰任せしめて独逸と折衝せしむることに廟議が定まった。然るに独逸側より提議して来たのは防共協定および付属秘密協定案であった。自分は更に前記の反対を繰り返すと共に、防共協定の如きは「ナチズム」の宣伝の具に利用せらるるのであるからとて反対したが、閣僚は凡て本協定の締結を可とするとのことであると特に広田首相からも注意があった。

よって自分は本協定が「ソ」聯邦および英国との国交を悪化せしめざることの範囲に於てこれを締結すとの了解の下に本件に賛同した。そして外務省陸軍省間合同会議に於ても右の趣旨を陳述したが、寺内陸相は予に向かってあなたはまだ英吉利の事を心配するのですかと責めかけて来たので、予は日本としては世界殊に支那に深き関心を有する英国との関係は常に考慮するの必要あること、従って本協定と平行して英国に政治的協定を締結することが絶対に必要なることを述べ、陸軍側の強硬なる反対を退けて遂に陸軍をしてこの条件を受諾せしめた。

独逸側との交渉は伯林に於て行ったが、右独逸側提出の案文に就ては宣伝的字句を削除し、その本文も努めて事務的のものとし、かつ期限も短縮した。なおまた付属秘密協定も

「攻撃または攻撃の脅迫を受くる場合」とあったのを「挑発によらざる攻撃を受けまたは受けんとする虞ある場合」と改め、なお日「ソ」間の漁業協定、利権協定および満「ソ」間の国境協定等に就ては非政治的協定とし、独逸と協議の必要なきことを明らかにすべきことを訓命して、本協定の緩和に成功した。そして伊太利との間には防共協定の締結に止め、秘密協定は存在しない。しかし本協定の発表は、日独伊枢軸の結成として直ちに列国より多大の攻撃を受け、これら諸国との関係を甚だしく悪化し、他方前に述べた漁業協約の調印はこれがため無期限に延期せらるることとなった。

防共協定の功罪

共産主義化の問題は国内問題であると云うのが自分固有の考えである。これ即ち「ソ」聯に対して北京条約のさい宣伝禁止条項を固執した所以である。防共協定は「インターナショナル」に対するもので、右がその頃労農政府の説明していた通り、同政府と無関係のものであるなら、本協定は労農政府に関係なかるべく、従って漁業協約とはなんら関係なかるべき旨を以て在莫斯科重光大使より説明に努めたが無益であった。自分も在京「ユレネフ」に一夕勧説したが、大使も命が惜しいからとて本国政府への稟申を肯じなかった。

そして本協定実施のため内務省より官吏の派遣もあったが、実際防共に貢献するところ少なく、結局その強化により三国同盟成立に寄与することとなったのである。独逸は欧州に於て英仏「ソ」等を牽制するに資したところが少なくないが、我が国としては前記の関係上むしろ失うところが多かったとも云える。殊に欧米局主管事項として漁業協約の実施が困難となり、一年毎に暫行協定の取極めを必要とすることとなり事務的難渋を見たる外、「ソ」聯の漁業権回収に多大の便宜を与えることになったのは遺憾である。本協定より遂に三国同盟となり更に太平洋戦争となった経緯は逐次説明せらるることになるが、他方本防共協定を第二次大戦後米の主唱の下に成立したる大西洋協約に比較するとき、昔時の非難の当らざるを想起すべく、世事の得手勝手なるに驚くべきものを知るのである。

広田内閣倒壊

なお広田内閣が不評を招いたのは、陸海軍大臣を現役将官からのみ選ぶ方法を復活したことが、曩に山本内閣に於て予備将校まで拡張し得た勇断に比較し、政党側より少なからざる非難が出た。そして一九三七年二月寺内陸相と政党との衝突となり、閣内の統一を保持し得ざるため総辞職することとなった（浜田国松演説前貴族院ニ於テ寺内ノ感想等ヲ記入スルコト）。

その以前一九三六年八月十一日広田首相、寺内陸相、永野海相、有田外相および馬場蔵相間に決定せられたる国策要綱なるものを以て、東京軍事裁判所に於て検事団より非常に重大視せられ、広田氏の罪状なるものの最重要点とも見ゆる位であるが、自分が広田氏より巣鴨に於て聞いたところによれば、右要綱は海軍が軍縮条約廃棄後の拡張計画を正当化するためと陸軍がこれに便乗したものとが合体せるもので、単に予算を取るために軍部に於て拵えたもので、それ以上実質的の意義は考えていなかったとのことであった。自分等はまた当時かかる文書が作成せられたと云うことも知らなかった。満州事変頃よりこの方盛に文書を作成し、景気のいいことを盛り込みたる悪風が旺盛であったが、本文書もこの一例と思える。

第一次近衛内閣成立

広田内閣倒壊後、宇垣大将に大命が降下したが、遂に陸相候補者を得るに至らずして組閣不可能となり、林大将首相の下に新内閣が成立した。帰朝の途中に在った佐藤大使が外相の任に就いたが、この内閣は四カ月の短命に終り、一九三七年六月近衛第一次内閣が成立し、広田氏が再び外相に就任した。

駐独大使任命の経緯

広田新外相が就任後直ちに自分に申込みがあったのは大使に転出の問題であった。この問題は突然のものではなく、前年初めにその起原があったのだ。そしてこの時独逸に転出することに定まり、やがて当地で妙な破目に陥り、終戦後東京裁判では、自分が親独派であったとの前提の下に糾弾せらるることになったのであるから、ここに当時の成行きを略記するのも一興であろう。広田内閣成立当時一カ月余り、同氏は外相を兼任していたが、その際自分に対して駐「ソ」大使たらんことを求めた。自分は当時東京在勤が相当長くもなり、また当時の官制からすると大使は親任官で次官局長と異なる高位にあったので、右の申し出は特別の抜擢でもあり、また「ロシア」問題はかねて自分の尤も関係の深かったものでもあるから、右申し出を快諾した。然るにその後間もなく、広田首相の下に有田外相の新任を見ることになったが、有田新外相より在「ソ」大使には当時休職中の重光元次官を任命することにしたいから自分には在欧公使館の一つに転任してほしいとの話があった。自分は右は曩に広田首相が外相兼摂当時の話に相違するので自分には納得し兼ぬるも大使の任命に就ては自分からの所望はしない、しかし公使としての転出は承諾はしかぬることを以て拒絶し、従ってそのまま欧亜局長として残ったのである。広田氏は今回更に外相となったので、先年の義理を果したいとの考慮から右の申し出をなし、駐「ソ」大使は赴任後間もないのでこれを更迭するのは面白くないから、近く更迭せらるべき在独大使として赴任してほしいがどうか、なお外相の第一希望としては次官に転じ今暫く東京で働いて貰うことだとのことであった。次官の話はその前に申し込まれたことがあるがこれを謝った行掛りもあり、ただ独逸とは個人的には自分は種々の関係があるので独逸への転出を希望することを述べてこれに定まったのである。

但しその際自分は広田外相に対し、第一には自分は独逸とは余り深入りせざる方が日本のために得策であるから伯林赴任の後はその方針で行動したいことを述べたところが、それこそ自分の所見と合致するものだとのことであった。第二に自分は先年以来英国との協調の必要なるを主張して林内閣時代にもこれに努めたが、軍部その他の方面に於ける反対が強く未だ成功するに至らない、これに就ては支那問題が中心になる関係上欧亜局の主管事務ではないが、この際何とか英国との関係を調節して置かないと日本は非常の難局に遭逢する懸念があると思うから、独逸への赴任は数カ月延期して貰ってその間に英国との協調成立に努めたいと述べたところが、広田外相は非常に喜んで是非自分の努力を頼むとのことであったので、自分の独逸への赴任は非常に遅れたのである。なお自分の在独大使への任命は右のような経緯があり、始めから軍部の対独接近を阻止するの目的があったので、世人の想像と相違するところが少なくない。東京裁判で予の在独大使時代のことを検事が申し立てた際、広田氏は巣鴨に於て当時の事情を追懐し、その前初の計画通り「ソ」聯大使に行って貰っていたら君（予）の面倒もなかったし、また日本のためにもよかった、と一度ならず述懐していた。

この頃の身上に関する出来事で今一つ思い出すのは、広田内閣総辞職し林大将が大命を受けた翌日であるが、在「メキシコ」公使から同盟通信社理事に転じていた堀義貴君が急遽来訪して、今組閣の事務所に立寄ったところ、君を外相に推薦することに決りそうだとの話であったから、自分は局長から一躍外相になった実例は日本ではないことであるし、またこの内閣の性格は自分とは一致しないものがあるから、推薦の申し出があっても受諾するわけに行かないから、面倒にならない内に君から話をして止めさせて欲しいと述べてその配慮を求めた。蓋しその際組閣本部で活動していた人々の間には、近いうちに軍部内閣に移行すべき中間内閣を作る計画があることを耳にしていたのであるが、幸いにしてかかる計画は実行せられないで済むことになったのである。

対英交渉の準備

由来英国は極東に於て長年に渉って築いた巨大なる利権を有している。この点は将来の貿易市場として確保して置こうという米国の利害とは異なるものがある。日本とは第一次世界大戦後米の希望により同盟関係を解除し、なお満州事変後は相当の軋轢を見ているのであるが、極東に於てはなお利害を共にするところが少なくない。また同国の行き方は実際的であるから、交渉の相手とするにも好都合である。よってまず英国と協定を遂げた上に米国との関係を改善して、日本の進運と世界平和の維持に努むべしとの自分の持論であったので、自分は防共協定締結当時の陸軍との了解を基礎として英国との協定実現を各方面に勧説した。英国との了解には支那問題のほか日英両国間の通商上の一般的利害調整をも必要とするので、軍部は素より外務省に於てさえ躊躇するものがあって甚だ難渋であったが、第一次近衛内閣となり広田外相も熱意を示したので更に強く各方面に説いた結果、まず北支および中支に於ける利害関係を調節し漸次国交全般に及ぼすこととし、漸く在英吉田大使に訓電を発するところまで漕ぎ付けた。

然るに吉田大使からは、この際速かに支那問題全般に関し協定すべしとの意見の上申があったから、一挙に全般的交渉に入り難き東京の実状を説明し、直ちに訓令所載の事項につき交渉を開始し逐次広きに及ぼすべしとの趣旨で数次電報を往復した。同大使も漸くこれを納得して、外務次官「バトラー」と会見の約束をなすに至ったが（此ノ点再調ノコト）、七月七日蘆溝橋事件が突発したので、この事件が終結した後に非ざれば日英間の交渉は不可能と思うとの趣旨で先方から会談開始の延期を求められたとのことで、予の苦心は水泡に帰したのである。蘆溝橋事件は結果よりすればあたかも日英交渉の開始を「サボタージュ」したことになったのであるが、右事件が支那事変となり、支那事変の処理が遂に太平洋戦争となったのであるから、その後吉田大使に対しては、あの際に支那問題全般的と欲張らずに英国側と交渉に着手し至らんにはまた別個の成行きとなりたるやも計り難く、甚だ遺憾であったと云ったことがある。

かくて支那事変の発生を見、支那問題に関係して自分の企望したところは実施不可能になったので、曩に広田外相と約束した在外勤務が当然実現せらるることとなったのであるが、海外転出前に若干ここに記載すべき事項がある。

乾岔子事件

その一つは乾岔子事件である。右は一九三七年夏、蘇聯兵が突然黒竜江にある同島に上陸してこれを占領したのに起因するものであるが、関東軍は満州国領域と信ぜらるる地点は武力を以て守ることが必要だから同島にも軍隊を出動し武力を以て解決したき旨の上申があったと云うので、陸軍省軍務局よりその趣旨を以てする申し出があった。自分は従来とも同島が満「ソ」両国の係争地点であったのだから、その解決は直ちに武力を以てすることなく、まず交渉により解決するに努むることが適当であるとて強く派兵に反対し、直ちに在莫斯科重光大使に訓命し折衝せしむることにした。その結果大規模の衝突に至ることなく、交渉により解決せられたのである。

支那事変勃発

次に一九三七年七月支那事変の勃発である。支那問題は前に述べた通り直接予の所管事務ではなかったのであるが、余りに大事件と認めたためであろうが、同月九日日曜早朝岸秘書官より同日臨時閣議開催せられ中支派兵の件付議せらるべく、週末静養中の広田外相にも至急上京せよと電話せりとのことであった。よって早速外務省に赴き登庁中の堀内次官および石射東亜局長から一昨日定例閣議のさい既に陸軍から出兵の提議があったが、今少しく成行きを見たる上との事になっていた趣を聞いた。そのうちに広田外相の登庁を見たので、自分は前記両人を促し、大臣室に於て、宋哲元側にて交渉に応ずる色を示しおるこのさい出兵に決するの過早に失すること、もし北支に派兵するとすれば中支に出兵することとなるべく、その結果非常の大事変となるべければ、本件出兵は極力差控えるを可とする旨を極言したが、広田大臣も予の説に同意する旨を語って閣議に赴いた。然るに昼頃帰庁しての話に、陸軍より形勢逼迫し直ちに出兵の準備を進むるに非ざれば居留民の保護にも支障を生ずべく、右出兵は結局支那側との交渉を容易ならしむることとなるべしとの主張ありて、論議の末遂に出兵に決したとのことであった。自分は直ちに右陸軍側の主張の不合理なるを指摘したが、決定した閣議を動かす力もまたこれに介入する権限も自分は有しなかった。しかし両三日自分が支那問題につき話し合う機会のあった参謀本部石原第一部長に派兵の不利なる所以を説き善処方を求め、海軍の豊田軍務局長にも同様の趣旨を電話した。

満州視察

しかし北支に於ける事件は終熄せざるのみか中支にも出兵することとなり、事件は次第に拡大した。その間に満州から予の渡欧前建国以来急速の発展を遂げた満州国の近状を視察してほしいとの希望があったので、予の主管事務は閑散であったのを幸いに、十月初旬から京城、奉天、新京、大連の諸地を視察した。一九二九年以来八年振りであるが、満州各地の発達は真にめざましいものがあり、殊に曩には支那式の小都邑に過ぎなかった長春が近代式都会に一変したのには驚くの外なかった。短時間の間にかくまで発展せしめた日満人の努力の甚大なるを感じた。なお新京では、東条参謀長から内蒙の視察を希望すとのことで関東軍から飛行機も提供すとのことであったが、旅行の余日もないのでこれを謝った。また予が新京着の前日参謀副長として来任していた石原少将とも会見して、この事変を急速に収拾する必要を話し合ったが、同少将は事変がこのままに推移すれば百万の出兵を要し、日本の資源は枯渇することになると述べていた。

伯林赴任

かくして予は帰京のうえ十月末駐独大使に任命せられ旅装を整えた。出発前広田外相は、支那事変処理に関する軍部よりの要求条件大なるため収拾容易ならざること、在京「ディルクセン」大使および在支「トラウトマン」大使を経て蔣介石に折衝中なるもその成否判明せざることを述べ、なお独逸よりの陸軍将校の派遣および武器売込みによる対支援助は本件解決を阻害するにより伯林着の上はその禁絶に努むべしとの希望を述べられた。

自分は十一月二十四日家族を携えて東京を発し、神戸から独逸「ノルドロイド」会社の「シャルンホルスト」号に搭乗し、渡欧の途に就いた。印度洋経由渡欧はこれで三回目であるが、「シャルンホルスト」号は日本郵船の寄港せざる「マニラ」「メダン」に各一泊するので、自分は未知の風物に接し大いに益するところがあった。「マニラ」では「ケソン」大統領副官の出迎えを受け、同大統領が伝言として自身病気入院中にて接待出来ざるを遺憾とするもその官邸に宿泊するを希望すとのことであった。しかし赴任中で対「フィリピン」関係にはなんら事務的関係なきを以てその歓待を煩わすを適当としないのでこれを辞退した。蘭印で自分が足跡を印したのは「メダン」のみに止まるわけだが、「スマトラ」一帯の資源の豊富と風光の明媚なるとに感銘された。

汽船が「サイゴン」より「コロンボ」に着く前の日であったが、夕陽が洋中に没せんとする際に夕凪の海原は波一つなく、濃い紺碧に一面を磨き立てて昼間の烈しい日光に引換え橙色の光りを空一面に投げかけたが、遂には海も空も凡て黄金世界に化し、甲板上のあらゆるものが荘厳な神秘の影に包まれて何にか永遠の生命を吹き込まれたように思われた。げに空も海も船も人も総て黄金色に蔽われて、身も心も浄土に在ると思ったが、その時の天地の荘厳は今も忘れられない。自分は瑞西《スイス》に在って早暁「ニーゼン」山の頂きで日の出前下界の谿は凡て霧に蔽われ天頂より稍《やや》明るくなり上空に漂う雲が薄薔薇色に胡蝶の舞うが如く、宇宙の灝気《こうき》凡てここに鍾ったかと思ったことがある。またその後夜明け前東海道を汽車で通った時は、残月の光りにあの秀麗な富士の貌が極細い銀線で暗黒の空中に幽かではあるがはっきり鏤められていたのを見て宇宙の神秘に触れたことである。自分は今まであちこちを旅行した中でこの三者が尤も自然の美を現示したものと今にも感じているのでここに記述したわけである。

武者小路前大使とは「ポートサイド」付近で行き違って遂に面会しなかった。例の如く「ナポリ」にて下船、羅馬《ローマ》に旧時の文化を偲び、瑞西を経て独逸に入り、あたかも「クリスマス」の前夜に伯林《ベルリン》に到着して「ティアガルテン」の日本大使館に入った。

第九章　在独大使時代

自分は第一次大戦直後伯林に入り、戦時の疲弊せる状況を目撃した。次に一九三〇年からその翌年にかけて在勤することとなり、「ナチ」台頭直前の状勢を審らかにしたが、その後六年を隔てて更に入独し、恐らく「ナチ」政権の最全盛期を見たわけだ。但し自分の同地滞在は極めて短かかった。時は動いていた。そして動揺している欧州の中心にある伯林に最近支那事変でまたまた世界を震撼させた日本からその代表者として乗り込んだのだから、事情を知らない観客から見たら、日独親善の一幕を演ずるために乗り込んだと考えるのも無理もない。現に新嘉坡《シンガポール》でも「コロンボ」でも多くの英字新聞が、僕の語らないことまで拵え立ててその意味のことを書き連ねていた。即ち支那事変の発生に驚かされた気味で「ローズヴェルト」は一九三七年十月市俄古《シカゴ》で所謂隔離演説を行い、不戦条約、聯盟規約の外特に九カ国条約を援用して約束の神聖を高調する反面、前年大統領選挙の際に高調せる中立主義を棄てて予防戦争主義に転向せるを示したが、米国新聞中の或るものは右の態度は米を更に世界大戦に投ぜしむることとなると非難した。しかし「ローズヴェルト」の態度は漸次硬化して、英仏「ソ」をも牽いて所謂伯林、羅馬、東京枢軸に当らんとする状勢は顕著となり来った。

独逸の状勢

独逸は一九三三年十月寿府一般軍縮会議と共に国際聯盟より離脱した後一九三五年三月、「ヴェルサイユ」条約中の軍備条項を破棄すとの所謂爆弾宣言をなし、更に一九三六年三月欧州諸国が「エチオピヤ」問題の処理に困惑しきっていた際に「ロカルノ」条約を廃棄すと第二爆弾宣言を発し、「ライン」非武装地帯への軍隊進駐を断行した。しかし一面に於ては英との間に海軍制限協定を締結して妥協の色を示したので、英は仏の強圧政策に同調せず、迂余曲折はあったが列国は遂に「ライン」進駐をも承認することになった。かくて「ヒトラー」の電光石火的行動は着々として成功を見るに到ったので、独逸国民の「ヒトラー」に対する信頼の念は旺盛となった。自分の伯林着任当時の外務大臣は「ノイラート」男であったが、先年軍縮会議のさい寿府に於て会談せる際とは大違いで、流石に穏健な人物ながらこの頃には意気軒昂たるものがあって、独逸の国威が大いに昂れる状勢を説き、今は欧州各国外相が路を伯林にかりて欧州状勢の見透しを自分に求めるようになったと誇ったのは今に忘れ得ぬところだ。

「ヒトラー」は日独伊防共協定を以て「偉大なる世界政策的三角」と説明し、あたかも英米に対抗するものの如くに宣伝して自己の地位を強化するに努めたが、内に於ては軍隊の機械化、航空兵力の増強等に努むる外、労働者に対する厚生施設および都市の美化等には巨額の費用を投じた。されば独逸一般の活気は未曽有とも云うほどに上昇し、全国に渉る自動車道路の普及、「クラフト、ドゥルヒ、フロイデ」による新造船の利用等は少なからず国民を喜ばせていた。現に自分が到着した際に前任大使よりの申し継ぎとして、伯林都美化のため「ティアガルテン」に広場を作る関係上、日本大使館等多数大公使館に新敷地と新築建物を提供する条件の下に移転方の申し出であったので、これに関する措置方法を研究していたとの事であった。因に右移転問題は自分の在勤中大いに進捗し、「ティアガルテン」に添う要地で伊太利大使館の隣りに敷地を定め、「ヒトラー」自身の特別の注意による旨を以て宏壮なる新家屋の設計をも完成したのであった。とにかく独逸内の活気は北米合衆国に次ぐ位の勢いであり、産業の発達も大いに見るべきものがあった。但し全体主義的統制は全般に渉り徹底しており、自分の旧友たる自由主義者というべきものは公的地位を去り、また第一次大戦直後からの知り合いであった猶太人《ユダヤ》、例えば伯林有数の新聞の主筆または経営者たりしものの如きは凡て海外に逃亡していた。猶太系の学者のほとんど全部が独逸を去った後の状況につき伯林に於ける多数大学教授から聞いたところによれば、各人の作業が急に繁多となったのでほとんど研究の余裕はないとのことであった。国民はまた市内を闊歩する親衛隊、突撃隊、青年隊の行動にも目に余るものがあったが、

「ナチ」台頭以来の成功と大規模の宣伝とに眩惑せられていた。

近時宣伝に新聞、ラジオ、映画等が利用せられるに至ったので、いずれの国の政治でも悪質的の宣伝が行われ易くなった。いずれの国民と雖も真実に基く資料を提供せられて判断を求めらるるに於ては、相当の常識を有する以上大した錯誤を来さないのであるが、近時各国に於ける遣り口は自己に都合よき資料のみ提供して一方的判断を押し付けんとするにある。殊に全体主義国に於ては、単一政党、統一せられた通信網というので、国民は真実性を有する資料の提供を受けないので偏見に陥る結果となるのは当然である。

伯林外交団

しかし眩惑せられたのは独逸国民だけではなく、近隣の諸国も徒らに瞠目している気配があった。自分が着任した際の伯林外交団は「フランソア・ポンセ」仏国大使、「ヘンダーソン」英国大使等を主とする多数の大公使――米は大使離任中、「ソ」の「クレスチンスキー」大使も帰国中であったが遂に帰任しなかった――から成っていたが、多くは「ナチ」独逸の将来に不安を感じながらもその活気に押されている態であった。唯外交団主席たりし羅馬法皇使節が「ナチ」が信教の自由をさえ無視せんとする傾向ありとて憤慨し、伊太利大使「アトリコ」が「ナチ」の過激なる行動を懸念していたのが異色であった。

これは防共協定強化即ち三国同盟問題の発生した後のことであるが、伊太利大使は「ムッソリニ」の命を体し、「ヒトラー」および「リッペントロップ」に対し、対「ソ」関係につき遣り過ぎないようにと苦言を呈したが顧みられないので懸念に堪えないものがあると内話したことがあった。自分は伯林到着後年始に際会したので、その間暇を利用して「ブラッセル」経由倫敦に赴き、吉田大使に広田外相の希望に基き日本の状勢を詳細説明し支那事変の成行きにつき大いに懸念しおる旨を述べた。同大使より英の対日感情につきて、また加納正金支店長より倫敦「シティー」の対独感情につきて話を聞いた。帰路を巴里にとり久し振りに杉村大使と面談し、同大使の「シュトレーゼマン」追懐と独逸の復興に関する観察とを聞いた。

ヒトラーに御信任状呈示

かくして自分は一月中旬「ヒトラー」総統に御信任状を呈示するため面会した。同総統とは初会見であったが、体格風貌日本歴史に伝わる織田信長の感があった。その行動が直線的でかつ天才的であったこともこの連想を強めたのであろう。信任状の呈示が終った後、約二十分に亘り懇談した。信任状呈示の際の自分の挨拶を受けて先方は日本と深交を切言したのを引用し、自分はその場合独逸の支那に於ける軍事援助を禁止する必要ある旨を述べた。然るに「ヒトラー」は右武器の売込みは独逸が外国為替を必要とするためなることを述ぶると共に、昔時困憊の極にありたるを自分の努力により現時の繁栄まで漕ぎつけ得たる独逸は今後もその発展を図ることが必要なるが、そのために外国為替の取得を必要とすとのことであったから、自分は先日巴里へ旅行の際同地にては日独は支那に於て戦争に従事しおるとの批評ある趣を聞いたと語ったところが、総統も思い直した如き面持にて本件は自分も篤と考慮すべしと述べたが、独逸の困憊せしときの光景を語るときは声を大にし、激昂の色をさえ示した。

ヒトラーとナチ首脳部

同総統とは爾後しばしば面談の機会があって、最後には「ベルヒテスガルテン」の山荘で会談したのであるが、態度は甚だ慇懃であったが、社交的辞令を用いず、直截に要点に触れ来るという風であった。その行動に過激なものがあったが、独創的、天才的のものがあり、当時の世界に於ては特異的存在の一つであったことは否むことは出来ない。唯その周囲に人を得ず、殊に国際方面の知識を欠いていたのは大なる欠点であった。現に米国の動きにつき話した際に物質的、打算的なるため恐るるに足らぬと思うと言ったから、自分は米国人をしかく単純に断言するのは危険であると述べたことがあるが、右の如き知識は「リッペントロップ」等より取り入れたものと思われた。「ゲーリング」は短所もあるが長所の多い人であり、当時の独逸では「ヒトラー」に次ぐものと思ったが、同人も「ヒトラー」には充分の敬意を払っていたようで、或る日の会談に際し、自分は総統に対して何事でも進言し得る地位にはあるが、その採否は全然総統の一存によるのだから、自分と総統との地位にはこんな違いがあるとて両手を拡げたことがあった。「リッペントロップ」および「ヒトラー」は、「ゲーリング」を排斥して自己の位置を強化せんとするものだとの批評は盛んに伯林に行われたが、事実両人共自分に対しても「ゲーリング」の悪口を述べたことがある。とにかく「ナチ」党内の暗闘の激しかったのは事実であるが、他方これらの人々には盛んに「ヒトラー」に迎合し、「リッペントロップ」の如きは彼が外務大臣に新任匆々の頃に、総統が五十歳を過ぎざる内に興国の大事業を完成して貰いたいとしばしば云っている次第だと語ったことがあるが、これらの甘言、勧説が遂に総てを誤たしむる原因になったと思う。

日本一部のヒトラー心酔

当時独逸人の間に「ヒトラー」を超人視し、かつは半神性を付与せんとするが如き傾向さえあったのは直接自分の見聞したところであるが、この傾向は日本人の一部にも感染した。当時伯林に在った軍人は素より、居留民の多くも「ヒトラー」の成功に眩惑され、只管《ひたすら》に独逸と提携するの利を述ぶる状況であった。日本ではこの頃支那事変に関する日本の態度を説明するためとか称し、盛んに国民使節なるものを各国に送ったのであるが、伯林にも自分着任以前よりも一団の者が滞在していた。これらの者が軍部と結託して種々の画策を為し、対支通商問題、三国同盟問題までにも累を及ぼすことになった。そして結局大使として自分も連累さるることになるのだが、単に政策上よりのみならず個人的利害関係より陰謀を企てたところも見ゆるので不快の点が少なくない。よって当時伯林に在って直接これらの問題これらの事件に関与したものをして語らしむることがいいと思うから、ここに東京軍事裁判所法廷に証人として提出したこれらの人々の口述書を若干転載することにしたい。

第一は、当時大使館商務書記官として日独間の経済問題を主管した、首藤安人君の宣誓口述書である。

首藤安人宣誓口供書

一、私は大正九年（一九二〇年）外務省に入り昭和十二年（一九三七年）二月から昭和十三年（一九三八年）十二月迄在独日本大使館に商務書記官として勤務しました。そして昭和十二年（一九三七年）十二月から翌年十月迄東郷大使の部下として働きましたが其の間に日独協力の二つの重要問題がありました。私は之に関する同大使の見解及び行動に付て承知して居りますので茲に証言致します。

二、第一の問題は防共協定強化即ち日独伊三国同盟締結のことであります。東郷大使は斯る方策に終始反対の態度を執って居られましたが、大使館付陸軍武官は大使を差措いて右方策のために活動して居ました。大使館員は大島中将がリッペントロップ外相と直接に交渉して居ったことをよく承知して居りました。私は通商問題に付殆んど毎日東郷大使と面会して居りましたので同大使はその際しばしば同盟問題に付て意見を表明されました。私は通商問題に関心を有して居りました関係上、東郷大使に対し独逸は経済力が著しく強化せられて居って、通商上東欧諸国並にバルカン方面と密接な関係を生じたが、此の関係は益々強化され一層重要性を加えつつあり、英国が伝統的に大きな利害関係を有する欧州の此の方面にかかる事態が展開して居る以上両国は遂に衝突するだろう。そして若し日本が独逸と軍事同盟を結べば日本は英国とのみならず米国との戦争に捲き込まれることとなろうが、之は本来我が国と無関係のことであり又日本の利益にも反するとの見解を述べました。東郷大使は私の意見に同意し独逸は遂に英露其の他諸国と衝突するだろうとの見解を表明され、且日独同盟は日本を結局欧州の紛争に捲き込むこと必定だとて日独提携の政策を非難されました。

三、昭和十三年（一九三八年）三月か四月頃大使館付海軍武官は海軍省へ日独協力関係増進を必要とする此際、独逸外務大臣と折合の悪い東郷大使を留任せしむることは帝国のために採らざる処なりと強調し、大使を独逸より追出さんとする趣旨の電報を打ちました。其の電報には陸軍武官と打合済みと書いてありました。右電報の内容が外務省より東郷大使に転送され、右の事情を知った我等館員は大いに憤慨して之は陸海軍の大使館乗取りの陰謀でありますから不問に付すべきではないとし、東郷大使及大使館護持の運動を行いました。併し吾々が殆んど何事もなし得ぬ間に結局同年十月東郷大使にソヴィエット連邦への転任命令が来ましたので、東郷大使は独在勤僅か十箇月で伯林を去ることとなりました。東郷大使は転任命令を受けた時私に日独伊同盟問題に反対したから遂に伯林から追出されたと話されました。

四、私も其の後間もなく帰朝の命を受け其の途次同年十二月八日伯林を出発、莫斯科に立寄り東郷大使と会談しましたが、其の際東郷大使は私に三国同盟問題はどうなったかと聞かれましたから、私はよく知りませぬがだんだん進行しつつある様ですと答えました所、同大使は君が帰朝した後、総理外相其の他閣僚等の要人に会談する場合には東郷は日独伊同盟に絶対に反対であることを伝えて貰い度いと云われました。それで私は十二月二十二日帰京後有田外務大臣、沢田同次官には勿論のこと十二月二十四日には木戸厚生大臣、近衛総理大臣、翌年一月早々湯浅内大臣等其の他の要路の人々を歴訪会見の際同大使の右伝言を申述べて置きました。

五、東郷大使の下に勤務中に起った第二問題は支那に於ける日独間の経済提携問題であります。昭和十三年（一九三八年）二月頃所謂経済使節が来独しました。之は日本政府の使節ではあるが単に大使館を援助する丈で、協定を締結したり又は直接交渉したりする権能は持ちませんでした。当初独逸官憲の了解する所では同使節は日本と独逸との通商協定の衝に当るものと考えて居りましたが、事実は日独の通商交渉は大使館が直接独逸政府と其の衝に当ることになって居ったのであり、同使節団は斯る公の権限を有したのではありませんでした。然るに其の頃偶々日本が北支一帯を其の勢力の下に置く様な事態になりましたので大使館付陸軍武官は大使館とは何等協議することなく、単に海軍武官及び経済使節と協議の上リッペントロップ外相に対して支那に於ける独逸の通商条件を定める一つの提議を致しました。それは支那事変発生以来独逸の対支通商に迷惑を及ぼして誠に御気の毒であるが、日本も北支の要地を占領する様になったから将来同地方に於て独逸に対し日本と同等の待遇を与えましょうと云う趣旨のものでありました。

六、当時支那に於ける状態に関するハンブルグ商人達の不満に弱って居りましたリッペントロップ外相は之を大いに喜びましたが、事重大なれば本件は日独両国政府の正式約束としなければならないと考え昭和十三年（一九三八年）五月之をメモランダムの形式に作成し、東郷大使に対し之を示し在伯林日本人側からこんな提案があったから之を正式約束となしたいと申入れました。東郷大使は権限なき者よりの申入れを公式交渉の基礎とすべきではない、又帝国政府よりも何等の訓令も受けて居らないから斯るメモランダムに付交渉する訳には行かぬと答えました。東郷大使はリッペントロップ外相との会見後帰館するや否や私を呼んで右の次第を話されました。後から東郷大使から聞いた処によればリッペントロップ外相は此の東郷大使の態度に甚だ不満を感じた趣でありましたが、リッペントロップ外相は更に前記の陸海軍武官並に経済使節等と再度会談の上、前記覚書中の equal を preferential と置換えた他のメモランダムを作成し、之を東郷大使に手交し兎に角日本政府へ伝達して貰いたい旨を申入れました。東郷大使は帰館の後早速私を呼んで其の経緯を話されました。即ち大使は再度の申入れでもあり、已む無く之を日本政府に伝達することを約束されましたが、大使と私とは preferential 待遇等は事実上出来るものでない、こんな約束は日本としては不可能であると云うことに意見が一致し此の趣旨は前記の申入れと共に外務大臣にも電報しました。

七、其の後暫く私は当時日独間に存した通商条約に代わるべき条約の締結のため忙殺されて居たので、支那に於ける経済問題に関しては殆ど関与しませんでした。唯本件に付東京から訓令があり交渉は継続されたと云うことを承知するのみであります。私の知る限りでは此の交渉も殆ど進展を示さず東郷大使の在任中は支那に於ける独逸国の貿易の問題は何等合意を見るに至りませんでした。

第二には、当時大使館にて首席書記官として機務に参与したる昌谷忠君の宣誓口供書中、伯林在勤当時に関係ある部分である。

昌谷忠宣誓口供書

一、私は一九二一年三月外務省に入り各地に於て勤務せる後一九四〇年九月芬蘭駐劄日本公使に任ぜられ一九四五年四月退官しました。

二、其の間東郷氏が駐独日本大使時代即ち一九三七年十二月から翌一九三八年十月迄の間私は在独日本大使館一等書記官として伯林に在り、首席書記官として館務に従事して居りまして、大使専用の電報符号の使用にも当って居りましたので、此間に発生せる防共協定強化問題、即ち日独同盟問題、駐独帝国大使更迭の問題に付直接聞知しました。

大方の見聞に依る知識に基き左の通り証言します。

三、私は一九三八年七月在伯林大島武官がリッペントロップとの間に防共協定強化に付交渉を為し笠原少将が右に関する独逸側の提案を携帯し急遽帰来せる由を聞込みましたので東郷大使に報告しましたが、同年八月中旬東郷大使は外務大臣に対し電報を以て日独伊同盟は防共協定強化の賛成者が論ずる如く日支事変の解決に貢献するものではない、尚独逸の勃興を以て自己の力によるものと信じて、目的達成の為には凡てをリスクする傾向の強いヒットラーと協力することは、二千有余年の歴史を有する我国として甚だ危険である、又三国同盟は欧州に於ける戦争惹起に悪用される可能性多く、而して結局日本も捲添えを喰うこととなるべく、従って対独伊関係を強化して、又は同盟関係を設定せむとするが如きは、帝国の前途に大きな不利を齎す危険があると認められるから、本件同盟交渉は之を取止むること可然との趣旨を上申せられました。

四、然るに東京に於ける関係閣僚会議に於ては、防共協定強化問題に付、陸軍武官をしてリッペントロップとの連絡を保持せしむることに決定せる旨、八月末外務大臣より来電があった為め、東郷大使は重ねて日独関係を現存の線以上に進むることの不可なることを高調すると共に、陸軍武官をして斯る軍事関係以外のことを取扱わしむることの不当である旨を電報せられ、強く其の反省を求められましたが、右電報発送後数日を出でずして東郷大使に対し莫斯科に転任方に付其承認を得度き旨の電報が外務大臣から到着しました。之に対し東郷大使は日独問題は周到なる注意を必要とするにより寧ろ自分は此際伯林に踏止まり之が為め一層の努力を致度しとの旨を以て右任命方に内諾を与えませんでした。然し重ねて外務大臣より枉て承諾せられたき旨電報ありたる為め東郷大使は之を承諾し、一九三八年十月莫斯科に転任することとなりました。

第三には、当時在伯林陸軍武官事務所に勤務し独逸より提出の三国同盟案を東京に携行せる、笠原少将の宣誓口供書である。

笠原幸雄宣誓口供書

一、私は元陸軍中将であります。昭和十三年一月当時少将でありましたが参謀本部付として欧州に派遣せられ同年十一月迄伯林に滞在しました。（中略）私の伯林滞在中東郷大使とは二三度会ったことがありますが公務の上では何等関係がなく公務に付て話をしたことはありません。

二、七月頃リッペントロップ外務大臣は大島陸軍武官に対し両氏間に嘗て話のあった日独伊三国同盟に関する提案を致しました。其時私は大島武官に対し本案が東郷大使に示されないのはおかしいではないかと述べた処、同武官はリッペントロップ外相から本件は先ず日本軍部の意向を知りたいことにあるのと、本案を先ず東郷大使に示したら反対する虞れがあるから同大使には示さないで貰い度い、従って独逸側としてはオット大使にも知らさないことになって居るとの事であったので、自分は之を東郷氏に語るわけには行かないと答えました。

三、七月中旬私は大島武官の依嘱に依り、前記独逸側の提案を持って飛行機にて帰朝八月初め東京に到着しました。私は東京に於て右提案を陸海軍当局に提出し又外務大臣にも話しましたが、本件に付五相会議の決定を見ました九月末伯林に戻り状況を大島武官に報告しました。私の東京行は大島武官の依嘱に依るものではありましたが、独逸側提案を東郷大使に知らせることなく伯林を離れたことに付ては伯林に戻ると直ぐ私は東郷大使を訪れ釈明しました。其の時大使は本件に付五相会議の決定があった趣であるが、自分は独逸との同盟には反対であり自分の見解は既に外務大臣に具申してある旨を述べられました。

四、私が前記の次第で東京に滞在した間宇垣外務大臣に会い、東郷大使は独逸政府首脳部と折合いが悪く、独逸政府当局は同大使がナチスの政策に協力的でないとの見解を持って居る為めに、今回のリッペントロップの提案も之を同大使に示すことを欲しなかったものである旨を話しました。当時軍部内には大島陸軍武官を駐独大使にしようとする意見が行われて居りました。

五、東郷大使とナチスの高官との関係に就て、私は昭和十三年九月のミュンヘン会談の際、大島武官はリッペントロップの飛行機でミュンヘンに赴いたに拘らず東郷大使は全然行かないことを記憶して居ります。

独逸の在支将校引揚げと満州国承認

右の三文書によって、自分の伯林に於ける一カ年の行動はほぼ判明したわけであるが、これに記載せざる事件やら、右文書の追加説明となる事項をここに記載することとしよう。

曩にしばしば述べた通り、自分の方針は独逸との急激なる国交増進を不利としたもので、伯林在住の日本人が独逸に心酔し、「バス」に乗り遅れぬようにとの動きを阻止するにあった。これと同時に支那事変処理のために独逸をしてその在支将校を引揚げしめ、武器売込みを禁絶せしむることが第一次の任務であった。その頃の日本人の多数は満州国の承認を急務として、予の着任前から独逸側に懇請したとのことであったが、自分は満州国承認は大豆の買付等の関係上、或る時期には当然先方にて実施するの外なきことになるので、我が方より依頼する必要はないとして、差し当り対支軍事援助打ち切りの問題に集中して、着任匆々「ノイラート」外相に懇談し、その後もしばしば面談して話合いを進めた。

然るに一日突然「リッペントロップ」大使より面会の申入れがあった。当時同人は英国在勤の大使であったが、外務省外に「リッペントロップ」事務所なるものを設け外務省には特異の存在であった。同人は会見の際、まず防共協定締結の主唱者が自分であったことを縷述し、次に日本との提携強化を希望するので時々二人きりの会見を希望するが独逸外務省には内密にせられたきことを申し出た。自分はその遣り方の変態的なるを快としなかったが、時々の面談方を承諾した。

リッペントロップ外相就任

しばらくした後「ノイラート」より二月初旬昼餐に招かれ妻同伴出席したが、同日朝の新聞で「ブロムベルグ」陸相と共に「ノイラート」外相の辞任が伝わっていたのである。突然の解任につきては同人自身も甚だしく不快に思ったようであったが、特に同夫人は先日官邸修繕の議があった際に総統に念を押して、近い内に退職するようなことにもなれば修繕に着手するのは見合わせたいと話したに際し、総統は決してそういうことはないから修繕を始めて下さいとのことであった。然るに突如かかることになるのは甚だ了解に苦しむが、多分後任になりたいものの仕業でしょうと少なからず激昂しておられた。右の更迭は「ブロムベルグ」の私行問題を一契機として生粋の党人を採用して内閣の改組を行い党の勢力を強化したのである。

とにかく予は伯林当路者の行動は常軌を以て律し難いものを見たので、「リッペントロップ」外相就任直後、予は日独間の政治経済に関する重要の事項は、伯林にあっては外務大臣と駐独大使によって専らまたはその承認の下に処理せらるべきであると述べたところ、同人は全然同意する旨を確答した。よって他方大島武官に右の成行きを話したる上、同武官に於ても軍事上の事項以外の処理は差控えられたしと直言したに対し、同人は時々参謀本部より軍事以外のことも命令せられ困ったことがありましたが、只今の御趣旨は当然のことですから今後はその通りに実行しますとのことであった。

その後間もなく独逸は満州国を承認し、かつ在支将校を引揚げ、武器の売込みを禁止したので、予の第一次の使命を達成せられた。

然るに五月に入り「リッペントロップ」が在支経済問題につき在独中の経済使節団の者との間に協議したることが発見せられたので、「リッペントロップ」にも直截に右行動が両人の申合せに反するものなることを指摘して不満を表した。然るにその後三国同盟問題につきて陸軍武官と内密協議せることが発見せられて前の申合せは水泡に帰した。これ独逸側よりすれば自己に都合よき者を利用し得ることになるので誠に便利なわけであるが、これら諸人の約束を反古にしての行動は誠に不愉快であった。

独の墺国併合と対独政策

その間に起った国際的大問題は、内閣改組および間もなく断行せられた「ヒトラー」の墺太利併合であった。独逸内の新聞は盛んに墺国首相「シュシュニック」を攻撃し、また無血併合なりとして「ヒトラー」の妙腕を礼讃し、独逸一般の総統崇拝は正にその極致に達せる趣があった。しかし右併合が「シュシュニック」に対する脅迫と「ナチ」党人の陰謀によることを熟知した自分は、「ヒトラー」の行動が手段を撰ばざることを遺憾とし、やがて「ヒトラー」の負数となるべきを感じた。この頃より予の「ナチ」主義を嫌悪する念は益々旺盛となったので自然独逸側にも洩れたことであろう。予は常に日本と列強との関係の改善に努めたので、独逸に対してもこれを排斥するものではなかった。予は米英蘇との関係改善に最も力を注ぐ必要を認めたのでこれを犠牲としてまで独逸との接近を計ることは常に反対であった。

また「ヒトラー」の遣り方よりすれば、早晩英仏米蘇を相手とする大戦争の発生を予期せなくてはならぬのであるが、かくの如きは世界平和よりして採らぬところであるばかりでなく、多年独逸にありてその国力に就き研究を怠らなかった自分は到底独逸の終局的勝利を信じ得ないので、日本が独逸と同盟して運命を共にするが如きは極力避けなくてはならぬと信じていた。

三国同盟問題

かかる際に起って来たのが日独伊三国同盟の問題であった。日本では防共協定強化と称して最小化するに努めたが、その趣旨は英米をも目標とする同盟にあったことは独逸側提案を一瞥すれば明瞭である。されば「リッペントロップ」が笠原少将証言の通り、予の反対を恐れて予に秘した心情も了解せらるるのであるが、予は右内容の交渉が行われておることを聞知するや、直ちに日独間の同盟は日本の採るべき途に非ざることを再三電報したことは、前掲三口述書所載の通りである。そして自分の「ナチ」の行方に反対であり、また反対すべきことが前以て予想し得るほどであったのは、独逸の外務大臣および日本の陸軍武官に前以て確たる約束あるにも係らず、自分に隠れてこの同盟問題につき交渉を開始したことによりて明らかにせらるるのである。

しかし東京では自分の対独消極政策を是認した広田外相も五月辞任し、軍部の圧迫は益々強化せられたものの如く、八月末に独逸側との交渉開始の予報があった。これに対しても自分は前顕各氏証言の如く、反対の意見と武官をしてかかる外交重要問題を取り扱わしむる不当につき電報したので、莫斯科に転任するようにとの大臣来電に接した。これに対してもなお異存を唱えたが、外務大臣より枉げて承諾せられたき旨再三電報があったので、一九三八年十月在蘇大使に任命せらるる成行きとなった。

ミュンヘン協定

右の如く日独間に三国同盟締結に関する内議が進んでいる折柄、「ヒトラー」は更に「ズデーテン」地方の併合を企てた。この地方に於ける一民族、一帝国、一指導者、「ハイル・ヒトラー」の叫びは、九月に入りて頓に盛んとなり、刻々に不穏を加えた。独逸の強圧に対し、英仏は「ヒトラー」が本問題が欧州に於ける領土的野心の最後であるとの言を頼りとし微温的であったので、「ベネシュ」以下の「チエック」側は悲憤の念に堪えざることながら如何ともすることは出来なかった。九月二十九日「ミュンヘン」に於ける「ヒトラー」「ムッソリニ」「チェンバレン」「ダラディエ」の会合に於て割譲の方法につきても協定せられたが、同地に待機していた「チエック」代表者は右四国に於て調印済の協定を読み聞かさるるのであった。かくして尤も急迫の状態を呈した一大危機が除去せられ、なお「チェンバレン」および「ヒトラー」の名に於て英独両国は決して再び戦うことなかるべきこと、並びに一切の問題を協議により解決すべき趣旨の共同声明が発せられた。これにより欧州人心が一時安定したのは勿論であったが、「チェンバレン」および「ダラディエ」が各九月三十日首都に帰着すると、いずれも凱旋将軍の如く熱狂的大歓迎を受けた。これは所謂宥和政策の極致であったが、この態度は独逸をして英仏の意気地なきに自信を強めしめ、更に大胆なる行動を企てしむるに至ったとも云うべきである。

なおこの際自分が「ミュンヘン」に赴かなかったことを以て、在独大使として不適格なりとて在独海軍武官より東京に電報し、同地に於て問題となったことが東京裁判で公けとなったのであるが、自分はその以前から神経痛に罹ったため独逸側から「ニュルンベルグ」の党大会に招待せんとしたのも謝ったが、「ミュンヘン」会議の際も同様であった。独逸友邦の大使はいずれも自国首相または外務大臣の来独があり自国に関係ある大問題の論議せらるるのでそこに来集するのは当然であるが、日本には直接関係がないので日本の大使が同地に赴くなら、単に好奇心による見物かまたは独逸側のためにする見せ物になるより外ないのであった。これらの事さえ心得えぬ所謂武官外交が当時日本に禍いしたことは甚大であるが、その根源は東京の統帥部であった。

ベルヒテスガルテンにおけるヒトラーとの会見と伯林離任

「ミュンヘン」会議が嵐の如く経過して欧州は春に再会せるが如く喜び、殊に独逸では「ズデーテン」併合の成功に酔うていた時に、自分は「ソ」聯に入ったのであるが、その頃天皇陛下より「ヒトラー」総統への贈物が到着したので、これを贈呈する必要もあったので「ベルヒテスガルテン」の山荘に赴き離任の挨拶をした。伯林より特に総統秘書官長「マイスナー」が同行して懇切なる待遇を受けたが、総統も陛下の贈物に対し非常に感謝した後、予の離任を惜しむ旨の懇篤なる言葉があった。同総統は前にも述べた通り、面談のたびごとに極めて打ち解けた態度を示していたが、今度も頻りに予の在任の短かったことを遺憾とする旨を述ぶると共に、この際露西亜に在勤するの重大意義あることを語り、労農政権の動静に関する興味を示した。そして自分は独逸を去るに当り唯一事質問したきことありとて「ミュンヘン」協定に言及し、同協定によって同協定に記載せられてある如く欧州の平和が確保せらるることになるだろうかの点であると述べたところ、「ヒトラー」は同席の「リッペントロップ」と一寸顔を見合せたが、すぐ真面目な顔付に返り、それは英吉利の態度如何によるので、英国が独逸の意図に反する行動をとらなければ欧州の平和は維持せらるることになると云った。それならば英国が独逸の意向に従わなければ平和は維持せられないことになるわけだと自分が云ったところ、総統はその通りと答えた。かくて予は別れを告げて山荘を下ったのであるが、「ヒトラー」の心事は予の予想せる通りであるので、欧州否世界は益々多事なるべきを痛感した。かくて予は伯林に帰り十月二十七日莫斯科に向けて出発したが、火の手の挙がるのを見ながら火事場から避難する気持に類するものがあった。

第十章　在「ソ」聯大使時代

伯林から「ワルソウ」「ミュンヘン」を経て一路莫斯科に赴いたが、冬の「ロシヤ」は寂寥なるものがある。莫斯科は始めてではないが、道行く人の寂しい顔が眼についた。着任後直ちに外務人民委員部「リトヴィノフ」に面会し、同人の通訳により連邦最高会議幹部会議長「カリニン」に御信任状を呈示した。「ルバシカ」を着ていた同人に大礼服を着用し館員一同を引率しての引見は一向に気のきかぬものであった。同人は人間味の溢れた老人であったがその後は更に面接することはなかった。

北洋漁業問題

「ロシヤ」事務は予が欧米局第一課勤務の時から永い間手にかけて来たものであり、手馴れた仕事であったが、第一に自分の着任を待ちうけていたのが北洋漁業に関する暫行協定取極めの問題であった。日「ソ」間漁業協定改訂が防共協定締結により不成立となり、爾後は毎年暫定協定の取極めにより右協約を実施することになったことは曩に欧米局長時代の個所に詳述した通りであったが、「ソ」聯の国際的地歩が確立するにつれ、その北洋漁業および北樺太石油石炭事業に関する日本の利権を買収したい念慮は年一年と旺盛を加えた。殊に一九三八年八月には張鼓峰事件の発生を見たので、日「ソ」間の国交は頓に悪化したばかりでなく、「ソ」軍の日軍撃退が大規模に宣伝せられたので漁業問題に大影響があり、年末の改訂期が近づくので重光大使が暫定協定締結交渉を提議したけれども、「ソ」側はこれに応ずる色を示さなかった状況であった。されば予は「ポーツマス」条約に基く本漁業協約の特異性を指摘して、協約関係を持続することは「ソ」側の義務に属する所以なるを説示して交渉開始を迫った。そこで「ソ」聯側の提示し来ったのが日本人経営の漁区中の相当数を解消せんとするものであったので、論議を重ねたが、意見の疎隔が甚だしいので年末までに成立するに至らぬばかりでなく、解決の曙光さえ見えなかった。

在欧大使会同と伊藤公使訪欧

翌年一月に入り更に交渉に入ったが、「リトヴィノフ」は先年来の主張を繰り返すのみで妥協の色を示さない。東京では議会でも強硬態度を支持しているので最悪の場合自由出漁を覚悟しているとの電報さえ届いた。露西亜領海内の漁業であるから、条約上の基本的権利は我が方にありとしても、如何なる大事に至らぬとも限らないので、少時間交渉を中止して余熱を冷す外に良法なしと思っていたところに、在独大島大使から防共協定強化問題につき東京より伊藤公使が近く来伯するから、この機会に在欧大使伯林に集合し、東京の状勢を聴取すると共に前記問題に関する意見交換を行うを必要と認め、本省に稟請中なるにより来独方を乞う旨の電報が来た。そのいささか前に「ソ」聯および波蘭《ポーランド》等を除く在欧大使等が会合した際、三国同盟に賛成するものが多かったとか、または在独大使が在西欧諸大使に本件を話したら皆賛成を表したとか云う噂が「モスコー」通過の日本人より伝わっていたので、右の会合は賛成論で戦線を統一して本省を押さんとするものかと思われたので、これに反対な自分はそのままに放置するを日本のため不利なりとし自身同地に出張することに意を決した。莫斯科と伯林との交通は直行でも二日を要するので、右東京よりの回電を待ちて出発する時は会合の期日に後るる虞れもあったから、東京には大島大使来電の趣旨により暫時出張する旨を電報して伯林に赴くことにした。しかし伯林着の後聞いたところでは東京から右会合を許可して来なかったとのことで、在伊白鳥大使の外来伯するものはなかった。その夜日本大使館での招宴で大島・白鳥両大使には予の持説たる三国同盟無用論を説いたが無論意見の一致を見るに至らなかった。

よって翌早朝伊藤公使を「ホテル・ブリストル」に訪ねて、三国同盟は同盟賛成者の云う通り支那事変解決に資することなく、かえって日本も欧州戦争に捲き込まるる危険が大であること、かつまた独逸の提議は英仏等をも目標とするものであるから、蘇聯だけにその目標を限らんとする日本の計画は成功するはずがないから、同公使も速かに帰国し交渉を不成立に導く方がいいと切言した。その翌日自分は伯林を発して莫斯科に帰ったので、本件防共協定強化問題とは絶縁することとなった。

漁業暫行協定成立

さて懸案中の漁業協約問題であるが、二月帰莫後更に交渉してみると、「リトヴィノフ」も小出しに幾分ずつ譲歩して来るので、こちらでも譲歩し段々暫行協定成立の方向に進んだ。自分の外交交渉で、この時ほど議論を重ねたことはない。交渉は何時も四、五時間の長きに亘るので、自分は「リトヴィノフ」の冗弁に倦いたことがあるが、同氏は僕の妻に対し僕の長広舌には驚いたと批評していたと云うことである。

かくして四月漸く協定に到達し、漁期の開始にやっと間に合った。しかし東京では一時自由出漁、国交断絶まで心配していたのがとにかく解決したので愁眉を開いたとて珍しく懇篤な謝電が外務大臣から届いた。

自分が「リトヴィノフ」と長時間の会談を了へ外務人民委員部の控室に出てくると、退屈そうに待っていた英国大使「シーヅ」と邂逅することが珍しくなかった。それは三月半頃からで、彼は今日も御蔭で長く待たされたと云うを常としていたが、かく頻繁に英国大使が訪問するのは重大事件の交渉に相違なきことを思わしめた。後には仏大使も英大使と同行して来ていたのを見て、三月末からの「ポーランド」援助協定が成立せし際とて英仏

「ソ」三国間の提携問題に外ならぬとの勘に打たれた。その後右交渉の内容が漸次欧州政界の噂となったが、莫斯科では当初活気に満ちていた英国大使が処々の宴会等にて邂逅するたびごとに元気を失いつつあるを思わしむるものがあったが、五月初め突如として「リトヴィノフ」が罷免せられ、「モロトフ」人民委員会議長が外務人民委員をも兼任する旨の発表があったので、本交渉の成立の甚だ難きを思わしめた。

モロトフ外務人民委員となる

「モロトフ」の人民委員就任後も漁業問題、北樺太利権等について相当の問題があったが重大問題と云うのではなかった。しかし事件が聊かなりとも重要性があると「モロトフ」自身交渉に当る有様で、あの多忙の際にかかる案件まで同人を煩わすのは気の毒と思うくらいであったが、なかなか事件の内容にも精通していたのには感心した。しかして「リトヴィノフ」時代と異なり多く議論を交ゆることなく、案外容易に解決を見ることが多かった。そのためと思えるが、一日「シーヅ」大使が来訪して、自分は近来「モロトフ」と交渉しておるが交渉の進捗を見ない、然るに君は「モロトフ」とは非常に折り合いがよくて話合いも円滑に進むようだが如何なる呼吸があるのか、と真面目に質問したことがある。自分は右に対し「モロトフ」の態度が「ソ」聯に近接せる諸小国の公使等より聞く如く高圧的に非ずして、合理的方法により解決せんとする態度を示しておるのが第一の原因であるが、第二には「リトヴィノフ」は「スターリン」との関係が密接でないので、その意向を充分に明らかにし得ないところもあるらしく、その次の会見には無造作に撤回することがあるに拘らず、或る時の交渉には末まで強硬意見を吐くので、こちらも自然これに対抗する結果議論仆れとなる傾向がある、これに反して「モロトフ」はこちらの主張が正当だと見ると即座に譲歩するので話がし易いと述べたのだが、「シーヅ」は「モロトフ」は外交官の言葉を話さないと云っていた。

波蘭に関する英・仏・蘇交渉と独蘇不侵略条約締結

右は別とし、右の英仏「ソ」軍事同盟の問題に就ては「ソ」聯側の立場が優勢と見受けられた。蓋し英は「ソ」聯との会談前波蘭と相互援助条約を締結したのであるが、武力的実質援助を与えることは英波の地理的関係からして甚だ容易でなくて、北方よりの援助は「ソ」聯を通じての外に道がない。しかしてこの状況の下にまず波蘭と約束せる後に「ソ」聯に協力を求めたのは、「ソ」聯をして自己に有利なる条件に固執せしむることとなった。「ソ」聯の根本的政策であるが、自分がその渦中に捲き込まれぬ以上資本主義的国家群の戦争はむしろ歓迎するところであるから、本質的に英仏と同盟するの必要を感じていなかったので、英仏は翻弄せらるる模様が見えていた。なおまた「ソ」聯をして援助せしめんとする波蘭が「ソ」聯の援助を好まないので交渉はなおさら困難を加えていた。しかして軍事使節の派遣となり英仏側の苦心は目に余るものがあったが、八月二十日独「ソ」経済協定の成立が突如として発表せられ、翌日更に、独「ソ」不侵略条約締結のため「リッペントロップ」外相が二、三日中に来莫すべしとの発表があった。時あたかも「ソ」聯が催した空中祭が賑やかに行われた日であったが、折角着莫した英国軍事使節団は進退両難の体で誠に気の毒に思われた。

「リッペントロップ」莫斯科到着までに不侵略条約の交渉は全部成立し、唯その期限等に就てのみ問題が残っていたのであるから、「クレムリン」で会商の結果忽ちにして協定成立の発表を見るに至った。その際列席した「シューレンブルグ」独大使は「スターリン」の賢明を賞讃していたが、「ソ」聯側では「スターリン」自身交渉に当ったが、期限の点で「リッペントロップ」より二十五年でも三十年でも差支えない旨を述べたに対し、「スターリン」はかかる長期ではかえって実存性を欠くことになるとて十年を申し出でその通りに走ったと語った。本条約につき独逸と「ソ」聯とは各自の目的を有していたのである、即ち独逸は英仏に対し後方を固めんとしたものであるが「ソ」聯は独逸の鋭鋒を自分の方から英仏に転ぜしめんとしたものであることは明瞭である。

第二次大戦勃発

右不可侵条約の締結によって日独伊三国同盟問題は一先姿を隠したが、欧州では八月初め頃より不穏を加えた「ダンチッヒ」復帰運動が廻廊返還問題まで拡大し、英国政府の熱心なる斡旋に拘らず、形勢は急転直下悪化の一路を辿るのみであった。遂に独波国境に於て波蘭兵が独の正規兵に砲火を向けたとの理由で、「ヒトラー」が九月一日早朝波蘭進撃の命令を下したので、第二次世界大戦の序幕は切って下された。

これにつれて思い出されるのは、その前日「モスコー」郊外に催された園遊会のことである。「モスコー」郊外の日本大使館の別荘は家屋は矮小であるが庭が広く園遊会に適するので、二、三週日前から八月三十一日を期して在莫斯科外交団の全部を案内しておいた。然るに英仏「ソ」交渉の決裂、独「ソ」不可侵条約の締結、廻廊問題の危機化と続き続きに局面の緊張を来し、殊に同日には独波関係が累卵の危きにあることが刻々在莫斯科関係国大使館に伝わって来るので、極度の緊張裡に園遊会が開かれたのである。各国大公使始め館員は家族同伴多数参集したが、いずれも一抹の不安を胸に蔵するの模様であった。独波大使館よりは殊に多数の来会を見たが双方睨み合いの姿であり、盟邦同志懇談に耽るものがあり、帰去来往もあわただしく、珍しき光景を演じたが、これが第二次大戦前に於ける在莫斯科全外交団の会合した最後のものになった。

しかして英仏両国共九月三日独逸と交戦状態に入ることとなったが、曩に波蘭に侵入した独逸軍は三週日を出でずして波蘭全部を潰滅に陥れた。

ノモンハン事件処理

この間満蒙国境にも相当の波瀾があった。予て満州国に於ては自己の領域と主張し来った「ノモンハン」地域に「ソ」蒙兵が進入したことにより衝突が惹起せられ（ノモンハン事件ノ経緯及交渉ハ前述漁業問題ノ経緯ト共ニ詳細記述スルコト）、該地域の争奪の目的を以てする戦闘は逐次規模を大にして飛行機戦車をも使用するに至り、相当大規模の戦闘が行われた。よって東京では関東軍に自重を求むると共に、自分に「ソ」側と交渉して時局を収拾すべき旨の訓令を寄越した。自分は双方共大軍を準備して対峙しているのであるから、交渉開始のうえ万々一不調となる場合には戦争ともなり兼ねないのであるから、交渉に入る以上これを成功に導く決意あるべきを上申し、電報を往復した結果凡てを自分に一任するとのことであった。よって当時係争中の諸問題の解決方を提議し、まず「ノモンハン」事件より解決することとなったが、予が日「ソ」双方軍隊は現在の線に於て停戦に入り、そして速かに国境確定の交渉に入るべきを提議したるに対し、「モロトフ」人民委員は日本軍が蒙古領に侵入せしものなれば「ノモンハン」地域より直ちに撤去すべきことを主張するので、予は日本軍は満州国領域なるを信じて行動せるものなれば国境確定前に退去し得ざるは当然なりと抗議し、先方の反省を求めて議決せず、一時は破裂とさえ思わるるほどであったが、九月十六日「モロトフ」は予の主張を容れ、現在線に於て停戦に入ること、速かに国境確定委員会を設置することとし、本件を妥結した。これで日「ソ」間の国交断絶をも救ったと云うので東京からの感謝に接したが、予が東京が大いに憂えた日「ソ」国交断絶を救ったのは前の漁業問題の時と合せて二回である。

その後問題は現地に移ったが、日満「ソ」蒙四国の現地交渉ではなんらの進展を見ないので、再び本事件関係の諸事件を莫斯科にて自分と「モロトフ」との交渉に移されることとなり、俘虜交換、「ノモンハン」地域国境の国土確定を了することとなった。「モロトフ」は右地域中、日満側の尤も重要視する「アルシャン」地区はこれを満州国の所属とするに異存なしと云うので、他の地域は凡てこれを蒙古領とするに同意して本件を決定し、更に現地にて境界測定をなすこととなった。一九四一年八月これを了えたとの趣で満州国張総理から予の労を大いに感謝する旨の書類を送って来た。なお関東軍でもこれによって「ソ」聯との戦争に導かんとする意図を有しなかったばかりでなく、該地域は真に満州国の一部と考えたことはその後同軍幹部の所述によって明らかであった。なお本事件の結果関東軍が自重して「ソ」聯への手出しを控えたことも事実である。

なお右「ノモンハン」事件の交渉に入る数日前、「シューレンブルグ」独逸大使は自分を来訪し、日本が本件につき独逸側の斡旋または助力を希望せらるる場合には喜んでこれに応ずべしとの申し出があったが、予は本件に就ては充分考慮を加えつつあること、並びに交戦国たる独逸に仲介ないし斡旋を求むることは好ましからずとの理由でこれを謝ったことがある。

漁業交渉

この頃の出来事で記憶に新しい一つは、一九三九年末の漁業取極につき交渉し、末日に意見の一致を見たが、その署名を了したのは一月一日早暁となった。「クレムリン」での徹夜の交渉であったが、調印後「モロトフ」は前菜を供し盃を挙げて、日「ソ」関係の改善と予の努力に対する感謝を述べたので、予も杯を挙げて世界的に多事なるべき一九四〇年の元日を「クレムリン」に祝することの意義大なるを述べたことである。

不侵略条約締結後の独蘇の関係

しかし独逸は「ソ」聯と不侵略条約締結後直ちに経済関係の促進に努め、殊に英仏との戦争開始後は大使「リッテル」「シュヌーレ」の如き専門家を莫斯科に派し、軍事資材および食糧品の供給を確保せんとした。「ソ」聯もこの頃に於ては独の希望に副わんとするに努めたが、他方九月二十八日には独逸と波蘭分割協定を締結して白露地方を併合し、次では「バルチック」三国と各々相互援助条約を締結して根拠地を獲得した。「フィンランド」に対しても海軍根拠地および若干の土地の割譲を求めたが、自主独立に富める芬蘭《フィンランド》はこれに応じなかったので、十一月三十日「ソ」聯は全面的攻撃を開始し、芬蘭は善く闘ったが孤立無援遂に屈伏の止むなきに至り、一九四〇年三月「カレリア」地峡その他各地域および「ハンゴ」半島の長期租借に同意して和を結ぶに至った。

右につき予の見聞および感想の一、二を摘記すれば、まず独逸との波蘭分割協定の際であるが、この交渉に関与した「シューレンブルグ」の直話によれば、「スターリン」は自己の欲する白「ロシア」の併合を主張したが、「ワルシャワ」を含む爾余の波蘭は如何ようとも独逸に任すとて関与を避けたとのことであるが、これは「ソ」聯外交が実際的で必要の限度に於て行動すると云う手固い方面の現われである。次に予は日「ソ」漁業交渉妥結後小閑を得て一九四〇年五月北欧を旅行したが、あたかも「レニングラード」にて芬蘭より帰還の「ソ」軍隊を途上に見たが、極めて貧弱な防寒服を着用し、凍傷の痕も著しく見られ、如何に苦戦したかを思わしむるものがあったが、「ヘルシンキ」に入り「ソ」空軍による爆撃の跡を視察し、会談したほとんど凡ての芬蘭人が「ソ」聯に対する強烈なる敵愾心を示し、また戦利品を展覧して「ソ」聯より分捕った軍旗、兵器等を誇示していた状況を見て、強国に隣する小国の悲運に同情したが、同国人の熱烈なる自主独立の気魄には少なからざる感銘を受けた。また同国の在莫斯科「コスキネン」公使には家族的の交際をしていたので、同国大統領「パーシキヴィ」とは一度ならず面談の機会があったが、老軀なお矍鑠敢然として内外の国難に対処する気概と手腕には多大の尊敬に値するものがあった。なお右旅行中瑞典《スウェーデン》でも「ソ」聯に対する恐怖心甚だ強く、今にも進撃し来るに非ざるやを危惧し、全国に厳重なる灯火管制を行いおるのに遭遇した。

独軍の優勢

なお独逸が翌一九四〇年四月丁抹《デンマーク》および諾威《ノルウェー》に侵入し、五月和蘭《オランダ》、白耳義《ベルギー》を席捲すると共に巴里を占領して仏国と休戦し、他方英軍を「ダンケルク」に圧迫し、英本国に盛んなる空襲を行った際に、「ソ」聯は七月「バルチック」三国を併合し、他方羅馬尼《ルーマニヤ》をして「ベッサラビヤ」および「ブコビナ」を割譲せしめた。右の内「ブコビナ」の併合は元の「チェコスロバキヤ」を経て東に向かう独逸の進路を遮ることになるので、独逸の「東方政策《ドランクナハオステン》」に大障害を来すのみならず、「ソ」聯南下政策の一基地になる関係上両国の衝突をも意味することになる。「ソ」聯は前記の如く各方面に鋒鋩を煩わし来った外、独逸に対する物資の供給も漸く怠るようになった。独逸の「シューレンブルグ」大使および経済問題処理のため特に出張せる「リター」大使より「ソ」聯の誠意を疑うが如き言辞を聞き始めたのはこの頃であった。

日米関係の悪化

自分はこれら形勢の推移を観望しながら本国の状勢に少なからざる憂慮の念を持した。支那事変は日に日に拡大し、重慶政権を制圧するの方策なく、ために一九三九年六月来日の汪精衛と計って事変を収拾せんとした。米大統領は曩に市俄古に隔離演説を行って以来ますます重慶政府に対する援助を強化したが、一九三九年七月遂に日米通商条約を廃棄するの予告を発して、日本に経済的圧迫を加うるの意図を明らかにした。日本政府はこれに対し暫行協定の締結を懇請するの態度を以てしたが、米の顧みるところとならなかった。米が通商条約を廃棄せし趣旨は素より明らかで、日本に重圧を加えんとするにあるのであるから、如何に懇請すればとて、日本が支那事変による方策を根本的に変更せざる限り、暫行協定締結に応ずることなきは初めから明らかであった。

日蘇不侵略条約の構想と通商協定に関する交渉

されば自分はこの際日本の採るべき方策としては「ソ」と協定して日本の地歩を固むると共に、重慶との間に穏和かつ合理的な条件を以て和を講ずるの外なしと考え、その趣旨を以て東京に電報した。なお「ソ」聯と協定する方法としては不侵略条約および通商協定の締結を眼目とすることを進言した。これ近来米が反日的政策を行う一方、「ソ」との接近を求めて対日圧迫にも利用せんとするの秘策を破り、以て米の反省を促さんとする趣旨に出でたのである。即ち英米に対抗するの目的を有することなき消極的のものであった。然るに米に対し暫行協定締結の懇請に盲進せる阿部内閣は、右の進言に答うるところなくして辞職したので、自分は斎藤書記官を東京に派し、後継内閣の有田外相および閣外の露西亜関係有力者に説かしめた。その結果相当範囲の了解を取付け得たので、右二問題につき交渉を開始することにした。

通商問題につきては東京より元通商局長で新たに在瑞典《スウェーデン》公使に任命せられた松島鹿夫君が、赴任の途次莫斯科に滞留して自分を援助することになり、「ソ」聯側では貿易相「ミコヤン」自身交渉に当ったので、一九三九年十二月以降頻繁に交渉を重ねた。前年九月「ノモンハン」停戦協定以来、莫斯科に於ける日「ソ」間の空気は甚だ良好で、極めて融和的な気持で諸案件が処理せられていたので、本通商交渉も相当の進捗を見たが、取引品目とその数量につき折り合いに困難なるものがありたると、年来の難問題たる通商代表部の権限問題に逢着したるため、会議停頓のまま自分は帰朝することになったのである。

不侵略条約に関する交渉

第二の不侵略条約問題につきては中立条約の締結を可とすとの東京からの訓令があったので、自分はその趣旨を以てせる条約大綱を作成し「モロトフ」との間に交渉に入った。「モロトフ」は右に対し、両締約国は相互に両締約国の一つを敵とする国家群に入らざることを約する旨の対案を提出すると共に、重慶政権非援助に関する予の要求に応ずるの意を示したが、「ソ」側の希望として日本の有する利権の解消を申し出た。右は北樺太に於ける石油、石炭利権の解消にあることが判ったが、その事業は常に「ソ」側と紛糾し来って日本政府より巨額の補助を得て配当しおる状況にあったので、自分は以前からこれを「ソ」側に返還し別個の利益を交換すべしとの意見であった。されば北樺太利権に関して話合い成立すれば、当時我が方より熱望したる蔣介石援助打切りの条項をも加えて即時にも条約成立の運びに至るべき状況になった。その際自分は所謂松岡人事により帰朝することとなり、右の交渉も成立一歩手前の状況で出発したのであるが、予て日「ソ」関係の改善に非常の注意を払っていた在「モスコー」米人側では、予の送別の宴で「モロトフ」外相、「ミコヤン」貿易相、「ヴィシンスキー」次官等が長時間を日本大使の官邸で過したのを見て、てっきり本条約の調印を見るものと察し、右官邸の周囲をしばしば偵察した新聞記者さえあったと云う逸話がある。とにかく米側で日「ソ」接近を阻害したい気持は極めて強かった（とにかく翌年松岡訪「ソ」の後成立した中立条約は条文的にも成立、但し蔣非援助なし。——そのとき日本の動きはすこぶる了解し難きものである）。

右に先だち八月末「スターマー」公使の来訪を受けたことがある。同氏は予の伯林在勤当時にしばしば「リッペントロップ」外相の命を受けて来訪したことがあり、旧知の間柄であったが、今回西伯利亜経由日本に赴く途次莫斯科に飛来せることを述べ、独逸の戦況甚だ優勢で英の屈服また遠からざるべく、米の参戦あるとも恐るるなしとの見透しを語り、日本には友人を尋ねる目的を以て赴くなるが、次第によりては日本との間に政治上の取極めをなすも可なりと思考しおる旨、並びにその際には日「ソ」間の接近をも仲介し得べしと考える旨を述べた。よって自分は同公使に対し、自分が三国同盟に反対の意見を有することは恐らく伯林にて御承知なるべしと語り、かつ自分の見たるところにては独「ソ」の関係は他国を仲介し得るほど良好とは思えずと述べたが、同人渡日の目的に就てはとにかく大臣宛電報した。

日本の政状と三国同盟条約締結

その頃の日本の政状に就て一瞥すれば、独逸が北欧および西欧に於て驚異的戦果を収め、仏蘭西は停戦を求め、英本土侵入が眼前に迫るが如き状勢となったので、多くの日本人は甚だしくこれに動かされた。即ち親「ナチ」論者は素より、曩に独「ソ」不可侵条約締結により独逸に悪感情を抱いた政党人および官僚の間にも「バス」に乗り遅れるなとの気運が濃厚となった。外務省ですらこれに動かされた模様で、米内内閣の末期には陸海外三省当局者間に於て、次で来る近衛第二次内閣の決定せる「日本外交方針要綱」とほとんど同一内容の方針が協定せられ、各大臣の承認を得つつあった。しかし各方面の急進論者は右の態度をも緩慢にして時期を失するの虞ありとし、米内内閣の総辞職を図り、七月下旬第二次近衛内閣の成立を見るに至った。同内閣は成立前首相、松岡外相、東条陸相、吉田海相の会合に於て大東亜共栄圏建設を促進し、これがため対独伊、対「ソ」国交の画期的発展を図ることを決した。あたかもその頃九月上旬「スターマー」が来着し、「オット」、大島、白鳥四つ巴の活動となりて松岡外相との会見となり、他方陸軍のみならず海軍もこれに賛成することとなり、欧州に於ける独逸、伊太利、東亜に於ける日本の支配を目的とする三国間の同盟を結成するが如き条約を締結するに至ったのである。本条約により日独の当路者は米を牽制して欧州戦争および支那事変の解決に資し得べしと計算していたのであるが、予が従前より主張して来ったようにその誤算であることは逐次証明せられて来るのである。よってその経緯は日を追って説明することにするが、本条約と「ソ」聯との関係も奇妙なものであった。これも帰朝後近衛首相との談話で明瞭になるのでその折に譲ることとし、唯ここには本条約発表の後、「モロトフ」が頻りに本条約中にある新秩序なるものに疑念を有し、如何なる意味なるかを尋ねたことを記載するに止むる。

莫斯科離任

前記の如く「モロトフ」との間に中立条約締結に関する交渉がまさに成立に到達せんとした際、突如八月二十九日松岡外相より帰朝の命令に接した。その際は重光および来栖両大使を除く全部の大使および多数の公使に帰朝を命じたのであるが、新聞紙上次官談として伝えたところは、新時代の外交に適応せざるためと云うので松岡の枢軸外交に適応せずとの趣旨であった。予は十月中旬莫斯科を発し西伯利亜経由帰朝の途に就いた。家族を引つれての旅行であるから、退屈もせず西部西伯利亜の迅速なる開発に驚き、並びに「バイカル」湖上夕陽の美観を賞して満州国に入った。満州里では満州国張総理および梅津関東軍司令官より新京招宴の案内があったので、当時新京では「ペスト」発生のため下車せざる予定であったが、これを変更し家族のみを大連に直行せしめ、自分は新京に下車、右両者の歓待を受けた。両者いずれも「ノモンハン」事件を解決して戦争なしに落ち着けてくれたことを感謝する旨の挨拶があった。従って予は「ソ」聯側の所謂梅津君の対「ソ」侵略を信じ得ないことなどを述べた。その後大連に赴き同地より海路下関に到着、三年振りで再び故国の土を踏んだが、建国二千六百年記念式典に参列のため至急東上を要すとのことで一路東京に向かった。然るに京都から大島君が乗り込んだので、車中で三国同盟締結当時の詳細なる内情を聞いた。

近衛首相との会談

近衛首相とは十一月五日帰京後直ちに面談することとなったが、同首相は三国同盟の趣旨につき説明を加えたる後、「ソ」聯との関係につき日本は「ソ」聯をも本条約に同調せしむるを希望するのであるが、「スターマー」もその実現方を約し、日「ソ」間の懸案解決にも独逸側は助力すべしと述べたる旨を語ったので、自分は前よりしばしば電報した通り三国同盟には反対である、しかしその成立を見たる以上、独蘇間の協力を維持せしむることが日本のためにも必要であるが、「ソ」聯をして欧州に於ける独伊の指導権を認めしむることは不可能である、また独逸と「ソ」聯との関係は近来変調を来しており、日「ソ」間よりもむしろ不良なる関係にあると云うべく、この点に就ては莫斯科から報告もした通りの事情で、日「ソ」間懸案の解決の仲介など思いもよらざることを説明した。ところが首相は意外に思う顔付で、「スターマー」来日につきては莫斯科よりの貴電により始めて要領を得たわけで、独逸出発の際まで日本側にはその用向につき何も語らなかったのに、莫斯科で都合によっては政治協定を日本と結んでもいいと述べたのは、独逸として「ソ」側と打合せた上のことであったろうと外務省では解釈したので、自分は独「ソ」間の親密関係を推測したこと、並びに日「ソ」中立条約の成立も今のままでは絶望だと云う外務省の話だったことを述べたので、自分は右外務省にての解釈がいずれも事実に反しおること、中立条約は北樺太利権の一部分を解消することによって成立を見得る状況にあることを説明した。同公は右の説明によりよく了解し得るものがあると云っていたが、由来日本人には外国人の話と云えば直ちにこれを信じ、日本人同士の話は軽視する習癖があるので、この独「ソ」関係に関することも誤算に陥ったものと思われる。その後「モロトフ」が訪問し、独「ソ」間の国交に一大異変があることが明白となったのであるが、しばらく後になってから自分は同公にこれらの現象を指摘して、自分の当時述べたところを確証するものだと述べたところ、同公は全くその通りだったと首肯せられたが、外務省の一部にはその頃になってもなお独「ソ」の乖離を信ぜぬものがあった。

松岡外相との会談

松岡外相とは帰朝後翌年一月までの間に三回会談する機会があった。第一回は右近衛首相との会談数日後であったが、その需めにより往訪したところ、寿府より帰朝後の日本の形勢の変化より支那事変を収拾するの困難なることを述べ、この困難を打開するには無血革命に依るの外なきを信じ近衛引出しに尽力したと語り、最後に至りて、君の採った対「ソ」政策に変更を加えようと云うわけではないが、今回ほとんど全部の大公使にやめて貰いたいと思うから、君も辞表を提出して貰いたいと思うとのことであった。自分は右に対し帰朝の報告として曩に近衛首相に述べたと同じことを簡単に述ぶると共に、支那事変の解決は日本の自粛自戒により南京政府との間に速かに解決する必要あることを直言し、かつ自分の英米独に対する考え方は松岡外相の方針と異なるが、自分は自分の意見を今以て正しと信ずるにより自分より進んで辞職するは正当ならず、かつ同外相がほとんど外務省上級官吏の全部を罷免することは悪例ともなり不賛成なるにより辞表の提出には応じ難し、但し同大臣が進んで自分を免職せらるることには更に異存なき旨を述べて辞去した。

右辞職問題はその後更に申し出でに接したことがあるが、自分は前と同様の返事をしたのでそのままとなったわけである。右の辞表提出拒絶の件は理窟としては右の趣を述べたのであるが、実のところ松岡の乱暴なやり方に対しての悪戯の意味が多かった。蓋し帰京して見ると、松岡人事に対し批難している人並びに関係の大公使で不平を蔵してる者も多かったが、松岡にその非を直言したものがないような様子であったから、同人を困らせてやろうと云ういたずら心が浮いて来たわけであった。

しかし松岡外相より第一回面会後間もなくして、欧州状勢につきて話を聞きたいとの需めがあったので面会した。松岡君は名だたる饒舌であるので、その時もなかなか用件に入らずして日本の内政状態を説明し、近衛内閣に継いで来るべき者に就ての話を喋々し、漸く用件に入ったが、その用件は日「ソ」中立条約成立の見透しであって、その奥には訪独の希望もあるようであった。よって自分は簡明に中立条約は自分の莫斯科出発前成立の一歩手前まで進行しおりたること、しかも重慶政権援助打ち切りの約束をなすも差支えなしとの意向を洩らしたること、但し日本側にて北樺太利権の一部分の解消につき考慮する条件に繋がったことを説明し、なお独「ソ」の関係は良好ならざること、また独逸との関係につきては慎重の注意を要することを説いた。前回会談と同じく約一時間半の長時間に渉ったが、三分の二は松岡君の御談義であった。翌年一月更に先方より欧州状勢につき今一応予の意見を聞きたしとのことであったから、面会のうえ前回の意見を更に詳細説明した。この時も矢張り一時間半に亘る会談であったが、矢張りその三分の一は先方の話に費やされた。松岡君は「ソ」聯および独伊を訪ね、お土産として日「ソ」中立条約を携え来ったのである。そしてその時の「ソ」聯の思惑は昨年自分の交渉していた時とは異なり、独の進攻的態度に備えんとするものであった。また自分は永く面談する機会はなく、終戦後巣鴨拘置所内で久し振りに会談した次第であった。

松岡君が欧州より帰朝後間もなく日米交渉が開始せられた模様であったので、蔭ながらその成功を祈っていた際に独「ソ」開戦説が伝わって来た。当時外務省では松岡外相以下右の噂を否認するものが多いとのことであったから、自分は「ヒトラー」「スターリン」両者の欲望は根本的に齟齬するものがあり、かつ独裁者は既成事実を作った後に始めてこれを正当化する理由を付する習癖を有するを以て、右開戦もあり得べきにつき充分警戒を要すとて注意したことがあった。

独蘇戦争

とにかく六月二十二日、独逸軍の「ソ」聯進撃の飛報が伝わったので日本側にも多大の衝動を与えた。松岡外相は「ソ」聯挟撃を按じたが近衛首相の反対により成立しなかった。またその後近衛公から聞いたところによれば、独逸は日本と打ち合せもなく「ソ」聯を攻撃し、三国同盟の予想せる「ソ」聯引き入れと全く正反対の結果を招来したから、三国同盟の存在理由をも滅却したものであるとの理由でこれを廃棄しようとさえ考えたが、軍部等の反対が予期せられたので遂に問題とならなかったとのことである。また独逸側の説明によれば、「リッペントロップ」は伯林に於て松岡外相に近く独「ソ」戦勃発の可能性ありと予言したと云うことだが、この点は自分には分らない。独「ソ」戦の見透しに就ては当時東京でも種々の説があり、軍部等の「ナチ」贔屓の方面では遠からずして「ソヴィエト」政権の崩壊を見るに至るべしと観測しておるとのことで、多数の方面より自分の意見を求めて来たから、自分は労農政府の根底は既に相当根強いものがあるから、敗戦甚だ永きに亘る場合の外崩壊を見ることなく、殊に同国領土の広大よりして政府および工場設備の移転等も予想せらるるにより、長期の抗戦可能なりと判断すべきことを説いた。

独「ソ」戦の開始が欧州戦に於ける独逸敗北の最大原因になったのであるが、開戦の報は交戦国たる英国等に蘇生の念を与え、米をして好機乗ずべしとして盛んに「ソ」聯抱き込みに邁進せしむることになった。曩に一九三九年以来人類の敵として「ソ」聯の侵略を攻撃した米国が、独「ソ」開戦となるや直ちに芬蘭を抛棄して「ソ」聯の正義を讃え、事実上の同盟関係に入ったのは如何にも功利的に見えるが、現下に於ける国際社会の不完全よりして致し方もないことであったのだろう。

「ソ」聯の冬を重ねて帰朝すると、年の暮となっても常盤木の青葉が市内到るところに見え、晴れた空を望んでは冬らしい気持もなく久し振りに明媚な風光を楽しんだが、国際政局の激動に伴って、日本の全体主義的振舞はやがての大地震を予報するような不安を感ぜしむるものがあった。世の中がかかる波瀾を見せておるうちに盛夏の候となったので、自分は久し振りに日本の高原生活にあくがれて軽井沢の山荘に引籠った。

（一月五日第一冊始稿、一月二十七日稿了）

（註）第一部中各所に括弧を付した簡単な備忘的な記載があるが、右は故筆者が全体の推敲と共に後に詳細書き加える意図であったことを示すものです。

第二部　太平洋戦争勃発まで

第一章　第一次外務大臣就任

昭和十五年即ち一九四〇年、日独伊三国同盟の成立と共に外務省を吹き捲った松岡旋風の渦中に投ぜられ、予は莫斯科《モスコー》から帰朝し、近衛首相および松岡外相に三国同盟成立後に於ける欧州事情、殊に独「ソ」の関係良好ならざることと共に、予の交渉中なりし日「ソ」中立条約の完成近きにあったことを報告したことは、既に第一部に詳細記述した通りである。また松岡外相には、特に三国同盟が支那事変の解決に資するところ少なかるべく、その解決は日本側の自粛に俟つところ大なるべきを強調したのであった。その後陛下には御前講演として、「ソ」聯の国情につきたび重なる五カ年計画の実行によりその生産力が著しく増大せること、および同国に於ける共産主義的思想には、世界革命を目指せる宗教的信念とも云うべきものの存在せることをも言上した。その後と雖も外務省を始め爾余諸官庁の首脳部とも会見する機会はあったが、予は名目上大使の地位にあったのであり、実際には外務省の事務にはなんら関与しなかった。そして時間的余裕を有するに任せ、再三郷国に老母を訪れ、その途次各地に立ち寄り、東京以外の見聞をも広めた。

三国同盟締結後の状勢

当時の日本一般の状勢は三年前自分が欧州に赴任した頃のそれとは甚だ異なるものがあった。三年前に勃発した支那事変は当初の予想に反して解決の可能性が見えないので、焦燥の気が一部には著しかった。しかし日独伊三国同盟に対する国民的熱狂は今なお顕著で、到るところで独逸を謳歌讃嘆する声を聞き、国際政治に経験の乏しい方面では、この同盟を万古不易でもあるように信じている状況であった。終戦後の今日から考えたら夢とも思わるるほどであるが、当時の状況を実証するものを挙ぐるのは極めて容易のことである。自分は国民が三国同盟に依頼する者の数、および勢いがあまり大なるに驚いたのであるが、その傾向は政界、操觚界、知識階級にも少なからず存在していた。右は独逸の宣伝によるところもあるだろうが、その欧州各方面で挙げた戦果の著しいのに幻惑せられ、「バス」に乗り遅れるなとの感じを持つに至ったのが最大の原因と思われた。

当時予の尤も憂慮したのは、三国同盟の威力を以てせば日本はその遭逢せる国際的困難は容易に排除し得べしとの構想の上に政策を樹つる点であった。近衛首相および松岡外相にはその趣旨を以て説いたのであり、この点は日本の各層にも率直に自分の所見を述べたのであるが、右の構想は当時各方面に相当深く喰い入っているのが分った。なお予が当時感知したのは、軍部殊に若手将校の間に最近日本の戦力の増大を信ずるものが多いことであった。即ち陸軍に於ては支那事変以来の戦費の大部分を以て部隊の機械化を図りたるため、その戦力が頓に増大せるを誇り、海軍は軍縮条約廃棄以来日本に特有なる艦船を保有することになったので天下無敵であるとの意気込みがあった。

支那事変・三国同盟・日米交渉

されば当時は支那事変の長引くことに焦慮しつつも日本の自粛により国民政府との間に合理的解決を計らんとする念乏しく、一方は南京の汪政権によって支那統一を完成しようと云う近衛第一次内閣以来の構想であるが、南京政府にそれだけの力量がないことはほぼ明瞭であった。されば三国同盟の偉容を笠にして米国側を牽制し、同国との交渉によって支那事変を解決しようとする考案が段々強くなりつつある模様が看取せられた。由来三国同盟はその条項よりすれば天下を三分してその一を保たんとするもので、その意味合では米国に対立するものであるから、これと支那問題を協議するのは三国同盟の筋道ではない。また米国と交渉する以上、先方から三国同盟に対する苦情を持出さるるのは当然予期すべきである。然るに日米交渉の開始が野村大使の任命があった頃より政府首脳部、陸海軍、その他三国同盟を主唱または賛成した方面に於て考慮していることを聞いて、自分は日本一般の国際政治に対する了解の浅薄なるに驚き、二、三当路者には注意したことがある。殊に自分が尤も恐れたのは、終局の目途を立てないで交渉を開始し、遂にその成立を見ない場合に局面は更に悪化し、日米間の衝突までなるに非ずやとの点であった。従来とも外交交渉にこの種のことが少なくないので、曩に自分が「ノモンハン」事件につき交渉開始の訓令に接した際に、休戦不成立の場合も戦争とならぬだけの確証を東京より取付けて交渉に入ったのもその趣旨に外ならないが、今次米国と交渉に入る際にも局面が甚だしく紛糾している以上、交渉不成立の場合には事態は収拾すべからざるほど悪化し、遂には日米間の戦争とさえなるべき可能性があるから、充分に成立の見込みを立てずして交渉に入るを危険なりと考えたので、交渉に入る場合には、三国同盟問題および支那事変の解決条件につき思い切った譲歩を覚悟して懸かる必要があると述べたことがある。とにかく自分は米を通じての交渉が、直接蔣政権と交渉する以上に有利なる解決を為し得べしとの見込みがあるのか了解に苦しんだ。無論蔣介石も南京政府をあのままにして置きながら交渉に入ろうとしても首肯しないのも不思議はなかった。

その後しばらく右に関する噂も聞かざる間に松岡外相は欧州より帰来し、日「ソ」中立条約締結につき国民から多大の歓迎を受け、本人も日比谷公会堂の演説等で大いに気焔を挙げている間にちらほら日米交渉開始の報を耳にするに至った。そして日米交渉の案件は最高度の秘密事項即ち国家機密に指定せられてあったので、即ちこれを直接関係者以外に洩らしたものは厳罰に処せらるる法規があるので、その正確なる内容に就ては不明で、取扱者に質問するのも差控うべき状況であった。よって交渉の方針につきては無論確聞する機会はなかったが、当時往来していた政界、実業界、新聞界各方面の人々いずれも多大の興味を持っていたので、これらの方面より断片的に聞くことは多かった。そして五月末、我が方の方針は三国同盟につきては日本はその義務に忠実なること、支那問題につきては満州事変以来の成果を確保せんとするものなることを聞いたので、交渉の前途甚だ多事なるべきを憂いつつも只啻《ただただ》その成立を希望する念に満たされていた。

春去り夏来ることとなったので、自分は軽井沢に久し振りの高原生活を為すこととし、夏中同地と東京との間を往復した。日米交渉は漸次政治の中心問題となったので、自分は軽井沢に於ても本問題につき興味を持って訪ねて来る人々に対しては本交渉の成立を祈る旨を繰り返して話した。

独蘇戦争の見透し

その間東京に行っていた際に新聞記者の急襲を受けて質問せられたのは、最近独「ソ」戦争勃発の噂が伝わって来て、日本当局では信用しない意向であるが、かかることが有り得るだろうかとのことであったが、自分は大いに有り得ることを説明しておいた。その後間もなく独「ソ」戦争の勃発となったので、更に多数新聞記者より独逸側にては二、三週間に「モスコー」を陥れ、「ソヴィエト」政府を顚覆し得ると豪語しておるが、自分の見透しはどうかとのことであったから、自分は独軍の進入は甚だ効果的であろうとは思うが、

二、三週間の短日子が「モスコー」を陥落せしめ得るやは疑問と思う、また或る期間の後「モスコー」陥落すとするも、労農政府は遷都のうえ「ウラル」以東の工業施設により抵抗を継続すべく、その崩壊は容易に予想し難いことを答えた。その頃松岡が中立条約を締結せしに拘らず「ソ」聯との戦争を主張したとか、また政府と統帥部との間に南北進の問題につき研究しておるとか、更にまた急に満州に増兵したとかの噂があったが、はっきりしたことは勿論分らなかった。

南部仏印進駐と資産凍結

更に今一つ心配なことは、当初発端の頃は有望と伝えられた日米交渉が、独「ソ」戦争開始後の六月末頃になると米国の態度も思わしからぬと伝えられたことであった。やがて七月に入ると、松岡を罷めさせなくては交渉継続は難しいとの噂さえ伝わって、同月半には政変説が伝わり、同十六日には松岡の放逐により第三次近衛内閣の成立を見た。なお七月初めに南部仏印進駐説が伝えられたので、自分はその意外なるに驚き政界および財界の二、三に注意したことがあるが、やがて内閣改造説となりその実現があったので、仏印進駐は当然止めになったことと思っていたら、新内閣も進駐に同意し、七月半ば実施に着手したので、米大統領は七月二十六日米国に在る日本の資産を凍結した成行きを耳にしたので、意外な出来事に驚いた。これについてはその後間もなく面談の際に進駐の事情を質問したが、さほどの悪影響があろうとは思わなかったとのことで、いささかその楽観に過ぎたるに驚いたわけであったが、海外事情に明るい正金銀行の重役も事態の急変を意想外にしたとのことであった。これから後は海軍が焦燥気分に駆られて来たことは甚だしい模様があった。折角貯めた二カ年分の石油が段々に減るというのだから無理もないのだが、とにかくこれで日米交渉も支那問題だけでなく日米間直接に切羽つまる問題となったのである。その後豊田君には二、三回会ったが、交渉はなかなか進捗せぬと云うばかりで内容や詳細の成行きに就ては聞く機会がなかった。しかし交渉が停頓したこと、近衛首相が首脳者会談を提議したが米はこれに応ぜぬことなどの事実が伝えられ、交渉の前途に対する悲観説が盛んで、新聞雑誌の対英米態度は益々強硬となった。

一般国民は軍部の宣伝によって自国の強大を盲信した点もあるが、新発展を望んで千載一遇の好機となし、米英戦争も敢て辞せずという冒険的気分に浸されていた。東方会一派を中心とする対米「デモンストレーション」さえ行わるる形勢となった。この際に於ても自分は交渉成立を希望することをいつも話していたので、自分にも取締的警戒を加える必要を感じたかして、憲兵が一月に二、三度くらい宛来訪して自分の意見を求めて帰るのが例となっていた。

予が本交渉につき政府統帥部間に議定せし「デッドライン」があるのを始めて聞いたのは、九月下旬外務省の一幹部であったが、形勢ますます穏かならざるものあるを察知した。

十月に入りてより米側との交渉はなんら進捗せざるに反し、軍部は右の「デッドライン」を楯として交渉打切りをも主張しておるとの噂が伝えられ、十月十二日頃より危急を報ぜられていたが、遂に十六日閣内意見不統一の故を以て、近衛首相は辞表を取纏めて提出するに至った。かくて重臣会議の後、木戸内府より東条大将を後継内閣首班として奏上し、十七日同大将に組閣の大命が降った次第である。

外務大臣就任に関する東条大将との交渉

同日夜十一時半、牛込区船河原町の寓居に東条から電話で至急陸相官邸に来てくれとのことであった。東条大将は組閣の大命を受けたことを前置きにして、自分に外務大臣兼拓務大臣として入閣してくれと申し出した。よって自分は最近の政情および日米交渉の成行きについては正確なる知識を有しないが、今回近衛内閣崩壊の理由は、日米交渉につき陸軍が強硬なる態度を持したので閣内の意見不一致を見るに至ったとのことであるから、就任の諾否を表明する以前に右の事情を聞きたいのであると述べて、三十分余に渉って論議を重ねた。右の質問に対し東条は、日米交渉の難関たる支那駐兵問題に陸軍が強硬意見を持したため近衛内閣の総辞職となったのは事実である、また強硬意見を持した自分に大命が降下したのであるから、駐兵問題については自分は何処までも強硬なる態度を持続していいはずと思うと述べたので、自分は日米交渉の成否は支那駐兵問題のみならずその他にも難問題があるように思うが、既に駐兵問題について総理および陸軍が強硬態度を固執するとあれば、交渉決裂はそれのみで明瞭である、また交渉の継続も無意味である、新内閣がもしかかる見透しの上に成立するものとすれば、自分が外務大臣に就任することは無意味であるから御断りするとて先方申し出を拒絶した。然るに彼は右は自分の気持を述べただけのことであったと陳弁したので、自分は右の気持を持するだけでも難関に逢着すべきは明らかである、自分が外務大臣に就任する以上は交渉成立に全力を尽すべきことを方針とするものであるから、陸軍側で駐兵問題について充分の余裕を以て考慮しかつその他の諸問題につきても再検討を加え相当の譲歩を為すの覚悟があり、合理的基礎の上に交渉を成立せしむることを真に協力すると云うに非ざれば入閣を承諾するわけに行かぬと追究した。東条は交渉が成立せしめ得るものなれば成立せしめたいのは自分も同感である、華盛頓からの電報によれば交渉案件中支那駐兵問題以外は大体了解が成立したとのことであるが、諸問題につき再検討を加うることにはなんら異存はないと述べて更に就任方を懇請し、明早朝閣員名簿を奉呈したいのであるから即座に承諾を乞うと云った。なお自分は日米交渉の成否如何は既に海軍に最も切実なる影響があることとなったとの見解を有していたので、東条内閣に海相となる人には大なる興味を持った。よって他の閣僚に就てはなんら質問はしなかったが、右対話の途中で海軍大臣には豊田副武大将に定まるそうだとの噂を聞いたがどうかと質したところ、彼は豊田ではなく嶋田大将になるだろうとのことであった。

当時嶋田君とは懇意ではなかったが、海軍の強硬派に属せぬことだけは承知していたので、交渉促進にも不賛成ではあるまいと胸算をしたわけであった。

東条内閣の性格と入閣の意図

右の成行きで交渉成立の方向に事態を導き得べしとの自信を得たので就任を受諾したのである。そして翌十八日親任式が行われ、東条内閣の成立を見た。

由来自分は自分よりある地位を求めたことはない、従って今次入閣も自家の権勢欲というが如きに出でざりしは明瞭である。東条内閣を以て直ちに戦争に突入すべき内閣と観察したものがあるようであるが、予は後にも述ぶるが、その見解に同意し得ざると共に少くとも予に関する限りは戦争突入よりは戦争防止に努力するための入閣であったことは今後に於ける努力を見ないで、単に前記の対話よりしても明らかになったと思う。唯予の失策は単に東条との約束に信頼して何とか時局を収拾し得べしと考えたことで、局面の紛糾が極度に達し、相手国も既に戦争を決意していたほどの事態であったことを知らなかったことである。しかし当時日本側でも何人もこれに想到せるものはいなかったのである。なお同内閣に於ける閣員の選択、従って同内閣が所謂東条「クリク」に依り構成せられざりしことなどに就ては、東京軍事裁判に於て多数の証言により明らかにせられたと思うので、ここに記述する必要はあるまいと思う。されば当時就任直後予に入閣事情を聞いた人々に対しては、交渉成立のためで、これに就ては東条との約束もあることを率直に説明した。

無論日本外交の一般的行き方は充分知っていた。即ち軍部が外交の分野に策動する勢いはまず支那に於て盛んであったが、満州事変以後は特に強大となり、独伊にもその勢いを及ぼし、三国同盟の成立にも至ったのである。満州事変以来十年間戦争の雰囲気の中にあって外交は日と共に軍部の圧迫を受け、外務大臣がその国策につきその意見を貫徹するは著しく困難があることは明瞭であったので、予は入閣条件として東条に交渉成立に協力すとの確言を求め、かつ海相の選択につきても質問したのである。なお日米交渉の経緯については前述の如く断片的知識しか有せず、条件等に関してはなんら正確なることを知らなかったが、東京の各方面から聞いたところでは、米国政府当局は従来甚だしく非妥協的でも日本の希望を全部拒絶するものとは思わなかった。従って日本側で著しく譲歩する場合には何とか交渉の成立にも一縷の望みはあり得べきはずだとは就任当時の心構え、或いは自惚れであった。なお新内閣にして直ちに戦争に突入せんとする場合は格別であるが、東条が言明した通り軍部も交渉の成立を希望し、従来の態度を再検討しようと云う以上、交渉成立を熱望する者としては前途の困難大なりとて、或いはまた不可能の算大なりとて交渉成立に努力しないことは、一身の保全よりすれば就任を拒絶することが得策であるべきであるが、国家のため、世界平和のためよりすれば採るべきでなく、男子としては成否を論ぜずに渾身の努力を揮うべきなりと考えたのである。事志と違い戦争の勃発を見るに至り、今やまた囹圄の間にある次第で、各方面に対する誤算を悔ゆるものであるが、予はなお就任当時の決意に誤りありとは考えない。

交渉の膳立て

なお予はかくて直ちに日米交渉の実質的検討に入るのであるが、その前に一、二事項に就き記述しておきたい。第一には外務省の活動につき豊田前外相が辞任の挨拶の際自分は養子でないから遠慮せずに云々。次に本件交渉に関与すべき幕僚であるが、次官には自分が欧米局長時代に「ロシヤ」課長として勤務し爾後多くの関係を有した西春彦君を採用した。本件交渉主管の亜米利加局長については、本件交渉の主要案件が支那問題たりし関係上、早くより関係し来った山本東亜局長を兼任せしむることとし、なお本交渉開始の際主任課長たりし加瀬俊一君はその官補時代以来熟知しているので、重ねて亜米利加局第一課長とし秘書官をも兼任せしめて本件処理に便ならしめた。なおやや後になってからであるが、永く欧州に在勤して省内の準長老たる佐藤元外相および支那通を以て知られたる川越前大使に外務省顧問を依嘱した。人事に就きここに併記したいのは一部官吏に対する粛正である。予は就任匆々過般来日本の南進政策促進に関係した一大使に辞表の提出を求め、また従来から外務省内で最も急進的と目せられ越軌の行動が著しかった課長二名および事務官一名に休職を命ずる手筈にした。然るに三人の後者は休職になるくらいならば辞職をするとのことであったので依頼免官とした。この処分によって従来政府の穏健なる政策に満足せずして徒に諸外国殊に米英に対する強硬外交を唱道し、時としては陸海軍および急進分子と策動せんとした外務省内一群の官吏に対する粛正的警告として大いに効果があった。

第三には前任者豊田貞次郎大将よりの引継であるが、恒例によって極めて簡単なるものであった。日米交渉に就ては支那駐兵に期限をつけることにすれば纏まるのであるが、陸軍がこれに応ぜぬために総辞職になったのだと説明し、なおこれに就ては書いたものがあるからそれに就て承知せられたいとのことであった。支那駐兵問題のみが交渉の難関であるとのことは、近衛第三次内閣倒壊前の論争が専ら駐兵問題に集中せし事実、並びに最近東条大将が野村大使からの来電により駐兵問題以外は大体了解が成立しているとの言と一致するので、自分は単に一問題だけならばとの感を受け、大いに意を強くしたわけであった。然るに華府に於ける了解は他の二大問題にも欠けていることが段々に判明して来たのである。

第四には外務省限りの問題であるが、書類の不整理が甚だしいことであった。自分は就任直後書類その他により日米交渉の経緯を審らかにするの必要を認め、当初一週間は一切の宴会および絶対必要以外の来客を謝絶して、閣議および連絡会議に出席する以外の総ての時間をその検討に費やした。拓務省の事業に就ては従来多大の興味を有していたものであったが、就任当初は素より日米交渉を通ずる全期間、拓務省の事業を顧みる余裕はなく登庁も出来ないわけであったから、その辞任方を申し出で間もなく離任することになった。かくして日米交渉に文字通り予の全力を傾倒したのである。

外務省電報の国内配布

なお日米交渉当時を追懐すると外務省の往復電報は凡て軍部に送るのが例であった。これは満州事変後の成例とも云っていいのであろうが、自分が外務大臣就任直後係官からの報告によると、陸海軍省および両統帥部には日米交渉に関する電報は上長に計ることなく全部その写しを急速発送することになっており、内大臣へは重要なるものはこれまた速かに発送する例だということであった。なお或る時武藤軍務局長の話に、東条陸相の机の上には毎朝外務省からの電報が堆く載っているのを念入りに読み、欠号があるとすぐ催促を命ぜらるるのだとのことであったが、陸海軍の電報、例えば在外武官からの電報も外務省には原則として送付しないのであった。これもその頃の軍部優越を語る一資料であろう。

外務省電報の盗取問題

更になお一つ追記を便とするは日本外務省の暗号が盗取せられた問題である。右は真珠湾事件に関する米国議会査問委員会に於て追究の結果公表せられた事件であって、一九四

○年近衛第二次内閣以来の外務省電報が米国政府の手によって盗取せられたことが明らかになったのである。右については自分は日米交渉当時の外務省亀田電信課長に調査を依頼したが、同課長は発受用電信機械の秘密盗取以外にはあり得ざることなりとの判断であった。自分は華府会議の際、日本の暗号の秘密を探知したる米国の事なれば今回も注意が必要なりとて、外務大臣就任直後、右電信課長に電信暗号の機密保持は大丈夫かと聞いたことがあるが、同人は今度は大丈夫ですと答えた。これは自己の処置に自信を有する専門家の常であり、米国側が盗取した方法はいずれにしても、盗取せられた外務省の恥辱であることは事実である。但し交渉の内容よりすれば自分が処理した末期では駆け引きの余地はなく、凡て手の内を見せての取り引きとなっていたので、右漏洩のため交渉上の実害はあまりなかったと思う。

第二章　日米交渉の経過

米国の強硬態度

当時日米交渉の経過を検討した結果自分がまず感じたのは、日本の提出した要求の過大なることは勿論であるが、米国の態度が四月いわゆる日米了解案提示の頃とは変調を見せ、六月末の提案を固執していささかの譲歩をも示さず、殊に七月末資金凍結以来は極めて非妥協的で、ただ時日の遷延を図っているとしか思えなかったことである。米のこの態度は交渉の決裂、延いては戦争を辞せざるの決意なくては執れないとの印象を強く受けたのである。であるからこの検討を手伝っていた加瀬秘書官に内話し、これでは松岡君が交渉不成立を見越してその打切りを主張した理由が解る、むしろ前内閣で我が要求条件を緩和しないで唯交渉成立を楽観していた理由が不可解だと話したことがある。また十一月中旬に開かれた臨時議会の委員会で、出淵委員の質問に答えた中に、米国こそ時を稼がんとする模様があると述べたことがある（右委員会の答弁は同時になした東条首相の応答に支障の点ありとのことで一括して速記録から削除することとなったと記憶する）。しかしてまた米の戦争決意の態度は英支蘭との軍事会議の開催によって裏付けらるるものがあったけれども、当時はとにかく推測の域を出でなかった。自分がこの点につき確実と思われる証拠を得たのは、一九四二年冬初めて閲読した「デイヴィス」「リンドレー」共著『戦争の由来《ハウウォアケイム》』によってであった。同書中に一九四一年八月洋上会談に於て既に米国側の戦争決意が明らかにせられているのを見て、予の疑惑が立証せられたのを感じたが、終戦後一九四五年冬になって、真珠湾事件に関する米国議会査問委員会の調査材料を入手するに至って、愈々その誤りなかりしことを知悉した次第である。

　右は日米交渉進行中の一事件に過ぎずして、その他にも多数不明の点または疑惑を生ずる点があった。されば自分が外務大臣就任直後に検討したところとその後事実の真相が判明し来るところとを時の流れを追って説明することは事実に忠なる所以であり、また自分個人の立場よりすれば非常に興味あることではあるが、余りに細目に渉って甚だしく冗長に失する嫌いがあるから、ここには当時検討して得たところに爾後判明した材料、即ち真珠湾事件に関する米国議会査問委員会の速記録と東京軍事裁判に提出せられた証拠等を取り纏めたところによって記述することとする。但し日米交渉関係の文書は、米国国務省刊行の「戦争と平和」「合衆国の外交関係一九三一年乃至一九四一年日本」、および日本外務省「外交資料日米交渉記録ノ部」等に明らかになっているから、極めて重要なもの以外はその要点のみを掲載することにする。因にまた米国側材料でも右委員会調査の基本材料および各個人の「メモアール」等は獄裏では入手甚だ困難であって、これを援用することが出来ないことを付記する。

日米交渉の発端

日米交渉の発端は一九四一年四月十四日、米国「ハル」国務長官が野村大使に所謂日米諒解案なるものにより交渉を進めて宜しきや、日本政府の訓令を得られたいと申し出したことによるのである。右諒解案はその性質の如何を問わず本交渉の基本となったものであるから左にその全文を掲ぐることにする。

日米諒解案

日本国政府及米国政府ハ両国間ノ伝統的友好関係ノ回復ヲ目的トスル全般的協定ヲ交渉シ且之ヲ締結センカ為茲ニ共同ノ責任ヲ受諾ス

両国政府ハ両国国交ノ最近ノ疎隔ノ原因ニ付テハ特ニ之ヲ論議スルコトナク両国民間ノ友好的感情ヲ悪化スルニ至リタル事件ノ再発ヲ防止シ其ノ不測ノ発展ヲ制止スルコトヲ衷心ヨリ希望ス

両国共同ノ努力ニ依リ太平洋ニ道義ニ基ク平和ヲ樹立シ両国間ノ懇切ナル友好的諒解ヲ速カニ完成スルコトニ依リ文明ヲ覆没セントスル悲シムヘキ混乱ノ脅威ヲ一掃センコト若シ不可能ナルニ於テハ速カニ之ヲ拡大セシメサランコトハ両国政府ノ切実ニ希望スル所ナリトス

前記ノ決定的行動ノ為ニハ長期ノ交渉ハ不適当ニシテ又優柔不断ナルニ鑑ミ茲ニ全般的協定ヲ成立セシムル為両国政府ヲ道義的ニ拘束シ其ノ行為ヲ規律スヘキ適当ナル手段トシテ文書ヲ作成スルコトヲ提議スルモノナリ

右ノ如キ了解ハ之ヲ緊急ナル重要問題ニ限局シ会議ノ審議ニ譲リ後ニ適宜両国政府間ニ於テ確認シ得ヘキ附随的事項ハ之ヲ含マシメサルヲ適当トス

両国政府間ノ関係ハ左記ノ諸点ニ付事態ヲ明瞭ニシ又ハ之ヲ改善シ得ルニ於テハ著シク調整シ得ヘシト認メラル

一、日米両国ノ抱懐スル国際観念並ニ国家観念

二、欧州戦争ニ対スル両国政府ノ態度

三、支那事変ニ対スル両国政府ノ関係

四、太平洋ニ於ケル海軍兵力及航空兵力並ニ海運関係

五、両国間ノ通商及金融提携

六、南西太平洋方面ニ於ケル両国ノ経済的活動

七、太平洋ノ政治的安定ニ関スル両国政府ノ方針

前述ノ事情ヨリ玆ニ左記ノ了解ニ到達シタリ右了解ハ米国政府ノ修正ヲ経タル後日本国政府ノ最後的且公式ノ決定ニ俟ツヘキモノトス

一、日米両国ノ抱懐スル国際観念及国家観念

日米両国政府ハ相互ニ其ノ対等ノ独立国ニシテ相隣接スル太平洋強国タルコトヲ承認ス

両国政府ハ恒久ノ平和ヲ確立シ両国間ニ相互ノ尊敬ニ基ク信頼ト協力ノ新時代ヲ劃サンコトヲ希望スル事実ニ於テ両国ノ国策ノ一致スルコトヲ闡明セントス

両国政府ハ各国並ニ各人種ハ相拠リテ八紘一宇ヲ為シ等シク権利ヲ享有シ相互ニ利益ハ之ヲ平和的方法ニ依リ調節シ精神的並ニ物質的ノ福祉ヲ追求シ之ヲ自ラ擁護スルト共ニ之ヲ破壊セサルヘキ責任ヲ容認スルコトハ両国政府ノ伝統的確信ナルコトヲ声明ス

両国政府ハ相互ニ両国固有ノ伝統ニ基ク国家観念及社会的秩序並ニ国家生活ノ基礎タル道義的原則ヲ保持スヘク之ニ反スル外来思想ノ跳梁ヲ許容セサルノ鞏固ナル決意ヲ有ス

二、欧州戦争ニ対スル両国政府ノ態度

日本政府ハ枢軸同盟ノ目的ハ防禦的ニシテ現ニ欧州戦争ニ参入シ居ラザル国家ニ軍

事的連衡関係ノ拡大スルコトヲ防止スルニ在ルモノナルコトヲ闡明ス
日本国政府ハ其ノ現在ノ条約上ノ義務ヲ免レントスルガ如キ意思ヲ有セス尤モ枢軸同盟ニ基ク軍事上ノ義務ハ該同盟締約国独逸カ現ニ欧州戦争ニ参入シ居ラサル国ニ依リ積極的ニ攻撃セラレタル場合ニ於テノミ発動スルモノナルコトヲ声明ス米国政府ハ其ノ欧州戦争ニ対スル態度ハ現在及将来ニ於テ一方ノ国ヲ援助シテ他方ヲ攻撃セントスルカ如キ攻撃的同盟ニ依リ支配セラレサルヘキコトヲ闡明ス米国政府ハ戦争ヲ嫌悪スルコトニ於テ牢固タルモノアリ従ツテ其ノ欧州戦争ニ対スル態度ハ現在及将来ニ亙リ専ラ自国ノ福祉ト安全トヲ防衛スルノ考慮ニ依リテノミ決セラルヘキモノナルコトヲ声明ス

三、支那事変ニ対スル両国政府ノ関係
米国大統領カ左記条件ヲ容認シ且日本国政府カ之ヲ保障シタルトキハ米国大統領ハ之ニ依リ蔣政権ニ対シ和平ノ勧告ヲ為スヘシ
A、支那ノ独立
B、日支間ニ成立スヘキ協定ニ基ク日本国軍隊ノ支那領土撤退
C、支那領土ノ非併合
D、非賠償
E、門戸開放方針ノ復活但シ之カ解釈及適用ニ関シテハ将来適当ノ時期ニ日米両国

間ニ於テ協議セラルヘキモノトス
Ｆ、蔣政権ト汪政府トノ合流
Ｇ、支那領土ヘノ日本ノ大量的又ハ集団的移民ノ自制
Ｈ、満州国ノ承認
蔣政権ニ於テ米国大統領ノ勧告ニ応シタルトキハ日本国政府ハ新タニ統一樹立セラルヘキ支那政府又ハ該政府ヲ構成スヘキ分子ヲシテ直?ニ直接ニ和平交渉ヲ開始スルモノトス
日本国政府ハ前記条件ノ範囲内ニ於テ且善隣友好防共共同防衛及経済提携ノ原則ニ基キ具体的和平条件ヲ直接支那側ニ提示スヘシ

四、太平洋ニ於ケル海軍兵力及航空兵力並ニ海運関係
Ａ、日米両国ハ太平洋ノ平和ヲ維持センコトヲ欲スルヲ以テ相互ニ他方ヲ脅威スルカ如キ海軍兵力及航空兵力ノ配備ハ之ヲ採ラサルモノトス右ニ関スル具体的ノ細目ハ之ヲ日米間ノ協議ニ譲ルモノトス
Ｂ、日米会談妥結ニ当リテハ両国ハ相互ニ艦隊ヲ派遣シ儀礼的ニ他方ヲ訪問セシメ以テ太平洋ニ平和ノ到来シタルコトヲ寿クモノトス
Ｃ、支那事変解決ノ緒ニ着キタルトキハ日本国政府ハ米国政府ノ希望ニ応シ現ニ就役中ノ自国船舶ニシテ解役シ得ルモノヲ速カニ米国トノ契約ニ依リ主トシテ太平

洋ニ於テ就役セシムル様斡旋スルコトヲ承認ス但シ其ノ噸数等ハ日米会談ニ於テ之ヲ決定スルモノトス

五、両国間ノ通商及金融提携

今次ノ了解成立シ両国政府之ヲ承認シタルトキハ日米両国ハ各其ノ必要トスル物資ヲ相手国カ有スル場合相手国ヨリ之カ確保ヲ保証セラルルモノトス又両国政府ハ嘗テ日米通商条約有効期間中存在シタルカ如キ正常ノ通商関係ヘノ復帰ノ為適当ナル方法ヲ講スルモノトス尚両国政府ハ新通商条約ノ締結ヲ欲スルトキハ日米会談ニ於テ之ヲ考究シ通常ノ慣例ニ従ヒ之ヲ締結スルモノトス

両国間ノ経済提携促進ノ為米国ハ日本ニ対シ東亜ニ於ケル経済状態ノ改善ヲ目的トスル商工業ノ発達及日米経済提携ヲ実現スルニ足ル金「クレヂット」ヲ供給スルモノトス

六、南西太平洋方面ニ於ケル両国ノ経済活動

日本ノ南西太平洋方面ニ於ケル発展ハ武力ニ訴フルコトナク平和的手段ニ依ルモノナルコトノ保障セラレタルニ鑑ミ日本ノ欲スル同方面ニ於ケル資源例ヘハ石油、護謨、錫、「ニツケル」等ノ物資ノ生産及獲得ニ関シ米国側ノ協力及支持ヲ得ルモノトス

七、太平洋ノ政治的安定ニ関スル両国ノ方針

A、日米両国政府ハ欧州諸国カ将来東亜及南西太平洋ニ於テ領土ノ割譲ヲ受ケ又ハ現在国家ノ併合等ヲ為スコトヲ容認セサルヘシ

B、日米両国政府ハ比島ノ独立ヲ共同ニ保障シ之カ挑戦ナクシテ第三国ノ攻撃ヲ受クル場合ノ求援方法ニ付考慮スルモノトス

C、米国及南西太平洋ニ対スル日本移民ハ友好的ニ考慮セラレ他国民ト同等無差別ノ待遇ヲ与ヘラルヘシ

日米会談

(A) 日米両国代表者間ノ会談ハ「ホノルル」ニ於テ開催セラルヘク合衆国ヲ代表シテ「ルーズヴエルト」大統領日本国ヲ代表シテ近衛首相ニ依リ開会セラルヘシ代表者数ハ各国五名以内トス尤モ専門家書記等ハ之ニ含マス

(B) 本会談ニハ第三国「オブザーバー」ヲ入レサルモノトス

(C) 本会談ハ両国間ニ今次了解成立後成ルヘク速カニ開催セラルヘキモノトス（本年五月）

(D) 本会談ニ於テハ今次了解ノ各項ヲ再議セス両国政府ニ於テ予メ取極メタル議題ハ両国政府間ニ協定セラルルモノトス

付　則

本了解事項ハ両国政府間ノ秘密覚書トス本了解事項発表ノ範囲性質及時期ハ両国政府間ニ於テ協定スルモノトス

日米諒解案の経緯

本日米諒解案の由来に就て野村大使は東京へ発送の際に、「本了解案に付ては予てより内面工作を行い米国政府側の賛意を「サウンド」し居りたる処「ハル」長官に於ても大体之に異議なき旨確め得たるにより本使に於ても内密に干与し種々折衝せしめたる結果本案を得たるものなり」との説明を加えている。又「本件に関しては予てより館員陸海軍武官及岩畔大佐等と慎重研究を重ね云々」との註釈もある。当時自分が聞いたところでは、本案は米国「メリノール」神学校の「ウォルシュ」「ドラウト」両師が一九四〇年末来京した時からの動きが、陸軍省軍事課長であった岩畔大佐および近衛公側近の一人であった井川忠雄氏渡米後の活動と相俟ち結実せるものであるが、前述野村大使電報にもある如く、「ハル」長官もこれに関与せるのみならず、大体これに同意していたとのことであった。それで右了解案到着のさい日本当局はこれを米国案と考え、折衝の上で我が方の有利に改め得べしとさえ予想したのである。然るに前記の「ウォルシュ」師が東京軍事裁判に提出した口述書に於ては、松岡外相から日米国交調整の交渉をしたいという日本政府の意向を米国政府へ伝えて貰いたいと頼まれた、なお松岡氏は右協約の具体的条件に関しては明白なる態度を示さなかったが、他の官吏や「スポークスマン」等から日本政府は協約の基本的条件として、一、三国同盟条約参加を無効にすること（但し公然たる絶縁ではないが少なくとも効果的かつ完全であるような明確な方法により）、二、中国より全軍隊を撤収し、中国の地理的、政治的保全を回復することを考えていることを聞いたと証言している。右の所謂基本的条件が日本政府の真の方針であったならば、交渉を重ねる必要もなく即座にその成立を見たるべきは爾後の事態が証明するのであって、特に同師に交渉開始の橋渡しを頼む必要もない位である。何人がかかる誤解を与えたのか今以て自分等に於ては分らないが、右の誤解は米国官辺に伝わったのは勿論であるから、先方では日本を押せば前記の所謂基本的条件に同意するものとの予想を持っていたかもしれない。結局交渉を紛糾せしむる一因となったのである。

なお右了解案の内容および措辞に照し、相当米国側専門家の助力があったものであることは明らかであったが、同時にその意味が不確定な辞句を処々に使用している関係上、これを明らかにせんとする場合には、両者の意見の乖離を見る危険性の包蔵せられていたことで、これは交渉の進行に伴い直ちに明らかであった。更にまた了解案の特色は、日本側にとりその後の米国提案に比し有利な点が多かったことである。即ち（一）に於て各国並びに各人種の相拠りて八紘一宇を為し、等しく権利を享有すること、（三）に於て蔣政権と汪政府との合流および満州国の承認、並びに（七）Ｃの米国および南西太平洋に対する日本の移民は友好的に考慮せられ他国民と同等無差別の待遇を与えらるる等の点である。尤も国務長官は了解案提示の際に本案により交渉を進めて宜しきや、政府の訓令を得られたいと云って、本案を交渉の基礎とする趣旨を明らかに留保せりと解すべきであるが、本件交渉は国務長官と野村大使の会談に関する米国側記録の証明するように、米国大統領および国務長官よりしばしば示唆されたものである。殊に当時に於ては独逸の対英攻勢やや衰えたりと雖も油断を許さざる状勢にあったことも、記憶しておかなくてはならぬ点である。

近衛兼摂外相の照会

日米了解案が到着すると東京では直ちにその検討が始められた。即ち四月十八日開催の政府大本営連絡会議では種々の議論が出て、即時に受諾すべしとの意見があったが、三国同盟との関係につき疑義があったので折返しその点を野村大使に問い合せることとし、究極の回答は帰朝の途中にあった松岡外相の急遽帰国を俟ちて発することとなった。

そしてその際に於ける近衛兼摂外相と野村大使との往復電報は大要左の通りであった。即ち、外相より本了解案によれば、米は太平洋より手を抜き対英援助に専念し得ることとなり、実質的には三国同盟の精神と背馳すとの非難起ることなきやとの質問に対し、大使は本案成立するも日本の三国条約第三条に基く義務は厳然として存し、日米間に枢軸同盟の結果としての戦争の危険の存在することは現在と変りなく、従って英は勿論、米の背後を確保することとはならず、また本案成立後米の対英援助は強化せらるるならんも、帝国は米の積極的欧州戦争参加を本諒解により牽制し得ることとなるを以て、三国条約の精神を生かすこととともなるべしと云う趣旨の回答であった。次に外相より本案不成立となりたる場合の日米関係につき質問せるに対し、大使はその場合悪化の一路を辿り経済圧迫は更に強化せられ、戦争の危険増大すと観測せらるる旨を答え、なおまた欧米戦争にして英米が勝つ場合には、第一次世界大戦後の如く英米共同して本了解案を無視して我が方を圧迫することなきやとの外相質問に対しては、本案により日米関係を緩和し、日支事変を処理し、各般の経済資源確保の途を開き、自由なる立場に於てその実力を涵養することが戦後の事態に対応する最善の策なりと認むとの回答であった。とにかくこれでは三国同盟の効力にはなんらの影響なく米の欧州戦争参加を牽制しようというのである。前述の「ウォルシュ」師の所言とは正反対であるばかりでなく、米の希望を正面から拒絶しなくてはならぬことになり、交渉の成立は始めから期待出来ぬわけであるが、如何にしてその矛盾を野村大使は説明しようとするのであろうか。同大使は交渉開始を熱望する余りこのごとく説明を為したものと思わるるが、その結果は徒に事端を紛糾せしむることになった。

松岡外相の意向

松岡外相が華府より諒解案接到せしため至急帰国すべしとの電報を途中で受け取った際の感想は、華府に於ける成行きと副わぬものであった。松岡君に随伴渡欧せしものから当時聞いたところでは、松岡君は米国大統領をして日支間紛糾の調停者たらしむることを欲し、まず「モスコー」に於て米国大使「スタインハルト」に「ローズヴェルト」の乗り出しを説き、「モスコー」より発電せしめたことがあるので、同君は今次米国側申し出は必ず右「モスコー」電報に基くものと考え、始めは満悦を表していたが、漸次その然らざることが明らかとなり、特に諒解案の内容が判明して以来冷淡なる態度を採るに至ったとのことである。また同君は始めからこの交渉の開始を希望しなかったと判断せらるるのである。前述「ウォルシュ」師が松岡外相より日米交渉を開始したいと云う日本政府の意向を華府に伝えて貰いたいとの依頼があったと証言している。交渉開始の橋渡しを同師に依頼する必要はないはずであるが、もし依頼したとすれば、松岡君の複雑性がその起因を為すのであろう。同君も才子的政治家の常として、同時に左右相反の言動をなすことがあったからその一つの表れと見るべきであろう。

同外相が野村大使の赴任前およびその着任後に発した訓令には、三国同盟による義務を高調し、大東亜共栄圏とはこの地域に自給自足の道を講ずるに外ならずとし、これらの点につき米国朝野をして了解せしむるに努むべしとあるが、同国と交渉すべしとの訓令は見当らぬ。かえって同外相の意図するところは三国同盟の偉容――同君は左様に信じた――を以て米国の反省と自重とを強要せんとしたのである。従って三国同盟に基き独伊の地位を些少なりとも毀損するが如きことを為さずとの方針を守ったことは、五月三日同大臣より野村大使宛電報「オーラル・ステートメント」によりても了得せられる。三国同盟に反対した自分の態度はしばしば説述した通りであって、本同盟の価値批判をここに持ち出す必要はないと思うが、同盟条約の締結者としてまたその信者として、松岡君が日米交渉に熱意を有しなかったのは論理的には当然であると思った。

五月十二日日本案

この松岡外相の意見が主となって五月十二日の日本側対案となった。即ち欧州戦争に於ける両国政府の態度として、三国条約に基く日本の軍事的援助は同条約第三条に規定せらるる場合に於て発動せらるるものなること勿論なることを闡明すと云う反面、米国政府に対しては、その欧州戦争に対する態度は、一方の国を援助して他方を攻撃せんとするが如き攻撃的施策に出でざるべきことを闡明すべしと要求しているのである。更に支那問題に就ては近衛声明の外、南京政府との条約および日満支宣言を引用して、米国政府はこれらに明示せられたる原則を了承し、かつ日本政府の善隣友好の政策に信頼し、直ちに蔣政権に対し和平の勧告を為すべしと規定し、なお日米諒解案中（四）のAおよびCおよび（五）の第二項以下、この種の事項は後日両国間の緊急緩和を俟ち、その時の形勢に顧みて交渉するを可とすとの見地よりこれを削除し、かつ（七）のAもこれを削除することとし、また比島に対する保障をも縮小することとした。

この頃米国では野村大使の五月八日発外務大臣宛電報によっても、国防法案通過後「ローズヴェルト」の独裁的傾向ますます顕著なるものがあり、所謂輿論なるものは実質上大統領が巧に作りおるところであり、米国があくまで英国を援けんとすることおよび英独戦は米独戦に転化せらるる可能性あることは、米国人大部の動かすべからざる輿論となった。そして英国援助のために戦争を覚悟しての「コンヴォイ」も実行すべき形勢顕著であり、最近「バルカン」および近東に於て英側の蒙った不利なる戦線挽回に協力するため直ちに参戦すべしとの主張さえ遽《にわ》かに台頭しつつあった。さればかかる微妙なる情勢に対処するため米国として日独両国を同時に敵国とすることを避け、危険度が比較的少ない日本と国交を調整せんとすることは一応頷き得るところであって、所謂諒解案に沿って交渉を開かんとせるものと観測せられたのである。されば野村大使が五月十二日日本側修正案を「ハル」長官に説明したに対し、「ハル」は日本の南進に就ては最早保障せられべき何物もなしと云い、支那との媾和条件の実質を質問したのであるが、同月十六日非公式声明の形式に於て英国に対する援助を自衛の一部と看做しおることを明言すると共に、米国自衛の範囲につき、四月二十四日の演説を添付し、米国の安全のため最も効果的に抵抗出来得る凡ての地方に於て行わるることを確言し、また支那問題については日本の媾和条件を列記すべきことを求めた。

独伊よりの抗議

東京ではその間に松岡外相より日米交渉の成行きを独伊大使に内報したため、独逸外相「リッペントロップ」より、日本が米国と交渉に入りたるを遺憾とし、今後は米国側と応酬する以前に協議せられたいとの抗議があった。

華府では五月二十一日、「ハル」長官は野村に対し支那問題につき南京条約および日満支三国宣言を引用することは不可能であるが、近衛声明を援用することは差支えなしとの意を示し、また共同防共の趣旨には異存ないが「コムミュニズム」の文字を用うることは避けたしと主張して、或る地点の駐兵には反対せざるように見えたとのことである。また大統領は五月二十七日炉辺談話を放送して、「ヒトラー」の企図に猛然対抗すべきことを高調し、自衛問題につき米国の権益の攻撃せられもしくはその安全が脅かされたという事実の存否およびその時期並びに場所は米国自身で決定する旨明言した。但し日本に関しては直接触れるところはなかった。五月三十一日に至り六月二十一日の米国案に到達する中間案たるものが大使館に送付せられたに対し、六月四日大使館限りの修正意見を出したが、両者の意見には少なからざる扞格があり、野村大使は再三「ハル」長官を説得しようと努めたが、効果の見るべきものなくして六月二十一日米国側より対案の提出があった。

六月二十一日米国案

右六月二十一日案は米国が爾後「ハル・ノート」の提出まで交渉の全期間を通じて固執したものであるが、その要点は

一、欧州戦争に対する両国政府の態度につき、三国条約の目的が挑発によらざる欧州戦争の拡大防止に寄与せんとするものなることを闡明することとし、なお交換公文を以て前記四月二十四日の演説に特別の注意を喚起し、自国の安全防衛のため合衆国が採択するを余儀なくせらるる措置につき、日本国政府は太平洋地域の平和を樹立しかつ保全すべしとの本協定の目的に違反するが如き措置を採るを要すべきなんらの約束を為しおらざることを確認すべきことを要求した。

二、日支間の平和解決に対する措置につき、まず日本国政府より合衆国政府に対し、支那国政府との和平解決交渉に於ける基礎的条件として近衛原則並びに右原則の実際的適用に矛盾せざる条件を通報することとし、日本政府の付属追加書なるものを添付した。但し満州国については付属追加書中に友誼的交渉なる文句があった。

三、支那に於ける通商問題に就ては協定案以外に別紙を以て、(一)「経済的協力」なる

字句は第三国の政府および国民に比し日本国政府および日本国民が優先的もしくは独占的権利を賦与せらるることを予定しおるものなりや。（二）日本の軍事的に占領下にある支那領土内の第三国国民の貿易および旅行の自由に対する現行の諸制限の撤廃せらるべき時期如何。（三）支那国政府が貿易、通貨および為替に関する事項につき充分かつ完全なる支配権を行使すべきことは日本国政府の意図するところなりやとの質問を提出した。

四、合衆国政府の付属追加書として両国間の通商につき、交渉成立の場合、通常または戦前の数量に達するまで物資の輸出を許可すべきことを規定するも、自国の安全および自衛目的のため必要とする物資については例外たることを明記した。

しかして右提案中三国同盟および支那事変和平条件に関する交渉公文案は到底帝国として容認し得ざるものなりとの理由を以て、二十二日野村大使は特に長官に面会を求めて本国政府に伝達し得ざる旨を述べた。要するに本提案は第一に於て米国が自衛権の名に於て欧州戦争に突入する場合、日本は三国条約の規定如何に拘らず傍観すとの所謂白紙委任状を交付すべきことを要求したのであり、第二に満州国問題につき余裕を示す外まず以て米国政府に容認せらるるが如き媾和条件を提示すべしとし、第三は支那に於ける通商、企業につき日本側の優先的地位を絶対に拒否せんとするの意を示し、第四に於ては交渉成立の後も日本の希望する石油、鉄その他の物資も米が自衛に反すと認むる場合には直ちに輸出を禁じ得ることとしたのである。

六月二十一日オーラル・ステートメント

なお長官は二十一日大使に対し、日本政府の有力なる地位にある指導者中には「ナチ」独逸に対し抜き差しならぬ誓約を与え、米国が欧州戦争に参加する場合には日本は独逸側に於て戦うことを予見しおる者ある旨の確証を得たるが故に、国務長官は日本国政府が全体として諒解案の成立希望につき一層明白なる指示を期待するものなりとの趣旨の「オーラル・ステートメント」を手交した。この「オーラル・ステートメント」は松岡外相が独立国の政府を構成する重要なる分子を非議したるもので、かくの如く政府改組、態度変更を他国に要求するが如きはほとんどその例なきものであるとして、遅滞なく先方に返付すべきを野村大使に訓令したほどであった(こういう事等が基になったのかして、松岡と一九四六年五月巣鴨に於て久し振りに面会すると、挨拶ぬきに君も野村には困ったろう、あんな者はないと激語を発し、その後も重ねて同じ様な事を述べたので、自分は野村を起用したのは君ではないかと云ったに対し、ああ云う人とは知らなかったと述べ、非常の反感を示したのは今も眼前に髣髴たるものがある)。

日本内部の失望と不満

六月二十一日米国対案到着前から、東京では日本側の督促に拘らず米国よりの色よい返事に接しないので、一部は野村大使の遣り方に不満の声を生じたが、更に進んで、政府および軍部の一部には米国とかかる交渉をしても果して見込みがあるか、むしろこれを打切るべきではないかとの議論さえ生じた。近衛公の手記によると、この頃既に政府に於て交渉に見切りを付け、直ちに米国と戦うべきかと云うことを考慮していたそうであり、また交渉に対する不満の気勢が下の方から起って、殊に陸軍の反対が強硬になったとのことである。それに加えて同公は、仏印進駐の決定と同時に対米英戦の準備を本格的に進める勢いとなったが、戦争準備が進むにつれ日米交渉反対の声が高まって来たと云っておるが、戦争準備が進むに伴い、軍人は敗けはせぬとの自信を強めて来るので、交渉を打ち切り直ちに戦争へとの態度を執るに至る成行きを説明するものである。とにかく六月二十一日米国対案の一部は在外大使さえその受領を拒絶したほどであり、全部が日本の政策と正面衝突を明示しておるので、これに対する東京の失望と不満は明瞭であるので、前に述べた交渉打切り説が擡頭したのはこれまた云わずもがなである。

独蘇戦争の勃発

然るにこの際突如として――日本政府にとりては――起ったのが独「ソ」戦争である。陸軍の一部はこの機に於て東西相呼応して「ソ」聯を討つべしと主張したが、海軍では太平洋方面を顧慮する必要から対「ソ」開戦に賛成を躊躇した。松岡外相は独「ソ」開戦を耳にするや否や参内して、日本は独逸と協力して「ソ」聯を撃つべきで、結局は「ソ」米英を敵として戦うことになるとの趣旨を上奏したということだ。近衛公は上奏の趣を聞いて大いに驚いて対「ソ」開戦論を抑えるに努めた。しかし軍部は関東軍特別演習の名の下に多数の軍隊を同地に派した。

七月二日御前会議決定

かかる状勢の下に政府および統帥部連絡会議が開催せられて幾多の議論を重ねた上、独「ソ」開戦に伴い日本の執るべき措置として「情勢の推移に伴ふ国策要綱」案を作成し、七月二日の御前会議に於て決定せられた。

情勢の推移に伴ふ国策要綱

第一　方　針

一、帝国ハ世界情勢変転ノ如何ニ拘ラス大東亜共栄圏ヲ建設シ以テ世界平和ノ確立ニ寄与セントスル方針ヲ堅持ス

二、帝国ハ依然支那事変処理ニ邁進シ且自存自衛ノ基礎ヲ確立スル為南方進出ノ歩ヲ進メ又情勢ノ推移ニ応シ北方問題ヲ解決ス

三、帝国ハ右目的達成ノ為如何ナル障害ヲモ之ヲ排除ス

第二　要　領

一、蔣政権屈服促進ノ為更ニ南方諸域ヨリ圧力ヲ強化ス情勢ノ推移ニ応シ適時重慶政権ニ対スル交戦権ヲ行使シ且支那ニ於ケル敵性租界ヲ接収ス

二、帝国ハ其ノ自存自衛上南方要域ニ対スル必要ナル外交交渉ヲ続行シ其ノ他各般の施策ヲ促進ス

之カ為メ対英米戦準備ヲ整ヘ先ツ「対仏印泰施策要綱」及「南方施策促進ニ関スル件」ニ拠リ仏印及泰ニ対スル諸方策ヲ完遂シ以テ南方進出ノ態勢ヲ強化ス

帝国ハ本号目的達成ノ為メ対英米戦ヲ辞セス

三、独「ソ」戦ニ対シテハ三国枢軸ノ精神ヲ基調トスルモ暫ク之ニ介入スルコトナク密カニ対「ソ」武力的準備ヲ整ヘ自主的ニ対処ス此ノ間固ヨリ周密ナル用意ヲ以テ外交交渉ヲ行フ

独「ソ」戦争ノ推移帝国ノ為メ有利ニ進展セハ武力ヲ行使シテ北方問題ヲ解決シ北辺ノ安定ヲ確保ス

四、前号遂行ニ当リ各種ノ施策就中武力行使ノ決定ニ際シテハ対英米戦争ノ基本態勢ノ保持ニ大ナル支障ナカラシム

五、米国ノ参戦ハ既定方針ニ従ヒ外交手段其他有ユル方法ニ依リ極力之ヲ防止スヘキ

モ万一米国カ参戦シタル場合ニハ帝国ハ三国条約ニ基キ行動ス但シ武力行使ノ時機及方法ハ自主的ニ之ヲ定ム

六、速カニ国内戦時体制ノ徹底的強化ニ移行ス特ニ国土防衛ノ強化ニ勉ム

七、具体的措置ニ関シテハ別ニ之ヲ定ム

右決定は対「ソ」戦は暫くこれに介入することなきも蔣政権は実力を以てその屈服を促進す。南方要域に対しては各般の施策を促進し、そのために対米英戦を辞せず。欧州戦争に対する態度としては米国の参戦は外交手段その他あらゆる方法により極力これを防止するも、米国が参戦したる時は日本は三国同盟に基き行動すべしと云うにあって、日米交渉を見切ったような気配を示している。

日本の国策全般につき右の如き決定を為した後、連絡会議は七月十日および十二日に日米交渉に関する審議に移った。この際の成行きにつき近衛手記は「松岡外相の態度は益々非妥協的となり、その意見はむしろはっきりと日米交渉反対に傾いていたことが明らかとなった。……要するに米国の申し出は徹頭徹尾日本を屈服させんとするか、または日本を混乱に陥れようとする悪意に出でたものであると云うのである。殊に米国案に付随した「オーラル・ステートメント」は即刻返上すべきものであり、また日米交渉そのものも打ち切るべきものであって、今となってはその方法と時期だけが問題であると主張した」と

いうのである。

右に掲げた国策要綱が真実の国策なりとすれば、松岡君の主張に八割方の理窟があって、かかる国策の下に交渉を継続すればとて成功の見込みなきことは明らかである。然して交渉継続論者の主張を正しとするなれば、右国策要綱はその御前会議の決定であるという形式的重要性を別問題として、一時を糊塗する作文に過ぎずと云うのでなければ筋道が立たぬ。然るに間もなく右に記載の南方要域に関する施設が南部仏印進駐となって現われ、折角の交渉を根本的に破壊し日米開戦を不可避ならしめているので単なる作文に非ざることは明白である。従って両者の関係は事実上に矛盾が存在していたとしか云えない。されば南方進出を強硬に主張し、前記国策要綱の決定を見るに至らしめた陸海軍主脳者が交渉継続を主張して譲らなかったと云うのも矛盾の極である。総理および陸海軍は米国の態度をよほど甘く見ていたとしか考えられない。

七月十五日日本側対案

しかし交渉継続論者が多いので松岡外相も継続に同意し、陸海軍の意見で、一、欧州戦争に対する帝国の態度は条約上の義務と自衛によって決せらる、二、支那問題に対しては近衛三原則を基準として米国は和平を勧告するが、和平条件に対する介入は許されない、三、太平洋に於て所要の場合は帝国の武力行使を留保すると云う三点を取り入れ、六月二十一日米国案に対する修正案を作成し、七月十五日野村大使に電送した。

第三次近衛内閣成立と南部仏印進駐

米国側へ提出すべき修正案はかくの如くにして漸く出来上がったが、松岡君は米国側より送付し来った「オーラル・ステートメント」の処理に執着したが、近衛公は松岡君が在任する限り日米交渉は進行せぬものと考え、その他個人的感情の行き違いも手伝って、松岡君の放逐を目的とする内閣改造を企て、七月十八日これに成功し、松岡君の後任として豊田海軍大将の新任を見た。かくして交渉継続を標榜して登場した近衛第三次内閣であるから、少なくとも順調の進捗を見るに努むるものと凡ての方面から期待せられていたのであるが、その第一の行動として現われ来ったのが七月二十一日の南部仏印進駐であったので、一方ならぬ衝撃を受けたのであるが、これは前述の七月二日決定の国策と日米交渉継続との矛盾が明白にせられたに過ぎない。また南部仏印進駐は前内閣に決定せられていたので致し方なかったとの言いわけをも聞いたが、これは首相外相いずれも前内閣にありて国策要綱の決定に参画していたので、爾後その実施を抑圧すべき地位になかったと云う外ない。

米国の対日経済圧迫

ここに眼を米国に転ずると、七月二日以前に於て日米交渉が米国側から終止せられ、かつ米国内の日本資産が凍結せらるるということを国務省内の人が洩らした事実が東京軍事裁判所に於て立証せられ、米国の資産凍結の計画は日本の南部仏印進駐以前より現存していたことが米国文書により証明せられた。これは前に述べた六月二十一日米国案接到の前後に於て日本内部殊に陸軍の一部に於て交渉に見切りを付くべきであると主張した時期とほぼ同一と見るべきであるのは興味ある事実である。右はとにかく米国の対日経済制裁の計画は新しいものではない。一九三一年満州事変勃発の際、時の国務長官「スチムソン」は国際聯盟をも誘って日本に対し経済制裁を加えるように計画したが、時の大統領「フーバー」がこれを以て戦争を惹起するものとして反対したために沙汰止みになったが、「ローズヴェルト」は大統領就任直前即ち一九三三年一月九日、「スチムソン」と会同しその制裁主義に賛同して、その後事態の進行に伴い一九三九年七月日米通商条約の破棄を予告し、一九四〇年九月屑鉄の輸出禁止等を主なるものとし、その他各種資材の供給および日本の貿易に対する障害を大ならしむるに努めた。由来米国内には日本に対しては経済的圧迫を加える場合には、窮極これを屈服せしめ得べしとの意見を有するものが少なくなく、対日強硬政策の支持者が多かったのであるから右の政策は無理もないことで、政府部内でも既に石油禁輸を主張するものがあったのである。しかし流石に大統領は対日石油禁輸が戦争を惹起すべき重大原因となるのを恐れていたのは、一九四一年七月二十四日の演説中に、もし吾人が石油の供給断てりとせば一年以前に日本は蘭印に南下し米国も戦争することになったであろう、それで吾人は英国の防衛および海洋の自由のために南部太平洋に戦争の勃発を避くるの希望を以て日本に石油を供給することとし、ここに二カ年を経過したのであると述べたところより明らかである。

他方日本は南部仏印進駐前「ヴィシイ」政府と印度支那の共同防衛につき折衝し、七月二十九日にはこれに関する議定書が調印せられたのである。米国は諸種の径路よりこれら日本の南進策につき報道を得たので、七月五日国務省極東部長から新聞記事を種子として注意を喚起したが、野村大使は米国が蔣介石を援けて財的のみならず飛行機軍需品を送り、更にまた「パイロット」等も送る以上日本がこれに対抗する手段を執るは必然止むを得ざることである、また曩に豪州へ艦隊が巡遊し、蘭印、英領との軍事当局との会談の内容も伝わっており、「ソ」聯との相互援助のことすら云々せられておるが、これは軍事的には日本に対する包囲である、然るに石油まで輸出禁止を及ぼさんとする情報があると指摘して米当局の反省を求めたことがある。これに対して七月十五日同局長より更に仏印進出につき説明を求めて来たが大使は前回とほぼ同様の返事をしたのである。尤も六月二十一日米国案に対しては東京から七月十五日さらに回訓するところがあったが、野村大使はその内容が懸案諸要件につき更に改変することなく、他方米国側の状勢は前記の如く頓に悪化しつつあったので、東京政変に多少の期待をかけて右の回訓は先方に提出しなかったと云うことである。

また同大使も後日になって「仏印南部進駐は日米交渉の最大危機であった」と云っておるほどであるので、七月二十三日に豊田新大臣に南進の米国に及ぼす影響を報告すると共に、「ウェルズ」国務長官代理に南部仏印進駐の止むを得ざりし理由を縷々説明し、もし石油の禁輸が実行せらるる場合には日本の国民感情に一大刺激を与えるを惧ると述べ、更に翌二十四日「ローズヴェルト」大統領に対し前記の趣旨を説明すると共に、日米交渉懸案についても説明したが、大統領は輿論が石油の禁輸をやかましく云うにこれを抑え来るは太平洋平和のためであったと云って、専ら話題を仏印に向けたる後、日本が蘭印に兵を進むるが如きことあらんか、英国は即時蘭印援助のために立ち、米国もまた日本と事を構える事態に立ち到るべしと云い、この際日本に提案したしとて、もし日本にして仏印より撤兵し各国と共にその中立を保障し、各国公平に仏印の物資を入手すると云うなれば自分も尽力を惜しまずと述べたが、同大統領は二十六日在米日本資産凍結の命令を発し、更に石油の輸出禁止を命令した。

日本海軍の窮地

日本の新聞紙等は米国の資産凍結の措置に驚くと共に甚だしき激昂を示したが、尤も困惑したのは日本海軍であった。米国、蘭印その他からの輸入が杜絶する場合、海軍で折角貯蔵した石油も漸減するのみで、やがては折角軍縮条約を廃棄して建造した軍艦も宝の持ち腐れとなるわけであるから、漸次焦燥の念に馳られ来るのは無理がないが、これが米国も予想した戦争勃発の決定的原因であったのは事態の進行に伴い、明白となるのである。

米国の仏印中立化案

二十四日大統領の提議した仏印中立化はその後泰の中立をも追加して来たので、日本側も審議を加えたが、南部仏印進駐は前述七月二日御前会議決定に基くもので、南方進出の態勢を強化するための施策の一つであるから、南方進出を断念せざる以上同地域よりの撤兵を承諾し得るはずはない。よって結局仏印以外の南西地域に進出せざることを約束することとし、その代りに英米蘭の軍事措置の中止、蘭印に於ける物資の獲得その他日蘭懸案の解決、日米間正常通商関係の恢復、米国政府の日本と蔣政権間の交渉の橋渡し、並びに仏印に於ける日本の特殊地位の承認等を求むるの対策を作成して、八月五日野村大使に電送した。

米国側が南部仏印進駐と直接関聯せる資産凍結、石油禁輸につきてさえなんらの措置を講ずることなく、単に仏印および泰の中立を計りて日本の南出を全然封殺せんとするは甚だ虫のよき提議で、到底提案そのままを承諾し得ぬことは明瞭であるが、日本の対案も日米交渉懸案中、我が方に都合のよい事項を全部並べたのであるから、米国側の承諾はこれまた不可能である。

近衛・ローズヴェルト会見申入れ

されば八月六日野村大使が「ハル」長官に提出した際にも、「ハル」氏はさしたる興味を示さず、日本の次々の行動を見て深く失望し交渉を続ける余地なしと思うと云い、野村大使は米国政府に於ては如何なる事態にも対処する腹をきめおること――即ち戦争まで覚悟しておること――を間違いなく看取せられたとのことである。よって日本よりは応急の措置として近衛首相が直接「ローズヴェルト」大統領に会見し、互いに真意を披瀝し時局収拾の可能性を検討するの方法を案出し、野村大使をして八月八日「ハル」長官に提議せしめた。

ローズヴェルト・チャーチル洋上会談

かくの如く米国は日本の南部仏印進駐を以てその政策方向を決定的ならしめたと看做し

たので、ここに米国に於てもこれに対処する方法を必要と考えたは当然である。時偶「ローズヴェルト」大統領は「チャーチル」英国首相と会見の手筈となっていたので、八月九日より一週間いわゆる洋上会談を行ったのである。その際の経緯は今なお幾分不明の点もあるが、同会談に列席した国務次官「サムナー・ウェルズ」が議会査問委員会に提出した覚書によると、「ローズヴェルト」「チャーチル」間に合意に達した四項目中の第一が日本に関する平行かつ究極的行動の合意であった。そして右に就ては大統領から、八月六日野村大使が「ハル」長官に手交した日本政府対案の写しを交付し、種々対日本策につき協議したが、右対案所載の日本の提議は全部容認せざることおよび日本に尤も厳重なる警告を与えることに一致したが、「ローズヴェルト」はその際日本が戦争を惹起する行動は、これにより少なくとも三十日は延期せらるべきを信ずと述べた趣である。この最後の点は前に述べた「デイヴィス・アンド・リンドレー」の著書はより現実的で、「チャーチル」がそんなに早く戦争が始まっては困ると云えるに対し、大統領は I think I can baby them (the Japanese) along for three months と述べたと記載し、しかも baby と云う言葉は「ローズヴェルト」の好んで用いるところであったとさえ書いてある。その三カ月と云う時期に就ては、前述の両著者は日米戦争の起るのは「ローズヴェルト」の当然予期したところで、その時の予想よりすれば、一カ月更に延期し得たのだと云うことをも云っているのは甚だ興味がある。なお更に興味のあることは、野村大使が九月三日会談の際、「ローズヴエルト」大統領は態々過日「チャーチル」と会談のさい毫も日米国交調整会談の内容に触れざりしことを、その理由までも併せて説明したことである。この点については野村大使が虚偽の報告をする必要も理由もないのであるから、右は事実と認めないわけには行かないが、「ローズヴェルト」氏が何を以てかくの如き虚偽の言を敢てしたかを考察すると、甚だ意味深長なるものあるを覚ゆる。右の警告は八月十七日野村大使に読み聞かされたものので、もし日本政府がこれ以上隣接諸国を武力もしくは武力的威嚇により圧服せんとするに於ては、合衆国は時を移さずその必要と認むる手段を講ずべしと、内容は甚だ強硬なるものを読み上げながら、かかることは申したくなきもと云いつつはっきりしておく方宜しからんとの意向を示した趣である。

次に八月八日申入れの首脳会談については、第二の文書を以て南部仏印進駐前よりの事情を巨細に述べ、最後に日本国政府がその膨脹主義的活動を停止し、太平洋に関する平和的「プログラム」に乗り出すの希望を有しかつ実行し得るに於ては、合衆国政府は七月に中絶せられたる非公式予備会談の再開を考慮するの用意あり、但し右会談再開前に合衆国政府が既に再三その態度および計画を説明せると同じく、日本国政府もその態度および計画につき更に明瞭なる「ステートメント」を提示するを希望する趣旨の公文を手交しながら、「ホノルル」には行けないが「ジュノア」はどうかと云った趣である。

近衛メッセージと米側四原則

更に近衛首相が八月二十六日「ローズヴェルト」大統領に宛て「メッセージ」を発して督促すると共に、所謂日本国政府の平和的意図につき長文の回答を発したが、八月二十八日「ローズヴェルト」大統領にこれを伝えた際には、大統領は会見の場所および時期につきても言及したる趣で、所謂日本を baby したる状況が目に見えるようである。従って日本側は大いにこれを有望視し、右会見につき首相に随行する人選さえ内定していたほどであったが、九月三日に至り、近衛首相に対する「メッセージ」を以て、我ら両人の協力の成功を阻碍するに足ると認めらるる観念が日本のある方面に存在することを認めざるを得ざるにより、吾人の会合の成功保障のため予備的討議の開始に努むるを必要と感ずる次第なりと述べ、更に別個の公文を以て八月二十八日、日本政府の態度に関する公文を批評せる「オーラル・ステートメント」を送付し、本交渉開始の当初国務長官より言及したるところとして、一、一切の国家の領土保全及主権の尊重、二、他国の国内問題に対する不干渉原則の支持、三、商業上の機会均等を含む均等の原則支持、四、平和的手段により現状が変更せらるる場合を除き、太平洋に於ける現状の不攪乱を以て米国政府が国際関係の基礎と目する四大原則なりとし、これら原則を基礎とする場合に於てのみ太平洋地域の安定を期し得べきことを高調すると共に、日本国政府が米国政府の見解に同意し、かつまた明確なる了解を与えるの必要あることを述べた（babyスル態度ハ野村ノ報告ニヨルモ極メテ慇懃、恰モ名優ガ「モリエール」ヲ演ズルガ如シ。後「クレムリン」ノ連中ガ「テヘラン」、「ヤルタ」協定ニ付キ日本大使ヲ通ジテ吾人ヲ欺ケルト同工異曲、併シコレガ更ニ上手ナルノ感アリ）。翌四日「ハル」氏は更に野村に対し、首脳者会談に先立ち四原則の問題を処理すること肝要なるを説いた。

右四原則の問題は野村の報告によれば、当初米国側は執拗に主張したが、日本側より相互に原則論に深入りせざることを提案してこれを押えたりとのことであったが、今次「ハル」氏は表面に持ち出し、これを無条件に認めしむると共に、対欧州戦争問題、通商無差別問題、撤兵問題等の具体的事項につき全部的に米国の意見に同意なることを盟約せしめようと云うのである。

九月六日日本側申入れ

これと行違いに東京より、一、北方に対しても仏印の近接地域と同じく故なく武力的進出を為さず、二、米の欧州戦参入の場合に於ける三国条約に対する日本の解釈および実行は専ら自主的に行わるべし、三、日支間の全面的平常関係回復の上は、日支間の協定に遵い支那より出来得る限り速かに撤兵する用意ありと約束するが、米に於ても凍結令の撤廃を直ちに実施すること、支那に対する援助を打ち切ること、極東および南西太平洋に於ける軍事措置を停止すること、日本船舶に対する巴奈馬《パナマ》運河通過航禁止を解除すべきことを約諾すべしとの提案を電送し、野村大使は九月六日これを「ハル」に提示し、右のうち殊に一、二、は米国側の要望に「ミート」すること大なるべしと説き、両国首脳者会談の急速実現を要望した。この頃の状勢に関し、在京英国大使「クレーギー」が極東問題解決につき数年来の最もよき機会なりとし、米国側が遷延策を講じおるを以て日米会談の難関なりと本国に電報しているのは甚だ興味あることだ。とにかく「ローズヴェルト」大統領は日本が米の要求に全面的に同意せざる限り戦争に入るべきことを覚悟しながら、或いは一カ月か或いは三カ月の時を稼がんとするのであるから、九月六日の日本提案の如きは一顧の値さえ見出し能わざるのである。唯これを適当にあしらって遷延すればいいのである。

九月六日御前会議決定

かかる状況になって来たので首脳者会談は見込み立たず、日米交渉は纏まりそうにないとの見透しが東京軍部の間に起りかけた。海軍の方では石油禁輸以来焦燥の気に駆られていたので、交渉が駄目になるなら時期を失しない内に決心しなくてはならぬと云うわけであったので、戦争を決定的のものとした九月六日御前会議の決定となって、この決定の一基礎として対米交渉方針が新たに作成せられたのである。この方針は正に米国の四原則と根本的に相容れないものであることは、今少し後に明らかになるであろうが、この御前会議に於て、首脳者会談の早急開催方につきなお手段を尽しつつあることを言上したのは、自分は事態に合致せざる嫌いがある。近衛公はあたかも御前会議の同日米国大使に対し、自分は米国の所謂四原則に完全に賛成していると述べた趣であり、また首脳者会談の促進方につき牛場秘書官を米国大使館参事官「ドゥーマン」の許に派し、日本の有力な分子の間では、完全に米国大統領を満足せしむるような保障を近衛公より同大統領に与え得る了解が成立している旨をも伝えしめたのであるが、これは九月六日の決定とは全く矛盾している。近衛公は何とかして日米交渉を成立せしめたいため、あの手この手を按じた誠意は諒とするのであるが、這般の態度にして扞格するところが多いのは遺憾である。殊に東京に於ては強硬なる決議に同意しながら、海外に踏み出した上で先方の要求を鵜呑みにしようとするのであったならば、如何にも東京に在る人々に凡ての面倒を引き受けしめる結果となるので、男らしい態度とは云い兼ねる。由来海外から電報で意見を上申することは極めて安易であって、外務省では在外大使が常に採る方法であり、事態に合致せぬことでも電報すればいいとの悪風習があるが、問題は実施の可能如何と云うのであるから、今の場合はまず東京に於て米国と話合いが成立する条件を定めた後に出馬するのが正当であったはずだとの感想に撃たれた。

九月六日御前会議の決定は次の通りである。

帝国国策遂行要領

帝国ハ現下ノ急迫セル情勢特ニ米英蘭等各国ノ執レル対日攻勢「ソ」聯ノ情勢及帝国国力ノ弾撥性等ニ鑑ミ「情勢ノ推移ニ伴フ帝国国策要綱」中南方ニ対スル施策ヲ左記ニ依リ遂行ス

一、帝国ハ自存自衛ヲ全フスル為対米（英蘭）戦争ヲ辞セサル決意ノ下ニ概ネ十月下旬ヲ目途トシ戦争準備ヲ完整ス

二、帝国ハ右ニ並行シテ米、英ニ対シ外交ノ手段ヲ尽シテ帝国ノ要求貫徹ニ努ム

対米（英）交渉ニ於テ帝国ノ達成スヘキ最少限度ノ要求事項並ニ之ニ関聯シ帝国ノ約諾シ得ル限度ハ別紙ノ如シ

三、前号外交交渉ニ依リ十月上旬頃ニ至ルモ尚我要求ヲ貫徹シ得ル目途ナキ場合ニ於テハ直チニ対米（英蘭）開戦ヲ決意ス

対南方以外ノ施策ハ既定国策ニ基キ之ヲ行ヒ特ニ米「ソ」ノ対日聯合戦線ヲ結成セシメサルニ勉ム

別紙

対米（英）交渉ニ於テ帝国ノ達成スヘキ最少限度ノ要求事項並ニ之ニ関聯シ帝国ノ約

諾シ得ル限度

第一　対米（英）交渉ニ於テ帝国ノ達成スヘキ最少限度ノ要求事項

一、（支那事変ニ関スル事項）

米英ハ帝国ノ支那事変処理ニ容喙シ又ハ之ヲ妨害セサルコト

（イ）帝国ノ日支基本条約及日満支三国共同宣言ニ準拠シ事変ヲ解決セントスル企図ヲ妨害セサルコト

（ロ）「ビルマ」公路ヲ閉鎖シ且蔣政権ニ対シ軍事的並ニ経済的援助ヲナササルコト

（註）右ハN工作ニ於ケル支那事変処理ニ関スル帝国従来ノ主張ヲ妨クルモノニアラス而シテ特ニ日支間新取極ニ依ル帝国軍隊ノ駐屯ニ関シテハ之ヲ固守スルモノトス

但シ事変解決ニ伴ヒ支那事変遂行ノ為支那ニ派遣セル右以外ノ軍隊ハ原則トシテ撤退スルノ用意アルコトヲ確言スルコト支障ナシ

又在支米英権益ニ付テハ米英カ新シキ東亜ヲ理解シ之ニ即応シテ行動スル限リ制限スル意図ナキ旨確言スルコト支障ナシ

二、（帝国国防上ノ安全ヲ確保スヘキ事項）

米英ハ極東ニ於テ帝国ノ国防ヲ脅威スルカ如キ行動ニ出テサルコト

（イ）日仏間ノ約定ニ基ク日仏印間特殊関係ヲ容認スルコト
（ロ）泰、蘭印、支那及極東「ソ」領内ニ軍事的権益ヲ設定セサルコト
（ハ）極東ニ於ケル兵備ヲ現状以上ニ増強セサルコト

三、（帝国ノ所要物資獲得ニ関スル事項）
米英ハ帝国ノ所要物資獲得ニ協力スルコト
（イ）帝国トノ通商ヲ恢復シ且南西太平洋ニ於ケル両国領土ヨリ帝国ノ自存上緊要ナル物資ヲ帝国ニ供給スルコト
（ロ）帝国ト泰及蘭印トノ間ノ経済提携ニ付友好的ニ協力スルコト

第二　帝国ノ約諾シ得ル限度

第一ニ示ス帝国ノ要求ノ応諾セラルルニ於テハ
一、帝国ハ仏印ヲ基地トシテ支那ヲ除ク其ノ近接地域ニ武力進出ヲナササルコト
二、帝国ハ公正ナル極東平和確立後仏領印度支那ヨリ撤兵スル用意アルコト
三、帝国ハ比島ノ中立ヲ保障スル用意アルコト
（註）（イ）三国同盟ニ対スル帝国ノ態度ニ関シ質疑シ来ル場合ハ三国条約ニ関スル帝国ノ義務遂行ハ何等変更スヘキモノニアラサル旨確言スルモノトシ我ヨリ進ンテ帝国ノ三国条約ニ対スル態度及米国ノ欧州戦争ニ関スル態度ニ付テハ論議セサルモノトス

（ロ）「ソ」聯ニ対スル帝国ノ態度ニ関シ質疑シ来ル場合「ソ」側ニ於テ日「ソ」中立条約ヲ遵守シ且日満ニ対シ脅威ヲ与フル等同条約ノ精神ニ反スルカ如キ行動無キ限リ我ヨリ進ンテ武力行動ニ出ツルコトナキ旨応酬ス

九月二十五日日本案と十月二日米側覚書

この決議の後陸海軍統帥部に於ては少なからず戦争準備を強化したと云うことであるが、米国では「ガラップ」調査によっても日本との戦争を賭しても日本の発展を阻止すべしとの主張が、七月の五一「パーセント」から九月には七〇「パーセント」となり、対独戦よりも対日戦の熱度が高くなったとのことであり、野村大使より九月四日の日本側対案につき回答を督促したに対し、「ハル」氏は種々の批評やら質問を提示するのみで、十九日に至るも内容ある返事を与えなかったとのことである。されば東京では九月二十二日米大使に日支和平基礎条件として、

日支和平基礎条件

一、善隣友好

二、主権及領土ノ尊重

三、日支共同防衛
日支両国ノ安全ノ脅威トナルヘキ共産主義的並ニ其他ノ秩序攪乱運動防止及治安維持ノ為ノ日支協力
右ノ為及従前ノ取極及慣例ニ基ク一定地域ニ於ケル日本国軍隊及艦船部隊ノ所要期間駐屯
四、撤兵
支那事変遂行ノ為支那ニ派遣セラレタル前号以外ノ軍隊ハ事変解決ニ伴ヒ撤退
五、経済提携
イ、支那ニ於ケル重要国防資源ノ開発利用ヲ主トスル日支経済提携ヲ行フ
ロ、右ハ公正ナル基礎ニ於テ行ハルル在支第三国経済活動ヲ制限スルコトナシ
六、蔣政権ト汪政府トノ合流
七、非併合
八、無賠償
九、満州国承認

を通告し、更に九月二十五日右基礎条件をも包括せる一提案を作成したが、右は二十八日華府に於て米国側に送致した。右は従来の日本案に比し、多大の差異なきものであるが、

米国側よりも十月二日付覚書を以て従来米国の執り来った主張をさらに繰り返して来た。

その後東京および華府に於て日本側は種々説明を加え、なお在東京米英両大使もこの頃日米関係の正常化または日本をして英米側に立たしむるのはこの機会を以て絶好とするとの趣旨を各々自国政府に進言したが、米国政府の態度は頑としていささかの変更がなかった（日本ニ対スル不信用（近衛モ含メテ）コレ交渉不成立ノ一因カ）。

荻窪会談

九月六日御前会議決定第三項に「十月上旬頃に至るも猶我要求を貫徹し得る目途なき場合に於ては直ちに対英米蘭開戦を決意す」とある。太平洋戦争は七月二日御前会議の決定により不可避のものとなったことは前述の通りであるが、更にこの九月六日の決定により戦争は決定的となった。されば日米交渉の遷延にしびれをきらした連中は九月末頃より益々その気勢を強め、開戦の時機を遅くとも十月下旬とする必要上既に開戦を決意すべしと迫り、政府は外交交渉はなお絶望状態に到らぬと抗争して、ここに十月五日以来数回に亘る荻窪会談となったのである。この間に到達せる十月三日発野村大使の電報は注意に値する。即ち同大使は日米交渉は「デッドロック」に陥れるもなお打開の機会なきに非ずとなし、「ソ」独間の単独媾和と米国が安心して大西洋に深入りする時に我が対米関係を有利ならしむるが、米が今のまま対日経済戦を行えば米国は戦わずして対日戦争の目的を達成し得るものなりと述べ、なお三懸案中二件は既に大概解決せられ、残るは駐兵問題のみなるが、支那の実状等を察すれば若干年全部の撤兵は到底不可能なるべきかと思わるる旨の電報である（日本が満州事変以来の進み方でやろうとすれば、誰の内閣であろうと米はこれを認めずに戦争する覚悟であったことにはなんらの相違はなかった。荻窪会談で主として駐兵問題だけを論じたのは見当違い。全部の問題、戦争は予定の問題。誰の内閣であろうと大陸から全面的に撤退しない限り戦争）。

そして十二日の会談が和戦に関するほとんど最後のものであるが、近衛手記によると、及川海相よりまず和戦いずれかに決すべきかの関頭に来たが、その決定は総理に一任したいと述べたので、首相は今日ここで和戦いずれかに決すべしと云うなら、私自身は交渉継続と云うことに決すると云った。ところが東条陸相はその総理の結論は早すぎる、まず交渉が結着する可能性があるかどうかを決定すべきである、結実の見込みなき交渉を継続して遂に戦機を逸するということになっては一大事であると述べ、豊田外相は今日の最難点は駐兵問題であるが、陸軍が多少なりとも譲歩して差支えないというなら交渉の見込みはないとは云えないと云い、これに対し陸相は駐兵問題だけは陸軍の生命であって絶対に譲れないと云ったとのことである。この重要なる会合でも論争があたかも駐兵問題に集中しているのは、前記野村大使の電報に懸案中他の二件は既に大半解決せられてあるによるものと見えた。

第三次近衛内閣の退陣

荻窪会談は結論に達しなかったので十四日首相は陸相に対し再考を求めたが陸相はこれに応ぜず、同日閣議の席上で日米交渉の最早継続すべからざる所以を強硬かつ興奮的態度で力説した。その結果近衛総理は辞表を取纏めて十六日これを捧呈することとなったのである。そして翌朝重臣の会合があり、後継首相として東久邇宮、宇垣大将の声もあったが木戸内府はこれに反対し、東条を推薦するに決した。

近衛公と日米交渉

近衛公が前記の如く日米関係の改善に甚だ熱心であったに拘らず、交渉開始後の行動は多くの矛盾を包蔵するものである。即ち日米関係改善のために日米交渉を開始したに拘らず、交渉条件としては当初より米国の建前とは甚だしき懸隔あるものの確定に無造作に賛成し、七月二日の決定によって戦争を不可避にしたこと、またこの新難関をも突破するために首脳者会談を提議しながら九月六日の決定に賛成していよいよ戦争を決定的たらしめたことは、即ち多くの矛盾を包蔵するものである。由来戦争はよほどの軍国主義者に非ざる限りこれを欲するものはいないので、この点は米国でも日本でも異なることはない。即ち平和を欲し、戦争を回避せんと欲すと云いながらその主張を固執して一歩も譲らないのはなんらの意義を成さない。無論その主張が正義に合致するやまた国際信義に背反せざるやは、第一に検討すべき問題であるが、相手の立場をなんら顧慮することなく自己の繁栄のみに執着するが如きは、真に平和を希求するものとは云い得ない。右は近衛公に対しての言ではなく一般政治家につき述べたのであるが、同公が冒した矛盾はその手記によるもなお説明し難きものがあるが、これにつき想起するのは軽井沢における同公との会談である。同公が軽井沢を愛好せるは周知の事実であるが、自分も第一次外務大臣辞職後終戦まで多くの時を同所に過ごしたのでしばしば歓談の機会があった。一九四三年夏、自分が東条内閣の外相を辞した翌年であるが、一日話柄が開戦前十一月二十九日の宮中に於ける重臣御召しの際の追想談となり、近衛公より臥薪嘗胆の主張を貫徹し得なかったことを今以て遺憾に思うとの話があった。そこで自分もその以前十一月初めに、連絡会議に於て戦争回避の方策に努力した際に同様の主張を為し、陸海軍に対し勝利の見込みもなく戦争に突入するは国民に対し相済まざるところなりとせめ寄ったが、陸相は勝利の見込みは充分で心配はいらぬと云い、海相も悲観を要しないと云い百計尽きてしまったと云う話をしたところ、同公は実はその時の話は薄々聞いていて、外務大臣としては充分にその責めを果されていたものと考えていたが、それにしても海軍の無責任なる態度には驚いた、南進も結局海軍の問題であったのであるが遂にあのようなとり返しのつかぬ悪影響を来した、また戦争となると海軍の問題なるに拘らず十月政変前には総理一任と云うのであったと、一方ならざる憤慨であった。よって自分は海軍が無責任なりと云う御意見には賛成であるが、あなたも日米交渉という難物を持ち出し、南部仏印進駐でのっぴきならぬこととなり、九月六日には戦争決意にさえ捲き込まれた、なおまた問題はそれに伴った戦争準備で、これにより爆弾に火がついたわけである。されば第三次近衛内閣退陣の際、これを再検討ということにはなったが、火のついた爆弾は手のつけようがないので自分は非常に困った、さればこそ単に再検討と云うだけでこの火のついた爆弾をそのままにして退却したのも無責任と云わなくてはならぬと云ったが、同公は非常に真面目なかつ同公には珍しく悄気た顔付で、それは実は自分も国家に対しお上に対し全く済まなく思っている点だと述べた。ところが翌日同公の学生時代以来の知友たる後藤隆之助君が自分を訪ねて、昨日は関白——同公側近者一部の同公に対する渾名——に深刻な批評をせられたそうで関白も東郷君にひどくやられたと恐縮していましたが、時にはああ云う直言をして貰いたいと述べたのであった。同公の在世中は政治の見透し、世間の気受け凡て一頭地を抜いていたが、実に惜しいことであった。

第三章　日米交渉の歴史的背景

近衛第三次内閣は、前述の通り深淵を残したまま退陣したので、日米関係はあたかも外交的折衝の余地なき瀬戸際まで押詰められて、一触即発の危険状態にあった。日米交渉の経緯については、前章に詳細説述したわけであるが、日米関係の危険性は単に日米交渉後のことであろうか。日米交渉は日本から云えば、支那事変につき米国の調停を依頼するか、または進んでその対支援助を打切ることにより支那事変の解決に資しようと云う考慮があったことは事実であるが、米国が支那の背後にあることが既に何物かを意味する。単に九カ国条約、従って支那の門戸開放主義に対する日本の違反だけが問題ではない、また検討を進めれば九カ国条約成立の由来が、第一次大戦後既に日本を抑圧せんとするに出でたものである。されば日米関係がかくの如く険悪なる状態に立ち到ったのは、一朝一夕のことではなく、その基くところ遠くかつ深いものがあり、世界史的観察を以てすれば、日本の大陸発展に伴う摩擦が根本をなすものであるから、時の関係に於ては日露戦争頃より、場所の関係に於ては支那は素より英露等の関係まで併せたる国際事情につき、深くかつ正しい理解を有しなくては、大東亜戦争の起因を了解することは不可能である。

日米関係の歴史

日米の関係は遠く「ペルリ」の極東遠征に発するが、その目的が沖縄および小笠原島に前進基地を設定せんためなりしことは、米国側の文書によりて明らかで、両島の今次戦争に於ける役割を見ると、同提督の烱眼炬の如しと云わねばならぬ。但しその後、「ハリス」総領事の如く紳士的態度を以て国交の増進に努めた人があるので、両国の関係は甚だ良好なるものがあった。開国後日本は明治維新となった後も不平等条約を改正し、独立自由を恢復するに全力を尽したので、日清戦争後までもその産業組織は資本主義の埒外に在り、その対外政策も未だ帝国主義的欲求というほどのものはなかった。されば一八九九年、米国国務長官「ジョン・ヘイ」により宣言せられた支那における門戸開放主義も、日本に対するというよりは、英仏露独の諸国が義和団事件に藉口して、支那を政治的または経済的に分割するに非ざるやを惧れたのが主目的である。米国としては西班牙《スペイン》戦争により太平洋に於ては比律賓《フィリピン》を併合し、帝国主義的活動を指向せる際であったが、欧州諸国が、既に長き以前から要地を占拠しているので、比島に対するとは異なる政策を執って、米国産業に必要なる市場を確保せんとするものであった。従って当時は直接日本を目指す必要はなかったのであるが、今次日米交渉に至って三大難問題の一つとなった。然るに当時、北方より露西亜が南下して満州および北朝鮮に割拠せんとしたが、日本は自国に対する圧迫より脱却せんがため、英国は日本を援助して支那本部に於ける自己の権益を擁護せんがため、ここに日露戦争の勃発を見たのである。しかるに（ダレス著書ニヨル第六頁、Beard : Rise of American Civilization II 四九五—八頁）、日本はこの戦争により太平洋に於て一新大国として勃興したのは、帝制「ロシヤ」よりも米国の利益に対する脅威大となったので、米露の外交政策は一致することになった。これは自分の所言ではなく米著述家の言より引用したのである。従って時の大統領「ローズヴェルト」も、始めは日本の勝利を喜んでいたが、漸次日本の大勝利は米の利益と果して合致するやの疑問を有し、「ポーツマス」談判の際は、日露両国の間に支那に対する勢力の均衡を保たしむる方策に出でたとのことである。即ち日米関係は日露戦争を一転機として、その後は日本の大陸進出を抑圧せんとする方針になったと云うべきである。日露戦争によって日本が獲得した南満鉄道の中立化をさえ提議したのであり、これにより日本と露西亜の関係は一時かえって緊密となったほどであることは、自分が奉天に在勤せし頃の思い出として既に記述したところである。

華府会議以後

第一次世界大戦に際し、日本の支那に対する所謂二十一条要求および西伯利亜《シベリヤ》出兵を繞る紛糾を見るに至ったが、その後の華府会議に於ては米国は日英同盟廃棄を要請し、支那に関する九カ国条約締結に努め、なお海軍軍備制限条約により、太平洋に於ける日本の勢力を制限することに成功したことも、本書第一部の各所に触れたところである。しかしてこれも既述せし通り、自分等は海軍軍縮条約の廃棄に反対であったのであるが、大勢はこれを余儀なくしたほど日米両国の関係は悪化したものがあり、また廃棄の結果急速に悪化する原因となったことは、戦争勃発の原因探究上も大いに留意を要する点である。殊に九カ国条約がその後の日米関係に演じた役割は極めて大なるものがある。即ち概説すれば、第一次大戦後、日本は華府会議にて締結せられた条約の拘束より離脱することがその目的であったと云い得るのである。有効期限を始めから定めてあった海軍軍縮条約は、その期間経過と共にこれを廃棄したが、有効期間の規定を有せざる九カ国条約は、今次日米交渉の末頃議論の種子となったのである。そして日本は――殊に外務省は米国が如何に熱心に支那に於ける門戸開放主義を基調とする九カ国条約に執着し、そのためには戦争も辞せないとの底意があったことを解しなかった。それは満州事変発生前より松岡外交は勿論、その後までも一貫した症状であったと云い得る。

日本の大陸発展と日米の抗争

しかもその間、日本が東亜の安定勢力たるを口にかつ行動に主張し来りたるため、種々の機会に米その他の諸国との紛議を惹起することとなった。蓋し日本も遅れ馳せながら日露戦役後、資本主義的産業組織が急速に発達することとなったが、元来領域が狭小であり、資源に乏しいので、原料を獲得し市場を確保するためには大陸に進出するほか途がなかった。これ資本主義的帝国主義的発展に伴う歴史的必然性であるが、その進出の態様が第一部に述べた通り早急に失したるため、爾余の大国と衝突するの結果を見るに至ったのである。しかもこの場合でも第一義的原因は日本が大陸に進出せんとし、米英がこれを抑圧せんとするにあったことを忘れてはならぬ。殊に一九三〇年「オタワ」協定による英帝国の特恵関税政策は、日本商品に対する防壁となったので、益々日本の大陸進出を促進することになった。然るに当時支那でも国民党の台頭に伴い国家主義的傾向が顕著となり、国権回復熱が高くなり、排日の勢いが盛んとなったが、その勢いは日本が日露戦役に由って獲得した南満州の北方にも波及したので、両者の思想的経済的衝突となり、遂に満州事変の勃発となったのである。この際には米国国務長官は国際聯盟に働きかけ、経済制裁を加えて日本の大陸進出を阻止せんとしたが、大統領「フーバー」がその結果戦争となるべきを惧れてこれに反対せるため、制裁の実現を見るに至らなかった。しかし侵略による結果を承認せずとの主張を堅持し、対日抗争は日と共に激甚を加えた。一九三二年「ローズヴェルト」が大統領に就任した後は、「スチムソン」主義を全幅的に支持し、日本の政治的勢力が亜細亜大陸に拡大し米国の標榜する門戸開放主義を侵害せんとするを阻止するに努めた。米がその頃従来よりの労農政府不承認主義を一擲して、一九三三年十一月遂にこれを承認するの挙に出でたのでは、日「ソ」の関係親近を欲せず、これを阻害するのが主なる目的であったとさえ云われている（ダレス、一九〇頁）。かくの如き状態の下に日本内部の動揺は大なるものがあった。即ち日本は資本主義的基礎の上に歴史的必然性として時代の流れに従い、大陸に発展し来ったのであるが、米英よりの抑圧に遭逢することになったので、積極的進展の勢いに駆られた軍部その他の方面では、結局米英と拮抗する結果として、戦争にも立ち到るべきを予想して、これに備えんとする考えがその勢いを加えることになった。米英との衝突を回避せんとする方面にあっても、支那関係に於ては、積極政策の支持に熱心なる者が多かったような実情であった。

米英に対するこの積極的傾向は、日本の東亜の安定勢力なることまたは東洋「モンロー」主義の主張に明白にせられたが、他方海軍軍縮問題に強く反映せられた。即ち日本海軍は支那問題を契機として日米の衝突あるべきに備えるため、従来の五・五・三の比率に満足せず、各国共通最大限度の新方式を主張したのであるが、米は比率変更を自己に不利益なりとしたため、華府、倫敦軍縮条約は消滅の運命に陥ったのである。米国でも日本が逐次枢軸関係を緊密化して行くのを見て、国際社会から隔離を要する国として取り扱う始末であり、日本が自然的合理的と思う要求をも理解しようとしなかった。殊に支那事変が発生した後には、蔣介石政権に対して経済的、財政的のみならず軍事援助をも与えて対日抗戦力の強化に努めたが、更に三国同盟条約が日米の関係を悪化したのは決定的と云ってもいいほどであった。本条約により米国は英国援助の方針を妨碍せられたばかりでなく、万々一独が英に勝つ場合には、日本と提携して如何なる圧迫を加えることになるかも知れないとの危惧の念さえ生じたようである。従って三国同盟成立後は、日独相結んで世界制覇を企つるものなりと宣伝して、日独を世界の二大侵略国視し、満州事件来の日本の行動を全部的に否認した。この態度が直ちに日本の軍部およびその他の強硬派を刺戟し、相互に因となり果となり、抗争は日一日と激成せられたのは止むを得ざる現象と云うべきかも知れないが、この状勢が日米交渉を不成立に導き、太平洋戦争を惹起した根本であることを銘記すべきである。

過去の事実を明らかにするの要

なおここに付記すべきは、太平洋戦争終結後の日米関係の過去につき述ぶるは無用の観があり、かつ今後良好なる関係設定のために好ましからぬ感があり、今後の日米関係が恒に良好なることを欲する自分としては心苦しい思いがある。しかし終戦後、米国国務省内日本通の一人たるべき「バランタイン」氏も、東京軍事裁判に於て、日本が明治以来常に表裏反覆を事としたと述べたこともあるので、自分は事実の真相を明らかにして後日の鑑とし、今後またまた不詳事の発生せぬようにするためこの検討を為すことである。

戦争に就て

戦争に就ては論ずべきことが極めて多く、戦争の原因を社会的諸条件のみに帰せしむるものか、また個人的原因がその要件なりとせば、意思の自由との関係はどうか。自由意思とは正義の観念と同じく人類の発育せしめたもの、正確に云えば発育の途上にあるものではないか、などの社会学的以上哲学的範囲に入りての検討が必要となる。また従来国際法の一原則であった内政不干渉と思想戦との関係も考察に値する。殊に全体主義と民主主義、共産主義と資本主義との戦いと云うが如き、充分の考究を要するものである。しかし本書でも後にこれら一般問題に論及することになるかも知れないから、ここではなるべく簡単に戦争に関する二、三の事項に限定して述べたいと思う。

第一に戦争の起因は各時代により異なることであるが、近世期に於ては個人的欲望によることは甚だ稀で、そのほとんど全部が国家主権の確立および資本主義経済の発達に伴うものであった。植民地獲得およびこれに伴生した各国間の戦争が主なるもので、原料の獲得および市場の確保を目的とするものが多かった。いずれも経済的原因を主とするもので、最近に於ける高度資本主義発達の必然的結果とも云うべきものであり、各国の経済的競争によるものであった。かくの如き戦争が絶えず発生し、かつ科学の進歩と共に戦争が大規模となる傾向にあるため、これが発生を阻止せんとする企てが一方には台頭した。紛争がある場合、仲裁裁判によりてこれを解決し、戦争の発生を防止する方法も企てられたが、総括的仲裁裁判を受諾する国が少ないので余り効果は挙らなかった。また不戦条約の如き条約を以てするの方法であるが、成立当初から自衛の場合は除外すると云う抜け穴があった。国際聯盟その他の集団的保障によって相手国に制裁を加え、また攻守同盟によって相手国に対する戦争に参加するなどの方法により、戦争を防止するに資せんとしたが、或いは有効ならざるかまたはかえって戦争を激成することになった。勢力の均衡による戦争防止もまた同様であって、実際的にこれを防止するの方法がなかった。

これに反し現代に於ても戦争防止の効果を阻止するものが少なくない。各国自己に都合よき主張の下に軍備縮小に反対せるのもその一つであり、各国間に猜忌を逞しくし、ただ武力を以て自己を防衛せんとする思想が、最近ますます盛んとなったことも挙げなくてはならぬ。なお世界の領域が確定したるに伴い、持てる国々が自己の利益を擁護するに急にして、持たざるものの立場を顧慮せず、従って不平等或いは不当となりたる条約の改訂もなんら事実上は行われざりしことも、戦争勃発の止むなき原因となった一つである。更に近代国家の成立と共に国家主権が高調せられた結果、自国主権の制限を好まず、自衛権の範囲の如きも、各国凡て自らこれを決定するの権能あることが国際法の一原則であった。なおまた最近、一国の自衛は防衛が最有効なる土地および時に及ぶとの思想が、米国の如き最も強大なる国により唱道せらるることとなったために、一国の凡ての行動を自衛の範囲内にありと説明し得る範を示すことになって、戦争防止を阻害する大原因となった。他方最近戦争が全体的形態となったため、所謂戦略物資の範囲が無限に拡大したことが、「ヒトラー」の電撃作戦の実施と相俟ちて、国際法の遵守を困難ならしめたのも注目すべきである。

従って、第一次世界大戦に於ては、「戦争を終熄せしむるための戦争」との標語を以て戦ったに拘らず、忽ちにして第二次大戦となり、この戦争に於ては各国共によりよき世界の出現を望んだが、未だ媾和条約さえ成立せぬ間に冷たき戦争に入り、第三次世界戦争の勃発が呼号せらるる世の中である。されば戦争の絶滅には、戦争の起因につき更に熱心に更に良心的検討を加え、各国が今以上に自利心を放棄して真に独立和衷の途に進まざる限り、平和の維持は不可能であると云わなくてはならない実状である。これ釈迦、耶蘇、孔子等の如き人類の先覚者が平和の念に目覚めて以来漸く二千年を以て数えるのであり、人類の起源に較べても余りに短き期間であるから、人類の協力、各国の和衷というが如き境涯に到達するには、なお若干の歳月を要するのも無理からぬことではあるが、原子爆弾の如き最も非人道的武器が、単に戦争の終期を早からしむると云う理由により既に使用せられ、更にまた水素爆弾の如き更に威力あるものも使用せられんとするのであるから、世界の人士は単に戦争防止の形式的方面にのみ囚われず、その真因につき速かに方法を講ずる必要が認めらるるのである。

なおこの点につき一言すべきは、真に平和を欲求する場合には身を以ても戦わなくてはならぬことである。一事件につき傍観者の地位に立ちて、事件経過後自分が平和を冀求したことを述べても無意義である。また自分を危害のない地位に置きながら、演説または電報を以て平和的意向を表示するのは安易に過ぎる。真に平和を欲するものは凡ての機会を利用して輿論の喚起に、または平和擾乱者との戦いに危害を冒しても進むの概がなくてはならぬ。殊に時勢の流れが凄じき奔りを見せている際に、左右枝梧または前後矛盾する行動に出るが如きは以ての外のことであるが、東西とも所謂政治家と称するものには類が少なくない。なおまたこの点は国際間の交渉にも適用を見るのである。一国がある交渉に於て平和的意図を高調しても、具体的交渉条件につき徹頭徹尾自己の主張を固守し、いささかの譲歩すら為さずとせば、相手方に全面的屈服を求むることは、案件の性質如何を問わず真に平和を希求する態度とは云えない。蓋し交渉は普通の場合「ギヴ・アンド・テイク」であるからである。

第四章　十一月四日決定に至る経緯

吾人は近衛第三次内閣が日米交渉という火のついた爆弾を置き去りにして退陣し、米国が南部仏印進駐の後に於ては、戦争をも辞せざるの強硬態度を持し、事態はほとんど外交的折衝の余地なき瀬戸際まで危機の押し詰っていた状況を見た。東条内閣はこの危機に直面して、本問題をまず連絡会議で打開しようとしたので、その内面的経緯を説述すべき順序になったのであるが、ここに当時の状勢を明らかにするため、まず連絡会議の組織および政府と統帥部との関係を説明する必要があると思う。

連絡会議と政府・統帥部の関係

連絡会議は政府即ち内閣側と統帥部との連絡会議であって、近衛公がその第二次内閣に於て一九四〇年七月に設けたのである。支那事変発生後、国政の処理が非常に困難になった後も、その大綱は首相の下に開催せられる首、陸、海、外、蔵相の五相会議により審議せられていたのであるが、事態益々急迫を告げ来りたると共に統帥部よりの政治関与が益々盛んになりだるため、近衛公は統帥部首脳者をも一堂に会し、軍と内閣との政策の統一を確保するをむしろ便なりとしてこの挙に出でたのである。しかし内閣が統帥部の国策に対する直接関与をこの制度により公然認めたことは既に内閣の譲歩であり、また実質に於ても、国策に対する軍部の介入を益々増大する結果になったのであるが、重要政策が総て既に戦争に関連して考察せらるべきほどの事態になっていたので、この種の制度は当然必要となり、また軍部の発言が次第に重要性を帯び来ったことを了得すべきである。由来日本憲法の建前では、統帥と国務とは各々独立しており、統帥に関する事項は政府に於て発言権なく、政府と統帥部との両方を抑え得るのはただ陛下御一人であったわけである。大正の或る時期までは、数人の元老が会合して両方を抑える機能を発揮していたことがあるが、その後は事実上非常に困難なる問題となった。内閣は非軍事的事項に就ては充分の権能を有し、また閣員たる陸海軍大臣は、行政的性質の軍事に就き或る種の権限を有していたが、統帥部との間に意見の一致を見ざる場合には、非軍事的事項についてもこれを遂行するを得ざるのであったのであり、作戦およびその関連事項は統帥部に於て専断強行することとなっていた。この関係は総力戦体制の移入と共に益々強化せられ、軍部の政治関与に拍車を加え来った事情は本書第一部に説述した通りで、兵力量につきてもこれを秘密に付し、政府部内の財務当局および議会に対しても説明を拒否したような次第であるが、産業はもちろん、文化の方面にさえ総力戦体制の確立に関聯する故を以て重圧を加えた。

殊に軍部大臣を現役将校とする規定に復旧して以来、組閣および内閣更迭にさえ強力なる容喙を為すことが可能となったので、我が国の推進力を以て自負し、外交方面にも逐次介入するに至った。その実例は満州および支那事変、三国同盟条約締結等に於て顕著なるものがあって、軍部の野望に対して実効ある抑制を加え得なかったのである。なお満州事変が当時成功せる観を呈したので、軍の一部では積極的に推進するときは何時でも成功するが如き錯覚に陥り、民間でもこれに迎合するものが出で来り、我が国に少なからざる支障を招来した。

日米交渉中に行われて同交渉を爆破した南部仏印進駐も軍の画策に基くのであるが、更に七月二日および九月六日の決定により、戦争準備の促進かつ完整に努むることとなって以来、曩《さき》に近衛手記より引用した通り軍部は戦勝の自信を得ることとなり、交渉打切り、即時開戦を主張して重大事を押切ろうとした。殊に米国の石油禁輸が実施せられて以来、日本海軍は死命を制せられることとなったので焦躁甚だしく、交渉成立の見込みなしとせば速かに開戦すべしとの気勢が、漸次強大となって戦争開始を激成することとなった。蓋し彼ら軍部に於ては、全般的に交渉案件の緩和には極力反対して、交渉成立の可能性を無にしたからである。当時統帥部の専断は軍艦大和および武蔵の噸数は勿論、日本の保有する軍艦の総噸数につき軍部以外の閣僚は知るところがなかったこと、真珠湾攻撃計画も右と同様であったことなどより見て、推測に難からぬだろうと思う。巣鴨に於て東条大将から聞いたことであるが、真珠湾攻撃に向かった日本の空母機動部隊が早くも十一月十日に単冠湾に集合し、かつ同月二十六日朝既に出航した事実は、東京軍事裁判に於て始めて知ったとのことである。統帥部が陸相たり首相たる彼にさえ秘密にしたのであるから他は推して知るべしである。

連絡会議の構成と廟議の運営

問題は日本軍部が満州事変以来如何に強力であり、連絡会議に於ても如何に大勢を指導して来たかを知ればいいので、その詳細なことは今までに叙述して来たところ並びに今後述ぶべき事実に委せてここにはその構成を瞥見しよう。内閣からは総理、陸軍、海軍、外務、大蔵および企画院総裁が常に出席し、その他の閣僚も必要に応じ出席することになっていた。即ち東条内閣では農林大臣、逓信大臣等の出席を見たことがある。統帥部からは参謀総長および軍令部総長並びに両次長が出席した。また幹事として内閣書記官長および陸海軍軍務局長がこれに当ることとなっていたが、審議事項に多くの対外関係があるので、自分が第一次外務大臣であった間は山本局長は常に、西次官は時々出席せしめた。しかしいずれも所定の幹事ではないから正式の連絡会議、即ち陛下御親臨の席上には出席出来なかった。なお会議は内閣と統帥部が同格なる関係上、決定に関する上奏も三者相伴うてこれを為すの次第で、議長もなく、従って発言の順序もまちまちであるので話合いが乱雑に渉ることも少なくなかった。しかし小人数であるから、重要なる事項に就ては全部の注意は集中せられるのが常であった。また統帥部より作戦の必要上と云う理由で議事を急いだのと、新内閣に於てもなるべく速かに方針を決定したき希望が強いので、十月二十三日から約十日間はほとんど毎日会議を開き、熱心なる審議を費やした。従って議事が甚だしく重大である場合には、往々にして早朝から翌日早暁に及ぶまで論議を続くることがあり、また火の出るような激論を交えることも少なくなかった。会議に付せられた議案は幹事の準備したものであったが、予め関係官庁間に事務的に検討せられた原案に幹事が調整を加えたものであった。連絡会議に於ける決定の多くは直ちに閣議に付し、あるものは更に御前会議に付したのであるが、前述の如き事情があるためか、閣議の承認を得なかった例はほとんどなかったと思う。なおここに注意すべきは、第二次近衛内閣時代よりの慣習であるとのことで、東条内閣の当時に於ても、和戦の問題を含む重要国策についての討議並びに決定を上奏するに当っては、総理が専らこれに当り、外務大臣の上奏は外交交渉自体に限られていたことである。

十月下旬の状勢判断

かくして連絡会議は、東条内閣成立直後十月二十三日より日米交渉に対する日本の政策につき全面的の検討を行ったのである。その以前十月十八日東条内閣成立の翌日から自分が外務省の書類を主なる材料として検討したるところは第二章に詳述した通り、米大統領「ローズヴェルト」が既に戦争不可避を決意したほどに、日米交渉は行詰って両国関係は動きのつかぬ瀬戸際まで押し詰められ、一触即発の危機に曝されていたことである。しかし自分の立場は、外相就任の時の東条首相との会談により明らかなる通り、日本のためにも人類のためにも極力交渉の成立を希望し、これがため渾身の努力を払わんとしたのだ。一本交渉の成立が甚だ困難なる状態にあることは当初より明らかであったが、一方米国、一方日本軍部の態度を緩和せしめて両国のために事態を解決し、平和を維持する幾分かの余地あるべきことを信じたのである。

殊に十月三日発野村大使の電報により、三国同盟および通商無差別問題は既に大体了解が成立し、残るは駐兵問題のみとの報告を信頼した。蓋し三国同盟問題につき日本は米国に白紙委任状を贈呈するわけには行かないが、米国参戦の場合にも、日本は独伊に関係なく自主的解釈の許にその進退を決すると云うところまで譲歩しているのであるから、その後野村大使の云った通り、右は以心伝心に了解をつけることに成功したものと思った。また通商無差別の問題でも、日本は米国に対し公正なる待遇を為すに異存なきことを説明したので、米国側も大体に於てこれを諒として差支えなかるべく、殊に爾余の問題につき話合い成立する場合、如何に自由通商が「ハル」氏の持論なりとは云え、問題のみを以て交渉を決裂せしめ、戦争に入るほどの問題とは米国当局は考えないはずと思った。されば難関が駐兵問題のみに集中していることとも満更ないこととも思わなかった。自分の前任者たる前田大将の意見書により、交渉成功の可能性ありと為した条件をも参考とした。右意見書によれば、一、仏印に対する増兵を停止すること、二、支那の駐兵問題は和平条件より削除し、秘密文書等により日華間協定に基きかつ日華間和平成立後二カ年以内に撤退を完了すべし、但し華北、蒙疆の一部および海南島に平和恢復後五年駐留すべく、右期間満了時に於ける実状に照応し日華間の協議により更に延長せらるることあるべし、三、仏印に在る日本軍隊は共同防衛を必要とする事態の消滅と共に速かに撤退すべくかつ日華事変終結の時より遅からざるべし、との約束を為すことであった。かくの如き書類、しかも当時日本側では最も権威ある人々の報告および意見によった結果、本交渉成立に幾分の余裕ありと考えたのはむしろ当然のこととなるのであるが、書類を全般的に検討した結果は米の戦意を思わしむるので、自分としては日本側に於ては大譲歩を為すを必要なりと推論した。

連絡会議に臨む腹案

依って自分は連絡会議に臨む以前自分限りの方針として、第一、支那駐兵問題は特殊地域に於ても五カ年内に全部撤兵することとし、第二に、公正なる基礎に於て行わるる在支第三国経済活動についてはなんらこれを阻害せんとする意思なく、通商自由の原則を世界的に拡大するに異存なく、その場合支那についてもこれが適用を承認することとし、以て日米交渉の基本たる支那問題を解決し、なお南部仏印進駐により惹起せられたる南方問題については、日本の侵略的進出の意図なきことを明白にするため、南部仏印より撤兵し我が誠意を披瀝したるうえ交渉を成立せしめんとした。三国同盟に就ては、前述の通り米国にても了解済みのことと考えたのであるが、既に日本は事実上譲歩しているのであるから、爾余の問題にして解決せらるる場合には、本件は表現方式の問題としてなお講究の余地ありと考えた。

十月二十一日東郷大臣発野村大使宛電報第六九八号

貴電第九六六号ニ関シ

御来示ノ次第ニ関スル詳細ナル訓令ハ組閣早々ノコトテモアリ追テ電報スヘキモ新内閣ニ於テモ公正ナル基礎ノ下ニ於ケル日米国交調整ニ対スル熱意ハ前内閣ト異ナル所ナシ而シテ我方見解乃至主張ハ既ニ殆ト全部之ヲ明カニシアルヲ以テ寧ロ我方ハ毅然タル態度ヲ以テ米側ノ反省ヲ俟ツ態勢ニ在リ仍而貴大使ハ適宜大使自身又ハ若杉ヲシテ我方トシテハ本交渉ニ之レ以上長時日ヲ費スヲ許ササル事情ニアルコトヲソレトナク仄メカシ九月二十五日我方案ニ対スル米側ノ対案ヲ至急求メラルルコトニ重点ヲ置キ話ヲ続行セラレ度シ

十月下旬以後の連絡会議に於ける全面的再検討

かくの如く大体の構想を胸にして、十月二十三日最初の連絡会議に臨んだのであるが、東条首相がまず新内閣成立の際、九月六日の決定を再検討すべしとの御思召しがあったから、ここに全面的検討を加えんとするものであることを述べたが、杉山参謀総長は、九月六日の御前会議決定は九月中は外交を主とし戦争準備を従とするも、十月上旬よりは戦争準備を主とし外交を従とするにあって、この点は豊田前外相も充分承知していたのである。とにかく、「モンスーン」など天候上の関係もあり、戦機を逸せざるためには速かに決定するの必要ありと述べ、塚田参謀次長は日米交渉の妥結は全然見込みなし、殊に英米に於ては既に経済断交を敢行し、日本に対する包囲陣を強化しておるのであるから、直ちにこれに対し自衛の手段に出ずべきであると主張した。伊藤軍令部次長もまた徒に時を失うの不可にして速かに交渉の成否を明らかにする必要あることを力説した。

この情勢に顧み、予は九月六日の御前会議決定を白紙に還すと云うことではあるけれども、統帥部が七月二日の決議以来増強に努めた戦争準備は、そのまま爆弾的存在となって現存するのであるから、これが軍部の態度を強硬ならしむる一大原因となり、交渉の遂行に大なる支障を与うべきことを発見した。なおまた自分と共に新たに連絡会議に出席するようになったのは、嶋田海相および賀屋蔵相の二人のみで、その他は全部九月六日決定当時と同一人であったことからしても、九月に決定せられた「限度」が検討の標準となる傾向が強く、一種の心理的情勢があって、右の決定を緩和せしむるのは容易のことではなかった。前記統帥部の主張に対し予は強く反対し、交渉打開にいささかなりとも方法のある限り全力を尽すべきで、直ちに妥結不可能なりとて武力手段に出ずることは大局上極めて採らざる所以を説示し、首相も重ねて新内閣成立と共に新たに検討するものなることを述べ、幹事をして研究題目並びにその方法につき具体案を提出せしむることとした。

検討事項

かくの如くにして幹事より種々の研究事項が持ち出された。今記憶するところでその主要なるものは

一、九月六日の決定事項を速かに米国をして承諾せしめ得る見込みありや。
二、十月二日米国覚書を受諾する場合帝国に及ぼす影響如何。
三、日本は九月六日決定を如何なる程度まで緩和し得るや。
四、欧州戦争の見透し如何。
五、戦争に入る際英米を切り離し得るや。
六、米国の戦争遂行能力。
七、日本戦力の増強。鉄、石油、船舶その他の軍需生産品および財力。

の如きものであった。そしてその審議には多くの時間が費やされたが、第一は米国をしてこれを承諾せしむる見込みなしとの意見に一致し、第二、十月二日覚書を受諾する場合には満州事変以来の成果は全部水泡に帰し、帝国の威信地に墜つる結果、満州および朝鮮に於ける我が既得の地位にも影響し、結局大陸より撤退するの覚悟を要すとの結論であった。第三は我が方が新たに提出せんとする甲案、乙案となる経緯を含むものであるからその叙説は後廻しにする。第四は外務省案が原案となったが、欧州戦に於ては独の英に対する上陸作戦は甚だ困難で、結局長期戦となり、独逸も苦境に立つことあるべしとの相当悲観的のものであった。第五、日本が万一米英のいずれかと戦う場合に他の一が対日戦に参加すべきは極めて明瞭なり、との外務省意見が提出せられたので、各出席者はこれに一致した。第六、米国の戦争遂行能力に就ては、軍部その他の方面より詳細かつ具体的な検討の結果が披露せられた。その兵力に就てはほとんど全部公表せられているから問題はなく、またその生産能力に就ては、米国側で広範囲に渉り公表したものを割引きしないで採用することにしたので、その戦争遂行能力の偉大なることは、日本現存工業等が足許にも及ぶべからざることを明白に認め、護謨につき幾分疑問を持つ人があったが、これも再生、人工の方法によりまた南米よりの輸入により多大の困難なかるべしとの見透しをつけた。即ち一方欧州戦に対する兵器廠たる地位を永きに渉り持続することは大規模の施設を要するのであるが、一九四一年秋のこの際までには既にその大部分を完了しているのであるから、対日戦争の場合には直ちにこれに応じ得べくかつその戦力を長期に亙り維持するの力充分なれば、戦争に入りたる場合、直接これを屈伏し得べき方法なしと云うに一致したのである。これがこの際の我が方作戦の基本として、進攻作戦を避けて南西太平洋に占拠し、長期戦を覚悟しながら南方地域よりの物資を得て、我が戦力の維持持続増強を計る根本的観念として承知していたのである。されば戦争勃発と共に日本軍が布哇《ハワイ》を進攻し、その後「ミドウェー」に進出せんとし、かつ「ラバウル」よりも遠方まで出兵していることを知って、当初の作戦根本議と相距るものあるに驚いた次第である。戦争終了後の今日から考えてみても、米国の戦争に対する評価はこれを過小視したのではなかったと云い得る。ただ科学の進歩に対する見透しが欠けていたので、各種の方面で我が方は非常な不利を受けたことになったのではないかと思うが、原子爆弾についても広島に投下せらるる数カ月前、日本の該方面権威者の一人は、このたびの戦争には間に合わぬと断言していたようなわけであり、全体的「レヴェル」の問題であるから致し方ないことである。

さて次の審議事項は日本の戦力増強の問題で、増強の方法及び範囲如何と云うのであるが、我が方に正確なる統計が不足しているには驚いたが、今一つはこれを審議する時でも、日本の有する兵力量および作戦の実施については、統帥部よりなんら説明がなかったために、仮定の上に研究を進めておる感がすることが少なくなかったことである。例えば当時最も論議の的となった船舶量の問題であるが、原案によれば、開戦の場合第一年度に消耗すべき量よりも第二年度の量が著しく減少しているので、自分は開戦となれば、米国はその潜水艦を多量に建造し広範囲に活動し得る結果、第二年度に於ける日本の船舶消耗量は第一年度よりは多量に計上し置くを適当とすべしと述べたところ、海軍より米の潜水艦に対して充分手当の方法を考案しておるのでなんら懸念の必要なきことを述べ、それ以上追及の方法がないのでそのままになったことがある。鉄の生産に就ても甚だ心細いものがあったが、船舶が年を逐って増加して来るに従い、その生産も増大するということであり、南方よりの石油も漸次輸送し得るというようなわけで、当然船舶量の問題が最重要の一となったが、前述の通り、これも漸次増加し得るという当該関係官庁の意見であった。戦時に於ける財政的措置には充分の見込みあり、食糧また然り、各地民心の動向も憂うに足らずとの意見が当該官庁から提出せられた。上記事項中には専門的検討を要するものが少なくなかったが、とにかく列席の各員は熱心に全力を尽して検討を加え論議を尽した。東条始め軍部殊に陸軍の態度は当初より強硬であったが、この検討の際の態度は真摯なるものがあったのに徴し、自分は東条等が組閣当初より一途に戦争を起さんと決意していたとの見方に賛成することは出来ない。

甲　案

この間に持されたのが甲案と乙案である。自分は曩《さき》に述べた通り、この行き詰った交渉を成立せしむることは甚だ困難であるが、日米関係は鍔迫合いとなっているので、これが成立を見るのでなければ戦争は必至であり、両国のためにも人類のためにも甚だ悲しむべきことであるので、これが成立に全力を傾倒するの覚悟を為したが、その成立には双方に於て譲歩するのでなければ、これまた不可能であるとの結論に到達した。されば日本側に於て、まず米国の意向に最も近い最大限度の譲歩案を作成することとした。その根本方針は既に連絡会議の討議に入る前の自分の構想として述べた通りで、甲案は九月二十五日、我が方提案を左の通り緩和するものであった。これ即ち九月六日御前会議決定をこの限度に緩和せんとするものである。

一、通商無差別問題

日本国政府は、無差別原則が全世界に適用せらるるものなるに於ては、支那を含めたる太平洋全地域に於て本原則の行わるることを承記すと修正す。

(即ち「ハル」長官が無差別原則を世界的のものとすることの必要なるを主張しおるに対応するので、日本側にては従来支那につき隣接地域の特恵あるべきを主張したことがあるが、この主張をも抛棄するものである。また従来日本側より再三説明したが、日本は公正なる基礎に於て行わるる在支第三国経済活動を制限することとなしとの態度を変更することはないのである。)

二、三国条約の解釈、その履行問題

(在米大使館よりの報告により已に米国側の了解を得たりとのことであり、そのままとしたが、他の懸案全部が解決し、本件の表現方法の問題だけとなるときには更に考慮の余地あることに考えていたことは、前述の通りである。)

三、撤兵問題

(a)支那に於ける撤兵

北支及び蒙疆の一定地域および海南島に関しては、日支間和平成立後所要期間駐屯すべく、爾余の軍隊は二カ年以内に撤退すべしと修正す。

(右一定地域に於ける所要期間は五カ年とす、なお海南島に就ては前記豊田前外相の意見書に掲載せられたところで、日華基本条約に規定しある関係上、従来米国側も承知しいたるはずである。日華基本条約には甲案に記載の地域以外、上海三角地帯厦門にも駐兵し得ることとなっていたので、この点につきても甲案は縮小したのである。また撤兵に若干の時間を要するのは米国側も従来しばしば言明したのである。)

(b)仏印に於ける撤兵

(本件は九月二十五日日本案に仏印を基地として、その近接地域に武力的進出を為さざることを明言しおるに顧み、米国にして我が方の誠意を了得するに於ては、武力行使に対する懸念は一掃せらるべきはずであるが、撤兵は九月案に極東平和の確立を見る場合とあって、明白ならざる嫌いがあるので、更に支那事変の解決をもその時期として明示したのである。なお本項については、乙案第五項が自分の目指すところであったが、米国側にて交渉を継続する熱意を有する場合には、両案の中米側に有利なる条項を集めての解決案が作成せらるることと考えていたのである。）

甲案に関する軍部との論争

甲案に対する自分の構想は括弧内に記載の通りであるが、日本内部に於ては譲歩に失するものなりとの反対が強かった。即ち通商無差別問題につき、地理的近接の事実による緊密関係に関する従来の主張を抛棄することには、既に外務省内で反対の声があったが、これは多大の面倒なく抑えた。しかしてまた支那との交渉成立の上は、仏印より撤兵するにも連絡会議でも大した異存はなかったが、支那の撤兵につきては果然大問題となった。参謀本部側では、駐兵を期間付とする時は支那事変の成果を喪失せしむると共に、軍隊の士気を沮喪せしむるから、到底期限付撤兵は承諾し難しと強硬なる反対があり、東条首相また本問題は慎重考慮の要ありて軽々に撤兵に応ずるを得ずと述べて、暗に統帥部の意見を支持したが、鈴木国務相もほぼ同様の態度を持した。また嶋田海相も最近自分が支那方面艦隊司令長官として見聞したところでは、日本軍隊の撤退を見る場合には、日本人企業の維持は勿論、その安全も期し難しとて駐兵に賛成し、兼ねて如何なる場合にも海南島の撤兵には応じ難しと云い、予て穏和派であった賀屋蔵相すら北支開発株式会社総裁時代の経験を持ち出して、駐兵は在支企業に必要であるとのことで、自分は孤立無援の状態に陥った。

駐兵期限

しかし本問題は近衛第三次内閣の倒潰の原因であっただけ、軍部より強硬なる主張が出で来るのは覚悟していたが、自分も入閣当時より、もし期間撤兵の意見が拒否せらるる場合には断然辞職するの決意を固めていたので、前記の反対に対しては他国の領土に無期限に駐兵するの条理なきこと、従って期限付撤兵が士気に関すとの思想の誤てること、居留民の保護は究極的には軍隊の駐在により困難となること、なお日本が隣国支那に対し長きに渉り兵力を以て圧迫を加えることは、東洋永遠の平和を維持する所以に非ざること、並びに軍隊の力を藉らざれば維持出来ざるが如き企業は、採算上より見るもこれを抛棄して可なることなどの理由を挙げて、激論数刻に渉り尽くるところなき状況であった。この時一幹事より然らば九十九年間駐兵することとせば如何との案を持ち出したから、自分は九十九年は永久を意味することともなるので、到底同意は出来ぬと撥ね付けたが、余り自分の勢いが激しいのに軍部も手古摺る模様があったのにこの新案が出たので、一同期限付きとすることは致し方あるまいと云う気配が見えた。しかしその期限につき五十年以下は駄目だとの主張が一時は盛んであったが、自分は五十年の間には如何なる事件が到来するやも知れないわけであるから、かかる長期間を画するの無意味なるを説き、五年説を固持した。大勢は漸く二十五年までに折れたが、それ以下は断然容認すべからずとの主張が絶対的であった。自分はそこで八年および十年説を持ち出したが、他の者は二十五年説を固持し今度は自分に譲歩を求める訳合であったから、自分としては二十五年と云う長期とすることは交渉の成立も疑わるるわけで甚だ遺憾に思ったが、会議の状勢は差し当りこれ以上短縮することは不可能と認められたので、一旦有期限と定めて置けば、他日、米国側より長期に失すとの異議ある場合には、これに対処すべき方法もあるべしと考えた。この点は後に十一月二日に於て、東条に対し特に了解を求めた点の一つである。

甲案に関する駐米大使宛訓令

かくの如き経過を経て、日米交渉に於る初めての方針として、期限付撤兵には成功したわけであるが、二十五年は自分自身不満足であったから、華府に於てこの期限をむき出しにして米国側の反感を買うよりは、無期間に非ざることを抽象的に持ち出したるうえ、逐次撤兵年限に妥協点を見出すようにしようと云う考えであった。然るにこの点に関する訓令が不充分であったかもしれぬが、傍受電報は飛んでもなき悪意のものに翻訳したので、かえって事端を紛糾せしむる結果となったのは遺憾である。しかし国務省「バランタイン」氏が東京軍事裁判所で証言したところによれば、米国は殊に南部仏印進駐以来、日本の行動にはいささかの信用を措かなかったようだから、この提案に対しても冷淡極まる態度を示した。南部仏印進駐等の行動が如何なる性質のものであったにしろ、その後の交渉に於て全然相手国を信用しないのは、米国の提案を無条件に応諾せざる限り如何なる譲歩をしても交渉の成立を見ることはなかったろうが、米国の主張にも無理なものがあり、また当時の日本としては無条件に米国の要求全部を容るることは出来なかった。

乙　案

甲案の趣旨は前記の通りで、連絡会議に於てこれを通過せしむるだけでも容易なことではなかったが、米国が戦争をも賭して強硬な態度を持している模様があり、従って甲案が成立しない場合を考慮する必要があった。自分はその際なお戦争勃発の危険を防止するため、極めて必要なる数項目についてのみ協定を為し平和を維持するの目的を以て、第二案、即ち乙案と称するものを作成した。その内容は左の通りであった。

一、日米両国政府はいずれも仏印以外の南東亜細亜、および南太平洋地域に武力的進出を行わざることを確約す。
二、日米両国政府は蘭領印度に於て、その必要とする物資の獲得が保障せらるるよう相互に協力するものとす。
三、日米両国政府は相互に通商関係を資産凍結前の状態に復帰すべし。

米国政府は所要の石油の対日供給を約す。

四、米国政府は日支両国の和平に関する努力に支障を与うるが如き行動に出でざるべし。

五、日本国政府は日支間に和平成立するか、または太平洋地域に於る公正なる平和確立する上は、現に仏領印度支那に派遣せられおる日本軍隊を撤退すべき旨を約す。日本国政府は本了解成立せば、現に南部仏領印度支那に駐屯中の日本軍は、これを北部仏領印度支那に移駐するの用意あることを闡明す。

備　考

（一）必要に応じ本取極め成立せば日支間和平成立するかまたは太平洋地域に於ける公正なる平和確立する上は、日本軍隊を撤退すべき旨を約し差支えなし。

（二）必要に応じては甲案中に包含せらるる通商無差別待遇に関する規定、および三国条約の解釈、および履行に関する規定を追加挿入するものとす。

即ち第一項は、米国側が日本の南進につき甚だしき疑惑を有するに対し、その然らざることを明瞭にしたものであり、第二項はなんら新規の提案に非ずして、石油、錫その他の必要物資の獲得につき相互に協力を約するものである。第三項を以て事態を七月以前の状態に復帰せしめんとするの趣旨を明らかにし、資産凍結以前の通商関係に復帰することを約するのであり、当時の米国政府の態度および我が国の状態からして、石油の供給につき特に保障を求めたのである。第四項は米国の援蔣敵性行為の停止を求むるものであるが、日本が支那との間に和平の努力をなす場合に、なお蔣政権に敵性的援助を与えるは合理的ならずとの見解に基くものである。右によって支那事変の解決は日支間に於て直接に行わんとするものであるが、米の橋渡しになんら異存なきは、十一月十七日「ローズヴェルト」大統領の申し出に応じたるに徴しても明らかであるが、自分は日支直接交渉の場合、公正にして緩和せられたる条件を以て両国間の関係を調整せんとするの方案を有していた。第五項は協定成立するや否や、直ちに南部仏印に駐屯中の日本軍隊を北部仏印に移駐せしむることを声明するもので、全く新たな提案であり、武力的南進を断念せる実証として見るべきもので、日本政府が現実に平和的意図を包蔵する誠意の披瀝に外ならなかった。即ち第二案の根本目的は、危殆に瀕せる事態を七月以前に引戻し、かつ南方進出の意図なきことを事実を以て立証して米国の疑惑を解き、事態を平静化し以て戦争勃発の危険を防止せんとするものなりしことは、十一月二十日、自分が野村大使に宛てて電報したところによるも明らかである。然るに国務省「バランタイン」氏の証言によれば、南部仏印よりの撤兵も一日か二日で元の南部仏印に戻すことが出来るから無意味であると云っている次第で、約束につき更に信を措かないと云う建前であるから、前に云った通り交渉の継続は無意義であったわけである。そして米国側の態度が不当の猜忌に充ちていることは、乙案が連絡会議に上程せられた時に軍部から非常なる反対があり、正に決裂に瀕したほど真摯なる討議を行った事実から見ても明らかである。

乙案に関する軍部との論争

自分はここに乙案の成り立ちにつき一言して置かなくてはならない。この頃幣原元外相が局面収拾の方策として立案せしものなりと、吉田元大使が持参したので、自分はこれに若干の修正を加えると共に、支那関係の一項を追加して乙案としたのである。乙案の討議に際しては、自分は戦争勃発の危険は極力これを阻止するを要し、そのためには事態を南部仏印進駐、資産凍結以前の状態に復帰せしめ、以て局面の安静化を企図するの絶対に必要なる所以を強調せるに対し、統帥部殊に参謀本部に強硬なる反対があった。即ちその云うところは、日米間に多くの重要問題が未解決である間に、南部仏印から撤退するのは過大の譲歩で到底承諾は出来ないと云うので、杉山参謀総長が特に強硬であった。この時も自分は乙案が容れられない時には辞職する覚悟を有していたので、諸般の理由を挙げて杉山総長を反駁して自説を固守した。当時幹事の一人として出席した武藤軍務局長は後に自分に対し、あの頃外務大臣が時々辞職を決意しておる模様が見えるので、自分達ははらはらしていたと話したことがあるが、連絡会議にて乙案の討議が甚だしく紛糾した際には、同局長が参謀総長に対し、もしこの際外務大臣の主張を斥けて交渉不成立となる場合、陸軍ではその責任がとれますかと談じ込んだので、同総長も漸くこれに同意したが、乙案が成立した場合、如何にして現地軍の不満を説得すべきやに就ては、一方ならぬ苦心をした趣である。かくして漸く提案の運びに至った乙案も、その効を奏せずして遂に戦争となったのは甚だ遺憾である。

連絡会議の大詰

その間にも前記調査事項の検討は進捗したので、最後に全般的見地よりして日本は如何なる措置を講ずべきかの問題が提起せられた。即ち日米交渉が前記甲乙二案を以て妥結せらるるに於ては、世界平和のため洵に幸福であるが、米国の強硬態度に顧み、交渉の成立に充分な期待を繋ぎ得ないものがあるから、この際交渉不成立の場合をも考慮に加えて今後の対策を講究して置く必要があるとの論が軍部から持ち出され、一、直ちに開戦を決意すること、二、臥薪嘗胆、三、交渉決裂の場合開戦すとの決意を以て交渉を継続す、との三方法が提示せられ、十一月一日から二日に及ぶ徹宵の会議に於て激論を見るに至ったのである。本件は九月六日決定の成行きにも照応し、当然起り来るべき問題として考慮を重ねて来た。自分が入閣を受諾した個所に説明した通り、当初から陸軍の強硬態度は予期したところであるが、海軍は穏健な態度を採るものとの予想を有して諸方策を按じ来ったのである。然るに連絡会議席上に於ける駐兵問題その他に関する海軍の態度が甚だ強硬であるので、自分は意外の感に撃たれたが、その緩和につき出来得る限りの方法を尽したいので、当時予が海軍方面に大なる勢力を有すると考えていた元総理岡田大将の許に、同大将も熟知の総領事加藤伝次郎を派して事情を説明し、同大将の尽力により海軍の態度を緩和せしめんことを申し入れた。同大将は直ちに吉田善吾大将、堀悌吉中将等に旨を含め海軍当局に接触せしめたが、当局側に於ては部外よりの容喙は控えて貰いたいとて、耳を傾けなかったとのことである。

即戦論を却く

十一月一日は午前から討議に入ったが、参謀本部側はあいかわらず尤も強硬で、米国は既に日本包囲の態勢を整え、経済制裁を断行し更に交渉を成立せしむる熱意は見えない、されば徒に時日を遷延し戦機を失するのは日本として最も愚なるものであるから、第一案により直ちに交渉を打ち切り戦争の決意をなすべしとの主張であったが、とにかく交渉の余地ある間に、平和維持の努力を為すことなく直ちに戦争に突入するは国民に対しても相済まぬところであるとて、自分は反対し、東条首相も珍しく自分を支持すると云うわけで、第一案は不成立となり、万一交渉不成立の場合、臥薪嘗胆の方法を採るか直ちに開戦に決するかの大問題を決すべき段取りとなった。

本書第一部に叙説した通り、自分は第一次欧州大戦のさい欧州に在って、近代戦争が敗戦国はもちろん一般人類に多大の惨禍を齎すのを直接見聞しており、またかつて内田外相に提出した意見書にも明らかな通り、一国の発展は国際信義の基礎の上に堅実なる歩武を以て進むべきであるとの思想を有し、かつまた物資および技術に於て日本が英米に比し遥かに劣位にあるのみならず、鉄、石油の補給にも難渋しおる状態であるから、これら諸国との戦争は不利なる結果に陥る懸念甚だ大なりとの見地から、入閣後も戦争回避に極力尽瘁する方針を以て進んで来た。その方法としては、第一に交渉を打ち切り直ちに自衛的行動に出ずべしとの強硬論者に反対して、交渉継続を決定せしめた。次には我が方提案に出来る限りの譲歩を為すに努め、近衛第三次内閣倒潰の原因であった期限付撤兵の趣旨を確立したのみならず、参謀本部で尤も反対した南部仏印よりの即時撤兵にも成功したのであるが、ここに問題になった交渉不成立後の措置に就ても極力隠忍自重を説き、少なくとも米国が欧州戦争に参加するまで事態の推移を見送るの得策なることを切言した。

軍部の「ジリ」貧論

これに対し軍部は我が方の重要資材の消費状態から計算すると、米英蘭等の経済封鎖が持続する場合、日本は当然「ジリ」貧に陥ることとなる。特に石油についてこれを観るに、民需方面に於ては極度の戦時規制を為すも昭和十七年六、七月頃には貯蔵皆無となり、軍需方面に在りても一カ年を出でずして日本海軍は全くその機能を喪失するに至るであろう、そして南方諸地域に於ける米英蘭の軍事的準備が急速に強化せらるる状勢と併せ考えると、交渉決裂の場合、英米よりの圧迫は益々増大するものと覚悟しなくてはならない、かくして日本が物資に甚だしく難渋する後に於ては、米英よりの圧迫を排除するの力なく、戦わんとするも戦うに非ずして彼に全面的屈伏を為すの外ないことになるから、我が方がなお有力なる態勢にある間に決意する必要がある。なおまた作戦遂行の必要上から見れば、十一月末には開戦することを決定しておくことが必要だとの主張であった。よって石油を補充し得る方法に問題を移してその検討を行った。これにつき補充可能の方法を発見するために賀屋蔵相も熱心に論議したが、遂に不成功に終った。蓋しその一方法として論議せられた北樺太方面よりの分は、とても需要量を充たし得る見込みなしとの意見に一致し、また人造石油については企画院から二十億円を投下するも軍需その外の生産を維持する限り、我が需要量を充足し得るだけの石油を得ることは不可能なりとの説明があって、これも成立しなかったのである。あの頃各種の生産を手控えて人造石油のみに専念するとしても、急場の間に合わぬばかりでなく、また全般的見地よりすれば無意味であっただろう。

戦争全局の見透し

かくの如く連絡会議の大勢は、交渉決裂の上は戦争勃発を覚悟すべく、従って交渉決裂せば開戦する決意を以て交渉に臨まなくてはならぬとの議論に制せられたが、なお自分は交渉の開始に当り決裂後の開戦まで決定してかかるのは過早なること、殊にまた交渉成立に期限を付けることは、これを成立に導く所以に非ずとて反対したが、大多数は更に「ジリ」貧論を繰り返して、日本が立上る力もない羽目に陥るを待ちて我に重圧を加え来るは明瞭なれば、交渉不成立の際は直ちに開戦の決意をなすべく、なお戦争開始の時機に就ては、九月六日決定以来の成行きもあること故、遷延を許さずと主張し、永野軍令部総長は十一月末までに交渉成立せざる場合、直ちに開戦すというに非ざれば戦機を逸すこととなり、しかもこの際戦うに非ざれば日本は永久に戦うの機なくして米英に屈伏するの外なし、しかし今戦うに於ては緒戦は充分に見込みあり、爾後は国力および国際状勢の消長如何によるところ大なるが、敵に対しては邀撃作戦に自信あり、また南方の戦略要点を占拠して不敗の態勢を整えることは可能であると述べ、陸軍参謀本部は戦争の見透しにつき一層楽観的なる見解を述べて、本日交渉不成立の場合直ちに開戦に決意すとの決定をなすべしと強硬に主張した。しかしながら自分は米英と戦端を開くに至れば当然長期戦を覚悟すべきで、英米人が不撓不屈の精神に富みその戦力の豊富なること、かつまた独伊よりの援助に期待し得ざるを計算に入れる必要があるので、緒戦の成功のみに多くを期待するは大なる誤謬であり、戦争は九十九度勝ちても最後の一戦に敗けた者が敗者であるので、単に緒戦に対する見込みのみを以て決意すべきに非ず、即ち戦争の全局に亙る見透しを付けずして戦争に入ることは、万一の場合国民に対しても相済まぬ次第であるから、戦争が不利に終るが如き懸念がある場合には隠忍自重して対処する必要あり、さればここに戦争の全面的見透しにつき軍部大臣の意見を承知したしと述べたところ、陸軍大臣は全局に就ても勝利を得るの見込み確実であるから統帥部を信頼して安心していいと答え、海軍大臣は悲観を要せずと言明し、なお軍令部総長は重ねて邀撃作戦に自信あることを述べて、米国艦隊が中部太平洋から委任統治地域に北上し来る際にこれを撃破し得る旨を説明した。

「交渉不成立の場合開戦の決意を為す」ことにつき一夜の猶予を求む

かくの如くして一同は激烈なる勢いを以て、交渉不成立の場合は開戦の決意を為すことの決定を即座に行うことを迫って来て、海相の如きは別室に誘ってまで説得に努めた次第で、ある出席者の一人の如きは、その際在室せる西次官に対し、外務大臣が戦争に反対なら取り替えるまでのことだと云ったということである。しかし自分は出席者のほとんど全部が戦争の惨禍を軽視しおるが如きに危惧の念を有し、かつ従来検討し来った日本の物的戦力に関する企画院および軍部の調査にも、全幅の信頼は置き難き感じを有していたばかりでなく、戦争の見透しに関する軍当局の意見にも、俄かに賛成し兼ねる感がしたので、慎重の態度を持せる賀屋蔵相と共に即時決定をなすことを応諾せず、深思熟考を加えるため一夜の延期を可とすべきことを主張し、漸くこれに決して散会した。時に早暁二時頃であったが、直ちに全般的事態につき更に熟慮を加えた。米国が本件交渉につき、非妥協的態度を持する関係もあり、交渉成立は楽観出来ないが、これが不成立となった暁に日本が石油飢饉となるのは明瞭であり、これに乗じて米が圧迫を加え来るだろうとの軍の懸念は、全然杞憂とは云えないものがあった。なおまた戦争の見透しに関する軍部の保証は信用し難き観があったが、予の手許には日本の兵力量並びに軍隊および軍事科学に関する状勢は軍機に属するので、なんら資料はないのであるから、戦争の見透しに関する軍部の意見を反駁することも出来ない状態であった。他方国際状況よりの議論は既に出し尽された、即ち予は米英の強大なる生産力および精神力を指摘し、独逸よりの援助を期待し得ないことを指摘した。即ち戦争の見透しに対する軍部の見解に就ては、これ以上反駁し否認し得る状況にないので、これを信用するより仕方がないとの結論に達した。

辞職の考慮

ただこの際残された問題は、自分が辞職することにより事態を変化せしめ得るやということであったが、この点につき自分は十一月二日早朝元首相広田氏を訪ねた。本書第一部に明らかな通り広田氏が欧米局長より総理に至るまでの間、自分は常にその部下として密接な関係があり、従来しばしば重要問題について助言を得ていた事情もあり、かつ重臣として、東条内閣の成立にも関係したので、他の外務省先輩よりも時局に通じている関係もあったので、同氏を訪ねたのであるが、自分は同氏に対し一般状勢を述べると共に、日米問題は予の入閣当時予想したところより遥かに険悪であって、今まで全力を傾倒したにも拘らず、日本側では自分の考えたほどには動かず、また米国の態度が予想外に強硬であるので、戦争の危険大なるものがあるが、自分の辞職により事態を好転せしめ得ることになるに於ては、自分は事態が予想外であることに失望しているこの際、むしろ辞職を希望していることを説明し、事態の好転につきなんらかの方法なかるべきやにつき同氏の意見を求めた。

広田氏は右に対し、もし予が辞職すれば、直ちに戦争を支持する人が外務大臣に任命せらるることになるのは明らかであるから、予は職に止まって交渉成立のため全力を尽すべきであると述べた。これより予は西次官を賀屋蔵相の許に派し、その決意を尋ねさせたのであるが、同蔵相は既に同日総理に対し、多数者の意見に同意する旨を伝えたとのことであった。

連絡会議決定に同意す

かかる事態であったから、予は同日正午総理を訪問し、前夜の連絡会議決定に同意する旨を述べた。同時に予は総理に対し二、三申し入れてその同意を取付けたが、その一は、米側が甲案または乙案に乗気になって来た場合には、交渉を成立せしむるため更にある程度の譲歩をなすことが可能なるよう、総理も予を支持することであった。次は連絡会議の席上予の主唱により統帥部も同意した点、即ち交渉成功の暁には、作戦行動は進捗の程度如何に拘らず直ちに停止せられ原状に回復せらるべし、と云う約束の実行方につき更に確認した。第三は、交渉は甲案乙案を基礎として行わるるものなるが、これが不成功に終る場合には、予は辞職を申し出ずることあるべしとの予告であった。但しこの予告に就ては、総理は何の途必要はないと思うと述べた。

即ち十一月一日連絡会議決定は、一、甲案乙案により対米交渉を行うこと、二、右外交交渉が十一月末までに妥結せざる場合には、対米英蘭戦争の決意を為すことが眼目であったが、右決定はその後閣議に報告せられその承認を得たが、その際予は甲案乙案および米国側との交渉の手筈等につき詳細に説明した。そして右決定は更に十一月四日御前会議に於て決定せられた。

十一月四日御前会議

御前会議は閣員および両総長および次長並びに内閣書記官長、両軍事務局長が出席し、枢密院議長が特旨により出席した。東条首相がまず前記決定案の主旨と共に、この決定を為すの止むを得ざる所以を説明した。次で自分は日米交渉が危機に瀕せる状況にありて外交的施策の余地に乏しく、その円満成立を期待し得る程度は遺憾ながら小なるに拘らず、帝国の名誉と自衛の許す範囲内に於て、米国側希望に歩み寄りたる甲案および乙案により妥結に努むるものなることを陳述し、次で二、三閣僚および統帥部の陳述があった。この際原枢密院議長から二、三質問があったが、その中に交渉成立の見込みは小なる旨の陳述ありたるが、如何なる程度に考えるやとのことであったので、自分は米国の強硬態度および本案の内容に照せば、一割以上の見込みは立ち難しと述べたるところ、東条首相は直ちに発言し、米は両面作戦を避けんとする意向強かるべきところ、そのうち日本兵力移動の状況も先方に判明すべきにより、四割くらいの成立の可能性あるものと思うとの陳述をなした。しかし原議長は、本件見込みの少なきことは自分も外務大臣の意見に賛成なるが、米国がかくの如く頑迷なる態度を固持し、一方作戦上の必要も考量に加えざるべからざる関係上、本件の如き決定を為すは止むを得ざるものとの意見を述べた。陛下はなんら御発言なく入御せられたが、その後間もなく御裁下があった。

野村大使に対する訓令

野村大使には急を要するため、十一月四日甲案乙案を通報すると共に左の訓令を発したが、右御裁下の後直ちにその旨を電報し、甲案の交渉に入らしめた。

十一月四日野村大使宛訓電

往電第七二二号ニ関シ

一、破綻ニ瀕セル日米国交ノ調整ニ付テハ日夜腐心シ居ル処内閣ニ於テハ国策ノ根本方針ヲ審議スル為メ連日大本営連絡会議ヲ開催シ熟議ニ熟議ヲ重ネタル結果玆ニ政府大本営一致ノ意見ニ基キ日米交渉対案（別電第七二六号及第七二七号）ヲ決定シ右ハ五日開催ノ予定ナル御前会議ニ於テ帝国ノ爾余根本国策ト共ニ確認ヲ俟ツノミトナリ居レリ

二、帝国内外ノ事態ハ極テ急迫ヲ告ケ今ヤ一日ヲモ曠クスルヲ許ササル状態ニアルモ帝国政府ハ日米間ノ平和関係ヲ維持セントスル誠意ヨリ熟議ノ結果交渉ヲ継続スルモノナルカ本交渉ハ最後ノ試ミニシテ我対案ハ名実共ニ最終案ナリト御承知アリタク之ヲ以テシテモ猶急速妥結ニ至ラサルニ於テハ遺憾乍ラ決裂ニ至ルノ外ナク其結果両国関係ハ遂ニ破綻ニ直面スルノ已ムナキニ立至ルモノナリ即チ今次折衝ノ成否ハ帝国国運ニ甚大ノ影響アリテ実ニ皇国安危ニ係ハルモノナリ

三、日米交渉ハ開始以来既ニ半歳ヲ超エ遷延久シキモノアル処帝国政府ハ之カ急速妥結ヲ計ル為メ従来難キヲ忍ヒテ譲歩ヲ重ネ来リタルニ拘ラス米国政府ハ之ニ対応スル所ナク終始当初ノ主張ヲ固執シ居ル実状ニシテ我方朝野ニモ其ノ真意ニ疑惑ヲ感スルモノ尠カラザル義ナリ然ルニモ拘ラス我政府カ飽迄誠意ヲ披瀝シテ更ニ困難ナル譲歩ヲ敢テセル所以ノモノハ一ニ太平洋ノ平和維持ヲ顧念スルニ出ツルモノニシテ我方ノ一方的譲歩ハ動々モスレハ米側一部ニ於テ誤解シ居ルカ如ク我方ニ於テ時艱克服ノ実力ト自信トヲ欠クカ為ニハ断シテアラス帝国ノ隠忍ニモ自ラ限度アリ其

ノ存立ト権威トハ必要ニ依リテハ犠牲ノ如何ヲ問ハス擁護セサルヘカラサル次第ニシテ米国政府ニシテ此上帝国ノ立場ヲ無視スルノ態度ニ出ツルニ於テハ交渉ノ余地ハ絶無ト言フノ他ナク今ヤ帝国ハ能フ限リノ友誼精神ヲ発揮シ進ンテ能フ限リノ譲歩ヲ為シ以テ局面ノ平和的収拾ヲ計ラント欲スルモノナルヲ以テ交渉最後ノ段階ニ臨ムニ当リ米国政府ニ於テ日米国交維持ノ大局的見地ヨリ飜然猛省局面ノ極メテ重大ナルニ顧ミ善処センコトヲ要望スルヤ切ナリ

四、如上ノ次第ニテ貴大使ノ使命ハ帝国国運ノ進展ニ極メテ重大ナルモノアリ御苦心ハ深ク諒トスル所ナルカ此上共右諸点篤ト御諒承ノ上最善ヲ尽クシテ御努力アラムコトヲ期待スルモノナリ御前会議終了次第其ノ旨追電スヘキニ付其ノ上速カニ「ローズヴェルト」大統領及「ハル」長官ト会見シ我方ノ決意ヲ充分徹底セシメ極力交渉ノ急速妥結ヲ計ラルル様御努力アリ度シ

五、尚交渉ノ重大性ニ鑑ミ貴地ノ折衝ト並行シ本大臣ニ於テモ東京ニ於テ在京米国大使ト会談ヲ行フ予定ナルニ付米政府当局ト会見時日打合セナリタル上ハ右直ニ当方ニ電報アリ度ク今後ノ交渉経過ハ勿論貴方ニ於テ新タナル措置ヲ取ル際ハ逐一報告ノ上聯絡ヲ取ラレ度シ又右様関係上手違ヒヲ避クル為ニモ当方訓令ハ厳守アリ度ク貴方ニ於テ取捨選択ノ余地ナキコトト御承知アリ度シ

右訓令と共に諸般の関係上、十一月二十五日までに調印を完了する必要あるにより、日米国交の破綻を救うの大決意を以て努力せられんことを懇願する旨、並びに本件には英蘭も交渉当事者たるべきものなる故、米と交渉成立の上は同時に調印せしむるよう米国政府に於て必要なる措置を予め取り置くよう交渉せられたきことなどを電報した。由来野村大使の交渉振りについては、松岡のみならず海軍部内に於ては不満の声が高かったとの聞き込みがあった。この危急のさい更迭も出来ないが遠慮も出来ないので、協定形式など同大使の不得手の方面には綿密に過ぎるくらいに電報し、一面従来の不満に顧みてやや強硬に過ぎるくらいの用語を使用したものである。この最後的案とか絶対にとかの用語が東京軍事裁判所では、検事側よりえらい発見でもしたように問題としたのであるが、売り買いの交渉に於てもこれが切り切りとは一度に限るわけではなく、自分等が在外に於て交渉する時は、幾度かこれを以て最後案と心得られたしと訓電に接したることがあるので、事情を知っているものには、何も問題にするほどのことではないのはよく分るのである。また度々述べた通り、日米交渉は既に交渉の余地なきまでに切迫し、駆引きなどは出来ない大詰となっていると見たので、自分は始めから術策を排し、ただ相互の妥協を図るに努めた。従って当時の訓令にもなんらの術策を含んでいないし、傍受せられても自分としては困惑する点はなかった。

米国の傍受電報悪訳

ただ傍受電報の米国側英訳が如何なる理由によるのか判明しないが、奇怪な誤謬を冒したことは、東京軍事裁判所に於て、自分の弁護人であった「ブレクニー」氏と西春彦氏が綿密に検討した結果、各電報に於ける誤謬を指摘し、右電報を基礎にした検事側主張および国務省「バランタイン」氏の証言を反駁したところによって明白であったであろう（速記録昭和二十三年三月十五日第三九三号第二頁）。右裁判の速記録は完全なるものが現存しているので、興味を有する人は直接速記について見る方がいいので、本書はなるたけ右には触れない考えであるので、ただその一例だけを引用したいと思う。十一月四日発訓令は、本交渉に関する根本の趣旨を伝えた尤も重要な電報であるが、例示するためその中の一部だけにつき原文と傍受訳文とを比較すれば、左の通りである。

原文

本案は……修正せる最後的譲歩案にして左記の通り緩和せるものなり

（註）

所要期間につき米国側より質問ありたる場合には概ね二十五年を目途とするものなる旨を以て応答するものとす

米側が不定期間の駐兵に強く反対するに鑑み駐兵地域及期間を示し以て其疑惑を解かんとするものなり

此際は飽迄所要期間なる抽象的字句により折衝せられ無期限駐兵に非る旨を印象つくる様御努力相成度し

傍受

本案は……修正せる最後通牒なり左記の通り我方の要求を加減した

（註）

「適当時期」につき米国当局より質問ありたる場合には漠然と斯る期間は二十五年に亘るものであると答へられたし

米側が不確定地域への我駐兵に強く反対し居るに鑑み、我方の目的は占領地域を変へ官吏の移動をなし以て米側の疑惑を解かんとするものなり

我方は従来常に曖昧なる言辞を以て表し来りたる処貴使に於ては出来得る限り不徹底にして而も快適なる言辞にて婉曲に述べ無期限占領が永久占領に非る旨を印象づける様御努力相成りたし

右は一読して分るように原文の飜訳に非ずして、特に不信を印象せしむるための悪質の捏造とも云うべきものである。

日米交渉と関係国との関係

序に交渉に関しその内容以外の事項につき、このさい説明して置くことが便宜と思う。第一は日米交渉事項と爾余関係国との関係である。英米蘭支の四国が一九四〇年以来しばしば日本に関する軍事会議を開き、対日包囲陣を強化し来りたることは前に述べたる通りであり、殊に洋上会談に於て、英首相と米大統領と共に対日戦争の決意についてさえ協議したる事実があった。しかし本交渉の内容は主として支那問題で、英国が重大利害を有しているのであるから、同国をも交渉に参加せしむるのが適当と考えたので、十月二十九日以来再度に亘り「クレーギー」大使にその旨を以て説き、同時に吉田元在英大使からも説示したので、「クレーギー」大使は本国に進言したとのことであった。旁々十一月四日には、日米交渉の根本に関する訓電を発送すると共に、英国および蘭国は本交渉に事実上の当事者たる地位にある関係上、米との話合いが成立する場合には、右両国も関係事項につき同時調印の手筈を整え置くよう米国側に申し入れしめた。なお交渉参加の件については、十一月十一日「クレーギー」大使より、英国政府は米国政府に委ねおるを以て差し当り参加の要なしと認むる旨の回答があったのである。

交渉は最終段階にあったこと

次に交渉中に於ける米国側提案につき、常に Preliminary and tentative とか、without commitment とか書いてあり、十一月二十六日の「ハル」ノートにさえ、strictly confidential, tentative and without commitment と記載してあるので、米側はこれを最後案としないで交渉の余裕があったとの説明をしているらしく、また日本人中にもこれらの字句に特別の意義を付するものがあるとのことであるが、右は米側の常套辞であったので、自分は十一月初め交渉に入るに際し、本交渉が既に本格的交渉段階にあるは明白なる事実であることを再三東京および華府に於て申し入れ、前記の如き誤解がないようにしたのである。

第五章　華府に於ける交渉

来栖大使派遣

この交渉につき説述する以前、ここで来栖大使派遣の目的および事情につき述べて置く必要があろう。右派遣が全然自分の思いつきであった関係上、少しく余談に入る必要がある。自分は入閣後日米交渉経過の検討、新方針の樹立並びに連日に亙る連絡会議の開催により、大臣就任の恒例たる神宮参拝の余暇なく、一部には既に批難するものさえあるとのことであったが、十一月二日とにかくにも連絡会議の決定が出来上がったので、急遽伊勢に赴き、翌三日明治節の好天気に内外宮に奉告を了し、午後直ちに帰京の途に就いたのである。車中は連日の疲労にも拘らず、日米交渉に関する考慮がなお脳裏を去らず、難局を収拾し破綻を救うの方法につきなお余すところなきやを熟考した。その間に想到したのが来栖大使の派遣であった。それと云うのも、一つは華府日本大使館の働き振りが東京の問題となっていたのと、野村大使からも前に同大使派遣方の電報があったことを想起したからのことである。但し事態は急迫している際の渡米であり、かつ交渉不成立の場合には戦争となる関係上、如何なる面倒が到来するやは予知出来ぬことであるから、本人の承諾を求むることが再緊要事であった。されば同日夜着京後直ちに官邸に来訪を求め、交渉がほとんど行き詰って国交も破綻に瀕していることを説明し、これを収拾するため、我が方の提案を緩和するため全力を尽したが充分の成果を得なかったこと、しかし従前のものよりは駐兵問題その他につきよほど緩和せる二案を通過せしめたこと、但し米の態度が甚だしく非妥協的であるので成立の見込みは非常に少ないことの実状を詳しく説明したる上、この危局を救うためには凡ゆる方法を尽したいのが自分の念願であるから、奮発して華府に赴き野村大使にこの切迫せる状勢を伝え、同大使と共に米側を説いてこの難局を打開して貰いたい旨を述べた。

来栖大使は始め躊躇の気味もあったが、今日の事態に於ては事の成否はさて置き、ただ全力を挙げて交渉の成立に努むるより外にとるべき策はないのだから、是非奮発を乞うと懇請したのでこれを受諾した。これに引続き、予は交渉が不成立に終っても戦争にならぬように随分努力したが、所謂「ジリ」貧になるというので戦争は免れぬことになったのだから、なおさら交渉成立の方法につき種々考究を加えたが、これも甲案乙案によって米国側を説得する以外に途のないことが判明した。尤も米国側がこの案に乗って来る場合には、幾分の譲歩は考えることにしたいが、この案の大綱を離れて時局の収拾を計るとしても駄目であるから、この点は交渉決裂即戦争と云う状況と併せて野村大使によく説明してほしい、この局面をはっきり認識し、野村大使をもその気持にすることが君の使命の第一であると説明した。これは予が多年外務省にあって、とかく在外使臣が交渉困難となるや否や、東京では各種の方面から充分に考えた上に訓令してあることを、大公使の任務が専ら訓令を忠実に実行するにあることを忘れ、先方を説得するに不充分で、かえって東京に対し安易な意見上申の方法に出で、実行不能の案を電報し、事態を遷延かつ紛糾せしむることが多いのを知っておるので、この危急の際かかる誤謬に陥らぬように予めはっきり言明して置いたわけである。これによって大体の話がついたので、従来の交渉経緯等は局長以下の係官から説明せしむることとした。

翌朝閣議開会に先立ち、東条首相に右の次第を通報して米国出張に関する勅許——親任官の海外旅行は勅許を要しその手続きは総理の管掌にあった——を得る手続きを執ることを求め、同時に嶋田海相に香港または「グアム」まで海軍機を出すよう依頼してその同意を得た。他方加瀬秘書官を「グルー」大使の許に派し、米国側の便宜供与を求めしめたのである。なお来栖大使は翌四日更に来訪して、昨夜以来諸方面につきて検討かつ見聞したところによると、戦争必至との感じが強くなったが、戦争となった場合帰国の時期も分らぬことになると思うから、留守宅のことを宜敷頼むとのことであったから、これを快諾し、なお同君から乙案で纏まるように努力したいから、同案は自分から提出することにしたいとの申し出でも承諾し、野村大使へは乙案も御前会議後電報したが、その提出は請訓の上と指示したようなわけであった。

同君も米国に行ったため、東京裁判に際しては起訴を以て脅迫せられ甚だ迷惑せられたようで、今になって見ると、無用のことを為さなければよかったと後悔する次第であるが、自分も本件に就ては少なからず迷惑した。例えば来栖派遣は「カムフラージュ」だとの風説が内外に喧伝したのであるが、当時野村大使にも電報を以て来栖大使はなんら新訓令を携行せず、ただ最近の当地状勢を親しく貴大使に伝達旁々交渉最後の段階に於て貴大使を援助し、以て難局の打開に協力せしめんとするものなりと説明し、かつ右の次第は東京米英大使にも篤と説明し置ける次第であるから、米国新聞等にもその含みを以て応酬するようにと訓令した次第で、偽装どころか有りのままの実状を関係国政府のみならず各方面に知らせることにしたのである。しかるに東京の或る方面で、来栖派遣は自己の発意に出でたるかに吹聴し、「カムフラージュ」とさえ述べたものがあるので、かくのごとくの噂が拡がったものと思われる。とにかく世の中は邪推と悪意に充ちているとは云いながら、実に愚にもつかぬことであった。

甲案の交渉

華府では十一月五日の訓令により、野村大使より甲案を「ハル」長官に提示し交渉に入ったが、「ハル」氏は同案を熟読したる上、通商無差別待遇原則の項につき首肯しかくすることが日本のためにも有利なりと云い、また駐兵については撤兵と駐兵との割合を聞いたので、野村大使は大部分撤兵し駐兵は一部分に過ぎざるべしと説明したとのことである。「ハル」長官は更に、もし支那の最高権威者が日本に対し支那の真摯なる友誼と信任を確言し、日支間の友好関係の恢復を希望するに於ては日本は如何に考えるやと質問し、なお右の考えを日本政府に伝えその意向を問合せられたし、と述べたとの電報があったので、自分は直ちに、「ハル」氏の考案は日支和平促進に資する有効なる方法と認められ、大いに歓迎するところなる旨を回電した。

なお野村大使は「ローズヴェルト」大統領にも面談して、我が新提案の趣旨を説明したが、大統領は右説明を聞く以前に準備せるものなりとて、手控えの「ノート」より、日本政府が平和的方針を執りこれに反対の方針を執らざる意図を明らかにせんことを希望するところ、米国の所期するところは、（一）戦争の拡大を防止し、（二）恒久的平和の確立にありとの趣旨を述べ、更に通商無差別原則に関し、世界一般に本原則の行わるるを希望する旨を付言し、かつまた「モーダス・ヴィヴェンディ」の語の意義を説明したとのことであった。右の報告によると、米国側の甲案に対する態度は満更でもなかったので、野村大使には「ハル」の提案を具体的に進展すると共に交渉を促進するよう電報し、更に東京に於てもその促進を計った。

在京米英大使との会談

「グルー」大使には、自分が入閣以来既に二、三回に渉り日米国交を破綻より救うの急務なることを述べたことがあるが、十一月十日には特にその来訪を求め、まず日本政府が公正なる基礎に於ける交渉妥結につき、多大の熱意ある次第を披瀝して甲案の趣旨を詳細説明し、交渉の急速妥結方を強く申し入れ、なお本件交渉成立と同時に、日英間にも調印となるよう米国政府に於て尽力方を求めたが、更に同大使との応答に於て、米国政府の現実の事態に対する認識の充分と認められざること、経済圧迫が武力による圧迫よりなお深刻なる結果となることもあり得ること、支那問題に関しては、四年半に亙る犠牲の成果を無視するが如き条件の受諾は日本国民として不可能なるべき旨を述べた。なお十二日英国大使来訪の際に、自分から前記日英間の同時調印につき米国政府に希望し置きたる旨を述べ、日米交渉がその本質より観るも本格的交渉となりおる旨を説示しつつ、英国としては交渉内容を詳らかにしてその成立に協力すること妥当ならずやと述べた。同大使は予が事態の急迫せる所以を縷述したるに対してこれを傾聴し、初めて事態の真に逼迫せるを痛感したるものの如く、右を早速本国政府に電報し自分も局面打開に努力すべき旨を約した。

独逸との関係

なおここに独逸との関係につき一言することが便宜と思う。日米交渉開始後間もなく、松岡外相より在京独伊大使を通じて両国に通報したので、独逸より抗議的申入れがあった次第は前に述べたことがある。第三次近衛内閣となった以後、豊田外相は独伊に対しては控え目の態度を採って来たが、米国に対する三国同盟による援助義務の発生は、日本側としては独伊の意向に拘ることなく、日本独自の立場より解釈かつ実行するものなりとの立場をとった以上、致し方ないことであったのだ。東条内閣となっても三国同盟に関する我が立場は変更せられないので、日本が同盟に真に忠実なりとは云えないし、他方交渉不成立の場合にはこれと提携して同盟を継続する必要があるので、真相を打明ける訳に行かないのであった。されば「オット」大使の執拗なる質問に対しては、抽象的言辞を以て応酬するの外なかったので、独逸側では相当の不満を有している模様があった。しかしこれは当時致し方ないことであったが、自分は反面「オット」大使またはその他を通ずる独逸の勧誘については、なんら耳を藉すことなく、従って独逸からは本交渉についてはなんら影響を受くるところはなかった。またこれは終戦後市ケ谷に於て承知したことであるが、この頃に海軍では南雲中将麾下の機動部隊に「単冠湾」に集中せよとの命令を出したとのことであるが、自分等はなんらの通報を受けなかった。

十一月中旬の交渉

然るに華府に於ては、十一月十二日「ハル」長官より二通の口頭声明が野村大使に手交せられた。一は八月二十八日日本政府文書を引用し、印度支那よりの撤兵および蘇聯に対する平和意図に就き更に声明せんことを求め、第二に日支和平に関する「ハル」氏の「サゼスチョン」の意味を説明せるものなりとて、一般的原則を支那にも適用すれば同意可能なりとの説明を加えて、具体的にはなんら言明せざりしとのことで、前回の大統領および国務長官の態度とは甚だ異なるものがあり、在米日本大使館に於ては期待と甚だしく相違したとのことであるが、野村大使よりは十四日電報を以て米の戦争準備は着々進められおり、日本が南進または北進する場合いずれに対しても作戦の準備を整え、独逸の勢いも更に峠を越したと認め得る今日、日本に根本原則を譲り妥協するよりも、むしろ戦争を選ぶ覚悟であり、対独戦争は国内に若干の異論あるに対し、輿論の反対少なき太平洋戦より参戦する可能性が充分にある旨の観測を送致し、形勢の急迫国民の焦慮は勿論のことながら、国情許すならば一、二カ月の遅速を争うより、今少し世界戦の全局につき前途の見透し判明するまで辛抱すること得策なりと思考すとの意見を送って来た。十五日には、「ハル」氏は野村大使に対し三国同盟問題を持ち出し、日米間平和的協定成立と同時に三国同盟条約は消滅または死文に帰せしむることを欲すと、初めてであるがその本音を出し、また通商無差別待遇問題については口頭声明を以て日本提案を拒否し、更に経済政策に関する合衆国および日本国の共同宣言なるものを送致し、従来同国の為した主張を繰り返した。暫く辛抱することは自分が曩《さき》に連絡会議に於て極力主張した点であるが、「ジリ」貧に陥る関係上、辛抱が出来ぬ状態にあるなどの理由で成立しなかったわけであるから、野村大使に対しては、右の意見は尤もの次第で当方に於ても充分考量を加え慎重審議を尽したる次第なるが、世界戦争全局の見透し判明するまで隠忍自制することは、諸般の事情より遺憾ながら不可能と決定され、十一月末までに急速妥結を要する次第であることを電報した。しかしてまた米国に対しては、平和的意図の確認に就てはなんら異存なきこと、通商無差別待遇問題に対する米の態度は正常ならざること、米の提案せる共同宣言案は我が方の立場を全然無視せんとするの嫌いあるにより、先方に於て撤回せんことを望む旨を、先方に申し入るるように各々理由を付して電報した。

来栖大使交渉に参加す

十六日来栖大使が到着したので、両大使同道して十七日「ローズヴェルト」大統領に面接した。来栖から日本は対米交渉の熱意を有するが、時日を遷延するに於ては経済的および軍事的条件を悪化すべく、結局全面的屈伏となるが如きは耐え難きところなりと説いたところ、大統領は米国としては日支問題につき、intervene も mediate もせんとするものでなく、単に introduce せんとするのであると述べた。よって来栖大使は、三国同盟に就ても日本独自の見解に依りて行動すべきことを明らかにしたる次第なれば、日米間になんらか大なる了解成立するとせば、自然三国同盟を outshine することとなり、米国の懸念も氷解するが如き事態となるべしと述べたが、同席の「ハル」氏は「ヒトラー」に対する批難を陳べ、米国は英独戦の今日に於て独逸に対し防衛を為さざるべからず、これ米国の自衛なりと述べた。同長官は更に十八日、日本が三国条約により「ヒトラー」と結び付きおる限り、日米関係の調整は至難なりと云いて、むしろ従来よりもその主張を強めた。野村大使より、南部仏印より撤兵するに応じ凍結令を撤去することとせば如何と述べたに対し、「ハル」長官は根本の問題につき話つかざること明瞭なる間に、一時的手段として右の如きことを為すも無駄なりと述べ、なお通商無差別問題につき、自分がこの原則を主張するは戦後の事態を頭に入れてのことなり、自分は予て英帝国特恵制度なるものに反対し来り、今これにつき交渉中なるが、最近英国も大体自分の見解に同調し来りつつありと語った。右の如く米国側の態度は日一日と強硬を加え来る次第で、曩の野村大使より、駐兵問題以外は大体話合いが付いたとの報告とは正反対に、また通商無差別待遇問題に就ては数日前の態度をも一変し、三問題共に正面に押し出して全面的承諾を迫るが如き気配を見せた。

両大使よりは一、二の私案を提出し来ったが、いずれも相手の態度を甘く見ているか、または徒に事態を遷延かつ紛糾せしむるものと認めたので、今日の事態に於ては大所高所よりする政治的解決により、最悪の場合を回避するため絶対必要なる数項目につき至急協定を遂げ、まず以て戦争勃発の危険を防止すること唯一絶対の解決法と思考するにつき、速かに乙案を提出すべきことを電報した。なおその頃東条首相よりも出先で私案を提出するのは面白くないとの批難があったので、乙案の範囲以外に受諾の方法なきことを明らかにすることとし、特に総理も全然同意見なることを付記した。殊に大使が折角提出せんとする乙案の範囲を縮小して先方へ提出したことは、交渉技術より見れば目茶である、このようなやり方で交渉の成立した例はないことであった。大使が自分の在勤中または交渉中国交断絶となったり戦争となったりしても、訓令に従って行動している以上責任はないのであるが、余り自己の地位に重きを置き過ぎて種々の手段をも講ずる弊害が見えたので、乙案にて米の応諾を得ざる限り交渉決裂も致し方ないと強く説示した。

乙案の交渉

交渉はかくして十一月二十日乙案の討議に入ったのであるが、その際「ハル」氏は両大使に対し、蔣介石援助を打切ることは極めて困難なることを、三国同盟に関する従来の主張と併せて陳述したので、我が方より大統領が日支和平を紹介せられんとするに当り、和平実現を妨害するが如き援蔣行為を継続せんとするの不合理なることを指摘したに対し、

「ハル」氏は、大統領と雖も日本の根本政策が平和的なることを明らかとなることを前提として、右の如きことを述べたる次第なりと逃げたが、本提案については充分同情的に研究して更に相談したしと述べた趣である。そして二十二日更に両大使に対し、英、豪、蘭の大公使と会見し日本提案につき意見を求めたるところ、日本に平和的政策遂行の意図あらば、通商関係の常態復帰の如き喜んでこれに協力すべきも、日本政治家の言論および新聞論調は全く平和的意図に反する方向に走りおることと、凍結令までの日本の輸入石油は激増し海軍のため貯油しつつあるにより、「エムバーゴ」解除の場合も徐々に行うこと然るべく等の意見があり、更に各国の回答を得たるうえ、改めて何分の儀を通告したいとのことであったが、更に両大使の質問に対し、蔣介石援助は宣伝せられているほど大したものではないが、日本の提案には応じ難く、なお大統領の橋渡しも時機未だ熟するに至らずと答えたとの報告があった。よって華府には更に乙案に記載せる事項全部の妥協を見るに非ざれば、局面の収拾困難なるを以て全面的に説得に努め、十一月二十九日までに妥結を見るよう極力尽瘁すべきことを訓令し、東京に於ても米国大使にその趣旨を申し入れた。なお米側が石油禁輸につきとかく解除を渋る模様があるので、参謀本部の強硬派は禁輸以前よりも更に多量の輸入を要求し、これによって交渉の成立を阻害せんとする状勢があったから、自分は右の構想による要求案を持参した米州局長に即刻返還方を命ずると共に、乙案に記載せる趣旨により禁輸当時の数量を要求する案に縮小し、他の案文と共に念のため華府に電送せしめた。

米国側の対日準備

二十二日「ハル」長官は、両大使に対し、米国の蔣介石援助は宣伝せらるるほど大したものでないと云ったが、果してそうであったか。終戦後米国側で発表したところでは、一九四一年までの援助でも巨額の借款、多数の飛行機搭乗員、多量の武器弾薬を供給していたではないか。また米国側は日本に対する包囲陣なるものは現存しないとその頃頻りに弁明したのであるが、一九四〇年以来米が盛んに軍備を整え、一九四一年夏に至っては対日軍備もほとんど整備せられたことは、野村大使の報告によっても明らかであるが、一九四一年一月以来華府に於て、新嘉坡《シンガポール》に於て、英米間にまたは米英蘭間に再三軍事会議の開催を見たことは新聞にも公にせられ、その目的が日本であったことは、その当時から掩うべからざるところであったのである。

終戦後、米国議会の真珠湾事件査問会で蒐集した材料等によって「ローズヴェルト」大統領が支那事変発生後、隔離演説を為す前までに米国は多分戦うに至るべしと考え、また一九四一年一月、三月、および四月の米英軍事会談に於ては、日独伊に対する全面戦争の共同計画を作成したが、陸海軍長官が認可した以外、大統領も非公式に認可した事実がある（ビアード、四四五―九頁）。殊に同年十一月五日並びに十一月二十七日、陸軍参謀総長および海軍作戦部長から大統領に呈示せられた覚書には、明瞭に対日戦争に関する諸計画を明らかに掲げ、包囲陣は已に完成せられたことを示している。また米国飛行機は、十一月二十七日既に台湾南部に飛来し偵察を行った事実だけでも、米国が如何に戦争準備に熱中していたかを証明するに足るだろう。また米国政府はこの頃になると、日本要人および新聞が強硬論を鼓吹し平和維持に熱心ならずと苦情を唱え来ったのであるが、米国の要人「ノックス」海軍長官の如きは、米海軍は如何なる局面にも応ずべき準備ありと云うが如き極端なる言辞を弄し、米国新聞も盛んに強硬論を唱導したることは米国官辺に於ても熟知のこととなるに拘らず、かかる苦情を唱え出したるは言い掛りを拵えるものとしか見えなかった。だから「ジャパン・タイムズ」が交渉につき甚だしき強硬論を掲載してあったのを米国大使から指摘して来たから、予は立所に同社主筆に爾今かかる筆致を弄すべからざることを警告し、以後を慎む旨の保障を得た後、米国側にても右と同様暴論の取締りを希望する旨申し入れたことがあった。仔細に双方を検討すれば、誰か烏の雌雄を知らんやと云う状況であった。ただ軍部が従来思想取締りに熱中し、この頃でも陸海軍の報道班を主体とする情報当局に於て、言論機関に対し拙劣なる強圧を加えたので、今なお恨みを買っているような点が見えるのは誠に遺憾と云うべしである。

華府に於ける米、英、蘭、豪、支の折衝並びに両大使の具申

ここでまた華府に於ける交渉に返るのであるが、二十二日以来、国務長官を中心として英、蘭、豪、支大公使との折衝が頻繁に行われ、新聞の報道もまちまちであったが、一時は暫行協定の成立により破局を救うに非ずやとの観測が伝えられた。これ七月以前の事態に復帰せしむることを主体とする乙案にその端を発するもので、我が方としても欣快の情があり、先方の提示する内容如何によっては時局収拾に導き得るやも知れずと、一時はいささかながら希望を繋いだのであった。しかし華府に於て支那側その他の反対運動漸次強硬となり来る模様が見え、たとえ暫行協定が提案せらるるようになっても、到底我が方に於て受諾し得る程度のものとはなり得ないと想察した。

一方野村・来栖よりは、十一月二十六日発電報を以てこのままにては交渉打切りの外なきにより、唯一の打開策として、「ロ」大統領より陛下に対し太平洋平和の維持を目的とする両国協力の希望を電報せしめ、これに対し御親電を仰ぎ、以て空気を一新すると同時に今少しく時期の猶予を得、我が方より仏印、蘭印、および「タイ」を包含する中立地帯設立を提議すること然るべくと思考するにつき、少なくとも木戸内大臣まで御示しのうえ折返し回電を乞う旨の電報があった。愈々安易なる電報進言が始まったと思った。凡そ在外使臣が任国政府との交渉に当る際は、本国政府の訓令に基き全力を傾注して相手方を説

得せしむるを本義とすべきである。相手方の決心も分らずまた我が方の急迫せる事情をも無視する実行不能の案を寄越しても駄目のことは分っているはずである。殊に急迫せる事情に就ては、出立前充分了解したはずの来栖は木乃伊《ミイラ》取りが木乃伊になったと思った。なおこの電報は同日発電の「ハル・ノート」受領につきその内容を簡単に通報せる電報の後に到着したわけであるが、自分は早速両電報に就て関係方面と協議した。然るに果して東条および嶋田両人共かかることで時局を収拾するのは到底不可能だとの意見であり、また木戸もかかる提案で纏めようとするなら内乱になるよと云って、ほとんど一顧の価値さえ認めぬ気配であった。無論当時の状勢から見て、相手よりはなんらの保障を得ないで自分の手足のみを縛ると云うことは出来るはずではなかった。

されば両大使には、二十八日本件につき木戸内府等と連絡せるもいずれもこの際の措置として適当に非ずとの意向なる旨回電したが、両大使共「ハル・ノート」に圧倒せられた模様で、この親電案のことは更になんらの追申はなく、前記拒否の回電未着なるに拘らず、二十七日には既に交渉打切りを覚悟したと見え、本件交渉打切りの意思表示を為さずして突如自由行動に出ずることは甚だ考慮を要する次第なるが、かくの如く意思表示は軍機との関係にあるべきにより、東京に於て然るべき方法により交渉の打切りを明らかにすることとし、同時に華府にても申し入るること然るべくの意見上申があり、また蘭印に於ける護謨、錫等の国防資源確保を名として英米が同地に進駐すべしと観測する旨をも電報して来た。

第六章　「ハル・ノート」

「ハル・ノート」は十一月二十六日華府に於て、「ハル」長官より野村・来栖両大使に手交せられたものであるが、その全文は左の通りである。その他に口頭声明なるものがあるが、これ従来の経緯を述べたもので新しきこともない。

「ハル・ノート」

合衆国及日本国間協定ノ基礎概略

第一項　政策ニ関スル相互宣言案

合衆国政府及日本国政府ハ共ニ太平洋ノ平和ヲ欲シ其ノ国策ハ太平洋地域全般ニ亘ル永続的且広汎ナル平和ヲ目的トシ、両国ハ右地域ニ於テ何等領土的企図ヲ有セス、他国ヲ脅威シ又ハ隣接国ニ対シ侵略的ニ武力ヲ行使スルノ意図ナク又其ノ国策ニ於テハ

相互間及一切ノ他国政府トノ間ノ関係ノ基礎タル左記根本諸原則ヲ積極的ニ支持シ且之ヲ実際的ニ適用スヘキ旨闡明ス

（一）一切ノ国家ノ領土保全及主権ノ不可侵原則

（二）他ノ諸国ノ国内間問題ニ対スル不干与ノ原則

（三）通商上ノ機会及待遇ノ平等ヲ含ム平等原則

（四）紛争ノ防止及平和的解決並ニ平和的方法及手続ニ依ル国際情勢改善ノ為メ国際協力及国際調停遵拠ノ原則

日本国政府及合衆国政府ハ慢性的政治不安ノ根絶、頻繁ナル経済的崩壊ノ防止及平和ノ基礎設定ノ為メ相互間並ニ他国家及他国民トノ間ノ経済関係ニ於テ左記諸原則ヲ積極的ニ支持シ且実際的ニ適用スヘキコトニ合意セリ

（一）国際通商関係ニ於ケル無差別待遇ノ原則

（二）国際的経済協力及過度ノ通商制限ニ現ハレタル極端ナル国家主義撤廃ノ原則

（三）一切ノ国家ニ依ル無差別的ナル原料物資獲得ノ原則

（四）国際的商品協定ノ運用ニ関シ消費国家及民衆ノ利益ノ充分ナル保護ノ原則

（五）一切ノ国家ノ主要企業及連続的発展ニ資シ且一切ノ国家ノ福祉ニ合致スル貿易手続ニ依ル支払ヲ許容セシムルカ如キ国際金融機構及取極樹立ノ原則

第二項　合衆国政府及日本国政府ノ採ルヘキ措置

合衆国政府及日本国政府ハ左ノ如キ措置ヲ採ルコト提案ス

一、合衆国政府及日本国政府ハ英帝国支那日本国和蘭蘇聯邦泰国及合衆国間多辺的不可侵条約ノ締結ニ努ムヘシ

二、両国政府ハ米、英、支、日、蘭及泰政府間ニ各国政府カ仏領印度支那ノ領土主権ヲ尊重シ且印度支那ノ領土保全ニ対スル脅威発生スルカ如キ場合斯ル脅威ニ対処スルニ必要且適当ナリト看做サルヘキ措置ヲ講スルノ目的ヲ以テ即時協議スル旨誓約スヘキ協定ノ締結ニ努ムヘシ

斯ル協定ハ又協定締約国タル各国政府カ印度支那トノ貿易若ハ経済関係ニ於テ特恵的待遇ヲ求メ又ハ之ヲ受ケサルヘク且各締約国ノ為メ仏領印度支那トノ貿易及通商ニ於ケル平等待遇ヲ確保スルカ為メ尽力スヘキ旨規定スヘキモノトス

三、日本国政府ハ支那及印度支那ヨリ一切ノ陸、海、空軍兵力及警察力ヲ撤収スヘシ

四、合衆国政府及日本国政府ハ臨時ニ首都ヲ重慶ニ置ケル中華民国国民政府以外ノ支那ニ於ケル如何ナル政府若クハ政権ヲモ軍事的、経済的ニ支持セサルヘシ

五、両国政府ハ外国租界及居留地内及之ニ関聯セル諸権益並ニ一九〇一年ノ団匪事件議定書ニ依ル諸権利ヲモ含ム支那ニ在ル一切ノ治外法権ヲ抛棄スヘシ

両国政府ハ外国租界及居留地ニ於ケル諸権利並ニ一九〇一年ノ団匪事件議定書ニヨル諸権利ヲ含ム支那ニ於ケル治外法権抛棄方ニ付英国政府及其他ノ諸政府ノ同意ヲ

取付クヘク努力スヘシ

六、合衆国政府及日本国政府ハ互恵的最恵国待遇及通商障壁ノ低減並ニ生糸ヲ自由品目トシテ据置カントスル米側企図ニ基キ合衆国及日本国間ニ通商協定締結ノ為メ協議ヲ開始スヘシ

七、合衆国政府及日本国政府ハ夫々合衆国ニ在ル日本資金及日本国ニアル米国資金ニ対スル凍結措置ヲ撤廃スヘシ

八、両国政府ハ円弗為替ノ安定ニ関スル案ニ付協定シ右目的ノ為メ適当ナル資金ノ割当ハ半額ヲ日本国ヨリ半額ヲ合衆国ヨリ供与セラルヘキコトニ同意スヘシ

九、両国政府ハ其ノ何レカノ一方カ第三国ト締結シオル如何ナル協定モ同国ニ依リ本協定ノ根本目的即チ太平洋地域全般ノ平和確立及保持ニ矛盾スルカ如ク解釈セラレサルヘキコトヲ同意スヘシ

一〇、両国政府ハ他国政府ヲシテ本協定ニ規定セル基本的ナル政治的経済的原則ヲ遵守シ且之ヲ実際的ニ適用セシムル為メ其ノ勢力ヲ行使スヘシ

本「ノート」を手交せられた際、両大使に於ても甚だ承服し難き提案で、従来の話合いにも悖《もと》っておるから、本国政府に取り次ぐことも即座には決し兼ねると云った趣である。

「ハル・ノート」発送直前の華盛頓

まずここに同「ノート」発送前の華府の状況を一瞥しよう。前に述べた通り暫行協定案が考慮せられた。太平洋戦争の発生につき、米国側資料により厳密なる研究をなした「ビアード」博士の言によると、「ハル」長官は大統領および最高軍事官憲との協議のうえ、十一月二十一日日本案を基礎として事態を調整せんとする計画を考究し、関係各国大公使とも協議し、そしてその最終案に就き「スチムソン」長官は同意を表すると共に、これにて米国の利益は充分に擁護せらるることを述べた。然るに支那側より猛烈なる反対が起り、胡適大使の活動は素より蔣介石も直接米国要人に電報し、英首相「チャーチル」さえこれに動かされて、支那の主張を支持するが如き行動を採ったので、少なからず「ハル」長官は困ったらしい。そして如何なる理由によるのか今にはっきりした理由は分らぬが、「ハル」長官は「ローズヴェルト」大統領と協議した後、突然暫行協定案を一擲し、二十六日問題の「ノート」を手交したのだと云うことである。

さらば米国主脳部はその頃如何なる動きを為していたかを検討してみよう。米大統領が八月英首相に対し、対日戦争を一カ月かまたは三カ月か延期せしむるようにしようと云ったことは、前に述べた通りであるが、当時常に枢機に参画した陸軍長官「スチムソン」の日記につき、十一月二十五日の章を見ると、同日十二時から一時半まで「ホワイト・ハウス」で、「ハル」「スチムソン」および海軍長官「ノックス」、陸軍参謀総長「マーシャル」、海軍作戦部長「スターク」が会合したのである。

大統領は吾人はほどなく攻撃せらるることになるらしいから、これに対処するには如何にすればいいかとの問題を持出した。この問題は吾人が受くる損害をなるべく少なくして、日本人に初撃を発射せしむることにするかと云うので困難な仕事である。これに就て種々討議したが、「スチムソン」氏から、大統領は既に八月日本に対し武力的進出に就き警告したのであるから、「タイ」国に進出することは右警告の違反であることを指摘すればいいことを述べ、国務長官に於てその案を作成することになった。そして帰省後山東および山西にある多数日本軍隊が南下しつつありとの報告があったので、直ちに「ハル」に電話したとのことであるが、更に議会査問委員会に於て同氏がその日のことに就て述べたところは、敵が既に吾人を攻撃せんとしつつあるを知っている場合、普通ならば敵が先制して吾人に跳びかかるまで待ちておるのは賢明ではないのである、しかし若干の危険を冒し日本人に初撃を発射せしむることにより、吾人は米国民の全支持を得ることを知っていたとのことである。この日の会議は、如何にすれば日本に第一砲火を発射せしむることが可能かと云うことであって、その翌日に手交すべき日本人への回答について、日本人との交渉成立を計る気配は全然ないのは極めて重大な点である。

「ハル・ノート」発送直後の華盛頓

なおここに二十六日「ハル・ノート」の発送直後の華府の状況につきいささか検討を加えることにしよう。「ハル」氏は右「ハル・ノート」の発送後、直ちに「スチムソン」氏に対し、もはや自分の仕事は済んだ、これからは君（陸軍長官）と「ノックス」（海軍長官）の仕事だと語り、戦争必至を確言し、陸海軍に於ても二十七日出先に戦時警報を発して、日本との交渉は終了したとかまたはほとんど終結したとか云っているのである。這般の事情に就ては、議会査問委員会速記録や前記「ビアード」博士の著書によれば、多数の資料があるわけであるが、自分の手許にはそれらの資料を持合せないので省略するの外ない。但し前記の材料だけでも、「ハル・ノート」なるものは日本側では到底承諾しない見透しの下に発送したこと、交渉は決裂して戦争となること、並びに右公文は時期から見て、日本にまず手出しせしむることを研究しながら作成せられたものであることは、否むことの出来ないことである。当時は無論これらの具体的材料を検分する機会はなかったが、米国新聞紙に現るる同国当局者の意向、同国戦備の増加に照して、自分は米政府首脳者が愈々戦争に乗出す決意を強めつつあるを感じていたが、この公文の内容を見て米政府首脳者の意図を明白に受取った。両大使より二十六日付の概略の電報を受け、更に引続き全文を受取ったのであるが、自分は眼も暗むばかり失望に撃たれた。また米国の非妥協的態度は予てから予期したことではあるが、その内容の激しさには少なからず驚かされた。

「ハル・ノート」の内容

ここにまず同案の内容を従来の米国の提案と比較すると、四月十六日の日米諒解案より日本に有利な条項が省略せられているものが少なくないが、これは別問題とし、米国側が従来常にこれを固執しかつ今次「ノート」もこれに基くものと、「ハル」長官が説明した六月二十一日案に比較してみよう。

「ハル・ノート」

一、多辺的不可侵条約

二、仏印に関する多辺的条約

三、日本陸海空軍及警察の支那及仏印よりの即時且無条件の撤退

四、蔣政権以外の支那政権の否認

五、三国同盟条約の廃棄

六月二十一日案

（該当なし）

（該当なし）

日本軍隊の支那よりの撤退に付き其時期及条件は今後更に検討す（仏印に付き該当なし）

満州国に関する友誼的交渉

日本は三国同盟の解釈として米国の自衛行為に対しては発動することなしと云ふ

約言を与ふること
（該当なし）

六、支那に於ける治外法権、租界及団匪事件に基く権利の抛棄

「ハル・ノート」が如何に従来の交渉の対象たらざりし事項をも新たに追加し来ったかは、右に依ると明らかである。或る者は従来米国の主張した原則の適用だと弁護するかも知れぬが、各種の事項につき、「ハル・ノート」が従来の主張を超えていることは明らかであり、わざと日本の承諾し難き事項を承諾し難き形態に於て持って来たのではないかと思われたくらいであった。

日本側の落胆と廟議の決着

本案に就ては大使よりの簡単な電報が届いた際、軍部に於ては武官よりの電報に接到していたので、直ちに連絡会議が開かれたが、出席の各員総て米国の強硬態度に驚いた。軍の一部の主戦論者はこれでほっとした気持があったらしいが、一般的には落胆の様子がありありと見えた。その後詳報に接したので、首相、海相および内府とは特に協議したが、いずれもこれでは仕方がないではないかとのことであった。即ちこれらの協議した意向は、

米国が今までの経緯および一致せる範囲を凡て無視し、従来とった尤も強硬な態度をさえ越えた要求をここに持出したのは、明らかに平和的解決に到達せんとする熱意を有しないものであり、唯日本に全面的屈伏を強要するものである、結局長年に渉る日本の犠牲を全然無視し、極東に於ける大国たる地位を棄てよと云うのである。しかしこれは日本の自殺と等しい、なお米国が指導者としての対日経済封鎖のみならず、軍事的包囲陣も日に日に強化せられ、その生存も脅かされて来たので、もはや立上るより外ないと云うことであった。左に十二月一日御前会議の席上、自分の為した陳述から従来の経過に関する分を除いて掲げることにする。

然ルニ米国政府ハ其ノ後モ右諸国代表ト協議ヲ重ネツツアツタノテアリマスカ、二十六日「ハル」長官ハ両大使ニ対シ二十日ノ我新提案ニ付テハ慎重研究ヲ加ヘ関係国トモ協議セルモ遺憾乍ラ同意シ難シト述ヘ、米側六月案ト我方九月案トノ調節案ナリト称シテ第一所謂四原則（但シ第四項ハ紛争防止ノ為ノ国際協力及調停ニ変更セラル）ノ確認ヲ求ムルト共ニ第二別ニ両国政府ノ採ルヘキ措置トシテ

一、日米両国政府ハ英帝国、蘭、支、蘇、泰ト共ニ多辺的不可侵条約ノ締結ニ努ム

二、日米両国政府ハ日、米、英、支、蘭、泰国政府トノ間ニ仏印ノ領土主権ヲ尊重シ仏印ノ領土主権カ脅威サルル場合必要ナル措置ニ関シ即時協議スヘキ協定ノ締結ニ

努ム
右協定締約国ハ仏印ニ於ケル貿易及経済関係ニ於テ特恵待遇ヲ排除シ平等ノ原則確保ニ努ム
三、日本政府ハ支那及仏印ヨリ一切ノ軍隊（陸、海、空及警察）ヲ撤収スヘシ
四、両国政府ハ重慶政府ヲ除ク如何ナル政権ヲモ軍事的、政治的、経済的ニ支持セス
五、両国政府ハ支那ニ於ケル治外法権（租界及団匪議定書ニ基ク権利ヲ含ム）ヲ抛棄シ他国ニモ同様ノ措置ヲ慫慂スヘシ
六、両国政府ハ互恵的最恵国待遇及通商障壁低減ノ主義ニ基ク通商条約締結ヲ商議スヘシ（生糸ハ自由品目ニ据置ク）
七、両国政府ハ相互ニ資産凍結令ヲ廃止ス
八、円弗為替安定ニ付協定シ両国夫々半額宛資金ヲ供給ス
九、両国政府ハ第三国ト締結シ居ル如何ナル協定モ本協定ノ根本目的即チ太平洋全地域ノ平和確保ニ矛盾スルカ如ク解釈セラレサルコトニ付同意ス
一〇、以上諸原則ヲ他国ニモ慫慂スルコト
等ノ各項ヲ包含セル案ヲ爾今交渉ノ基礎トシテ提案致シマシタ。右ニ付両大使ハ其ノ不当ナルヲ指摘シ、強硬ナル応酬ヲナシマシタカ「ハル」長官ハ譲歩ノ色ヲ示サナカツタ由テアリマス。越エテ二十七日両大使カ更ニ大統領ト会見セル際ニハ大統領ハ今

猶日米交渉ノ妥結ヲ希望スト述ヘ乍ラモ去ル七月本交渉進行中日本軍ノ南部仏印進駐ヲ見タル為メ冷水ヲ浴セラレタルカ、最近ノ情報ニ依レハ復々冷水ヲ浴セラルル懸念アルヤニ考ヘラルト云ヒ、暫定的方法ニ依リ局面打開ヲ計ルモ両国ノ根本主義方針カ一致セサレハ一時的解決モ結局無効ト思フ旨ヲ述ヘタ趣テアリマス

然ルニ右米側提案中ニハ通商問題（第六、七、八各項）乃至支那治外法権撤廃（第五項）等我方トシテ容認シ得ヘキ項目モ若干含マレテ居リマスカ、支那仏印関係事項（第二、三項）国民政府否認（第四項）三国条約否認（第九項）及多辺的不可侵条約（第一項）等ハ何レモ帝国トシテ到底同意シ得サルモノニ属シ、本提案ハ米側従来ノ諸提案ニ比シ著シキ退歩ニシテ且半歳ヲ超エル交渉経緯ヲ全然無視セル不当ナルモノト認メサルヲ得ヌノテアリマス

要之米国政府ハ終始其ノ伝統的理念及原則ヲ固執シ東亜ノ現実ヲ没却シ而モ自ラハ容易ニ実行セサル諸原則ヲ帝国ニ強要セムトスルモノニシテ、我国カ屢々幾多ノ譲歩ヲ為セルニ拘ラス七ケ月余ニ亘ル今次交渉ヲ通シ当初ノ主張ヲ固持シテ一歩モ譲ラナカツタノテアリマス

惟フニ米国ノ対日政策ハ終始一貫シテ我不動ノ国是タル東亜新秩序建設ヲ妨碍セントスルニ在リ、今次米側回答ハ仮ニ之ヲ受諾センカ帝国ノ国際的地位ハ満州事変以前ヨリモ更ニ低下シ、其ノ存立モ亦危殆ニ陥ラサルヲ得ヌモノト認メラレルノテアリマス。

即チ

一、蔣介石治下ノ中国ハ愈々英米依存ノ傾向ヲ増大シ帝国ハ国民政府ニ対スル信義ヲ失シ日支友誼亦将来永ク毀損セラレ延テハ大陸ヨリ全面的ニ退却ヲ余儀ナクセラレ其ノ結果満州国ノ地位モ必然動揺ヲ来スニ至ルヘク斯クノ如クニシテ我支那事変完遂ノ方途ハ根底ヨリ覆没セラルヘク

二、英米ハ此等地域ノ指導者トシテ君臨スルニ至リ帝国ノ権威地ニ墜チテ安定勢力タル地位ヲ覆滅シ東亜新秩序建設ニ関スル我大業ハ中途ニシテ瓦解スルニ至ルヘク

三、三国条約ハ一片ノ死文トナリテ帝国ハ信ヲ海外ニ失墜シ

四、新タニ蘇聯ヲモ加ヘ集団機構的組織ヲ以テ帝国ヲ控制セントスルハ我北辺ノ憂患ヲ増大セシムルコトトナルヘク

五、通商無差別其他ノ諸原則ノ如キハ其ノ謂フ所必スシモ排除スヘキニ非スト雖モ之ヲ先ツ太平洋地域ニノミ適用セントスル企図ハ結局英米ノ利己的政策遂行ノ方途ニ過キスシテ我方ニ於テハ重要物資ノ獲得ニ大ナル支障ヲ来スニ至ルヘク

要スルニ右提案ハ到底我方ニ於テハ容認シ難キモノテ米側ニ於テ其ノ提案ヲ全然撤去スルニ於テハ格別右提案ヲ基礎トシテ此ノ上交渉ヲ持続スルモ我カ主張ヲ充分ニ貫徹スルコトハ殆ト不可能ト云フノ外ナシト申サナケレハナリマセヌ

「ハル・ノート」の本質と終戦後の諸論議

本「ノート」に就ては終戦後種々の解釈が行われ、またその頃の両国政府当局のやり方に就ても種々の批評が出て来た。革命によって価値批判が変るのは当然であるが、敗戦によっても過去の事実を変えることは出来ない。されば帰朝報告に、当時米国が全面的対日関係調整の誠意を有したるやは頗る疑いあり、少なくとも一九四一年七月以降、対日開戦もまた止むを得ずと覚悟しおりたるは大体推定に難からず、また「ロバーツ」委員会報告が、真珠湾に於ける失敗が米の宣伝するが如く、日本の詐謀に非ずして米国自身の油断なるを明示しおれりと云っている者が、終戦後には米国側に全然交渉を成立せしむる意志がなかったと断ずるは速断に失する、従ってそのまま話を続けていたら、日支問題その他の難問もほぐれて来たかも知れんと云って、その時の政府当局が交渉を遷延せしめなかったことを批難したりしているのであるが、米国は帰朝報告にある通り、また野村大使電報にもある通り、すでに対日戦争をも覚悟しているから、米国側が如何に外交的辞令によって両国関係が平和的妥結に達することになお希望を有するとか、交渉を継続しないと云うのではないと云ったとしても、日本が全面的に屈伏する以外に方法はなかったことは明瞭になっていたのである。殊に米に於て、欧州戦争が聯合国の有利に展開したのを見越し、日本も段々経済に苦しむとの予想の下に政策を立てているのであるから、軍部では日本では

一、二カ月ももはや遷延することが出来ないと云う際に、前途にはっきりした見透しもなく単にほぐれてくるかも知れないとて、遷延することの出来ないのも当然であり、また遷延してもその時以上に日本の対米地位が向上するのを期待出来ないのはこれまた当然である。

されはあの間際になって、一時の遷延策としての諸考案が東京に於て全部否決せられたのは当然である。あの頃には交渉の成否は客観的にかつ精細に検討すると、一、二の案件とか一、二の態度に懸っていたのではなく、また日本要人の演説に対する苦情の如きも真の原因ではない。交渉を成立せしむる唯一無二の方法は米の要求を全部容るることにあったのだ。即ち満州事変以前から多年に亙る犠牲を全部的に水泡に帰せしむるのは勿論、大陸から全面的に退却することであった。換言すれば敗戦後の今日の日本と同様の地位に置かるることを覚悟して叩頭するにあった。しかし当時の日本としては、かかることを実行する状況になかったことはあまりにも明白である。とにかく当時かかる全面的退却をも断行すべしとの考案は、朝野いずれの方面からも聞かなかった。所謂自由主義陣営からも、また重臣層よりも米国の提案をそのまま受諾すべしとはなんら聞くところがなかった。

然るに終戦後になると「ハル・ノート」を受諾出来なかったはずはないと唱えるものが出て来た。その云うところは、多辺的不可侵条約を受諾出来ないと云うのは侵略的思想を脱し得ないからであり、仏印に於ける経済上の平等原則は当然のことであり、また支那からの日本軍隊および警察力の撤退に反対するのは、陸軍だけの特有の考え方であったので正当性があるはずがない、汪政府を軍事的、政治的、経済的に支持しないことを約束しても必ずしも不信行為とは云い得ない、三国同盟は米国の参戦を防止せんとする目的に出でたものであるから、米国提案の如く、米国とはいかなる場合にも戦争しないと約束しても差支えないと云い、その他日本に都合のいい経済上の取極めもしようと云うのだからなお更のことであると云うのがその論旨である。この論者が戦争勃発以前に於て、九カ国条約の無効化に甚だ熱心であり、南方地域ことに蘭印に対し顕著なる優先的待遇を要求し、三国同盟の先駆たる防共協定の締結に就きては有力なる賛成者であり、かつまた同盟の利用にも熱心であり、殊にまた日米交渉の最中に近衛首相に書を送って、東亜新秩序のため今日までどのくらい奮闘して来たかは御承知の通りであるから、米国に対してこの主張を譲らなければならないと云うのは誠に遺憾千万と云わねばならない、更にまた重大なるは三国同盟の問題で、この条約によって負っている日本の義務は皇国の名誉の問題であり、取扱い如何によっては上陛下の御徳にも及ぼすべき虞れがある、万一日本が三国同盟条約に明記されている義務を事実上回避するが如き諒解を、米国に与えて国交の調整を計らんとするが如きことあれば、これは国際的自殺行為でありますと云っている人であるのを見て、自分は終戦前の行動かまたはその後の主張かそのいずれを信ずべきかを知らない。

「ハル・ノート」は何故に受諾し得ざりしや

敗戦の今日、戦争防止の方法がまだ有りそうなものだとの疑念が、当時の事情を知らざりし人々の間に起るのは当然のことであると思うので、本書にもその点は相当詳細に説明したわけである。しかしその渦中にあった者並びに相当事情に通じていたものが、今頃当時の事態や自己の云ったことを忘却して空虚なる議論を唱えるのは、上品なやり方とは云えない。よって再論の必要はないと思うが、更に二、三の点を挙げて当時の事情を明らかにしたい。

本件公文の大綱が九カ国条約の趣旨と「スチムソン」主義との適用にあって、これに三国同盟条約問題および経済問題を併せたものであることは明らかであるが、九カ国条約に対しては、日本の朝野がどのくらい奮闘して来たかは世人の記憶するところである。該条約の効力消滅を主張したものは素より、効力存続を認めた者でも多くはその改訂を希望したことは、少しく当時の記憶を辿れば明らかになって来るであろう。また九カ国条約を厳密に解釈する場合、満州国の独立、南京政府の自立の如き、素よりその正当性を失うことになるが、日本に於て何人が当時これら政府を否認する者があったか。議会速記録および行政権新聞を探したらむしろ反証の多きに驚くであろう。九カ国条約は支那の領土および行政権の保全が主要なる目的であり、このために結局太平洋戦争まで展開したのであるが、英米の諸国は真に平和のため或いはまた支那のためにこの条約を結び、またこの戦争まで遂行したのであろうか。もし然りとするならば、米英は九カ国条約の趣旨に反し、一九四五年二月十一日「ヤルタ」に於て、満州に於ける独占的支配権を「ソ」聯に認めたのであるが、「ソ」聯に認め得るところが何が故に日本に認めることが出来なかったか。これ予が当時既に米国大使に指摘したように、支那に於ける日本の駐兵が不都合であると云いながら、外蒙に於ける「ソ」聯軍隊の駐在に抗議せざるは不公平であると同じく、主義の一貫せざることが余りにも甚だしい。かくの如く一国の時々に於ける都合により取扱いを異にする以上、正義または平和のためとは云えない。当該国の恣意に外ならないのである。かくの如き趣旨の要求に対し、日本が簡単に承諾することが出来なかったのは当然ではないか。

そして多辺的不可侵条約の目指すところは、当時の聯合諸国と戦争せざることを約して、第一には第九項と関連し、米が欧州戦に参加する際にも日本は介入を許さずと云うので、三国同盟を死文にしようとするのであり、第二には第四項にて満州国政府および南京政府を見棄てると共に、将来につきこの多辺条約により宣誓せんとするものである。いずれの国と雖も少なくとも十年以上に亙り、死活の問題として国力を挙げて争い来ったものを、平和の名によって恣意に満ちている要求に従うことが出来たと考えるのは、現実の政治に関係ない純乎たる理想主義者にして始めて可能なることである。仏印の問題は九カ国条約の規定を同地域に拡充しようと云うのであるから、更に多言を要しないと思う。

また撤兵問題は自分は当初から主張したところで、個人的にはなんら異存はないのであるが、撤兵反対は単に陸軍だけではなく、その他の方面にもあったことは曩《さき》に記載の通りであり、また勝味のない戦争と云うことも、当時の軍部では勝つ見込を持っていたことを記憶すべきである。なおまた経済上の平等原則は、仏印以外は九カ国条約によりこれを確保せんとするのであるが、「ハル」の云う如く近く世界的原則になると云うのであったら、支那に就てはそれと同時に適用するとして何がいけないのか、むしろ理解出来なかった。そして終戦後の今日を見ると、何処に自由貿易の姿があるか、「ハル」の見透しが当てにならなかったことが判明するが、されば世界に適用のないものを支那だけに適用しようと云うのは、その主権を制限する植民地扱いに外ならぬのである。それほど支那の主権を尊重しようと云うなら、支那に特恵関税率を協定したり、または関税同盟を締結したりする機能を認むるが当然ではないか。一部では米の日本に供与せんとした経済上の利益を高潮するものがあるが、それが前記の不利益に比し極めて僅少の価値しかなかったことは、議論するまでもないと思う。

即ち「ハル」公文を受諾した後の日本の地位が、敗戦後の現在の地位と大差なきものとなるべきであることは、また疑いの余地はない。されば戦争による被害がなかっただけ有利ではなかったかとの考があるかも知れぬが、これは一国の名誉も権威も忘れた考え方であるので論外である。日本が永い間侵略的行為があったとか、外国権益を侵害したとの事実は別とし、日本は当時大国としての地位を維持することを希望し、かつ戦争につき見透しをつけ得る唯一の機関であった軍部は、戦争には負けはせぬとの見透しを有していたことを忘れてはならぬ。

米英側も日本のノート受諾を予期せず

かくの如き事情であったので、当の相手であった米国首脳部までが、日本側でこの要求を受諾することは到底あり得ないことと見透しをつけていたのである。現に国務長官は公文を両大使につきつけた翌日、陸軍長官に対し交渉は埒《けり》がついたので、これから先は陸海軍の仕事だと云い、在米英国大使には日米外交関係は事実上既に終焉を告げているのであって、事態は今や米国陸軍海軍の手に委ねられるであろうと内話し、二十八日には、豪国公使から何とか交渉成立の仲介をしたいと申し入れたのに対し、それは御勝手ですが、外交段階は済みましたので、そう云うことをしてもなんら役に立ちますまいと答えたのである（ビアード、五六二頁）。また米国海軍も交渉は終了したと云い、陸軍は交渉は事実上ほとんど終結したと云って、戦時警報を出しているのである。

また米国の一歴史家は、国務省が日本政府に送ったような覚書を受け取れば、「モナコ」や「ルクセンブルグ」でも米国に対して立ったであろうと述べていると云うことだが、英国でも一九四四年六月、英国保守党内閣の重鎮であった生産相「オリヴァー・リトルトン」は、倫敦《ロンドン》米人商工会議所で、「米国が戦争に追込まれたと云うのは歴史を歪曲するも甚だしい、米国が余りひどく日本を挑発したので、日本軍は真珠湾で米国を攻撃の止むなきに至ったのである」と述べて、英米間の問題となった。国務長官まで弁明に飛び出すと云うわけで、「リトルトン」氏は米国側の不満を緩和するため釈明的声明を為したが、新聞に伝わった文句は前記の通りであったそうで、意味ははっきりとしている。また在東京英国大使「クレーギー」も一九四二年七月二十九日、本国に引揚げ前、加瀬秘書官が訪問した際に、「ハル・ノート」なるものは戦争勃発後新聞で始めて見たが、あれは日本の国民感情を無視するの甚だしきもので、交渉決裂の止むを得ざりしことが解ったと云ったことが、当時同秘書官から提出した書類に記載せられてある。かくの如き状勢にあったに拘らず、華府両大使よりは、なお交渉継続可能と思うから「ローズヴェルト」相識の者を更に派遣しろとかいって、ただ皮相の見に囚われて事実の真相を察知せざる電報を寄越したが、八月不成功の首脳者会談を米当局の決意が充分に分っているこの大詰に更に持ち出して馬鹿にされようと云うのであるから、右案は適当ならずとして拒絶したのである。

「ハル・ノート」は最後通牒に等し

米国首脳者の意向はこれまでの説明により充分判明しているので、「ハル」公文の性質につき更に説明を加うるの必要もないと思うが、ここに二、三の事項を追記しよう。当時日本に在った「グルー」大使は十一月二十六日の公文が送られた時に、戦争になる「ボタン」が押されたと云ったことがある。また「ハル」長官は十一月二十六日および二十七日の特別記者会見で交渉の全貌を公表したが、米国新聞はほとんど一斉に「ハル・ノート」を受諾するや戦争に訴うるやは、日本に懸っていると報道した。即ち「ハル」公文は、米当局の予想によれば、交渉が決裂して戦争になるとして、万事を準備した後、日本側の受諾せざることを予期したものであって、日本に全面的屈伏か戦争かを選択せしめんとしたものである。即ち米国首脳者が「ハル」公文送致後も交渉継続の可能性を認めていたとは、全然事実に合致せざることであり、交渉決裂を予期したことは米国側で公表せられた諸資料によって充分明らかである。なお曩《さき》に述べた、如何にすれば日本をして手出しせしむるかとの方策を、公文発送の前日に協議した事実に照して、この公文は日本に対して全面的屈伏か戦争かを強要する以上の意義、即ち日本に対する挑戦状をつきつけたと見て差支えなきようである。少なくとも「タイム・リミット」のない最後通牒と云うべきは当然である。当時に於ては、前記の米国首脳部の会議および言動について東京では知るところはなかったが、米国が既に戦争を決意して日本に承諾不能の要求を持ち込んだことは、公文の内容が甚だ苛酷であり、殊に従来の交渉案件に包含せざりし事項まで持ち出したことより直ちに推測したが、更に新聞が米国当局より一斉に吹き込まれた如き強硬態度をとり、戦争か「ハル・ノート」の受諾かと書き立てたところにより、更に対日包囲陣の強化によって右の推測を確認した。

「ハル・ノート」に痛く落胆し辞職を考慮す

しかしここに自分の個人的心境を顧れば、「ハル」公文に接した際の失望した気持は今に忘れない。「ハル」公文接到までは全力を尽して闘いかつ活動したが、同公文接到後は働く熱を失った。その直後賀陽大宮の葬儀に於て「グルー」大使に邂逅したから、自分は全く失望したと話したことを記憶する。戦争を避けるために眼をつむって鵜呑みにしようとしてみたが喉につかえて迚《とて》も通らなかった。自分ががっかりして来たと反対に軍の多数は米の非妥協性を高調し、それ見たかと云う気持で意気益々加わる状況にあって、これに対抗するのは容易なことではなかった。事志と違って戦争に突入しなくてはならないのは如何にも心苦しいので、辞職をも考えて佐藤顧問その他に対し、何人か自分に代って事態を戦争以外の方面に導き得る人はないかと質したが、それは他の何人にも期待し得られないことであるから、自分に是非留任するようにとのことであった。予が十一月初め交渉を開始した時に予期した以上に米が非妥協的であり、ここに全面的屈伏か戦争を求めて来たのであるが、日本はかかる屈辱を甘受するわけに行かず、止むなく立つと云う状勢に陥ったのである。日本は満州事変以来緊張しきっているのであるから、緊張しきった力を発揮した後ならいざ知らず、一九四一年十一月の頃に、米の圧迫に全面的に屈伏し得る内閣が出来ようとは考えられなかった。従って内閣更迭を計っても事態の改善にはなり得ないし、また予が辞職する場合一身の安全を保全することになるかも知れぬが、徒に責任を逃避することになるのみであったので、自分は敢て職に止って更に米国に反省を求め、最後の瞬間まで平和のために努力し、また戦争となった場合には、日本および世界のため戦争の早期終結のため全力を尽す決心をした。

米が八月以来戦争を予定していたことは前に述べた。日本が米の要求の全部を容れざる限りは戦争であり、日本がその全部を容れざることも予期していた。結局は時の問題であった。そして時を延引するのは米の利益、日本の不利益で、とにかく事態をはっきりせしむることが必要であった（東条内閣は功過はこれのみ）。

戦うの外なしとの結論に一致す

「ハル」公文に対する検討は既に述べたる通り、十一月二十七日連絡会議、二十八日閣議に於て開始せられ、三十日に決定を見たのであるが、米はこれにより日本を東亜大陸から放逐せんとするものであり、日本が大陸から全部的退却をしない以上、いつかは米英との戦争となるべきことが予想せられ、更に軍部では米英が独伊を征服した後には強圧を日本に加えることになるが、その時には日本は「ジリ」貧に陥っているので立ち上る力はない、そして今ならば戦うことも可能であり、その結果も悲観を要しないのであるから、米の挑戦に応じて立ち上るべきであり、また野村大使来電の如く、蘭印が米英によって占領せられる場合には、日本は万一の際の石油供給主要地域を遮断せらるるので生命の問題である、殊に対日包囲陣は日に日に強化せられており、米豪軍隊は比島および蘭印方面に増加せられ、英海軍の有力部隊も馬来《マレー》方面に急派せられつつある模様であるから、このままに遷延する場合には、日本は自滅の外ないのであるから、速かに開戦に決すべしとの主張であった。即ち日本は大陸政策を全部的に抛棄することは出来ないとの考慮もあったが、当時日本当局の意向は、日本がかくまで日米交渉の成立に努力したに拘らず、米は「ハル」公文の如き最後通牒を送って我が方を挑発し、更に武力的強圧をも加えんとする以上、自衛のために戦うの外なしとするに一致したのであった。

自衛の範囲

ここに念のため自衛の範囲に就て一言する必要がある。従来の国際法に於ては自衛は自国領域が攻撃せられた時とか、考慮を許さないほど緊迫せる際とかの定義が、諸学者および判決例等に確定せられていたのであるが、米国はこれに異なる主張を為して来たが、曩に記載した通り、日米交渉中に於ても先方は米国の利益が侵害せらるる虞れがある場合には、自国の領域以外の如何なる場所に於ても、手遅れとならざる時期に於て対抗することが米国の自衛であると述べ、日本から度々注意したのであるが、米国政府は頑として自説を固執した。外交には相手があるのであるから、自衛権に関する学説がどうあろうと、相手国がかかる態度に出で来る以上、日本もその主張を考慮に加えないわけに行かない。蓋し国際法は実質的にはかくの如き大国の恣意に依って変更せられたと見るべき場合があるからである。その他の例を見るならば、新政府の承認の問題も当該政府が永続性を認められた場合には、同政府の保持する思想的傾向の如何に拘らずこれを承認するのが成例であったが、米国は「ウィルソン」大統領が労農政府の承認を差控えて以来、政治上の問題とするに至った。

また中立義務に就ても、第一次世界戦争の時既に従来の国際法成例は蹂躪せられたが、今次欧州戦争の初めより米国の中立違反は顕著であったけれども、世界の多数国はこれを黙過して来たので、中立条規の効力は疑問となった。殊に米国自身第一次世界大戦までは、海洋の自由を主張して英の横暴を抑圧せんとしたが、今次戦争に於て自国の海空軍が強大となるに伴い、海洋の自由を顧ることがなかった。かくの如き国際法も一又は数個の大国の恣意により変更を見ることがあるので、日本は自衛権の範囲に就ては少なくとも米国を相手とする限り、その解釈を参酌することが当然であった。なお米国政府の解釈では、何が自衛行為であるかとは自国のみが決定し得ると云うのであったから、この際の日本の決心が自衛の範囲を逸脱していると論ずるわけに行かない。凡そ一国に適用ある法則は他国にも適用せられなくてはならない。かくの如き法律論は別とするも、当時日本の当局者がこのままでは大国としては自滅の外ないと云う考慮を持っていたことは事実である。

「ハル・ノート」以後の交渉

華府にある両大使は「ハル」公文受領後、「ローズヴェルト」大統領とも会見し、今回の米国提案は日本政府を痛く失望せしむべしと述べて、その再考を求めたが、大統領は両国の主義方針が一致せざれば一時的解決は結局無効であるといって、再考を肯じなかったということであった。しかし先方に対して更にその反省を促すために、二十八日両大使に対し、日本が難きを忍んで協調的態度を示したるに拘らず、米側がこれに対応せず交渉を至難ならしめたことを説明するように訓令した。但しその後先方からは、東条首相の演説が過激であるとか、または日本の南方送兵の模様があるとか云って苦情を持ち込んで来たが、従来の交渉案件について再考する状況は更になかった。かくて交渉継続は不可能の状況にあったが、交渉は御前会議で正式に決定するまでは外務省側で打ち切ることは出来ないので、出先に対しても交渉決裂の印象を与えぬようにと注意を与えた。

第七章　開　戦

重臣に説明す

かくて連絡会議および閣議に於ても開戦止むなしとの意向であったが、二十八日連絡会議の席上、首相から陛下に於ては事件決定前重臣の意向をも承知せられたいとの思召しがあるから、これに対する説明をどうすればいいかと云うことを申し出した。これにつき一部では所謂重臣といっても昔の元老と異なり、啓沃の権限はないのであるから、詳細これに説明する必要もないとの説も出たが、自分は国家が極めて重大なる局面に遭逢しているのであるから、なるべく多数の人にその真相を知らせることが適当である、されば苟くも国家の重臣たる人々には詳細に説明する必要がある、なお殊に陛下がその意見を求められんとするのであるから、政府の承知する限りに於て総ての知識を供給すべきであると主張した。

そして翌日拝謁前午前中に、各関係閣僚から説明することとなり、翌日はまず総理より戦争に訴えざるを得ざる理由につきて説明があった後、自分は日米交渉の成行きにつき詳細に説明した。これに対し若槻、広田両氏から質問があったので詳細に答弁したが、何人も米国の提案を受諾すべしと云うが如き発言はなかった。その後各氏から種々の質問があったが、全部船舶、飛行機、石油等の補給の問題、財政食糧の問題、並びに日本内地に於ける思想問題等であった。しかしこれら問題に対する質疑は盛んであったので、賜餐が定刻よりも相当遅れたようなわけであった。午後御前に参集し、陛下より順次に各重臣の意見を求められた。そのさい近衛公は、日米交渉については政府の努力を多とするものであり、最近の米国提案から見ても交渉が絶望であることは明らかであるが、このさい隠忍自重して暫らく模様を見ることは出来ないものかと思うと述べたので、総理はその点は繰り返し繰り返し頭痛がするくらい研究を重ねたが、戦う以外に途なしとの結論に達したのであると云ったので、それ以上の議論にはならなかった。ここでは二、三の人ははっきりと戦うの外途なきことを述べたが、二、三の人々は戦争の見透しにつき心許なきことを述べたが、これに対しては東条首相から一々説明を加えた。中には随分ぶっきら棒の説明もあったように記憶するが、とにかく激しい議論とはならなかった。

十一月三十日連絡会議

翌三十日連絡会議は更に開催せられ、愈々開戦に決定し、十二月一日に御前会議開催を奏請することとし、その議案の審議に入った。なおこの頃から開戦後直ちに煥発せらるべき宣戦詔勅の草案が提出せられ、これが審議に多くの時間が費やされたが、「ハル」公文に対する回答案は未だ審議に入るの運びに至っていなかった。回答案は主管局に於て作成中であったが、なかなか暇とるので自分は再三草案の提出を督促したが、陸海軍との打合せに非常の手数を要するので遅れているとのことであった。

十二月一日御前会議

されば十二月一日の御前会議には右回答案はなんら問題とならないので、

対米交渉遂に成立するに至らず

帝国は英米蘭に対し開戦す

と云う議題につき議事が進められた。御前会議には全閣僚、陸海軍両統帥部総長、両次長、内閣書記官長、陸海軍両軍務局長が出席した。なお原枢密院議長が特旨により参列した。まず総理から左の陳述があった。

御許シヲ得タルニ依リマシテ本日ノ議事ノ進行ハ私カ之ニ当リマス

十一月五日御前会議決定ニ基キマシテ、陸海軍ニ於テハ作戦準備ノ完整ニ勉メマスル一方、政府ニ於キマシテハ凡有ル手段ヲ尽シ全力ヲ傾注シテ、対米国交調整ノ成立ニ努力シテ参リマシタカ、米国ハ従来ノ主張ヲ一歩モ譲ラサルノミナラス、更ニ米英蘭支聯合ノ下ニ支那ヨリ無条件全面撤兵、南京政府ノ否認、日独伊三国条約ノ死文化ヲ要求スル等新タナル条件ヲ追加シ帝国ノ一方的譲歩ヲ強要シテ参リマシタ、若シ帝国ニシテ之ニ屈従センカ帝国ノ権威ヲ失墜シ支那事変ノ完遂ヲ期シ得サルノミナラス、遂ニハ帝国ノ存立ヲモ危殆ニ陥ラシムル結果ト相成ル次第テアリマシテ、外交手段ニ依リテハ到底帝国ノ主張ヲ貫徹シ得サルコトカ明カトナリマシタ、一方米英蘭支等ノ諸国ハ其ノ経済的、軍事的圧迫ヲ益々強化シテ参リマシテ、我国力上ノ見地ヨリスルモ、又作戦上ノ観点ヨリスルモ、到底此ノ儘推移スルヲ許ササル状態ニ立チ至リマシタ、事玆ニ至リマシテハ帝国ハ現下ノ危局ヲ打開シ、自存自衛ヲ完ウスル為メ米英蘭ニ対シ開戦ノ止ムナキニ立チ至リマシタル次第テアリマス

支那事変モ既ニ四年有余ニ亙リマシタル今日、更ニ大戦争ニ突入致スコトト相成リ、宸襟ヲ悩マシ奉ルコトハ洵ニ恐懼ノ至リニ堪エヌ次第テコサイマス

然シナカラ熟々考ヘマスルニ国力ハ今ヤ支那事変前ニ数倍シ、国内ノ結束愈々固ク、陸海将兵ノ士気益々旺盛ニシテ、挙国一体一死奉公、国難突破ヲ期スヘキハ私ノ確信シテ疑ハヌ所テコサイマス就イテハ別紙本日ノ議題ニ付テ、御審議ヲ願ヒ度イト存シマス。尚外交交渉、作戦事項其他ノ事項ニ関シマシテハ、夫々所管大臣及統帥部側等ヨリ御説明申上ケマス

次に自分から交渉の経過並びに米の提案により交渉継続不可能となった事情を説明した。右後半は本書第六章冒頭に掲載の通りである。なお内相、農相、蔵相等および軍令部総長から説明があった。原議長は二、三の質問をした後、事ここに至っては戈を執って立つより外には途はないと思うと述べ、全部原案に賛成したので議案は決定した。後刻御裁下があったと東条からの知らせで承知した。

海軍作戦の機密保持

因みに十一月二十六日、海軍機動部隊が単冠湾を出発し、南雲中将は真珠湾を攻撃せよと命令を受けたと云うことが、東京軍事裁判所法廷に明らかにせられたが、自分達はこれらの作戦行動についてはなんら知らなかった。また裁判所では、三十日の連絡会議に真珠湾攻撃計画が忌憚なく論議せられたと云うが、自分等はこれにつき何も知るところはなかった。右の如き極秘の作戦事項につきては、自分等文官には通報しないのが当時統帥部のやり方であったので、当時の事情を知っている者には直ちに了解せられることである。右裁判所の認定が東条が検事の取調中に述べたところを基礎とするならば、その頃の彼等の記憶には少なからざる誤謬があったことは、自分が法廷に於て述べた通りであることを指摘して足れりとする。殊に布哇攻撃につきては、文官大臣で予め知る者がなかったことは、幾多の証言があるのであるから多言は要るまい。また高松宮の御注意によって、陛下が十一月二十九日、更に海軍大臣および軍令部総長に戦争の見透しにつき念を押されたことも、開戦後東条から当時の後日譚として聞いたような次第である。

開戦手続に関する海軍との論争

かくて開戦の決定はなされたが、開戦に伴うべき多くの事項は凡て連絡会議に上議せられた。まず右御前会議直後の会議では宣戦詔勅が付議せられたが、統帥部の態度は曩に急速開戦を主張していたに拘らず、当日は甚だ呑気な態度を示していたので、いささか奇異に感ずると共に、自分は宣戦通告の問題もあるからと思って、いつから戦闘を開始するつもりかと聞いた。これに対し杉山参謀総長は次の日曜日頃と曖昧のことを云うので、その態度に益々疑念を懐き、戦闘開始の通告は通常の手続によることが適当だと述べた。然るに永野軍令部総長は奇襲でやるのだと云った。これに引続いて伊藤軍令部次長から、開戦の効果を大ならしむるため、交渉は戦闘開始まで打切らないで置いて欲しいとの申し入れがあった。これで統帥部が呑気に構えていた意味が解ったが、自分は今まで海軍が邀撃作戦にて勝つ自信ありと云っていたのに突然奇襲をやるのだと云い出したのに驚くと共に、奇襲をやらなければ緒戦に於ても充分の見込みがないことにも解せられて、戦争の前途を心細く感ずるの念が生じた。

しかし自分はこのやり方は通常の手続に反して甚だ不当であること、開戦の際に無責任なことをして置くと、我が国の名誉と威信とにも関して甚だ不得策であること、また野村大使よりも自由行動に出ずる前交渉を打切り置くことが必要であり、その通告は華府に於ても行うことが必要であるとの意見上申をも引用し、通告は国際信義上絶対に必要であることを主張した。自分は統帥部が開戦決定の後に至って奇襲の必要を唱え、あたかもこれを強要せんとするが如き態度を示したのに甚だしき不満を感じ、他に先約があったからこれを理由とし退席せんとした。これにより当日は散会することになったが、その際伊藤次長は予の席に来て海軍の苦衷を訴え、もし交渉打切りの通告がどうしても必要ならば、華府でなく東京に於て米国大使に為すようにしたいと申し出た。自分はこの方法につきては或る種の不安を感じたので、その申し出を拒絶しそのまま別れた。

しかし以上の経緯によって、海軍が東京または華府いずれかの地で交渉打切りの通告を為すことには同意するものと認めた。然るにその次の連絡会議の劈頭、伊藤次長は華府で交渉打切りの通告を為すことに海軍軍令部は異存ないことを述べ、通告が華府時間十二月七日午後零時半に為さるべきことを申し出た。これに一同賛意を表したので、自分はその時刻は攻撃開始前に充分の時間の余裕があるのかと尋ねたところ、次長はその通りであることを確言したので、自分も右申し出に同意し、これに決定したのである。自分はこの論争によって海軍側の要求を国際法の要求する究極的限界に喰止めることに成功したと思った。

対米通告案の決定

そして対米通告はその起草者たる山本局長が証言しておる通り、連絡会議の議事に従い起草せられたうえ、陸海軍関係官の意見に依り修正せられたもので、連絡会議には十二月四日初めて上議せられたが、各員に配布せられたうえその同意を得た。閣議では翌五日、自分から通告案の要旨を説明してその承認を得たのである。ここにその全文を掲げることにする。

対米覚書

一、帝国政府ハ「アメリカ」合衆国政府トノ間ニ友好的諒解ヲ遂ケ両国共同ノ努力ニ依リ太平洋地域ニ於ル平和ヲ確保シ以テ世界平和ノ招来ニ貢献セントスル真摯ナル希望ニ促サレ本年四月以来合衆国政府トノ間ニ両国国交ノ調整増進並太平洋地域ノ安定ニ関シ誠意ヲ傾倒シテ交渉ヲ継続シ来リタル処過去八月ニ亙ル交渉ヲ通シ合衆国政府ノ固持セル主張並此間合衆国及英国ノ帝国ニ対シ執レル措置ニ付茲ニ率直ニ其所信ヲ合衆国政府ニ開陳スルノ光栄ヲ有ス

二、東亜ノ安定ヲ確保シ世界ノ平和ニ寄与シ以テ万邦ヲシテ各其ノ所ヲ得シメントスルハ帝国不動ノ国是ナリ曩ニ中華民国ハ帝国ノ真意ヲ解セス不幸ニシテ支那事変ノ発生ヲ見ルニ至レルモ帝国ハ平和克復ノ方途ヲ講スルト共ニ戦禍ノ拡大ヲ防止センカ為終始最善ノ努力ヲ致シ来レリ客年九月帝国カ独伊両国トノ間ニ三国条約ヲ締結シタルモ亦右目的ヲ達成センカ為ニ外ナラス

然ルニ合衆国及英帝国ハ有ラユル手段ヲ竭シ重慶政権ヲ援助シテ日支全面和平ノ成立ヲ妨碍シ東亜ノ安定ニ対スル帝国ノ建設的努力ヲ控制セルノミナラス或ハ蘭領印度ヲ牽制シ或ハ仏領印度支那ヲ脅威シ帝国ト此等諸地域トカ相携ヘテ共栄ノ理想ヲ実現セントスル企図ヲ阻害セリ殊ニ帝国カ仏国トノ間ニ締結シタル議定書ニ基キ仏領印度支那共同防衛ノ措置ヲ講スルヤ合衆国政府及英国政府ハ之ヲ以テ自国領域ニ対スル脅威ナリト曲解シ和蘭国ヲモ誘ヒ資産凍結令ヲ実施シテ帝国トノ経済断交ヲ敢テシ明カニ敵対的態度ヲ示スト共ニ帝国ニ対スル軍備ヲ増強シ帝国包囲ノ態勢ヲ整ヘ以テ帝国ノ存立ヲ危殆ナラシムルカ如キ情勢ヲ誘致スルニ至レリ

右ニ拘ラス帝国総理大臣ハ本年八月事態ノ急速収拾ノ為メ合衆国大統領ト会見シ両国間ニ存在スル太平洋全般ニ亙ル重要問題ヲ討議検討センコトヲ提議セリ然ルニ合衆国政府ハ右申入ニ主義上賛同ヲ与ヘ乍ラ之カ実行ハ両国間重要問題ニ関シ意見一致ヲ見タル後トスヘシト主張シテ譲ラス

三、仍テ帝国政府ハ九月二十五日従来ノ合衆国政府ノ主張ヲモ充分考慮ノ上米国案ヲ基礎トシ之ニ帝国政府ノ主張ヲ取入レタル一案ヲ提示シ論議ヲ重ネタルカ双方ノ見解ハ容易ニ一致セサリシヲ以テ現内閣ニ於テハ従来交渉ノ主要難点タリシ諸問題ニ付帝国政府ノ主張ヲ更ニ緩和シタル修正案ヲ提示シ交渉ノ妥結ニ努メタルモ合衆国政府ハ終始当初ノ主張ヲ固執シ協調的態度ニ出テス交渉ハ依然渋滞セリ茲ニ於テ十一月二十日ニ至リ帝国政府ハ両国国交ノ破綻ヲ回避スル為メ最善ノ努力ヲ尽ス趣旨ヲ以テ枢要且緊急ノ問題ニ付公正ナル妥結ヲ図ル為メ前記提案ヲ簡単化シ　(一)両国政府ニ於テ仏印以外ノ南東亜細亜及南太平洋地域ニ武力進出ヲ行ハサル旨ヲ確約スルコト　(二)両国政府ニ於テ蘭領印度ニ於テ其ノ必要トスル物資ノ獲得カ保障セラルル様相互ニ協力スルコト　(三)両国政府ハ相互ニ通商関係ヲ資産凍結前ノ状態ニ復帰スルコト、合衆国政府ハ所要ノ石油ノ対日供給ヲ約スルコト　(四)合衆国政府ハ日支両国ノ和平ニ関スル努力ニ支障ヲ与フルカ如キ行動ニ出テサルコト　(五)帝国政府ハ日支間和平成立スルカ又ハ太平洋地域ニ於ケル公正ナル平和確立スル上ハ現ニ仏領印度支那ニ派遣セラレ居ル日本軍隊ヲ撤退スヘク又本了解成立セハ現ニ南部仏領印度支那ニ駐屯中ノ日本軍ハ之ヲ北部仏領印度支那ニ移駐スルノ用意アルコト等ヲ内容トスル新提案ヲ提示シ同時ニ支那問題ニ付テハ合衆国大統領カ曩ニ言明シタル通リ日支間和平ノ紹介者ト為ルニ異議ナキモ日支直接交渉開始ノ上ハ合衆国ニ於テ日支和平ヲ妨碍セサル旨ヲ約センコトヲ求メタルカ合衆国政府ハ右新提案ヲ受諾スルヲ得スト為セルノミナラス援蔣行為ヲ継続スル意思ヲ表明シ次テ更ニ前記ノ言明ニ拘ラス大統領ノ所謂日支間和平ノ紹介ヲ行フノ時機猶熟セストテ之ヲ撤回シ遂ニ十一月二十六日ニ至リ偏ニ合衆国政府カ従来固執セル原則ヲ強要スルノ態度ヲ以テ帝国政府ノ主張ヲ無視セル提案ヲ為スニ至リタルカ右ハ帝国政府ノ最モ遺憾トスル所ナリ

四、抑々本件交渉開始以来帝国政府ハ終始専ラ公正且謙抑ナル態度ヲ以テ鋭意妥結ニ努メ屢々難キヲ忍ヒテ能フ限リノ譲歩ヲ敢テシタルカ交渉上重要事項タリシ支那問題ニ関シテモ協調的態度ヲ示シ合衆国政府ノ提唱セル国際通商上ノ無差別待遇原則遵守ニ付テハ本原則ノ世界各国ニ行ハレンコトヲ希望シ且其ノ実現ニ順応シテ之ヲ支那ヲモ含ム太平洋地域ニ適用スル様努力スヘキ旨ヲ表明シ尚支那ニ於ケル第三国ノ公正ナル経済活動ハ何等之ヲ排除スルモノニアラサルコトヲモ闡明セルカ更ニ仏領印度支那ヨリノ撤兵ニ付テモ情勢緩和ニ資スルカ為メ前述ノ如ク南部仏領印度支那ヨリノ即時撤兵ヲ進テ提議スル等極力妥協ノ精神ヲ発揮セルハ合衆国政府ノ夙ニ諒解スル所ナリト信ス然ルニ合衆国政府ハ常ニ理論ニ拘泥シ現実ヲ無視シ其ノ抱懐スル非実際的原則ヲ固執シテ何等譲歩セス徒ラニ交渉ヲ遷延セシメタルハ帝国政府ノ諒解ニ苦ム所ナルカ特ニ左記諸点ニ付テハ合衆国政府ノ注意ヲ喚起セサルヲ得ス

(一) 合衆国政府ハ世界平和ノ為ナリト称シテ自己ニ好都合ナル諸原則ヲ主張シ之カ採択ヲ帝国政府ニ迫レル処世界ノ平和ハ現実ニ立脚シ且相手国ノ立場ニ理解ヲ持シ相互ニ受諾シ得ヘキ方途ヲ発見スルコトニ依リテノミ具現シ得ルモノニシテ現実ヲ無視シ一国ノ独善的主張ヲ相手国ニ強要スルカ如キ態度ハ交渉ノ成立ヲ促進スル所以ノモノニアラス

今般合衆国政府カ日米協定ノ基礎トシテ提議セル諸原則ニ付テハ右ノ中ニハ帝国政府トシテ趣旨ニ於テ賛同ニ吝カナラサルモノアルモ合衆国政府カ直ニ之カ採択ヲ要望スルハ世界ノ現状ニ鑑ミ架空ノ理念ニ駆ラルルモノト云フノ外ナシ尚日、米、英、支、蘇、蘭、泰七国間ニ多辺的不可侵条約ヲ締結スルノ案ノ如キモ徒ラニ集団的平和機構ノ旧構想ヲ追フノ結果東亜ノ実情ト遊離セルモノト云フノ外ナシ

(二) 合衆国政府今次ノ提案中ニ「両国政府カ第三国ト締結シ居ル如何ナル協定モ本取極ノ根本目的タル太平洋全域ノ平和確保ニ矛盾スルカ如ク解釈セラレサルコトニ付合意ス」トアルハ即チ合衆国カ欧州戦争参入ノ場合ニ於ケル帝国ノ三国条約上ノ義務履行ヲ牽制セントスル意図ヲ以テ提案セルモノト認メラルルヲ以テ右ハ帝国政府ノ受諾シ得サル所ナリ

由来合衆国政府ハ其ノ自己ノ主張ト理念トニ眩惑セラレ自ラ戦争拡大ヲ企図シツ

ツアリト謂ハサルヲ得ス合衆国政府ハ一方太平洋地域ノ安定ヲ策シ自国ノ背後ヲ安固ト為シツツ他方英帝国ヲ援ケ欧州新秩序建設ニ邁進スル独伊両国ニ対シ自衛権ノ名ノ下ニ進ンテ攻撃ヲ加ヘントスルモノナルカ右ハ太平洋地域ニ平和的手段ニ依リ安定ノ基礎ヲ築カントスル幾多ノ原則的主張ト全然矛盾背馳スルモノナリ

(三) 合衆国政府ハ其ノ固持スル主張ニ於テ武力ニ依ル国際関係処理ヲ排撃シツツ一方英帝国等ト共ニ経済力ニ依ル圧迫ヲ加ヘツツアル処斯ル圧迫ハ場合ニ依リテハ武力圧迫以上ノ非人道的行為ニシテ国際関係処理ノ手段トシテ排撃セラルヘキモノナリ

(四) 合衆国政府ノ意図ハ英帝国其他ノ諸国ヲ誘引シ支那其ノ他東亜ノ諸地域ニ対シ其ノ従来保持セル支配的地位ヲ維持強化セントスルモノト見ルノ外ナキ処東亜諸国カ過去百有余年ニ亙リ英米ノ帝国主義的搾取政策ノ下ニ現状維持ヲ強ヒラレ両国繁栄ノ犠牲タルニ甘ンセサルヲ得サリシ歴史的事実ニ鑑ミ右ハ万邦ヲシテ各其ノ所ヲ得シメントスル帝国ノ根本国策ト全然背馳スルモノニシテ帝国政府ノ断シテ容認スル能ハサル所ナリ

合衆国政府今次提案中仏領印度支那ニ関スル規定ハ正ニ右態度ノ適例ト称スヘク仏領印度支那ニ関シ仏国ヲ除キ日、米、英、蘭、支、泰六国間ニ同地域ノ領土主権ノ尊重並ニ貿易及通商ノ均等待遇ヲ約束セントスルハ同地域ヲ六国政府ノ共同保障ノ下ニ立タシメントスルモノニシテ仏国ノ立場ヲ全然無視セル点ハ暫ク措クモ東亜ノ事態ヲ紛糾ニ導キタル最大原因ノ一タル九国条約類似ノ体制ヲ新ニ仏領印度支那ニ拡張セントスルモノト観ルヘキモノニシテ帝国政府トシテ容認シ得サル所ナリ

(五) 合衆国政府カ支那問題ニ関シ帝国ニ要望セル所ハ或ハ全面撤兵ノ要求ト云ヒ、或ハ通商無差別原則ノ無条件適用ト云ヒ、何レモ支那ノ現実ヲ無視シ、東亜ノ安定勢力タル帝国ノ地位ヲ覆滅セントスルモノナル処、合衆国政府カ今次提案ニ於テ、重慶政権ヲ除ク如何ナル政権ヲモ軍事的、政治的且ツ経済的ニ支持セサルコトヲ要求シ、南京政府ヲ否認シ去ラントスルノ態度ニ出テタルハ、交渉ノ基礎ヲ根柢ヨリ覆スモノト云フヘク、右ハ前記援蔣行為停止ノ拒否ト共ニ、合衆国政府カ日支間ニ平常状態ノ復帰及東亜平和ノ回復ヲ阻害スルノ意思アルコトヲ実証スルモノナリ

五、要之今次合衆国政府ノ提案中ニハ通商条約締結、資産凍結令ノ相互解除、円弗為替安定等ノ通商問題乃至支那ニ於ケル治外法権撤廃等本質的ニ不可ナラサル条項ナキニアラサルモ他方四年有余ニ亙ル支那事変ノ犠牲ヲ無視シ帝国ノ生存ヲ脅威シ権威ヲ冒瀆スルモノアリ従ツテ全体的ニ観テ帝国政府トシテハ交渉ノ基礎トシテ到底之ヲ受諾スルヲ得サルヲ遺憾トス

六、尚帝国政府ハ交渉ノ急速成立ヲ希望スル見地ヨリ日米交渉妥結ノ際ハ英帝国其他ノ関係国トノ間ニモ同時調印方ヲ提議シ合衆国政府モ大体之ニ同意ヲ表示セル次第アル処合衆国政府ハ英、豪、蘭、重慶等ト屢々協議セル結果特ニ支那問題ニ関シテハ重慶側ノ意見ニ迎合シ前記諸提案ヲ為セルモノト認メラレ右諸国ハ何レモ合衆国ト同シク帝国ノ立場ヲ無視セントスルモノト断セサルヲ得ス

七、惟フニ合衆国政府ノ意図ハ英帝国其ノ他ト苟合策動シテ東亜ニ於ケル帝国ノ新秩序建設ニ依ル平和確立ノ努力ヲ妨碍セントスルノミナラス日支両国ヲ相闘ハシメテ以テ英米ノ利益ヲ擁護セントスルモノナルコトハ今次交渉ヲ通シ明瞭ト為リタル所ナリ斯クテ日米国交ヲ調整シ合衆国政府ト相携ヘテ太平洋ノ平和ヲ維持確立セントスル帝国政府ノ希望ハ遂ニ失ハレタリ

仍テ帝国政府ハ茲ニ合衆国政府ノ態度ニ鑑ミ今後交渉ヲ継続スルモ妥結ニ達スルヲ得スト認ムルノ外ナキ旨ヲ合衆国政府ニ通告スルヲ遺憾トスルモノナリ

右は平和維持に関する日本の見解を説明すると共に、自衛権に関する米国の主張を反駁し、米国の提案が日本の生存を脅威し、大国としての権威を侵害するものなるにより、受諾し得ざることを明らかにし、交渉を打切るの外なきことを述べると共に、日米相携えて太平洋の平和を維持せんとするの希望は失われたりとなし、なお英、豪、蘭の諸国が米と

同一地位にあることを明らかにしたものである。

対米通告は宣戦通告に等し

これが形式的には宣戦の通告とは異なるものなるは明らかである。即ち当初自分の希望していたものとは相違して、連絡会議が決定した交渉打切りの形式となったのであるが、当時の事態よりしてこれが宣戦通告と実質上同一のものであったことは、米国大統領がこれを見て「これは戦争を意味する」と云ったこと、また「マーシャル」その他の陸軍首脳部も、本通告は日本が敵対行動を執ることを意味すと解して、直ちに（昭和二十二年八月十九日「ブラットン」大佐証言第十一頁）太平洋上の米側前哨基地に警告を発した（右電報は三十分乃至四十分で宛先につくと云うことであった）事実によって立証せらるると思う。更に本件通告の根拠になっている海牙《ハーグ》第三条約に就て見るに、海牙会議に於ける米国代表「ポーター」将軍は自衛戦争の場合に適用なきことを宣言し、各国代表いずれも異議を唱えざりしことよりして、日本が自衛戦争と思考した場合、米代表の説に従い通告の必要はなかったと云うことになる。殊に各国に於てこの条項を遵守しなかった（昭和二十三年三月四日第二十五―六頁「ブレークニ」最終弁論参照）実例は少なくない。

また一九三九年仏蘭西の対独宣戦の実例は、唯仏国はその波蘭に対する義務を遂行すると述ぶるのみである。即ち日本の通告は実例にも合致し、相手国首脳部も通告が戦争を意味することにいささかの疑念を持たなかったのであって、日本の通告は法律的見地から見てあれで充分であったのである。日本にまず手出しせしむるように仕向けた事実は、米国側の材料によって明白であるが、これを挑発と云わずして何と云おうか。また先に手出ししなければ如何に挑発しても差支えないと云うことは、道義的に見れば偽善、悪徳しかも卑怯なやり方である。これを正当視することは東洋道徳にては勿論、動機を尊重する泰西倫理学に於てもとらざるところである。

通告手交の方法に関する経緯

宣戦手交の問題に就ては前述の通り連絡会議に於て、華府時間十二月七日十二時半と定ったのであるが、十二月五日、田辺参謀次長および伊藤軍令部次長が外務省に予を来訪して、伊藤次長から統帥部に於ては曩に定めた時刻を更に三十分間繰り下げる必要があることを発見したから、これに同意してほしいと云うことであった。その理由を尋ねたところ、伊藤次長は自分が計算違いをしていたからであると述べ、田辺次長は、陸軍の作戦は海軍の作戦開始後開始せらるるので、右の問題は陸軍にも関係があるのだと云うことであった。更に予は通告と攻撃の間隔はどのくらいの時間が必要かと質したが、伊藤次長はそれは作戦の機密で申し上げられないとのことであった。よって予は午後一時に変更しても攻撃開始まで充分の余裕があるのかと質したら、次長はその通りであると言明したから自分は同意した。辞去に際し伊藤次長は、我が方通告が在米大使館に余り早く発電されないように願いますとのことであったが、予は指定時間に間違いなく届けらるるように発電しなくてはならぬと答えた。右の変更は十二月六日の連絡会議に伊藤次長から報告せられ、誰れも反対するものもなくそのまま承認せられた。なおその際永野軍令部総長は、この通告は重大事項であるから国務長官に手交さるるよう訓令したらどうかとの話であったから、予は日曜日の昼のことであるから国務長官は昼食の約束でもあるかもしれぬ、是非同人に手交しろとは無理であるからなるたけ国務長官に手交するよう訓令しようと云い、その通り訓令したのである。

由来海牙第三条約には、事前通告の最小限の時間に就ての規定はないので、予は国際法学者中には一分間の事前通告でも充分であるとの意見があるとのことを知っていた。されば今日は通信機関発達の時代でもあるから、一時間位の余裕があれば海牙条約の要件を充分に充すものと考えていたので、前に記載した米国陸軍首脳部に於て、電報通信に要する時間を三十分から四十分と計算すればいいとの考えであったことを知って、自分の推算が大体に於て正鵠を得ていたのに満足した。されば流石の判決も検事側の論告に拘らず、海牙第三条約関係事項に深入りすることを避け、かえって同条約の欠陥を認めたことは興味あることである。

ここで一つ述べて置きたいのは、現に説述した諸事項につきて、東京軍事裁判所法廷に於て二、三の事件が発生したことである。それは検事側で、対米通告の内容および発送の時刻等を戦争犯罪を確定する一要点として取扱ったので、関係被告中で現に当時連絡会議に出席し議事に参加したに拘らず自己の地位を有利ならしむる目的で、その時は連絡会議に出席しなかったとか、またそう云う書類は見なかったとか、またはその事項は自分は関与しなかったとか云うような申し立てをしたために、二、三不愉快な事件が起って来たのであるが、本書はなるべく裁判事項に触れない建前上、右の論争と離れてここには当時の事実そのままのみを記載することにしたのである。右論争に就ては、明晰な頭脳の持主として東京軍事裁判所でも嘖々たる名声があった自分の弁護人「ブレークニ」氏が、その最終弁論に於て事実を極めて精密に検討し、痛快に相手方を論駁しているのであるから、委細右に拠ることとし、ここには省略する。

通告手交遷延の事情

しかしここに今一つ不愉快なる事件に触れなくてはならない。それは対米通告が遅延したことである。連絡会議に於て米国側に交付する時間が確定したので、自分は主管局および電信課長に右時刻に在米大使から手交することが確実に出来るように、発電その他の手続を周到なる注意を以て行うようにと指示した。しかして右の手続は右の指示によって確実に行われた。それは実施せられた事蹟を検討する方が尤も確実である。まず覚書発送に先立ち、(一) 十二月六日午後対米覚書接到の上は訓令あり次第何時にても米側へ手交し得るよう、文書の整理その他万端の手配を了し置く旨の電訓が外務省から在米大使館に発せられた。また、(二) 対米覚書を十二月七日午後一時 (以下凡て華府時間による) に手交すべき旨の訓電は、特に迅速かつ正確を期するため、二つの路線により発電したとのことであるが、これは七日午前三時三十分に東京中央電信局から発送せられ、(三) 本文はこれを分ちて十四部とし、最後の四、五行の第十四部を除き六日午前六時三十分より午前十時二十分の間に全部発電せられ、(四) 最後の第十四部はこれまた正確かつ迅速を期するため、二つの路線で七日午前三時と四時とに発電せられた。これが華府に故障なく到達し、在米日本大使館に配達せられたのである。そして解読および浄書に充分なる時間があったことは、その後外務省に於て取調べたところでも明らかとなったが、東京軍事裁判所でも多数の証言によって明瞭となった。ただ在米大使館員が七日早暁に到着した電報を解読するのに幾分の怠慢があったことと、かつ前夜到着の分を直ちに「タイプ」せざりしなど、浄書の手配りに過失があったことが原因で、訓令した時間までに浄書が出来なかったのである。

即ち両大使は訓電により午後一時国務長官と会見の約束を取付けたが、その時までに電報の浄書が出来ないので、二時過ぎに初めて国務省に到着し、二時二十分から会見したと云うのである。館員の怠慢と過失は右によって明らかとなるが、外務省官吏の普通の執務振りとしては、かくの如く局面が急迫した時には館員から二、三名は夜勤せしめて電報は徹夜して解読し、重要なるものは夜中と雖も館員に閲読せしむるのが、自分等が永い間訓育せられたところであった。またこのさい米国側にては覚書の一部一部が傍受せられて分るに従い、軍首脳者、国務長官のみならず大統領までも閲読して、第十三部までのところで「これは戦争を意味する」と云ったとさえ云うのであるが、日本の両大使は大使館でも六日夜には既に解読せられたと云う覚書の大部分を同日中に閲読しなかったのだろうか。閲読したとして事態の重大を悟らなかったと云うのであろうか。また館員が七日午前海軍武官が大使館事務所を来訪して多数の電報が配達せられているのを発見して、注意を加えて初めて処理にかかったと云うほど規律のない状態に置いたのか不可解のことであった。

事態はかくの如くして通告の手交が遅れたので、米国側は直ちに宣伝の好材料として利用した。大統領は十二月八日議会に於て、昨日合衆国は日本の陸海軍により突然かつ計画的に攻撃せられたが、この時合衆国は太平洋の平和維持のために日本の懇請によりこれと会談継続中であった。その後漸く一時間にして日本大使はその同僚と共に、国務長官に米国の「メッセージ」に対する回答を交付したが、それには武力的攻撃の脅威または暗示はなかったと述べて、盛んに敵愾心を鼓舞したのである。無論その演説中対米覚書の内容についても非難しているが、自分の方で相手に手出しせしむるように仕掛けたり、また傍受電報により凡てを予期しながら突然予期せざる攻撃云々と云うのと同一性質と見るべきであるが、交渉がまだ打切られてない間にと云うのは事実であるから、予期以上の好材料として直ちに利用する気持になったのは無理もないが、日本のためには甚だしき不利を招くこととなったのは甚だ遺憾であった。されば戦争勃発直後、米国が交渉継続中に日本が攻撃を加えたと盛んなる宣伝をしていることは、米国放送によって判明したので東条にも話した。同人も喫驚して米国側でわざと電報の配達を遅らせたのではないだろうかと云ったから、自分は原因更に不明であるが、野村大使以下の帰朝を待ちて取調べることにしようと述べた。更に陛下にも米国側宣伝の状況は上奏し、後日取調べる必要あることも述べ、次官、電信課長には後日取調べにつき指示して置いた。

一九四二年八月、野村大使帰朝直前、井口参事官が同大使の御前講演の原稿を携えて帰朝したので、予は第一に本件覚書手交遅延の理由を質問したが、同人はあれは自分の管掌事務に非ざりしため承知しませんとして説明を避けた。依って大使に直接質問するのが必要と考えていたが、同大使には一行に対する歓迎園遊会に於て挨拶した後は、ゆっくり面談の機会がない内に大東亜省問題が起って自分は間もなく辞任することとなり、面会の機会もなかったのでそのままとなった。来栖からはその後事情を聞く機会があった。

独伊との関係

独伊との関係について日米交渉を成立せしめんとする願望から、自分は独逸大使にも内容のある通報を与えなかったことは前に述べたが、「ハル」公文に接到して交渉成立の見込みを立て得ないこととなったので、自分は連絡会議に諮ったうえ、十一月三十日初めて伯林《ベルリン》および羅馬《ローマ》駐剳の日本大使に交渉の概略と共に、最近米英両国が挑発的態度に出て、その兵力が東亜の各地に出動を継続しおる事実を両国政府に伝え、対英米戦争発生の場合には日本は独伊の即時参戦を期待すること、並びに単独不媾和条約を締結するを適当と認むる旨を申し入れるように訓令した。その結果十二月十一日の三国単独不媾和条約となったのである。

泰国との関係

なお泰国に就ては、戦争不可避の状況が見えた後、在同国坪上大使に対して、日本軍に対する便宜供与並びに日泰軍衝突回避の措置を申し入るるよう訓令したが、同大使は八日早朝に泰国首相「ピブン」に申し入れ、十時半日本軍の泰国通過に関する協定に署名することになったが、日泰攻守同盟は十一日に成立した。

蘭印との関係

また御前会議決定には蘭に対しても戦を宣すとなっているが、その後連絡会議に於て蘭にわざわざ宣戦する必要はないし、蘭印は無疵で手に入れたいから、そのままにして置こ

う と云うことになったのであるが、八日先方より宣戦したので戦争状態に入った。

英国との関係

ここに今一つ英との関係を説明しよう。英が米と協同体であり同盟関係にあることは、今までの説明で充分明らかにせられたと思う。戦争開始に就ては、連絡会議に於て軍側に対し奮闘の結果、漸く交渉打切りの通告を以てしようと云う点まで譲歩せしめたわけであるが、英は交渉の直接当時国ではないので、これに交渉打切りの通告を出すのは形式的には適当でない。しかし日米交渉につき英国を共同参加国と看做す趣旨は、米に対しては両三回申し入れてあるので、交渉打切りは米から直ちに英に通報するはずである。また英は米の同盟国であるのみならず、英首相「チャーチル」は、米国が対日戦争に捲込まれたならば、英国は一時間内に日本に宣戦するだろうと言明しているので、国際的先例から見て、法律的に云えば必ずしも英国に対し別に宣戦する必要はなかった。

十二月八日朝の米英大使引見

十二月八日朝、米国大使と共に英国大使に面会を求めたのは、宣戦の通告を手交するためではなかった。対米通告は正式には華府にて手交することとしたので、東京で米英大使に渡したのは当時両氏に言明した通り、両大使の参考として手交したのである。自分の当初の考えでは、東京時間で八日午前三時よりは米英とは交戦状態になるのであるが、両大使には従来の関係もあるから親しくその労を謝すると共に、右覚書の写しを渡して日本の立場を明らかにして置こうと云うのであった。

しかるに米大使とは、大統領親電問題により更に面会の必要が生じたことは後に説明するが、とにかく八日早暁に面会するために打合せするように秘書官室に命じた。然るに警視庁で既に電話線を切断したと云うので両人の来訪がよほど遅延した。その間に自分は部下の者から、早朝に日本は布哇を奇襲し米英との戦争が開始せられたと放送があったと聞いた。それで両人が来訪した時には既にこの放送を承知しているものと考え、不愉快な出来事を更に自分から繰り返す必要はないと思い、それは既成の事実として挨拶したのであった。

これも東京裁判のさい検事側で糾弾の種子とした問題であるが、結局は両大使に対する好意的情緒がかえって誤解の種子となったわけで、こう云うことなれば両大使に面会せずに置けばかえってよかったろうと思う次第である。とにかく両大使との面会が遅延したので、自分は十二月八日早朝の閣議には出席せず、七時半からの枢密院審査委員会にもよほど遅れて出席したのである。枢密院には前から日米交渉の成行きにつきては再三自分から説明してあったが、この時は大した質問もなかった趣である。そして米英に対する宣戦の諮詢案が可決せられ、本会議に於て更に満場一致可決せられ、両国に対する宣戦の詔書は十二月八日午前十一時四十分発布せられた。

米大統領の親電

今一つ残っている問題がある。大統領は「ローズヴェルト」より陛下に宛てた親電に関する問題である。本問題は東京軍事裁判所に於て主席検事「キーナン」が、「ローズヴェルト」氏が平和に熱心なりしことを極力宣伝せると共に、本件親電問題の重要性を高潮せる結果著しく注目を惹くに至り、最近に於てさえ本電報が今少しく早目に到達せるに於ては戦争は起らざりしなるべしと説き、また本電報の発案者たるを誇称せんとするものさえあって、世論を惑わす虞れがあるから、ここにいささか詳細に記述することが適当と思う。

この電報の写しは十二月八日午前零時半、米国大使が来訪した時に入手したのであるが、その内容は日米間の長期に亙る友情、米国の過去数カ月に渉る日米交渉に於ける熱心を説き、最近日本陸海軍が夥しく南部仏印に増強せられたるを指摘し、日本軍が仏領印度支那より撤兵するに於ては、米もこれに侵入せざるのみならず、東印度政府、馬来諸政府および泰国政府、かつまた支那政府よりも同様の保障を求め得るものと思考す、との趣旨を以てする長文のものであった。その内容たる仏印撤兵の議は、米が我が方の南部仏印進駐を探知せる際、即ち七月二十四日に大統領「ローズヴェルト」が提議したのを嚆矢とするので、米国側記録によれば、当時同大統領は今次仏印に対する占領の意図を阻止せられ、もし既に占領が開始せられたる後なるに於ては、撤兵の措置を講ぜられたく、日本軍隊が撤退せらるるに於ては、自分は力の及ぶ限りを尽して、米政府はもちろん英、蘭、支各国政府より仏印を中立地域となすべき旨の宣言を取付ける用意ありと云うにあった。右提案に対する回答として日本政府は八月五日米国に対し、仏印共同防衛は日本が平和的自衛的措置として止むを得ざるものなり、但し米国にして英、蘭と共に、（一）南西太平洋地域に於ける軍事的措置を中止し、（二）南太平洋地域特に蘭印に於て日本の必要とする物資の獲得並びに日蘭印の懸案の解決につき協力す、（三）資金凍結、石油禁輸の廃止、（四）日支間和平交渉の橋渡し、（五）撤兵後も仏印に於ける日本の特殊地位を容認せば、日本は仏印以外の地に進駐せず、また仏印に於ける軍隊は支那事変解決後撤退することを約してもいいと述べた経緯がある。

また親電発送の考案については、十一月二十六日野村・来栖よりとして、このままにては交渉打切りの外なく微力慚愧に堪えず、このさい唯一の打開策としてまず「ロ」大統領より至尊に対し太平洋平和維持を目的とする日米両国協力の希望を電信せしめ（御内意を俟ちて極力交渉す）、これに対し御親電を仰ぎ以て空気を一新すると同時に今少しく時期の猶予を得、我が方より先手を打ち仏印、蘭印、「タイ」を包含する中立国設立を提議すること然るべくと思考するから、少なくとも木戸内大臣まで御示しのうえ至急折返し電報してくれとの意見上申があったので、木戸内府のみならず東条、嶋田とも相談したが、いずれも不賛成であったので、二十八日両大使に対し、御来示の方面とも連絡せるも、いずれも右はこの際の措置として適当に非ずとの意向であると回電し、両大使もその後は断念したと思われ、なんら進言はなかったことは前に述べたが、来栖大使が帰朝後六月五日付報告によると、「大統領親電の経緯に関しては勿論これが真相を知るに由なきも、最初本使等が多少これに似通いたる点ある最後的局面打開策を策し、東京関係方面の同意を得るに至らず、これを抛棄せる以後に於て、我が方とは全然別個に、一は上院議員「トーマス」の周囲に於て、二は「ジョーンズ」師を中心とする「キリスト」教徒の方面に於て、この種計画につき大統領を動かさんと画策しつつある者あるを聞知したるが、あえてこれを阻止すべき方途とてなく、遂に大統領親電発送を見るに至るものなり云々」と記載してあるので、同氏のその頃の意向は明瞭である。

他面本件に関する大統領方面の動きに就ては、議会査問委員会で幾分明瞭となった。即ち前に述べた通り、十一月二十八日に大統領主宰の下に開催せられた軍事閣議に於て、日本の南進に対する方策を論議し、「スチムソン」の如きは、日本は八月十七日に受けた警告に違背するのだから米国は更に警告の必要もなく、直ちに主導的態度を採って日本軍を攻撃すべしと述べたのであるが、日本にまず手出しせしむるを得策とすとの見地から、勿論右の意見は採用に至らず、種々の論議を重ねたのであるが、大統領はこの時天皇へ警告の書翰を発送する案を持ち出した。しかし「スチムソン」長官はこれに反対して、大統領は議会および米国民に「メッセージ」を送って、危険につき、かつ危険が発生する場合には如何にすべきかにつき報告すべきであると云ったが、大統領はこれらの書類の草稿を「ハル」「スチムソン」「ノックス」で作成するように委嘱した。しかし議会への「メッセージ」は発送するに至らず、天皇への親電については、翌二十九日「ハル」長官は更に大統領に対し効果あるべしとは思えない、記録に留める目的以外には事態を紛糾せしむることさえあり得ることは、昨日「スチムソン」と自分が指摘した通りであると述べたとのことである。

以上諸氏が無効と認めたことは、東京軍事裁判に於て国務省「バランタイン」氏が、同省はこの電報がなんらかでも役に立つ可能性は甚だ僅少であると認めていたと証言したので確証せらるるわけである。これまでが事前に於ける状況であるが、大統領は国務長官、陸軍長官が阻止に努めたに拘らずその発送を命じ、国務省は華府時間十二月六日午後六時に発電したのである。

親電接到後の取扱い

右発電の事情は国務省から直ちにこれを公表したので、野村大使より、米国新聞に大統領が天皇に親電を発したとの報道を掲載している、との電報が東京時間七日に到着したので、自分はそれが親電であると云うことに顧み、取扱いを鄭重にする必要を認めたので、日曜であったけれども、加瀬秘書官にその宛先と思わるる宮内省と密接なる連絡を保持するように命令した。然るに夕刻過ぎになっても外務省はもちろん宮内省にも入電なしとのことで、多分華府で取りやめになったのだろうと噂をしていたが、同夜十時十五分頃、米国大使館から友田秘書官に、緊急電報を解読中であるから準備出来次第大使が自分に会いに来たいとの電話があったので、自分は即座にこれを承諾した。然るに大使が官邸に来たのは翌八日零時三十分頃であったが、大統領の親電を受領したから拝謁を取計らって貰いたいとのことであった。自分は深夜のことであるから拝謁の可能については宮内省とも打合せを要する次第であることを述べて、その内容を質したところ、同大使は「メッセージ」の写しを手交し重ねて拝謁を希望する旨を述べて辞去した。その内容は前に記載した通りであるが、この提議に就ては七日近衛第三次内閣に於て拒絶した成行きもあり、かつ先方よりは仏印の中立以外にはなんら日米交渉案件に触るるところなく、かつまた保障も譲歩もないのでこの危局を救い得るものは認め難いのみならず、時刻も急迫しつつあるので、陛下には親電受領前に政府の見解を上奏するのが適当であると考えたので、一方松平宮内大臣に拝謁方を計ったが、内大臣と打合せてくれと云うので、木戸内府に電話して大統領親電が米大使館に到着した旨を以て打合せたところ、深夜と雖も急用の場合大臣の謁見は差支えない、自分もその頃に参内すべしとのことであった。

よって右親電の飜訳が出来上ると即刻東条首相を官邸に訪い、米大使来訪のことを親電の内容と共に詳細に説示したが、同人はそれ以外に先方からの譲歩はないのかとの質問があったのみで、そう云うものでは何にも役には立たぬではないかとのことで、予に謁見上奏方を勧説した。そこで陛下から大統領に送らるる回答案に就て相談したが、同官邸を辞する際に夜中あちこち騒ぎがして気の毒だと戯れたに対し、彼は遅く電報が着いたからよかったよ、一、二日早く着いていたらまた一騒ぎあったかも知れぬと云った。とにかく自分はそれより直ちに参内したが、木戸内府は既に宮中に在ったので、短時間ではあったが「メッセージ」の内容を伝えたところ、彼は直截にそんなものでは駄目だねと云って、東条の意見はどうだと尋ねたから、君と同じことだよと話している間に拝謁の時刻になったので、陛下に親電全文を読み上げ、七月大統領より同様の申し出があった際の成行きを説明したるうえ、先刻総理と相談した御回答案に就て申し上げた。そして陛下の御嘉納があったので、御前を三時十五分に退下し、三時半過ぎ帰宅したが、四時半頃海軍省から、日本海軍が布哇に於ける米国艦隊を襲い大成功を博した旨の電話があった。

八日朝米英大使に会見の次第は前に述べた通りであるが、特に米国大使には本件について、先刻陛下に大統領からの親電が米国大使の手許に届いたことと共にその内容を詳細上奏したが、陛下は大統領の「メッセージ」に対し感謝の意を表せられ、これに対する回答として左の通り伝えるよう御下命があったとて、「仏印に日本軍隊の集結せる事情に関する過般米国大統領の照会に対しては日本政府をして回答せしめた、また仏印よりの撤兵は日米交渉に於ける一項目を為せるもので、これについても日本政府をして意思表示を為さしめたから右につきて御承知を願いたい。なおまた太平洋延いては世界の平和と康寧を招来せんとするは自分の素志であって、これがため自分の政府をして今日まで努力せしめたことは大統領に於ても夙《つと》に了承せられおるところと信ずる」と口頭で伝えたが、先方の希望により後刻大使館に書き物として送らせた。

親電は効果なき性質のもの

大統領からの電報が東京中央電話局で十余時間その配達を遅延せしめたこと、またその原因が参謀本部の一将校の要求に因ったことは、東京軍事裁判所に於て始めてこれを耳にして、参謀本部の横暴なる処置に驚いたわけである。しかし軍部でも東条の如きは、かかる参謀本部の術策があったとは当時は知らなかった模様である。蓋し前に述べた同人の当夜の言即ち遅く着いてよかった、早く着いていたらまた一騒ぎあったかもしれぬとの意味について、東京裁判開始後であるが、もしあの電報が一両日も前に着いていたら、結局は不成立となることがはっきりしていても、今一度交渉しろとか云い出す者が出て来て、開戦までに無用の悶着があったかもしれないと云う意味で、ああ云う内容のもので時局が収拾せらるることは夢にも思わなかったと云ったことがあるからである。

「ローズヴェルト」大統領の電報は前に云った通り、仏印よりの撤兵および同地の中立化を内容とするだけで、爾余の問題には全く触れず、今後の交渉の基礎もなんら示すことなく、米国の譲歩につきて何ら述べるところはなかった。仏印中立化は米国から見れば、仏印に在る日本軍の与える脅威が除かれるので甚だ有利であったろうが、日本にとっては自存自衛のため立つの外なしと思った事情には、なんら変更を加えるものではなかった。されば東京に於ける首脳部は素より、華府に於ける米国最有力方面に於て役に立たぬと判断したのは正当であって、これによって戦争を回避し得なかったことはむしろ初めから明瞭であったと云うべきである。「ハル」長官が当時云ったように、その平和的態度を記録に止めんための目的以外に効果がないとは、予知しての行動であったのである。

当夜の印象

自分は当夜の印象について今一つ述べたいことがある。当夜開戦の間際に於て親しく拝謁の機を得て、四海同胞と思召す気宇の間に毅然たる態度を持せらるる陛下の風丰に接して感激に撃たれた後、さなきだに清静の気が漲っている宮殿を、夜半数丁にも渉る長廊下を粛々として舎人に案内せられ、坂下門御車寄せでは燦たる星辰を仰ぎ灝気に浴した感があったが、更に宮場前の広場で深夜の帝都は自分の飛ばす砂利の音以外は何一つ聞えず、深い静寂の裡にあって、数刻の後には世界歴史上の大事件の起るべきを思い、種々の感想に撃たれたが、自分としては人類のため国民のためここ一カ月半自分の全精神を傾倒したので、これ以外更に方法なしと云うところまでつきとめての措置は、天の感得せらるるところであろうとの一念に徹した。自分は公生涯に入って以来幾多記念すべき場合に遭逢した。論争の場としては、一九三九年冬から翌年春に及ぶ北洋漁業問題に関する「リトヴィノフ」との論争、開戦前殊に十一月一日から二日早暁にかけての軍部との争い、開戦後であるが一九四二年九月一日の閣議に於て三時間余に亙る東条との論争あり、また興趣多き場面としては、総統官邸および「ベルヒテスガルテン」の山荘に於ける「ヒトラー」との会談、並びに一九四〇年初頭「クレムリン」で前日からの会談で徹宵し早朝祝盃を挙げて新年を迎えたことも記憶に新しい。しかし自分が大事件として逢着し、しかも至誠神に通ずるものあるべしとの信念を以て邦家のため人類のため最善と信ずるところに従い全力を傾倒し尽せりとの感に満ちたのは、この時、即ち開戦直前宮中よりの帰路と終戦当時八月十四日御前会議終了の際であったので、当時を偲ぶだに今なお眼頭の熱きを覚ゆる。

第三部　太平洋戦争勃発後

第一章　宣戦直後

一九四一年十二月八日午前十一時四十分、宣戦の詔書が発布せられたが、布哇《ハワイ》および馬来《マレー》半島の「コタバル」方面にはそれ以前に、上海、香港等にはそれ以後に我が軍が上陸してこれを占領したとの報道を受けた。同日午後には独伊大使の来訪を受けて、宣戦の事実と伯林《ベルリン》および羅馬《ローマ》に於て単独不媾和条約締結の交渉中なることを告げ、また「ソ」聯大使を招致して、米英に対し戦を宣するの止むを得ざりし事情を説明し、かつ「ソ」聯が中立条約の義務に忠実なることを期待する旨を述べた。

緒戦に於ける国内の戦勝気分

当時日本国民は一般に戦勝に満悦し、多年鬱結したる懊悩頓に晴れたりと云うものが多く、終戦後は自由主義者を標榜する人々で自身親しくまたは書面を以て祝辞を寄越した者も少なくなかった。されば自分に対しては、戦争反対であったそうだとの噂を流布して批難の種子としたものが、外務省関係者にもあったことを聞知したので（同盟萩野伊八、安達の両人より聞知す）、外務大臣がなるべく平和の維持に努力するは当然にして、出来得る限り戦争を防止せんとしたるは事実なり、他面我が国の存立と名誉に関する場合は、外務大臣と雖も戈を執って立つに賛成するものなりと説示したことがある。宣戦後は連絡会議の開催も頻繁たらず、外交事務としては独伊との単独不媾和条約、泰国との同盟条約が間もなく締結せられた後は、緊急を要する案件頓に減少したので、過去六、七週間に亙る繁忙に引き換えて手持無沙汰の感があった。従って世間一般からのみならず、外務省内に於ても戦時中外交は無用との声が出るようの有様であった。これは意外に戦勝が大であったので、この勢いで進めば急速の媾和はむしろ不得策なりとの楽観論に制せられた模様もあったから、自分は一九四二年元旦には外務省員に対し、前に述べた外務大臣の地位と戦争との関係を明らかにすると同時に、戦時外交の重要なることを高調し、外務省に於ては戦争終結についても早きに迨《およ》んで準備するところなかるべからずと戒めた。

ここに想起するのは、右訓示を与えた午後、武藤軍務局長が年始の挨拶に来訪して時局談に及び、戦争はなるたけ急速に終結するのが日本にとり得策であるので、是非その方向に動かさるることを願望するが、それには東条大将に総理をやめて貰う必要があると云ったが、その足で岡田大将をも訪ねて同様のことを述べたと云うことであった。なおこの種のことが東条の耳に入って、同人の南方転出を見るに至ったとの噂があった。軍部の策動については同人も与って力ある次第であるが、当時の軍部にあっては政治的感覚を有しているほうであった。

しかし、一月十一日蘭印の「タラカン」に上陸し、二月十五日新嘉坡《シンガポール》を攻略し、更に「スマトラ」「ボルネオ」に於ける油田を入手し、着々戦果を挙げたので、前線の将兵のみならず、朝野を挙げて戦勝を謳歌し、天下無敵の思いをなすものが少なくなかった。されば敵を撃滅するのを目途として更に外交の必要なしとの声が盛んであった。戦時に於て軍部の力が増大して遂に施策を誤ったことは、世界史上その例に乏しくないが、日本の如き統帥権の強大を認めて来た国に於ては殊にその弊がある。また日露戦争の際には大山、児玉、山本、東郷の如き達識の士が軍人にもあって、早きに迨《およ》んで戦局の収拾を按じたのであるが、今日の軍部にこれを求むるは困難であるから、以上の二点は宮中方面に於ても怠らず注意せらるる必要があることを、その頃宮内大臣その他にも述べたことがある。なお戦勝への熱狂は議会方面にも著しいものがあった。現に同年二月衆議院予算総会に於て、植原代議士が外務大臣の媾和に関する気構えについて質問したので、戦争を終結して平和に導くことは当然かつ必要のことであり、それについては充分の準備と覚悟を持っていると云ったところが、議員の方から抗議が出て、敵を撃滅するのが戦争の目的である、然るに外務大臣が媾和に就て準備をすると云うのは失言であるから取消したらよかろうと云うのだ。自分は当然のことを述べたのであるから、取消す必要を認めないとてその申し出を拒絶したが、閣内でも議員の云うのは尤もだ、現今の勢いで進めば、「ワシントン」まで攻めて行けるかも知れないと云うものもあって、総理も何とか穏便に処理するほうがよかろうとのことで、速記録に掲載しないというその頃流行の方法を採ることにしたこともあった。

英国の和議申入れ説は無根

今一つここに記述するを便とするのは、英国から新嘉坡陥落直後和議の申し出があったとの噂である。右は終戦後日本一部の間に取沙汰せられて、これを信じているものがあるとのことであるから、当時日本政府では、かかる申し出に接した事実なきことを明言しておきたい。なかったと云う証明は間接証拠によるの外ないわけであるが、英国政府が今次太平洋戦争については終始米国の意図に遵《したが》って行動したので、日本と特に単独に媾和せんとすることは有り得ないことで、その無根なことは明瞭だと思うが、次の挿話もその無根を証明する資料になると思う。これはその後のことであるが、「クレーギー」英国大使が日本を引揚げる際、自分は加瀬秘書官を派して日米交渉の不成立からして遂に戦争になったのを遺憾に思うこと、戦争になった今日一方が勝算なしと認めた場合には、速かにこれを止めることが双方にとり得策と思うから、この点は大使に於て適当と思うなら英国政府にも伝えてほしいと伝えさしたが、同大使は英国の戦況が不利であるこのさい直ちに右の趣旨を政府に伝えるわけには行かぬが、日本外務大臣の厚意には厚く感謝すると述べた趣であり、忍耐心の強い英国人としては当然のことと思ったことがある。

連絡会議に於ける戦局検討

緒戦に於ての成功は目醒ましいものであった。同年二月連絡会議に於て検討したところでは、外交方面では独伊との単独不媾和条約、および「タイ」との同盟条約締結並びに「ソ」聯との中立関係持続など、予定の通り円満なる進行を見たのであった。なお統帥部より今までの戦果を報告したところでは、予定よりも三カ月乃至六カ月早く南方要地の攻略を了えたので、それだけの余裕が出来て今後の作戦が容易になるとのことであった。その頃から戦勝に酔った民間からは、豪州にも印度、「ビルマ」にも出兵すべしとの議論を為すものがあり、退役の将官連は素より、重臣元閣僚と云うが如き方面からもこの種の意見に接した。しかし自分は戦争前に於ける研究のさい戦略資材、殊に船舶の窮迫について知るところがあり、かつ海軍の戦略は今なお守勢を以て本義とするものと考えていたので、右の如き進出に反対し、豪州は勿論「ビルマ」への派兵は不利なることを主張した。

また二月から三月にかけて戦争遂行に関する方策を更に連絡会議に於て検討したが、軍部では甚だしく真珠湾に於ける成功を誇称し、米国は一九四三年末に至らざれば反攻に出ずるを得ずとの議論があったが、自分は米国工業力の強大を説き、損害の回復、戦力の整備が案外速かなるべきを説いた。なおこのさい外交方策として、独「ソ」和平および支那問題の解決等につき説いたが、これは後に各事項につき説明するを便としよう。右連絡会議に於ては遂に船舶量に関する議論が中心となった。事の起りは、第一次作戦が終了すれば陸海軍で徴用せる船舶が大部分不用となるので、これを民需に移し、軍用資材、食糧等の輸送に充つべしとすることに戦前の了解があったのであるが、三月になっても陸海軍はこれを民需に移さないばかりでなく、民需より更に幾分の徴用を希望するとのことであった。これに対し自分等文官側は全部反対してもしさようの方法を続ける場合には、衣食糧に欠乏を来すは勿論、結局軍需品の生産にも不足を生ずべきにより、当初の了解通りに実行すること必要なりと熱心に論難したが、軍の主張が極めて強硬で、遂には本件当面の主任官庁たる方面に於て陸海軍と更に協定することとなり、自分等の手を離れた。

俘虜・抑留者問題

その間に起って来たのが俘虜その他在留外国人に関する問題であった。戦争勃発後間もなく、米英両国政府から利益保護国たる瑞西《スイス》および「アルゼンチン」代表者を通じて、日本政府が一九二七年七月寿府《ジュネーブ》に於て調印せられた俘虜条約を遵守するの意向ありや否やとの問合せがあった。右の条約は前に日本では調印したが批准しなかったものであるが、日本は西伯利亜《シベリヤ》出征以後、軍規につきとかくの風説があるが、その以前では日露戦争でも青島戦役でも俘虜に対する取扱い方は極めて人道的であって、世界の称讃を博したのであるから、今次の大戦争に於ても決して指弾せらるるが如き行為を執るべきでない、また日本人が敵国内に居留するものが数十万に及ぶのであるから、我が方で万一俘虜または抑留者に不当の取扱いを為した場合には、これら多数の日本人が影響を受ける虞れもあるから、世界的に公正な取扱いを為す趣旨から、右の条約をも準用することにしたらいいだろうとの意味を以て、松本条約局長に命じて陸海軍主務者と協議せしめた。その結果陸海軍次官から外務次官宛に、俘虜待遇上これに準じて措置することにつき異存なく、また俘虜の食料および衣類の補給に関しては、俘虜の国民的民族的習慣を適宜考慮するに異存なしとの返事があったので、前記の諸国に通告したのである。また抑留非戦闘員に就ても陸海軍と打合せの上、前記条約の原則を出来得る限り準用することに異存なきことを更に通報した。当時自分が陸海軍の態度として外務省の主管局課長から聞いたところでは、両者共人道的取扱いにいささかの異存を有しないとのことであった。

然るに間もなく、「グアム」に於ける俘虜および抑留者の取扱いにつき米国から抗議的問合せがあったので、海軍に移牒したが、香港に於て残虐行為があったとて英国からの抗議があったのでこれは陸軍に移牒した。なお英国外相「イーデン」は議会に於て批難を加えたとの報に接したので、自分は直接東条陸相に右の事情を伝え厳重なる取締りを要望したところ、同人もこれを快諾したが、英国外相もその後暫くして香港の事態はよほど改善せられたと述べた由を聞いた。但し自分は俘虜および抑留者に対する事務は人道上重大問題であり、慎重な取扱いを要すると思ったので、西次官に折衝せしむる外、佐藤顧問にも在京敵国利益保護国代表との接触を依頼した。その後自分が同年九月に辞任するまでの間にも、各方面の俘虜待遇に関する相当数の抗議があり、自分としては前記陸軍側との接触に依る印象に照らして意外の感があったが、接受した抗議は直ちに軍部に移牒して急速回答を発するに努めしめ、また赤十字代表者の俘虜収容所訪問に就ても出来るだけの便宜を計る趣旨を以て陸軍省と交渉せしめたが、当時収容所を巡視した赤十字代表者は日本側の俘虜取扱いぶりに満足しているとの係官からの報告であった。

とにかく九月までにはさほど多数の残虐行為があったとは思えなかった。勿論「バターン」の死の行進とか、潜水艦乗組員射殺計画とか、緬甸《ビルマ》鉄道計画とか、凡て外務省とは無関係の事件であり、その時までは相手国よりの抗議もなかったので、自分は予想もしないことであった。なお一九四二年四月十八日、「ドゥーリツル」指揮下の飛行機が東京等を爆撃したのは、従来軍部の唱えた帝都侵入不可能に反するものであって大きな衝撃を受けた。そのうち二機が支那に不時着しこれを捕えたが、統帥部では厳刑を以て処罰したい意向だとの聞込みがあったので、自分は杉山参謀総長に対し、厳刑を以てする処置は米国にてはむしろ反作用あるべく、とにかく国際法に遵《したが》って処理することが必要だとの注意を与えた。その軍部から外務省事務当局に対し、本件処罰は軍限りのみであるが、処罰後の公表方につき外務省の意見を求めたいと申し出でた趣であったから、前記杉山総長に述べた趣旨を以て処理するように指示したが、その処刑も自分在職中には行われなかったようだ。

我が方の利益保護および交換船派遣

戦争勃発と共に敵国に在る我が方の利益保護は、米国に就ては「スペイン」、英に於ては「スイス」に依頼したが、間もなく米英両国政府から相互的に外交官および領事官を帰還せしむること、並びに自国民をなるべく多数帰国せしむることについて申し出であった。自分は直ちにこれを応諾したが、我が在留民は米国に於て多数に上っているので、これを全部帰還せしむることは不可能なるばかりでなく、本人中これを好まざる者も多かった。よって我が方からは日本以外の満州国、支那、仏印、泰在住者をも送還することとし、かつその国籍は米英に限らず、聯合国たる欧米各国民を含むことに取計らい、大体その数に相当する日本人と交換することとした。しかしてその実施に関する事務は欧亜局太田第三課長に命じたが、なかなか複雑多岐で多大の困難があった。第一に交換船が作戦地域を通過しなくてはならぬので、統帥部殊に海軍がこれを好まざりし上に、また戦争遂行のため船舶の需要が大きい折柄であるので、軍その他の関係方面で輸送船の供給を好まなかったため内部の話合いも進捗せぬので、再三軍令部総長および次長と交渉して歩武を進めた。この交換については陛下も一方ならず関心を有せられ、たびたびの御催促もあったので、最後に軍令部から持出した要求、即ち交換の実行をかなり遅くするとの主張も撤回せしめ、我が方からは一九四二年六月二十五日から八月十日にかけ、第一回には浅間丸および「コント・ヴェルデ」、次には竜田丸および鎌倉丸を出航せしめ、横浜、神戸、上海、香港、西貢《サイゴン》、新嘉坡の各地で帰還者を乗船せしめ、交換地たる葡領東阿弗利加《アフリカ》の「ローレンソ・マルケス」港へ送り出すことにした。そのなかには刑事事件のため起訴せられ審理中の者もあり、これを釈放帰国せしむるのも簡単ではなかった。即ちその釈放に司法当局までが文句を云うとのことであったから、司法大臣に直談判して成功したようなわけであった。然るに米国側でも出航間際に日本人二名を留め置くように企てたりしたので、更に困難を加えたが、漸くその解決を見たのである。

かくして交換せられた日本人で第一回に帰国した野村大使以下の一行は、自分が外務大臣辞任直前八月にこれを官邸に迎えることが出来たが、第二回の帰国者には遂に面会の機会がなかった。その後も引続き交換する申合せであったが、自分の辞任後は一九四三年九月に印度葡領「ゴア」に帝亜丸が赴いただけだそうだ。なお在本邦敵国人殊に外交官等に対しては充分鄭重に取扱うべきことは一再ならず外務省関係官に注意し、また軍、内務その他の関係官庁との接触の場合にもその趣旨を以て処理すべきことを命じ、米英外交団より警護、配給等につきて不便不足があると聞いた時には直ちにその改善を命じたようなわけで、自分の第一次在任中にはほとんどいずれの方面からの苦情にも接したとの報告はなかった。

満州国参戦問題

戦争勃発当時から満州国政府では参戦の希望を表明して来たが、同国の参戦はその隣接国たる「ソ」聯および中華民国との関係を複雑にするので、なるべくこれを避くるを便とする事情もあったが、その外に自分は当初なるべく交戦国の数を増さないことが人類のためでもあるが、また戦争を早く終結する上からも必要だと思ったので、その参戦の希望を思い止らすことに努めた。しかし満州国の外交事務は永いあいだ東京では対満事務局が取扱い、これは陸軍大臣に所属していたので自分は直接の関係はなかった。ただ同国の対「ソ」交渉事務のみが外務省の所管に移っていたが、その際は「ノモンハン」事件解決に伴う紛争地域の境界現地確定事業が進行し、一九四二年八月満蒙両国政府間に公文の交換を了え、全部事業が完成したとのことで、満州国国務総理から自分の在「ソ」大使時代の功績について鄭重なる謝意の表明があった。その他開戦後に於ける満州国と「ソ」聯との一般関係は静謐であり、なんら特記すべき事件はなかった。

対独関係

独伊とは単独不媾和条約の成立を見た後には特に大きな外交案件はなく、殊に日独間の一般関係は良好であった。しかし日本で緒戦の成功に陶酔して既にこの戦争の終極的勝利を確保し得たかのように楽観した者の一部では、この次の競争者として独逸を目し、これに対する南洋よりの錫、キニーネ、支那よりの「タングステン」等の供給をも渋る状況があるとのことであったので、南京その他に在る我が方の公館に訓令を発して、かかる理由なき楽観のために現在に於ける協力者にまで反感を与えることのないようにと電報したことがあった。これに反して米英は「ソ」聯に大規模の援助を与えて、一九四二年五月には、英「ソ」間の同盟条約が締結せられて、前年の相互援助関係を強化した。元来自分は独逸の戦局については、当初から少なからざる危惧の念を有して、またその第一次世界大戦と同様の結果に終るのではないかとの不安は絶えなかった。

独蘇和平問題

殊に自分は今次戦争に於ける外交戦は「ソ」聯の争奪にあって、ここが外交上に於ける関ケ原と目した。また「ソ」聯が日独間に介在し、しかも独「ソ」戦っているのでは日独の相互援助は名のみで実効は伴い難いのであった。独「ソ」既に戦える際に、「ソ」聯を我が方陣営に引きつけることは尤も困難なことではあるが、この戦いに勝つためにはこの方策を必要とした。なおまたこの大戦を早目に終結せしむるためには、まずこの一角より和平に導くことが肝要であるので、戦前十一月半に万一戦争となった場合の終末方法を連絡会議で審議した際にも、国際的方面の策としては独「ソ」和平の成立に努むることに議を纏めた。また一九四二年一月、在東京「スメターニン」大使が帰国する際に、今全世界が戦争に捲き込まれている際、日「ソ」関係のみが夕立の中に一道の晴れ間を見せているに酷似する、自分の希望はこの晴れ間を拡大して全世界に光明を齎さんとするにあるから、将来「ソ」聯政府が和平の希望を有した場合には、日本はいつにても最善を尽して仲介の任に当る用意があることを「モロトフ」委員に伝言を托した。

しかし独「ソ」和平の実現は独逸の力がなお顕著なる優勢を示して、「ソ」聯が和平に興味を持つ間か、或いはまた独「ソ」の力が逆になれる時かに限らるるのであるから、自分は連絡会議に於て、一九四二年夏期攻勢に先だちて一応「ヒトラー」に勧説するを必要なりと説いたが、軍の多くは独逸の勝利を信じ、その場合東方よりの進出を企てていたので、参謀総長は独逸の夏期攻勢が失敗することありとせば、その際始めて和平を勧告すべきなりと云うて反対し、また伯林の日本側からは、独「ソ」和平は禁物なりとの電報があったとのことで同意しない。その矢先にかえって独逸から我が方に対し、「ソ」聯に対する協同作戦を申し入れて来た際にも、日本側ではこれを拒絶したが、その主因は日本が両面作戦を為すの準備と力がなく、また東方からの欧露進撃は容易ならざる困難があることに存したのであるが、国際政治の立場からは、「ソ」聯に対して参戦するよりも独「ソ」間を中立に復帰せしむるに努むるに可とすとの理由に基いたのであった。それで自分はその頃「クィビシェフ」に疎開していた佐藤大使に対して、時々莫斯科に赴き、やがて訓電に接した際には、直ちに和平仲介に入り得る地盤を準備するようにと電報した。この時佐藤大使は、日「ソ」間の中立維持につき自信を有するも本件仲介に自信なしとの趣旨を電報して来たが、自分は「ソ」聯との関係は早きに迫んで調せざれば、やがて日本の戦局不利ともなることとあれば中立の維持も困難となる次第なれば、日「ソ」と独「ソ」との関係は判然分離し得ざるを思うて、全力を以てこの際の仲介に当ることを必要と認め、更に電報して漸くその了解を得たのであった。

独「ソ」和平がその双方にとり困難なることは前に述べた通りであるが、これが如何に大なる影響を戦争の遂行に与えるかは、米が独「ソ」開戦以来「ソ」に大々的援助を与えてその戦力を培養し、また米英外相がわざわざ莫斯科に赴きて、その歓心を求めたることによって実証せらるるのであるから、日本も必要の場合には独に強圧を加えてまでも「ソ」との和平を勧説する必要があった。そして自分は伯林駐剳中に、「アントリコ」伊国大使から「ムッソリニ」が「ヒトラー」の対「ソ」妄動を憂いつつあったことを聞いたし、また「ヒトラー」を動かすには「ムッソリニ」を唯一人とするので、在羅馬日本大使に小林躋造大将の出馬を求め、日伊の全力を挙げて独「ソ」和平の成立に努むるを緊喫事なりとし、八月嶋田海相を通じて小林大将に渡欧を慫慂したが、九月一日予が辞職の日の朝に嶋田君から同氏不承認の次第を聞いた。かくの如くして独「ソ」和平またはこれによる一般和平の計画は、なんら実行の域に達しない間に九月辞職することとなったのである。なお七月独逸の対「ソ」参戦勧誘を拒絶する直前、その旨を内奏する際、陛下よりは戦争がなるべく速かに終了するを希望せらるること、並びに本件拒絶の回答は在独日本大使を通ずる以外、更に確実なる方法により独逸政府に通達するを可とすとの御言葉があった。

支那問題

対支問題は対欧問題よりも更に複雑であった。興亜院が設立せられて以来純外交——この言葉ほど珍妙なものはない——および在支居留民の保護を主とする領事館事務だけが、外務省の権限に残され、支那に関する政治、経済、文化に関する諸事項は凡て興亜院の管掌に帰し、その出先機関は支那の地方政権との交渉も許されていた。その総裁は内閣総理大臣であり、陸、海、外、蔵の各大臣が副総裁の地位にあったが、本院成立の歴史に照らし、副総裁としての外務大臣が有力なものでなかったことは当然のことであった。日本の在支駐屯軍が各地域の治安維持に困難せると同様に、興亜院の治績は甚だ挙らなかった。殊に在支物資の獲得については種々の批難があり、就中駐屯軍の糧秣買入れについて支那人の苦情が少なくない旨の報告があったので、自分は東条陸軍大臣兼興亜院総裁に対し、軍並びに興亜院が支那人一般にかくの如くにまで不満の念を抱かしむるようでは、対支一般政策の遂行も不可能となるわけであるから、糧秣購入経費の如きは、支那人に迷惑をかけぬよう充分予算に計上して処理すること然るべしと述べたが、陸相はその点は東京では充分な手当が出来るようにしてあるが、出先が不当の取扱いをするので問題が起るのであるが、出先にも更に訓戒しようと云ったことである。かくの如く占領の結果が甚だ香しくないので、自分は戦争勃発後も支那問題なりと速かに解決するを適当とし、一九四二年三月連絡会議に議題としてこれを提出し、我が方の戦果挙り重慶大いに窮迫せる今日に於て、合理的条件により支那問題を解決すべきであると主張した。これに対して軍隊を常駐せしめたいとか、軍の圧力により事業の経営を容易にしようとか希望している方面では、種々の理由を設けて反対したが、自分の方からも強力に主張した結果、まず当面の問題たる重慶政権に対する方策を定めようと云うことになり、また問題を押し詰めた結果、これに対し更に武力的圧迫を与え得る方法ありや、もしなしとすれば、如何にしてこれを妥協に誘導するやとの問題になったので、参謀本部で右の点を研究した上に討議を重ねようと云うことになった。

東条内閣の国内施策

前に述べた通り、この頃は日本一般に戦勝に酔うた調子で、一方では百戦百勝を予想してもはや天下憂うべきものなきが如き楽観に耽っている一方、米と相対峙するには長期の覚悟が必要であり、二、三十年さきの戦力涵養に備える必要ありとて、企業整備、学制改革の如きその影響永きに亘る施設に着手すると共に、十年の後に役立つが如き工場の設備に貴重の材料を消費していた。企業整備案および学制改革案が閣議に提案せられた時、そのいずれに対してもかくの如くは戦争終末後になすべきで、現在は戦に勝つための施設に限定すべきである、然らざれば敗戦となるべきこと明瞭であると云って反対したが、総理はもちろん主管大臣は耳を傾けなかった。推薦選挙を行うた結果、当選した新議員による議会を開催して戦勝を謳歌せしめ、進んでは大東亜建設審議会を開いて軍事外交以外の諸施策を研究進言すると称し、各関係者で作成せる案を基本とし浮薄かつ利己的な決議を拵え上げて得々としていた。東条首相からこの多数決議案をそのまま閣議決定しようと云い出したので、自分は閣議は実行可能の政策のみを採用すること必要なるが、右決議の多くに就ては自分は実行可能とは思わずと反対し、遂に参考のためと云うことにしたことがある。右は支那問題に対する興亜院制度を大東亜全域に拡大かつ強化し、更に永久化せる組織の設置を予想するもので、この頃から興亜院その他の内閣の一部に後日大問題となった大東亜省設置の議が起りかけた模様があった。

支那事変解決問題の行悩み

支那問題解決については、その後予は再三軍部へ督促したが、参謀本部第二部長から軍事上から見た対重慶方策のみにても容易ならぬ難問題で、答申案の完成を見ずなどの理由でしばしばその遷延の詫びに来たことがあった。かくの如く遅延している間に、太田元駐「ソ」大使が支那に旅行の途次、南京にて汪精衛から日支間の即時停戦および全面和平を勧説せられたことを報告したから、自分は対米英戦継続中は作戦の関係上支那から全部即時に撤兵することは困難と思うが、その点は実行可能の方法を案出することとして、この申し出は先般の連絡会議議題と併せて研究することが適当だと認むと述べ、対支問題の解決促進を計った。東条はこれに反対もしなかったが、右二部長等の話では撤兵にはあいかわらず反対であって、これに到達する案は凡て却下せられるようなわけであり、従って成果を得るのが甚だ困難であるとのことであって、自分の第一次在任中には更に進展を見なかった。この点につき東久邇宮もこの頃に蔣政権との妥協により支那問題、また進んでは日米戦争を解決する策を東条に説いたが、彼は頑として受けつけなかったことをその著書の中に述べているが、東条当時の気持がよく現われている。しかしこれらのことが基本となって大東亜省問題が起ったのであるから、同省設置案が枢府の審査に供せられた時には政府の対支政策も批難の一目標となったので、大東亜省設置の法律案御裁可の際には、対支関係にも適切なる考慮を加えよとの御沙汰があって、政府でも従来の方策にも改善を加うとの決定をしたのである。

爾余の大東亜地域

なおその他の大東亜地域に就ては、仏印と一九四一年十二月九日軍事協定の締結を見たが、現地軍当局の措置で外務省は関係なく、その他にも格別の問題はなかったが、比律賓《フィリピン》に対しては一九四二年一月、日本はその独立を認容する準備あることを明らかにした。これは米国が比律賓に独立を約束したことを受継ぐものであるが、予がこの政策を支持した他の理由は、日本が南方に領土的野心を有しないことを明らかにすると同時に、日本の対比方針が米国のそれと同一であることを知らしむることにより、後日米国との和平に障碍を減ずる底意もあった。

第二章　対東亜政策および大東亜省問題

東亜政策

自分の東亜政策は前記の諸点からも明らかなるが如く、この地域内の諸国に就ても、主権の尊重と経済協力との基礎の上に善隣友好関係を樹立せんとするを念とした。即ち日本は東亜の先進国として東亜諸国並びに諸地域の進展を助け、平和的手段により東亜の繁栄を計るにあった。一九四二年一月二十二日、予が議会に外交関係につき為した演説は日本の戦争目的を明らかにしたものであるが、右の点を明らかにすると共に、なんら排他的の意図なく進んで亜細亜以外の諸国とも協力せんとすることを述べたのである。戦時中であったので、幾分その時の雰囲気を考慮する必要があったばかりでなく、閣僚の意向も幾分加味することが必要であったが、右の演説に現われた思想が武力による支配の政策とも異なり、また「ブロック」経済乃至生活圏の観念とも一致しないのはあまりに明瞭であり、これら生活圏主義を基調とする東亜新秩序の観念の主張と相反することも明らかであり、従って少なくとも当時に於ける東条一派の大東亜政策とも異なるは当然のことであった。自分が右の相違に気づいたのは入閣後間もないことであったが、相手の新秩序建設論者が緒戦の成功に酔った後には、その相違が益々大となったのはこれまた当然であろう。東条はそれにしても戦争開始直後までは相当慎重であった。現に開戦後間もなく統帥部から南方地域占領後に於ける軍政施行の便宜より見て、これら地域の帰属を定めんとする提案があった時、自分はかかる重要問題を、戦争酣《たけなわ》にして事態凡て未定なる間に決定すべきに非ずと主張した時に、彼は自分の見解に同意し連絡会議も同様の決定をしたことがある。

大東亜省案の風聞

東亜政策については右の如き二つの流れがあるので、自分は該政策の決定が新秩序建設論者に渡ることは極力阻止するのが必要であり、従ってなるべく外務省の管轄下に置くことを希望した。然るに同年五、六月に至ると、大東亜地域の行政に関する新省の建設が考慮せられていることを聞いた。これによると、大東亜地域（朝鮮、台湾、樺太を除く）に於ける出先機関は、凡て大東亜省の指揮監督下に置かれることとなり、満州国、支那、泰およひ仏印等（関東州および南洋諸島を含む）に関する問題は「純外交」を除き、政治、経済、文化の諸問題全部を新省の主管に帰さんとするものであった。但し新省の設立により、対満事務局、興亜院および拓務省は廃止される。なおこの案の目的とするところはこれら諸国を兄弟として取扱い、かつ大東亜地域の物的の力を総動員して戦争遂行に寄与せんとするにあると云うに在った。よって自分は東条に対し現在は戦争遂行のため全力を尽し、速かに不敗の態勢を整えることが急務であり機構いじりに時を費やすべき時機に非ず、伝えられる新省は日本外交の最重要部分を外務省より剥奪し、外交一元を紊《みだ》し、かつ東亜諸国の自尊心を傷つけ、延いては日本とこれら諸国の協力関係の維持を不可能ならしむるに至るべしとの理由を以て反対した。彼は問題を慎重考慮すべき旨を約した。

ミドウェー海戦

本件については暫時聞くところはなかったが、戦局につき一大凶報に接したのである。即ち六月無敵を以て傲っている日本海軍が、「ミドウェー」に於て損害を受けたとの報が発表せられた。そしてその損害は軽微であることが、連絡会議の席上でも海軍統帥部から説明せられたが、その後暫くして自分は、その損害が航空母艦多数の喪失であってほとんど償う能わざるものであると内聞して、海軍当局の真実性に疑惑を増すと共に戦争の将来に大なる危惧を有するに至った。その後間もなく敵は「ガダルカナル」に反撃してその反撥力の旺盛なるを示した。

大東亜省問題に関する閣議

然るに八月二十九日、星野書記官長が総理の命によって来訪し、大体前記の趣旨に基く大東亜省案を提示し、九月一日の閣議に於て決定したき意向なる旨を述べた。予はその案を一瞥して外務省の所管事項として残さるべき「純外交」の意義について質問したが、星野は純外交とは国際儀礼および条約締結の形式的手続等なりと説明した。予は同案の不当なることを指摘すると同時に、閣議提出を五日に延期するよう要求した。書記官長は一旦辞去した後、再び来訪して総理は是非とも一日の閣議にて決定したき考えなる旨を伝えて来た。八月三十一日或る宴会の後、予は東条に対し本件に対する反対の理由を繰り返し、閣議決定を延期するように要望したが、東条はこれを拒絶した。かくて本件は九月一日の閣議に付せられた。この閣議に於ては午前十時より三時間に亘り討議を続けたが、意見の一致を見なかった。予は主なる反対理由として左の五点を挙げた。

(一) この案によると、日本の外交は東亜とその他の世界各国とにより主管省を異にすることとなり、一貫せる外交活動を不可能ならしむること。

(二) 純外交なる概念は甚だ珍妙なるが、これを外務省に存続せしめざるべからざることより、本案が法理上よりするも重大欠点あることを示すこと。

(三) 東亜の諸国は爾余の諸外国とは異なる取扱いを与えられたりとて、日本に対し不信疑惑の念を生じ、これら諸国の自尊心を傷つけるべく、独立尊重の趣旨に反すること。
（四）従来興亜院の事務処理が支那人民の反感を招き失敗に帰せることは明らかであるが、大東亜省案はこの興亜院組織を更に強化して全東亜地域にしかも恒久的に実施せんとするもので、その失敗は事前に於て予想せらるること。
（五）現下の急務は戦力を充実し速かに不敗の態勢を整うべきにあるから、行政機構改革の如きことに時日を空費するの不可なること。

予の主張に対し、東条首相は大東亜諸国は日本の身内として他の諸外国と取扱いを異にするを要すと論じ、鈴木企画院総裁は興亜院は失敗に非ずと反駁したが、予は興亜院の失敗は周知の事実なりと述べた。その他井野拓相、嶋田海相は本件設置に賛成なる旨を述べたが、予はその所説に反駁を加え、意見一致を見ないで閣議は一旦休憩に入った。

外務大臣辞職

休憩中、東条は予に単独辞職を求めたが、予はこれを拒絶し総理および提案の支持者こそ再考すべきなりと述べた。予の反対理由の（一）によるも明らかなるように、予は東亜諸国に対する政策が新省によって、「ブロック」経済を基調とする新秩序により、東亜圏を建設せんとするものによって作成せられ、予が外務大臣としての方策と相反する結果となるべき惧れが大であったから、ここに断然その設置に反対したのであるが、かくの如く戦争指導を有しかつ緒戦の成功を宣伝するに急であって戦力充実の現実的施策に迂なる総理を以てしては、戦勝は不可能であると思ったから、このさい東条内閣を退陣せしむるに導くことを考えたのである。本事件が政治的考慮に乏しい人々の考える通り単なる外務省の縄張り争いに非ざりしことは、後出嶋田の所言、およびその後枢府に於ける本件審査に伴い対支政策に特別なる注意を加えよとの御沙汰があったこと、並びに審査の経緯について見るときは明瞭なものがあると思うが、右審査の成行きには後に述べることにしよう。

　閣議が休憩に入ったので自分は外務大臣官邸に帰ったが、間もなく賀屋蔵相が来訪して何とか再考の余地はないかとの友好的勧告があった。次で佐藤、岡両陸海軍軍務局長が来た。彼等は大東亜省の設置は陸海軍共に支持するところであるからと述べて予の再考を求めた。予は凡てこれを拒絶した。最後に嶋田海相が来訪し、御召しにより参内したが、宮中ではこのさい内閣の更迭を欲しないから何とか妥結に努むるようにとの御思召しであったとのことであった。それで自分は一の妥協案を提出した。嶋田は一旦辞去したが、やがて復来訪して東条は妥結に不賛成で妥結の途は絶えたとのことであった。閣議では未だ全部的論議を尽すに至らないが、その大勢は大東亜省新設に賛成であることは既に明白であったので、このうえ事態を紛糾せしめて宸襟を悩し奉るべきに非ずと思考し、単独辞表を提出し、同九月一日職を去った。翌日外務省員一同に対し、後任外相東条列席の下に本件の成行きにつき概括的説明を与えた。

辞職後の成行き

予の辞職については東条一派は少なからざる苦心を為した趣で、各要所には本件成行きに関する弁明を行い、各県庁にまで予の辞職が予の個人的都合に基くものなりとの説明や報道も発したとのことである。そして急遽本件設置に関する勅令案を枢密院に提出し、その可決を俟って一カ月内に新省を設置する予定で進捗を計った。自分にも各方面から、このうえとも東条の独善的政治を打破するための活動を期待するとの勧告を齎すものが幾分あったけれども、自分は辞職の直接原因が前記の事情であるので、差当りはこの種の凡ての活動を差控えることとした。外務省内の新省設置に熱心に反対する方面からは、枢密院顧問官に資料を提供して反対気勢を昂揚すべしとの進言があったが、自分はこれを斥け、なんらの策動にも出ずべからずと差止めて、自分は煩を軽井沢に避けたのである。

しかし枢密院では一方ならざる議論を惹起し、新省設置に反対するものが多く、政府に対して本案の撤回を申し出でたことすらあったそうである。現に当時審査委員会長であった鈴木枢密院副議長は、本案は正義に基くに非ずして力に基くものであると批難を加えたのであるが、東条の態度甚だ強硬なるに押されて多数は賛意を表することになった。その理由は枢密院がその反対を押し通せば政変となり、従って政治に干渉することになるので好しくないとの理由であったそうだが、これは事理徹底しない嫌いがあるけれども、諸般の状勢上枢府も心ならず賛成したものと見える。しかし枢密院に於ける恒例としての全会一致を得ることなくして、本会議に於ても、石井、南両顧問官は反対意見を表示した。かくの如き勢いがあったので、陛下も御裁可に際し、対支政策等に関する御注意があったのであるが、予定よりも非常な遅延を見て、十一月に入って漸く新省は発足するを得たのである。

第三章　一九四二年九月より一九四五年四月までの戦局および考察

その後予は貴族院議員たる外なんらの公職に在ることなく、一九四五年四月鈴木内閣に入閣するまでは大体に於て軽井沢に居住した。その間郷里にしばしば老母を訪ね、殊に一九四四年末には、その遠逝を弔うために更に郷里に赴くなど数次の旅行を為したが、漸次空襲の激化、食糧難の増大と共に旅行の困難が加わったので、多くは東京と軽井沢との間を往復したのであった。

太平洋戦局の頽勢

一九四二年八月、米軍は「ガダルカナル」に上陸して第一の反攻作戦に出でたので、自分が政府の関係当局に対し急速戦力の増強に努むべしと勧説した杞憂が実現するが如く感じたので、東条には更に説示したのであるが、彼は深く介意する模様はなかった。統帥部に於ても初めは容易に撃退出来ると思っているようであったが、逐次我が方の作戦が困難となったので、十二月三十一日同島から兵力を撤退することにした。それ以来我が方は背進に背進を重ねたのである。一九四二年六月の「ミドウェー」海戦で、我が方の有する大型航空母艦六隻の内四隻を失い、優秀なる多数の飛行士を失ったのも敵を甘く見たからのことであるが、更に日本が多年講究して開戦当時までも自分等に説示した、作戦地域を遠く離れた多数の島嶼に陸兵を張りつけたのは、我れに充分の輸送船舶を確保し得ると思ったのであろうが、敵は科学的に進歩した飛行機、電波探知器、海中聴音器その他の兵器を使用したのは勿論であるが、進撃も科学的であり徐々に押して来たわけで、我が方が当初の布哇の成功に誇り、個人的勇気を以てする猪突的行動に出でたことなどが失敗のもととなったのでないかと思った。

船舶問題

一九四二年九月以来、自分は戦況および戦力に関する正式な報告を受ける地位になかったので、詳細の事実を知り得べき方法はなかったが、ただ我が方の喪失した船舶量については正確なる報道を受け得る便があった。そして船舶問題については、戦争勃発前連絡会議に於て熱心に研究した結果、自分は今次戦争の鍵は、戦争人員の数よりも輸送船舶の噸数にあるとさえ考えていたので、その消耗量には甚大の興味を以て注意したのであった。然るに同年九月までは、日本軍部が当初予想した消耗量に合致したのであるが、十月以後の消耗は当初の計算が逐次減少すべきであるに反し、逐次増加の傾向を示したので、憂慮の念に堪えずして一九四三年夏、永野軍令部総長と面談の時機があったから、酒席であったけれど注意したことがあった。これはずっと後のことであるが、一九四四年秋汪兆銘の葬儀が名古屋で行われたる後、東上の車中に於て東条は近衛公に対し、今次戦争が良好なる進行を見せないのは、初め確保し得たと思った南方物資の入手が不可能になったからのことである、と云ったことを同公から当時軽井沢で聞いたので、自分は一九四二年冬以来の船舶喪失量について充分の知識を持っていたはずの東条が、どうして南方物資を確保し得たりと思い得たか了解に苦しむと語ったことがある。しかし一九四三年に於ける太平洋戦は、主として「ラバウル」を中心とする地域に行われたので、敵の反攻速度はあまり急速でなく、この調子なら島伝いに北上するので日本までは数年を要すとの考え方で、一般国民が依然楽観に酔うていたのは勿論、当局も戦力の充実、国際状勢の一新に真剣な努力を払うに至らなかった。

独逸の敗色と伊太利の降伏

蓋し欧州に於ける戦局に就て見れば、独逸の進攻はもはや峠を越した観があった。即ち阿弗利加《アフリカ》では一時「ロメル」元帥が顕著な成功を収め、まさに「カイロ」より「スエズ」の要枢を攻略せんとするの勢いを示したが、十一月に至ると「アイゼンハウァー」将軍が「モロッコ」に上陸したので、その希望も薄弱となった。なお一九四二年七月、日本政府が独逸からの対「ソ」参戦要請を拒絶したこと、並びにその当時独「ソ」和平に関する準備に着手したことは前に述べたことがあるが、予の辞職の前日、独軍は「スターリングラード」に突入した。これ前年の失敗に鑑み、「ヒトラー」は北方「モスコー」に対する進撃を避け、「スターリングラード」より南「コーカサス」を攻略して「バクー」の油田を確保し、進んでは波斯湾《ペルシャ》に出で日本と提携すべき線路を開かんとするにあった。この最後の点は在伯林日本海軍部からも申し入れたものであった趣だ。然るに「ソ」聯軍は「スターリングラード」に大規模の防備を施し、頑として撤退しないので独逸側はこれに牽制せられて行動の自由を失い、遂には一九四三年一月三十一日に、「パウルス」元帥の率いた二十万の独軍は殲滅の運命に遭逢し、かつは独軍総敗北の端をひらいたのである。

自分は前年五月に独「ソ」和平の斡旋に着手する議が連絡会議に於て容れられなかった以後は、この第二次攻勢の大勢定まる際に、まず「ヒトラー」を動かして善悪いずれとも和平に誘導し、然る後に「モスコー」に申し入るべしとの考えであって、自分の後任たりし東条には事務引継の際にも重ねて説示し、またこの冬には外務省事務当局にしばしばその旨を以て説いたが、当局は遂に動くところがなかった。それで自分は戦局の一転を図るべき最上の機会を逸するものだと注意したが、この問題の進展は大なる熱誠を以て漸く着手し得べきことで、即ち人の問題であって、事務的考慮によって取扱い得べきではないので、単に慨嘆する外はなかった。またその後に聞いた事で「ヒトラー」は「スターリングラード」敗北の際は志気全く沮喪し戦争の継続に躊躇したと云うことだが、在伯林の日本の陸軍武官は独軍の志気回復に努めたそうであるが、この好機を逸したのは誠に惜しかった。その後独軍は退却を継続し、九月には欧露中央部の「ビリアンスク」からも撤退するに至った。なおその間に伊太利の敗色著しきものがあったが、七月十日には米軍は「シシリヤ」に上陸し、やがて伊太利本土にも攻め寄すべき状勢が見えたので、七月二十四日「ファシスト」大評議会の決議によって「ムッソリニ」は失脚し、九月三日「バドリオ」は米英軍に降るに至った。

テヘラン会談

米英はこの勢いに乗じて外交態勢を整え、近く米英「ソ」三巨頭の会同を見るに至るべきことが伝えられた。自分は「ローズヴェルト」の従来の行動に照らし、「ソ」聯抱込みに憂き身を窶すべきは当然と思ったので、この点からこれら巨頭が会同するに至れば、日本の行動し得る余地を存せざることとなるべければ、巨頭会同に先立ち外交的大攻勢に出ずべきを説いたが、「ローズヴェルト」は「チャーチル」を誘い、前記の如く伊太利崩壊の機勢に乗じ、まず「カイロ」に於て蔣介石を招致して日本圧服を決議し、次でわざわざ「ソ」聯の裏に近い「テヘラン」まで赴いて、「スターリン」と会見した。「ソ」聯に対する迎合も極まれりと云うべきであった。これ一九四三年十月のことであったが、右の事態まで進められた後のこととて、日本から「モスコー」に特使派遣を申し込んでもこれを受けるはずはないので、これを拒絶したのであった。「モスコー」に特派使節を送ることは東条内閣に於てその後今一度、小磯内閣に至り更に一回「ソ」聯に申し入れたとのことであるが、いずれも拒絶せられたが、我が方主脳部に於ては、「ソ」聯との国交調整も思い切った代償を払う必要があることは明らかに認識されたが、されば如何なる点まで彼に与うるかの問題になると、いつも踏みきりがつかなかった状況であったとは、当時本問題に関係した主脳者の一人の話であったが、とにかく「ソ」聯側とはなんらの交渉に入ることなくして一九四五年春に至ったのである。

東西戦線の悪化と東条内閣の退陣

しかして太平洋正面の戦局は、逐次我が方に有利ならざる状勢が現われて来たので、当局に於ても全般的戦局の検討を企て、日本国防の見地より、この圏内にも断然敵を入れしめないという絶対国防圏なるものを決定し、一九四三年九月三十日、御前会議に於てこれを決定したことを仄聞したが、その線は千島から内南洋を経て「マーシャル」群島に至り、西部「ニューギニア」より「ジャワ」「スマトラ」「アンダマン」「ニコバル」諸島を経て、緬甸《ビルマ》に至るものであったとのことである。自分は船舶喪失量の一九四二年十月以来ますます増加しつつあるの報道に接したので、このままに推移すれば我が方の敗北は必至なりとの結論を得、一九四三年秋より冬にかけて重臣層に進言し、この際一大革新を為すに非ざれば敗戦明らかなるところ、革新を図るには東条内閣退陣の外なきことを切言した。そのうちでも牧野伯は陸軍を押え得る者は別にいないとの理由で反対し、近衛公は極めて賛成だが木戸が動かないから仕方がないと云い、岡田大将はその通りであるが自分達は動かす力がないと述べた。松平宮相は府中の事件に関係せずと云うので、敗戦ともならば当然宮中の問題となることとなれば平時とは異なる心構えが必要だと云っても動こうとしなかった。

然るに一九四四年に入ると、東西共に戦局不振の状況が著しく現われた。独逸は四月一日「オデッサ」より撤退し、五月八日には「ソ」軍遂に「チェッコ」に侵入し、六月には米英聯合軍は「ノルマンジー」に上陸し、七月二十日には「ミュンヘン」に於て「ヒトラー」暗殺計画さえ行わるるに至り、八、九月の交に於ては「バルカン」のほとんど全部が独逸を離るるに至った。太平洋に於ても一九四四年五月には、「ニューギニヤ」の「ホルランデヤ」は陥落して、絶対国防圏は既に敵の蹂躙するところとなった。「ソロモン」戦では多量の船舶、その他の物資を消耗し一方ならぬ不利を蒙ったが、六月中旬の「マリアナ」攻防戦も失敗に終った。新嘉坡《シンガポール》にあった我が艦隊を北上せしめ、航空兵力と共に敵を捕捉して殲滅せんとしたのであるが、各種の不備によって我が戦力を甚だしく消耗せしめたので、「サイパン」も七月七日遂に陥落の悲運を見た。米軍はこの占領に依って極めて有利な大拠点を獲得したので、敵の海上交通破壊は益々激化し、我が出先に対する補給困難となり、かつまた南方物資の輸送はほとんど杜絶した。かくて我が形勢甚だしく不利となり、ほとんど挽回の方策なきに至った。東条内閣も遂に退陣の止むなきに至り、七月七日総辞職を為し、小磯内閣の誕生を見た。

終戦の構想

同内閣は戦局の悪化に顧み全面和平に乗り出すものと想像していたが、なかなかに動く模様とてなく、「ソ」聯に対しても踏みきりがつかぬ状況であった。よって自分は遺憾ながら我が方の敗北は時の問題に過ぎずと観念し、一九四四年秋から冬にかけて軽井沢に在って、従来各国の遭逢せる敗戦史、殊に最近に於ける露独の敗戦につき研究を試みた。いずれの国に於ても開戦の際はもちろん、戦争に勝利を得つつある間は歓呼の声が盛んであるが、二、三年の後には衣食の困難、燃料の不足等により国民の不満が加わって、遂に敗戦に傾く際に処理の方法宜しきを得ざれば、政治革命は素より社会革命まで突発するを例とする。勝敗いずれとしても人民大衆の解放となるので、残存せる封建的風習が激減することは当然予想しなくてはならぬ。また労働民衆の勢力増大は明瞭であるが、日本の天皇制は如何なる場合にも擁護しなくてはならない。敗戦より受ける刑罰は致し方ないがその程度が問題である。致命的条件を課せられないことが必要であり、従って国力が全然消耗されない間に終戦を必要と考えた。

いずれの革命にも極端が付き物である。時計の振り子は元の方向に帰るのだが、一応は極端まで動こうとする。極端まで動かさないことは惨禍を減殺するばかりでなく、民族の将来のためにも必要である。明治維新が適例で、日本ではこれが可能だと思った。最近の独露の革命に於てはいずれも皇室の没落を見た。日本も敗北の日にはその危険がないではない。無論日本国民の大多数は我が皇室の国民と特殊緊密な関係を持続して来た点、および二千有余年に及ぶ伝統的連繋からして、帝制廃止までを希望するものはないと確信するが、外国では強ち問題にするかも知れぬ。「ソ」聯等は素より、米も自分が在勤していた際の感想よりすれば、皇室王室を前世紀の遺物視する軽侮の念と、これが帝国主義の根源であるとの誤解よりして、途方もない要求をするかも知れぬ。然るに日本の皇室は由来平和的仁慈的であって侵略的でない、二十世紀の余に渉って文化的中心となって来たのである。さればこれを維持することは国民感情のみならず政治的にも必要であると感じた。

なるべく速かに媾和に入ることが必要で、第一次大戦に於ける独逸の和平くらいの程度は確保したい。しかし米国は予てからかつまた「ハル・ノート」に於ても、日本を大陸から放逐するを根本義としており、「カイロ」宣言にもその意図が明らかにせられているので、日本敗戦の場合には、日本が退却したあとの始末はあまり介意しないで直截に放逐の実現に努めるであろうが、日本の産業だけは八千万民衆のため確保したい、また賠償についても、前大戦に於ける独逸と異なる措置に出でしむることが必要だ、然れば従来軍備に要した費用を一般行政、殊に厚生、教育および国民経済に転用すればかえって民福を計ることが可能となる。無論今後の日本は絶対に戦争を避くべきである、そのためには憲法を改正して統帥権の独立なる観念を許容しないことを明らかにし、かつ国際協力、平和的発展の思想を普及せしめ軍人の跋扈を抑えることなどがその結論の重なるものであった。

なお戦敗国となれば外国からの圧迫が加わることは明白である。殊に東と北とから思想的にも圧して来るので、日本内部に於ける対立も予想すべきである。これらの点について一九四四年秋、近衛公と長時間に渉り話したことがあるが、自分がその際述べた事は、日本には今一度人権の尊重、即ち自己と他人との人権を尊重する「ルネサンス」式教養から発足する必要があるから、この際は外国の恩恵も助力も受けないで自力で復活するように仕向けて、一方は外国の干渉を排して独立の気象を強め、他方独立自尊と共に平和裡に他国と協力する道徳性を涵養する好機会であると云うにあった。今一つ心配になったのは戦後の世界が日米交渉中、「ハル」氏の主張していたように自由貿易となれば、日本の立つ瀬は当分安固となるのであるが、最近の国際関係はかかる安易な観方を許さない。即ち国際関係の経済化および法律化よりむしろ政治化が大勢であって、一大国または大国群の政治的要求または必然性によって、自由貿易は空想化し安全保障機構も蹂躙されることをますます覚悟しなくてはならぬことになりそうだが、これは敗戦国たる日本、いや敗戦国に非ずとも資源の少ない日本の力によってはどうも出来ないことと、諦らむるより仕方がないことだろうと思った。

戦局急迫と国内状勢

その間に一九四四年十月米軍は更に「レイテ」島に迫って来たが、統帥部も必死の覚悟を以て挽回の策を講ずる由であると聞いて、只管《ひたすら》その成功を祈ったのであるが、優勢なる敵の航空兵力に圧倒せられてただ我が艦船の撃沈を見たる外効果の見るべきものがなく、新内閣に対する期待も水泡に帰した感があった。翌年匆々には比島本土に上陸し、二月十九日には硫黄島上陸を開始し、次で四月一日沖縄に上陸し愈々本土に迫らんとするの形態が顕著となった。一九四五年に入ってから敵の空爆は猛烈を加え、交通、生産に甚大の障害を与え、我が戦力は頓に減少したが、一般国民は未だ勝利を信じて生活の困憊にも堪えていた。三月十日、東京無差別大爆撃の翌日、自分は議会が閉会となったので上野駅から軽井沢行汽車に乗ったが、罹災者が風呂敷包みやら手提やらを持って後から後からと乗込んで来て、全く身動きも出来なかった。夫に別れまたは妻に別れ子に別れ、その行衛を探しつつ田舎の親戚を尋ねて行くような人ばかりで、悲惨の極みであったが、凡ての人が自分達はこう命からがらに焼き出されても、戦争に勝ちさえすれば何にも文句はないと、口々に云っているのを聞いて、自分はその健気な気持と今なお戦勝を信ずる純真の愛国心とに感心すると同時に、戦は既に挽回し難き状況にあるのに、なお希望を継いでいる心根のいじらしさに人知れず同情の涙を濺いだ。こういう情景にはこの頃にはいろいろの機会に接することがあったが、純真な心も正しい愛国心も機械の前には対抗すべきようはなく、じりじりと押して来る敵の前に、我が方は無念の涙を流しながら歩一歩と退却するの外はなかったのであった。

ヤルタ会談

この間「ローズヴェルト」大統領は病軀を提げて「チャーチル」首相と共に、遠く「ソ」聯南部の「ヤルタ」に「スターリン」首相を訪ね、二月四日より一週間会談の後、独逸に対する方策を定めてこれを公表すると共に、後日洩れたところによると、日本に対し「ソ」聯が独逸崩壊後三カ月以内に参戦すると共に、同国は南樺太および千島列島を還付せしめ、南満州に於ける権益の譲渡を受くる約束を三国間に協定したとのことである。

独逸の無条件降伏

「ローズヴェルト」は四月十一日急死したが、副大統領「トルーマン」がその後を襲った。独逸の戦況は益々不利で、「ソ」軍は四月二十一日遂に伯林に肉薄したが、「ヒトラー」は五月一日伯林の総統官邸に於て戦死を遂げ、五月七日「ランス」に於て、米英「ソ」との間に無条件降伏取極めに「デーニッツ」海相が調印して、五年八カ月の欧州戦はここに終った。

日蘇中立条約廃棄通告

日本の戦力低下に伴い、「ソ」聯が日本との中立関係維持を断念すべきことに就ては、前に述べたことがあるが、一九四三年末頃には、日本の戦力に大体見切りをつけたもののようで、「スターリン」首相は革命記念日の演説中で、日本を独逸と同列に置いて侵略国と呼んだことは、甚だ警戒に値すべきを思わした。なおその後「ヤルタ」会談につき、重光外相が佐藤大使をして質問せしめた際、二月二十六日「モロトフ」委員は、同会談には日本に関する事項を協議せしことなしと述べた趣であるが、事実に於ては曩《さき》に記載せる通り対日参戦を取極めたのであり、また中立条約問題については多忙のため未だ研究せずとて回答を避け、その後は多忙を理由として面会の求めに応じなかったが、四月五日に至り、佐藤大使を招致して日本は独逸の対「ソ」戦争遂行を援助し、かつ「ソ」聯の同盟国たる米英と交戦中であるから、日「ソ」中立条約の存続は不可能である、従って「ソ」聯政府は、日「ソ」中立条約は明年四月期限満了後は延長せざる意向なる旨を通告した。これ小磯内閣辞職の日であった。

小磯内閣の後を受けて鈴木貫太郎大将組閣後の成行きに就ては、次章以下に述べることにしよう。

第四章　第二次外相就任とその直後

鈴木内閣入閣の経緯

一九四五年三月議会が閉会になった以後、東京の空襲を避けて軽井沢に疎開していたが、四月七日午前、長野県知事から電話で、組閣中の鈴木大将から至急上京するよう伝えてくれとのことであった、との通報があり、間もなく来訪して、外務大臣として入閣を願いたいとのことであるが、何と云ってやりましょうとのことであったから、鈴木大将と懇談して意見の一致を見なければ入閣はせぬと伝えてほしいと述べた。よって自分は即時上京し、鈴木大将は親任式を了えて首相官邸にいるとのことであったから、十時半過ぎから会談した。

同大将とは以前からの知り合いであるが、懇意の間柄と云うではなかった。そして東条内閣の外務大臣時代にも単独の会見をしたことはないが、枢府では度々面談したのであって、自分が辞任の直接原因となった大東亜省設立問題が枢府に上程せられた際は、自分の主張に同意し、一時は強硬に東条総理の主張に反対したことは、当時本人以外から承知していた。鈴木総理は自分が武弁であって政治には不向きであるが、事態致し方なく老軀を提げ重任を拝したわけであり、殊に外交につきては全然経験なき次第であるから、ぜひ外相として入閣して貰いたいとのことであった。

自分はこれに対し、戦局窮迫せる今日台閣に立ちてこれを処理するは容易のことでないので、よほどの御決心と察することを述べたる上、自分として本戦争の発生を防止せんため苦心を重ねたわけであるから、出来るだけ速かにこれが終結を計ることには喜んで尽力したいが、戦争の終結も指導も戦局の推移から割出して考察する必要があると思うから、諾否を決する前に今後の戦局の見透しについて総理の意見を承りたいと述べた。然るに総理は戦争はなお二、三年は続き得るものと思うとのことであったので、自分は近代戦に於ける勝敗は物資の消耗即ち生産の増否に係るところが大きく、この点から観てももはや戦争の継続は困難で、今後一年も続けることは不可能と確信すと述べ、この点の見透しに総理との間に意見一致せざるに於ては、外交の重任を引受くるも今後の一致協力甚だ困難であるので、折角の申し出も御謝りする外ないと述べた。更に双方で押問答したが段々夜更けとなり、かつ総理の疲労も見えたので更に再考を望む旨を述べて別れた。

翌八日予てから戦局の収拾についてしばしば会談し、かつ今回組閣にも相当の関係があると思った岡田大将を訪問し、昨夜鈴木大将と会談の内容について詳細に語ったが、岡田大将は鈴木総理の戦局の見透しについては必ず確定しているとは考えられないから、入閣の上はこの点も啓発したらいいし、またあなたが入閣せぬとなると、鈴木内閣は非常な困難に陥ることになるから、ぜひ入閣してほしいと切望せられた。よって自分は戦争の見透しについてはあなたも甚だしく悲観しておられるのであるから、あなたからも鈴木総理に説いてほしいと述べた。帰路外務省の先輩たる松平宮内大臣および広田元総理をも訪問したが、両氏ともぜひ入閣してこの難局を収拾して貰いたいとて懇切な勧告があった。同日午後迫水書記官長が来訪して、前夜鈴木総理との問答について、現在の状況下に総理が戦争を急速に終結すると云っては反作用も生ずる惧があるから、その言明を求めることは無理であるが、総理の胸中を推測してぜひ就任を願うとのことであったが、総理が自分と同意見ならば自分とだけの内話であるのだからこれを口に出すことが出来ないはずはなく、またかかる水臭いようならこの難局に協力するのは難しいと思ったので、この時も承諾の意を表しなかった。

然るに翌日知友の松平内大臣秘書官長が来訪して頻りに入閣を勧説した。鈴木総理の終戦に関する見透しは必ずしも確定しておるとは思えないから、入閣してこの点を啓発してほしい、天皇陛下も終戦を御考慮遊ばされておるように拝察されるから、余り心配されなくてもいいではないかと思うと云ったが、午後更に同氏から右の話を木戸内大臣に報告したところ、内大臣はぜひ外相を引受けて貰えとのことであるとの電話であった。なおまた迫水書記官長が来て、とにかく今一応総理に会ってくれとのことであったから、首相官邸に赴いたところ、総理は戦争の見透しについてはあなたの考え通りで結構であるし、外交は凡てあなたの考えで動かしてほしいとの話であった。よって自分から外務省の人事に関する件等も話してその同意を得たので、外相就任を受諾したのである。

戦争継続の困難

当時比島は既に米軍の攻略するところとなり、硫黄島また敵の手に落ち、沖縄もまたその上陸するところとなって苦戦を続けていた。鈴木内閣当面の急務は軍需生産の増強にあるので、連日閣議または閣僚懇談会を開催して、軍需生産、食糧、運輸、財政、厚生の各事項に亙って熱心な論議が加えられた。しかし沖縄に於ける形勢悪化に伴い内地に対する空襲は激甚となり、船舶量は益々減少し、関係閣僚よりの報告も回を重ぬるごとに事態の悪化を示した。大陸との連絡も漸次急迫して物資の交換が不可能となるべき状態を呈し、通貨の膨脹は日に増し著しく、インフレ的傾向を帯びて来たことが認められた。閣僚殊に経済方面の諸大臣は極めて事務に熱心で、窮状の切抜けに一生懸命であったので、自分は閣議のたびごとに敬意を以てその陳述を聞いていたが、空襲激増、生産激減の大勢を挽回すべき方策は発見せられず、戦争の継続は益々困難なりとの感を深くした。

大東亜大使会議

自分の鈴木内閣に於ける仕事は大東亜大使会議に始まった。自分が曩《さき》に一九四二年九月、大東亜省問題を直接の原因として辞職したことからして、大東亜大臣を兼任することが既に奇異な感があるかも知れないが、事態が落着き次第、自分は大東亜省を廃止する考えであった。大東亜に於ける新秩序の建設については、一九四三年十一月、東条内閣時代大東亜会議に於て声明するところがあったが、なお各方面に日本の戦争目的につき誤解があり、他方聯合国側が桑港《サンフランシスコ》に集合し、その戦争目的について大規模の宣伝を為す計画があるのに対抗する必要があったので、大東亜諸国の代表者を招請して四月二十三日に会議を開催した。この会議は急速開催の趣旨を以て各国政府と予備的協議を遂げたので、在東京の満州国、中華民国、「ビルマ」国、「タイ」国および「フィリピン」共和国各大使が、本国政府の特別委任に基き出席することになったが、各代表者いずれも極めて熱心に協力を誓ったが、同会議に於ける決定は左の通りである。

一、国際秩序確立の根本的基礎を政治的平等、経済的互恵および固有文化尊重の原則の下に、人種等に基く一切の差別を撤廃し、親和協力を趣旨とする共存共栄の理念に置くべし。

二、国の大小を問わず政治的に平等の地位を保障せられ、かつその向上発展につき均等の機会を与えらるべく、政治的形態は各国の欲するところに従い、他国の干渉を受くることなかるべし。
三、植民地的地位に在る諸民族を解放して各々その所を得せしめ、共に人類文明の進展に寄与すべき途を拓くべし。
四、資源、通商、国際交通の壟断を排除して経済の相互協力を図り、以て世界に於ける経済上の不均衡を匡正し、各国民の創意と勤労とに即応したる経済的繁栄の普遍化を図るべし。
五、各国文化の伝統を相互に尊重すると共に、文化交流により国際親和並びに人類の発展を促進すべし。
六、不脅迫、不侵略の原則の下に他国の脅威となるべき軍備を排除し、かつ通商上の障害を除去し、武力に依るは勿論、経済的手段による他国の圧迫乃至挑発を防止すべし。
七、安全保障機構につきては、大国の専断並びに全世界に亙る画一的方法を避け、実情に即したる地方的安全保障の体制を主体とし、所要の世界的安全保障を併用する秩序を樹立し、かつ不断に進展する世界各般の状勢に即応し、国際秩序を平和的に改変する方途を啓くべし。
この決定は予の提議に基いて出席各代表者の同意を以て、世界秩序の指導原則として採択せられたものであるが、同時に予の抱懐していた日本の戦争目的であった（蘭印独立、小磯内閣時代ニ方針ヲ決定セシモ其時期ヲ定メズシテ遷延ス、海軍ニテ異存アリ、予ハ急速実行ヲ可トシ、米内海相ニ督促シ、漸ク八月初メ日本ハ独立ニ賛成ノ旨ヲ表示ス、「スカルノ」ト「ハッタ」ガ寺内（サイゴン）ニ面談シテ帰ツタノガ八月十四日トカ）。

大東亜地域の状勢

なお一九四五年四月に於ける大東亜省の状況は極めて閑散であった。その主管事項につき占領地に関するものがあったが、その内容は行政事項ではなくして占領地に派遣する官吏の訓練等に過ぎなかった。緬甸《ビルマ》および曩《さき》に独立を宣言した比律賓に於ても、軍司令官が軍事問題のみならず内政の指導も戦争遂行と不可分であるとの理由で、これを指導していた。さればこれらの国に駐在する大使は、大東亜大臣の指揮の下に外交事務を行ったが、それらの事項に就ても軍司令官が区処権を持っていた。これは仏印に派遣の大使に就ても同様であった。仏印に於ける事態は多少異なったが、大使は軍司令官の意思に反しては何事も出来なかった。これでは東条等軍部その他が何のために大騒ぎをして大東亜省を設立したのか、了解し難き感を益々深くするものがあった。これに加えるに戦局の悪化に伴い、大使が駐在し得ない状態に立至った国も少なくなかった。例えば緬甸では一部占領地を奪還せられ、大使は蘭貢《ラングーン》より奥地に引揚げ、東京との通信はほとんど杜絶の状況にあった。比律賓も敵に奪還せられ、大使は帰国の止むなき状態であった。

独逸の崩壊

独逸の戦局に就ては、伯林の大使館からは西方防壁の強固とか独逸将士の士気衰えずとの電報があったが、東西よりする聯合側の進撃と熾烈を加えた空襲とによって、その勢いは日々蹙《ちぢ》まる状況にあったので、四月末「ナチ」政権の崩壊は驚愕に値しなかった。五月初頭「デーニッツ」政権も無条件降伏の止むを得ざることになったので、在京「スターマー」大使から独逸の事情につき種々陳弁するところがあったが、自分はその条約違反を指摘して、防共協定を含む一切の条約を廃棄するを決意し、所要の手続をとった。しかして独逸の崩壊に伴って米英の攻撃が日本に集中するのみならず、「ソ」聯が東方に進出する可能性が激増したので、国際関係の全局につき検討を加うることが必要となったが、我が方戦局は沖縄方面の敗北も明らかとなり、頽勢の挽回は到底望み得ざるところであったから、自分は独逸崩壊の機会に於て我が方がなお幾分かなりと余力を有する間に戦局を収拾するように誘導し、上下各方面にその気運を醸成するに努めた。即ち四月半以来、独逸状勢の悪化激増に伴うてその事情を陛下にも説明申し上げると共に、我が方に対する空襲も激化して来るので、戦争は急速に終結するを得策とする状況にありと申し上げた。陛下は戦争が早く済むといいねとの御言葉であった。

最高戦争会議

ここに一言しておきたいのは、連絡会議は小磯内閣以来その機構に或る程度の変更を加えて最高戦争指導会議となったのである。東条内閣では連絡会議等に於ける重要決定事項は内閣に在っては、総理のみより上奏することになっていたことは、前に説明したことがあるが、そのため陛下に充分の意味合いが通じなかったように感ぜられたことがあったのみならず、鈴木内閣に於ては総理および内府からの希望があったので、今次就任後は諸種の事項につきなるべく詳細かつ広範囲に上奏することにした。

瑞典公使の斡旋申し出の経緯

なお予の就任当時の出来事として記述を要するものがある。自分が就任して翌々日、即ち四月十一日に元芬蘭《フィンランド》駐剳大使昌谷忠氏が来訪して、明日離任帰国することになっている在本邦瑞典公使「バッゲ」氏とは以前から懇意であるが、同氏から三月末に、聯合国は日本を無条件降伏させると公言しているが、日本の最重視していると思わるる皇室の安泰の如きは問題としないと思うから、瑞典側から米国の意向を探ることは差支えないと思うが、当時の重光外相の意向はどうであろうかとの話があったので、これを内密に重光氏に取次いだ。その後両人会談の結果、重光氏は瑞典政府が自己の発意により媾和条件に関する米国の意向を探って貰えるなら仕合せであると云ったとのことを両氏から聞いたが、新外相としてあなたの意向を聞きたいとのことであった。本件に就ては重光君その他からもなんら引継ぎも話もなく初耳であったが、自分は少なからずこれに興味を感じ、殊に瑞典国が自己の発意によって米国に確かめると云うのであるから、大いに好都合であると考え、即座にこの問題を取上げることに決意した。そして昌谷君には本件に就ては未だ何人からも報告に接していない、なお日本としては無条件降伏は出来ないが、自分は急速媾和を念としているから右瑞典公使の案通り、瑞典政府の発意によって米国の意向を聞いて貰えれば誠に仕合せであること、並びに同公使の都合が許すなら、出発前一度面会したいことを同公使に話すように依頼した。その後昌谷君が来ての話に、「バッゲ」公使を訪ねて東郷大臣の意向は前外相と同様であると告げたところ、同公使は非常に喜んで早速右考案の実行に取掛るべきことを約し、また面会については明日の飛行機に乗り遅るる時はかくの如き時期であるから、いつ座席の入手が可能なるやも分らぬから、これを延期するわけには行かぬが、もし飛行機の出発が延びる場合には是非会見したいとのことであった。しかし丁度その翌朝飛行機が出発したので遂に参上する機会がなかったとのことであった。

その後も日本側の何人からも更に聞くところはなかったが、五月下旬であったと思うが、在瑞典岡本公使から、「バッゲ」公使と会見したところ、前記の次第に言及して、日本政府は瑞典政府に依頼して米国の意向を聞くの意思があるかどうかと云うことであったとの趣旨の電報があった。昌谷君仲介の話では瑞典政府の発意によってと云うのであったが、今回の話は日本政府の依頼によって聞くと云うことにもとれるので、それには日本内部の事態を今少しく準備する必要があるばかりでなく、表向きの話となると米国では無条件降伏と云う懸念があり、殊にその直前「ベルナドッテ」伯による独逸の降伏の話に関連して日本よりも無条件降伏の申し出があるべしと、「ストックホルム」にて喧伝せられているとの報道があり、かつまた自分の方では軍部等の対蘇接近を誘因として、和平に導いて来た間際であったので、「バッゲ」公使の方は暫くそのままとするように回答させたことがある。重光前外相からは予の就任直後繆斌問題につきては一時間余にも渉り詳細の申継があったが、本件については一言も触れなかった。東京軍事裁判に於てこの問題が重要視されて来たので、当時の首相小磯君に聞いたが、当時何も重光からは聞かなかったとのことでまた木戸内府も本件は何も知らなかったとのことである。

対蘇関係と施策の準備

これよりさき小磯内閣の最末期の四月五日に、日「ソ」中立条約の改訂は不可能となったとの通告があった。中立条約は爾余なお一カ年の効力を有しているのであり、またそれ以前二月、「スターリン」「ローズヴェルト」「チャーチル」の三巨頭が集合した「ヤルタ」会議の内容について、当時重光外相から佐藤大使をして問い合せしめた際に、同会議ではなんら日本に関する協議はなかったとの確答に接したと云うのであるが、曩に一九四三年十一月、「スターリン」が日本を侵略国と呼び、また右の通告中に日本が蘇聯の敵国たる独逸を援け、かつその同盟国たる米英と戦争中なりとの理由をあげて来た点などから看て、自分は「ソ」聯の素ぶりが如何にもあやしきように感じ、これに対する手当が必要と思った。それで自分の就任直後外交団との第一次接見の際、蘇聯大使に対し同国の中立義務が継続せらるることに就て注意を喚起すると共に、在蘇佐藤大使に訓電を発して蘇聯と交渉せしめた。

然るに「モロトフ」外務人民委員は四月二十七日大使に対して、中立維持に関する蘇聯の態度にはなんら変化なしとの言質を与えたとの報告があった。しかし三月末頃から蘇聯兵力の東方輸送が逐次増加した模様があるので、自分が就任後間もなく河辺参謀次長およびその部下の将校が訪ねて来て、輸送の状況を詳報して、蘇聯の参戦防止につき考慮して貰いたいとの申し出があった。また小沢軍令部次長も同様の申し出を為したが、梅津参謀総長も来訪して同様の話をした。なお同総長は在蘇大使の活動ぶりとその後任に関して意見を開陳した。従来在蘇大使の活動については各方面にとかくの批評があるのは承知していたが、現任者に勝る人物を見出すのは甚だ困難であり、またこれに勝ると認めらるるものは就任を肯んぜざる事情がある。殊に形勢逼迫せるこの際に、在蘇大使の地位を一カ月でも空位とすることは甚だ不利益であるから、その更迭には慎重なる取扱いを必要とすると考えた。

一方蘇聯との関係は、昭和十七年秋から十八年夏にかけ独蘇調停の機を逸し、その後日蘇の関係を改善せんとする希望も、先方に供与する代償の問題に及ぶと、常に躊躇逡巡して廟議を決するまでに行かないで、大体無為に経過せる間に、米は積極的に蘇聯に働きかけ、「テヘラン」および「ヤルタ」に於ける米英蘇三巨頭会談となったので、我が方の対蘇施策が既に時機を失せる状勢は掩うべくもなかった。しかし日本としては蘇聯をして完全に敵の陣営に投ぜしむるときは、死命を制せられることになるので、その参戦を阻止することは必要のことであったが、自分は戦争の継続が既に甚だしく困難となって来たのであるから、蘇聯との問題も参戦防止を通り越して、戦争終結の見地より処理すべき時機に到達せりと認めたので、軍部の希望を利用して急速和平に導くことに決意した。但し一般の間では対蘇政策が既に時機を逸せることを了解しないで、米英に対抗する目的を以て蘇聯と接近する必要があると説くものが多く、現に海軍からは、蘇聯から石油や飛行機を買うことにしたいので、我が方よりは巡洋艦を提供してもいいとの話もあった。自分はこれに対し、蘇聯が兵器を供給するのは中立違反となるので、日本の味方となって戦争する覚悟がなければ出来ないことであるが、現今の戦局から見て、「ソ」聯が日本の味方になって戦うことなどは全然考えられないことだとて、右の希望を斥けたのであった。

由来蘇聯が独逸に対し有利なる戦局を贏《か》ち得たのは、日本が蘇聯に対し中立の地位を保持し、東方から蘇聯の活動を阻害しなかったに負うものが少なくないのにあるが、蘇聯は長年に亙る我が方殊に陸軍の態度に鑑みて、多大の猜忌心を包蔵して日本の無力化を希望する状が著しく、我が方に対する厚意の如きは、これを求むるに由なきばかりでなく、戦争により日本の国力尽きたるの状あるときは、我が方との交渉によることなく直接米英と事を共にし、その分け前に与らんとするものと覚悟する必要があった。従って同国が米英との連繋を甚だ密にした今日、我が方が蘇聯に対し画策せんとすることは既に時機を失せるものであるが、なんらかこれを我が方の有利に誘導せんとするには、我が国力が幾分なりとも残存しおる間に限られ、かつまた多大の代償を供与する覚悟が必要であるから、この点についても国内の意見を取纏める必要があった。

第五章　終戦工作

最高戦争指導会議構成員の会合

終戦に就ては開戦当初から念を離さぬのであり、殊に鈴木内閣にはほとんどそれのみを目的で入閣したわけであるから、このさい陸海軍の申し出は自分にとってはこの方向に全部を率いる天与の好機会と思えた。そしてこれら戦争に関する根本方針を討議するのは最高戦争指導会議の任務とするところであるから、これを動かすのが尤も便利と考えた。しかし自分が開戦前に経験したところでは、幹事をも加えた会議となると、構成員間の懇談が困難となると共に強硬意見が多くなる傾向があるので、戦争指導会議構成員のみで懇談するのがいいと考えた。よって梅津参謀総長が重ねて「ソ」聯の参戦防止の話を持ち込んだ時に、まず構成員だけの会合で相談することにしたいと述べて、その賛成を得たので、同人から阿南陸相に説き、自分から鈴木総理および米内海相に話すことに手筈を定めて、五月十日頃から総理、陸海軍大臣、陸海両総長、および外務大臣の会合が催さるることになった。鈴木内閣時代では陛下の御臨席なき戦争指導会議はほとんど開催せられずして、この構成員だけの会合だけを頻繁に開き、終戦に関する重大事項は凡てこの会合で協議したので、審議を円滑ならしめた効果が甚だ大きい。殊に五月中旬に和平に就ての協議に入って後、軍部の一員からこの会合で審議せるところがもし漏洩すれば、軍の士気にも大影響を及ぼすわけであるから絶対秘密に付することとし、次官次長等一切の部下に内密とすることにしたいと申し出でて一同これに賛成した経緯があり、外務省内部でも六月中は厳秘に付して何人にも洩らさなかったようなわけである。従ってこの会合の話合いは、七月中旬、近衛特使派遣問題発生前までは相当永きに亙って漏洩することなく懇談を遂げて来たので、非常に好都合であった。蓋しここでの話が部下に漏れていたら軍の一部には非常な反対が起って、終戦の計画は中途にして大きな障碍を受け、或いは頓挫することになったかもしれないからである。またこの会合に於て忌憚なく懇談した結果、軍の首脳部をも加えて戦争終結に関する大体の気持が出来上った。もしこの気持がなかったならば、終戦直前の大動揺に処するこれら軍首脳部の態度も甚だしく頑強のものとなり、部下の策動と相応して如何なる変乱を見るに至ったかもしれない。結局終戦は陛下の聖断によったのであるが、軍部首脳者の気持が幾分熟していたことが、その後の始末を容易にしたことは顕著なことである。この点で構成員会合が大いに役に立ったことは鈴木総理も総辞職直前に強く推賞していた。

五月中旬の構成員の話合い

この会合では五月十一日から十四日に亙り対「ソ」問題を討議したが、前に述べた通り、陸軍からは「ソ」聯参戦防止につきて方策を講ずる必要があると述べたが、海軍からは「ソ」聯の好意的態度を誘致して、石油等を購入し得れば好都合であるとの注文が出た。自分はもはや「ソ」聯を軍事的経済的に利用し得る余地はない、「ソ」聯の好意的態度を誘致しようと云うならば、その頃から自分は政府部内の人には注意したのであるが、米英「ソ」の三巨頭が会談しない前でなければ駄目だ、あの三人が会った後には、日本の対「ソ」関係調整も独「ソ」和平も困難となることは覚悟すべきであった、しかるに日本では手を拱いている間に「カイロ」宣言、「テヘラン」会談となり、更にまた「ヤルタ」会談となったのだから、今頃になって「ソ」聯の重要軍事資材を利用するとか好意ある態度に誘致するかと云っても、更に手遅れであると切言した。

しかるに米内海相は決して手遅れではない、現に元外相であった人もそう云っているとのことであったから、自分はそう云う見方は「ソ」聯の実状を知らぬからのことであると、同君とは前後唯一度の激論をした。とにかく「ソ」聯の参戦防止は必要上ぜひ努力しなくてはならないが、日本の戦力が低下せる今日では何かの獲物を与える覚悟がなくてはならない、殊に我が方の有利に誘導しようとするならなおさらのことである、しかし戦局はかかる方法を試みるには余りに窮迫しているように認めらるるから、この見地から「ソ」聯を含めての全国際関係を検討する必要があることを主張した。更に討議を加えたが、総理は先方の好意的態度を探ってみるのは良いではないかと云うので、この際の施策として、第一、「ソ」聯を参戦せしめないこと、第二、「ソ」聯をなるべく好意的態度に誘致すること、第三、和平に導くこと、が挙げられた。

第三の方法として支那、瑞西、瑞典、「ヴァチカン」等を仲介とする場合を検討したが、いずれも無条件降伏と云う回答以上に出でざるべしとの予想に一致した。されば米英に対して我が方に相当有利な条件を以て仲介し得るのは「ソ」聯以外になかるべしとの議が梅津総長から出でて、阿南陸相も「ソ」聯は戦後に於て米国と対峙するに至るべき関係上、日本を余り弱化することは好まざるべく、相当余裕ある態度に出ずることが予想せらるると述べた。自分はこれに対し、「ソ」聯の行動が常に現実的で辛辣であるので、この点も安心は出来かねることを述べたが、鈴木総理は「スターリン」首相の人柄は西郷南洲と似た者があるようだし――この時は維新の江戸城引渡しのことを想起せられたようだ――悪くはしないような感じがするから、和平の仲介も蘇聯に持ち込むことにしたらいいだろうと云い出した。

自分はこれに就ても日本式の考え方では危険なることを述べたが、無条件降伏以上の媾和に導き得る外国ありとせば、「ソ」聯なるべしとの考え方は自分も持っていたのであり、また陸軍の和平に対する気持は「ソ」聯を通じてと云う点から誘致せられているのであるから、総理の主張に賛成して右の三点を目的として交渉を開始することにするが、右三点のいずれから見ても相当の代償を覚悟する必要があり、なおこの点は戦後に於ける極東政策からも考慮する必要あることを述べて、代償に関する審議に入った。その大要は「ポーツマス」条約および日「ソ」基本条約を廃棄して、だいたい日露戦役前の状況に復帰せしむる、その場合なお朝鮮の自治問題は別としてこれを我が方に保留し、南満州は中立地帯とすることなどに話合いが纏まったので、右決定の大要を書き物にしてその直後出席者一同の花押を求めて置いた。しかし右書き物は五月二十五日空襲のさい外務大臣官邸で焼失したので、その後更に前者と同一のものを作成したが、花押は総理と自分だけに止めた。「ソ」聯に対しては一応の手筈が定ったので、自分はその交渉を広田元総理に依頼することを披露したが、次に持ち出した対聯合側媾和条件については直ちに紛糾を見るに至った。十四日この問題の討議に入ったのであるが、阿南陸相は現在の戦果から見て、日本が敵の領域を占領しているのは広大であるが、敵が占領しているのは日本領域の僅少部分に過ぎないから、この点を基準として媾和条件を考慮すべきであると云い、梅津総長は占領地域を併合せんとする意図のないことを明白にするのはいいが、阿南陸相の意見は参酌すべきであると述べた。

自分は媾和条件は現在占領せる地域の大小から見るべきでなくて、戦争全体の趨勢から見るべきである、殊に今後の戦局がどうなるかの点に基礎をおいて講究しなくてはならないことを指摘し、合理的考慮を施す必要あることを主張して、米内海相も自分の意見に同意なる旨を述べた。しかし軍部の主張は強硬で、日本は決して負けてはいないのだと云い張り、形成は険悪となった。そこで米内海相はこの第三の実行に就ては当分伏せる方がいいだろうと発言した。この条件を定めておかなければ和平への仲介は実行不能になるので、自分は大体なりともこのさい打合せておくことが緊要であると述べたが、総理も今そこまで決定しなくとも、まず「ソ」聯の気持を探りつつ話合いを進めて行くことが出来るだろうと云うので、この趣旨を以て第三項の実行は当分見合わすことにした。

広田・マリク会談

右決定についての上奏は総理が取り計らうことにして、自分は広田元総理に面会して「ソ」聯との交渉を依頼した。広田氏が当時「ソ」聯通の有数の者であったことは周知の事実であるが、曩《さき》に駐「ソ」大使更迭問題があった時に瀬踏みしたことがある。同氏の意向はこのさい海外に赴きたくないが、日本に在って「ソ」聯関係事項の処理に当ることは差支えなしとのことであったので、在日蘇聯大使との会談を依頼したのである。即ち同氏には戦局の現状からして、急速和平を講ずるを得策とする事情にあることを説明した後、「ソ」聯にその仲介を求むるを可とすとの議があるが、それに就ても「ソ」聯を如何なる程度に利用し得るや打診を試みる必要があること、また「ソ」聯が右につき好意をもって動くようにするには戦局が悪化した今日であるから、日本から何物かを提供する必要があろうが、その際には思いきった代償を提供しても差支えないから、これらの点を含んでまず「ソ」聯の参戦防止およびこれを我が方の有利に誘導するように努めて貰いたいことを依頼した。広田氏はこれを快諾し、先方と会談の打合せをしたが、箱根強羅に於て内密に会見することが双方の便宜であると云うことになり、その準備をする間に五月二十五日東京大空襲等もあったので遅延し、漸く六月三日に第一回の会談を遂げ、翌日更に第二回の会談を行い、日「ソ」関係に関する根本問題につき意見の交換を行った。右会談は友好裡に行われ、「ソ」聯側の受け方良好で交渉の前途有望と認められた旨、広田氏より報告があり、引続き会談することに打合せたとのことであったから、自分はなるべく急速に話合いを進めてほしいことを重ねて依頼した。

戦況と外交活動

他方本年春以来、我が方は沖縄に全力を傾倒したのであるが、鈴木内閣成立の頃には事態憂うべきものがあった。よって統帥部から「ソ」聯の参戦防止につき申し出があった際にも、自分は作戦の将来について軍部の考慮を求め、もし日本が沖縄に於て敵を撃退し得れば、「ソ」聯その他も日本の戦力になお相当の余裕あることを認め、かつ敵側が攻勢を取るためには若干の時日を要するから、その機勢を利用すれば行詰まれる我が外交も活動の基礎を築き得るに至るべきも、万一沖縄に於て敗衄《はいじく》を蒙る場合には、外交は活動の基礎すらも見出し得ないことになるから、このさい全力を挙げて沖縄で敵を撃退する必要があることを述べてその奮発を促した。この事は陸海軍大臣、参謀総長、軍令部次長に個別的に述べた外、最高戦争指導会議構成員の会合に於ても再三述べたが、戦時外交は戦局の推移に繋がることは六月初旬の御前会議に於ても強調した。ただし統帥部に於ては、沖縄戦につきても始めは成算あることを述べていたが、時の経過に伴いその説が曖昧となり、作戦に関する陸海軍の方針にも齟齬あることを洩し、漸次自信を失い来りつつある状況は明白であって、早晩失陥の運命にあることが一般に憂えられた。なお五月二十五日東京の大空襲は、三月十日の被害と共に東京市民に少なからざる衝撃を与えたが、中部南部日本に対する空襲も熾烈の度を加えた。

六月八日御前会議決定の経緯

ここに終戦の傾向とは反対に見える事件が一つあるので、それについていささか述ぶることにしよう。前述の通り戦局が漸次悪化して来たので、鈴木内閣は戦時緊急措置を講じかつ臨時議会を招集することになった。議会の招集につき相当議論があり、海軍はこれに賛成しなかったが陸軍が熱心にこれを主張し、総理も国民の士気を昂揚するためぜひ開会したいとの考えであった。即ち政府一般の空気は戦局の悪化に対抗する工作を欲求していたのである。そして六月九日の議会招集直前六月六日に最高戦争指導会議が開催せられると突然の通知があった。出席してみると、戦争遂行の根本方針を決定するために開催したとのことで大いに驚いた。殊に自分とはなんらの打合せもなく幹事から国際事情の説明まであったので、自分は終了後厳重なる警告を与えた。

会議ではまず国力の推移および国際事情につき幹事（秋月綜合計画局長官および迫水内閣書記官長）から説明があった後、統帥部（梅津参謀総長旅行中、河辺次長代理す）の戦局に関する陳述があった。自分はこれに対し、戦局の悪化、空襲の激化、生産の減退に伴い戦争継続の容易ならざることは、幹事より説明ありたる国力の推移によっても明らかであるが、空襲の激化は今後益々その度を加うべきであるから、戦争継続の困難は益々増加すべきを予想せざるべからず、殊に統帥部の説明では、戦争は本土に近づけば近づくほど我が方に有利なりとのことであるが、それは優勢なる空軍を有する場合に限るので、その条件完備せざる以上、我が方に有利なりとは考え得ないこと、並びに幹事の説明では、このさい外交的活動によって我が窮迫せる状態を救い得るが如き希望もあったが、日本の外交は既に行詰っており、戦局また今の如き有様では、外国より有力な援助を望むことは不可能であるから、かくの如く空想を抱くのは禁物であると述べた。

同日特に列席した豊田軍需大臣は、敵は空襲によって我が生産を漸減した後易々と上陸せんとするに非ざるかと思うが、軍需生産については、陸軍その他で自分の希望するような条件を許容するなら、その増加は不可能ではないと云う意見の開陳があって、全般の空気は戦争継続の決定に賛成する模様であるから、自分は今軍需大臣の述べた条件の実行はほとんど不可能と思わるるが、かくの如く決定を今頃為すのは無意味ではないかと頑張ったけれども、陸軍は差当り戦争継続の決意を持続しているのは当然であると主張し、総理はこれくらいのものならいいだろうと述べ、海相は沈黙を守っているわけで、結局軍需大臣の意見をも加えた修正によって決議が成立した。即ち生産の増強が出来れば戦争を継続すると云う条件つきに解してのことであったが、この条件の完成が不可能なことは明瞭であった。それで散会後自分は海相に対し、今日は海軍大臣の援助を期待していたのだが意外であったと不満を述べたが、同大将は今日のところではあれくらいのものは仕方がないではないかと釈明した。

この決定が六月八日の御前会議に提出せられ決定を見たのであるが、当時の気持は首相、海相の話によって分るように、陸軍側の強硬意見に対処して行くにはあの程度のものは致し方ない、殊に対議会関係に於て士気昂揚の点から見れば、この方が都合がいいと思ったものと察せらるる。鈴木総理はこの頃にも知人に対し三方ケ原戦場の昔噺をして、戦争は終局まで戦ってみなくてはならぬものだと述べたことは、その人々から聞いたことはあるが、なお議会になすべき演説中、同大将が練習艦隊司令長官として桑港にて斯々と演説を為したことを挿入したいと強硬に主張して、遂に閣員の反対をも押切ったことからしても、遠からず媾和したい気持は充分にあったに相違ないと見るべきであり、殊に自分は入閣当初の約束もあることとて、御前会議の決定としては不都合の点があることは、その後間もない時に木戸内府から、陛下が戦争指導会議構成員だけを御召しになりたい意向を有せらるると云う話があった時には、すぐこの決定を想起して、六月八日の決定はあのままでは具合が悪いと云ったのであるが、木戸君はあれはあれでいいではないかとのことであった。しかしこの決定は五月十四日構成員会合の申合せの趣旨とも抵触するし甚だ面白くないが、当時構成員会合の申合せに就ては何も知らない幹事連の作文とも思わるる。首相は書き物に重きをおかぬ方であり、かつ前記の事情もあったので賛成したものとも思うが、陸軍でもその後この決定を楯として戦争継続を主張したことは一度もないし、何がためにこの決定をしたのか意味をなさない次第であった。

議会では戦時措置に関する諸議案が通過したが、士気の昂揚は望むべくもなかった。よって自分は十二日議会終了後米内海相に対し、事態は急に悪化して来たから、曩に発動を見合せた構成員会合申合せ第三項を発動する必要があることを説明したところ、同海相もこれに同意したので、まず海相から首相および陸相に右の趣旨を以て説くことに打合せを了した。

木戸内大臣との会談

なお木戸内大臣とは、四月二十一日および五月八日に蘇聯問題および戦争終結促進問題につき会談したことがあるが、六月十五日、内府は六月八日御前会議に報告せられたところによっても国力の減退は著しいが、今後は益々激甚を加うべし、由来軍部より戦争継続不可能なることを申し出でしむること適当なるべきも、現在の状勢を以てすれば、軍側より申し出ずることは困難と認めらるる、そして陛下におかせられては、六月八日の御前会議以後、参謀次長および長谷川海軍大将の報告によって、戦力意外に低下せるを観取せられ、過般参謀次長および軍令部総長の言は事実に相違するところ少なからざるにより、至急戦争終末を計るの要ありとの思召しなるに依り、時期を逸せざるためには御言葉の下に急速大転換を行う要あるべきところ、その方法としては蘇聯に仲介を依頼し、名誉を保持する和平の名義の下に十分なる譲歩をなし、戦争を終結する必要ありと思考する旨述べた。

よって自分は六月六日、最高戦争指導会議に於ける突然の提案に対しては、これを心外とし諸種の意見を述べたが、遂にあの決定となったわけで甚だ遺憾に思ったわけであるが、今陛下から至急戦争終末を計る要ありとの御言葉があれば、自分の目的達成上にはこれ以上の援助はないので、誠に仕合せに思うことであるが、これに就ては五月中旬構成員で申合せを為し、既に広田氏に依頼し蘇聯の気持を打診しつつ戦争終末まで取運ぶことに実行中で、この点は鈴木首相より陛下には上奏済みのはずなるが、一昨日更に米内海相とも相談して戦争終末方法を促進することにした成行きを説明し、自分の方でも更に総理をして指導会議構成員の会合を催さしめ、政府および統帥部首脳者の間に本件を促進することにしようと述べておいたが、内府は指導会議構成員の申合せおよび広田氏の交渉は自分は初耳であるので、陛下も御承知なきことと思うとのことであった。

五月中旬・申合せ第三項の発動

なお同日午後閣議の後、海相から十二日の話合いにつき総理と会談したが、総理は蘇聯を仲介として話合いを進めるに異存なきこと、また蘇聯との交渉につきては、外相自身「モスコー」に出馬して貰うのが尤もいいと思うとの話であったと内話した。よって自分は東京で平和を準備する必要上外国行は不可能なることと、和平の議に入るときは一気に話を進める必要があるから、陸軍との間にも至急意見を取纏める必要あることを指摘したが、陸相は視察旅行中であったので、その帰京を待ち直ちに海相が面談することに打合せた。しかし右会談は遂に行われなかったようである。

かくて六月十八日に最高戦争指導会議構成員が会合したので、自分から宮中でも戦争終結の希望があることを報告して、過日実行延期となった申合せ第三項の急速実施を申し出すと共に、広田氏の交渉状況につき報告した。その結果日本としては、米英が無条件降伏の主張を固守する場合戦争の継続は致し方ないが、我に相当の戦力ある間に第三国殊に蘇聯を通して和平交渉に入り、米英との間に少なくとも国体護持を包含する和平を為すことが適当である、また九月末頃までに戦争の終末を見得れば尤も好都合であるから、蘇聯の態度を七月上旬までに偵察した上、かなり速かに戦争終結の方途を講ずることに大体意見が一致した。なおこのさい鈴木総理に構成員会合の申合せを上奏されたかと確かめたが、未だあれは上奏してありません、この際あなたから上奏して下さいと云うので、それが未了となっていたことが判明した。因みにこの頃莫斯科《モスコー》に特派大使を送ることが中心の問題であったように伝わっているとのことであるが、自分は特派使節派遣に関し、前内閣が何遍目かの申し入れをなして成立しなかったことも知っているので、特派使節には始めから興味を有しなかったし、また交渉は既に東京で広田氏が実施しているので、この頃には特派使節に就ての考案はなかった。特派使節の問題が現実の問題になったのは、七月上旬近衛公の派遣に始まるのである。

六月二十日の内奏

右会合の翌日に、鵠沼に広田氏を訪ねて事態の進展を告げ、かつ米英蘇三国の巨頭会談も伝えられているから、これに先立ちて蘇聯の仲介を具体化する必要があることを述べ、「ソ」聯大使との会談を急速に取運ぶことに打合せした。翌二十日参内して、一昨日鈴木総理と打合せた通り、構成員会合の申合せにつき「ソ」聯と交渉に入る目的および仲介者として「ソ」聯を適当と認めたる理由、並びに「ソ」聯に対しては、このさい思い切った代償を提供することに話合いたること、かつまた広田氏に交渉を依嘱せる経緯およびその後の経過につき詳細上奏した。

陛下は右は戦争終末の関係上まことに結構な措置と思う、戦争に就ては最近参謀総長、軍令部総長および長谷川大将の報告に依ると、支那および日本内地の作戦準備が不充分であることが明らかとなったから、なるべく速かにこれを終結せしむることが得策である、されば甚だ困難なることとは考えるけれど、なるべく速かに戦争を終結することに取運ぶよう希望するとの御沙汰を拝した。よって自分は、戦時の外交は戦局の推移に影響せらるることが至大でありますから、このさい有利な条件によって戦争を終結せしむることは不可能でありますが、思召しに適うよう粉骨砕身御奉公仕るべきことを御答えして退出した。

六月二十二日の御召し

その後二十二日に最高戦争指導会議構成員のみの御召しがあった。これは十五日に内大臣から話があったことが実現したのであり、本来独立せる政府と統帥部の主脳者を一堂に会して、思召しを伝えらるる御意図に拝察した。同日陛下から、内外の状勢が緊迫して戦局甚だ困難であるが、今後空襲が益々激化するときには更に一層の困難が想像せらるるから、先日の最高戦争指導会議の決定はそのままにしていいが、他方なるべく速かに戦争を終結することにつき、一同の努力を望むとの御沙汰があった。これにつきて総理から聖旨を奉戴し、なるべく速かに戦局を収拾するよう致しますと言上した。海相は我々六名の間に思召しのような趣旨による協議を致しておりますと言上し、自分から上奏するようにと発言した。自分は陛下には昨日も詳細上奏したのであるが、更に構成員全部の集合に於て上奏して置くのは一段と好都合であると思ったので、大体昨日と同じことを繰り返して申し上げた。次で参謀総長から和平の提唱は内外に及ぼす影響が甚大であるから、充分事態を見定めたうえに慎重措置する必要があると思いますと述べたので、陛下は慎重に措置すると云うのは、敵に対し更に一撃を加えた後にと云うのではあるまいねとのお質ねがあったが、その意味でないことを言上した。陛下は更に意見のないことを確かめられた上に入御せられた。この御召しの際にも特派大使の話は勿論出なかった。

広田・マリク会談促進の努力

他方広田氏は直接自身或いはその知人を通じて、その間にも「マリク」大使との聯繫を採っていたが、右会談を更に一層促進する必要があるので、直接間接にその意を広田氏に通じた。然るに先方から具体的に日本の意向を承知したいと申し出があったとのことであったので、広田氏と協議した結果、長期に亘り東亜の平和維持のためにする相互支持および不侵略に関する協定を締結するを本義とし、右につき満州の中立化、漁業権の解消を辞せざることとし、かつ交渉の間口を開放し置くため、その他「ソ」聯の希望する諸条件に就ても論議するに異存なき旨を申し出ずるように打合せ、同氏は二十九日更に「マリク」氏と会談したのであるが、広田氏の報告によれば、「マリク」は本国政府に取次ぐことを承諾し、本国より回答に接到次第、更に会談に入るべき旨答えたとのことであった。なおこの会談の進捗を図るために在「ソ」佐藤大使に強羅会談の経緯を電報して、「ソ」聯側の回答を促進するように訓令したが、佐藤大使は「モロトフ」人民委員および「ロゾフスキー」次長と会談して、その旨を申し入れたとのことであった。

日本の無条件降伏に関する米国側の宣伝

なおこの前から米国は日本に無条件降伏を求めるとか、また間もなく日本は無条件降伏を申し出すであろうとか云う放送を盛んにやったのであるが、日本は無条件降伏を為すの状況にないので（無条件降伏ノ主張ガ邪魔ニナッタコトヲ詳説）、「ポツダム」宣言受諾に至るまで、それは無条件に同宣言を受諾するのであるが無条件の降伏でない、無条件降伏は同宣言に明記してある通り、日本の軍隊のみに関するものであるとの見解を持続したようなわけであったから、米国のこの宣伝は日本に於ける媾和気運の醸成に少なからざる障碍になった。

ダレス申し出

ややその後のことであるが、或る時米内海相が瑞西《スイス》に在る「ダレス」なる者から国際銀行代表者北村を通し、在「ベルヌ」日本海軍武官に、日本は無条件降伏をした方がいいと云って来たからと云って、「ダレス」の人物につきて質問して、返事をどうしようと申し出た。

当時瑞西の日本公使館内も、公使および両武官の間に疎隔があり、共同の仕事は出来かねる状況にあって「ストックホルム」公使館と同一の状況にあると云うので、自分は軍部両大臣および両総長に、出先に注意の電報を出して貰ったことがあるが、この電報も公使にも陸軍武官にも内密である云々とのことであった。しかし自分は米国の気持を察知するにはいい機会と思ったから、海軍から同武官に電報して、北村から無条件降伏ではなく何か有条件でなくては日本政府は迚《とて》も承諾出来ないと思うと云わせて、向うの出様を見たらいいと云って発電方を打合せた。然るに二、三週間してから、米内君はあの電報は出さなかったと云うので、時機の関係もありそのままになったこともある。

戦争継続不可能の意見具申

然るに六月末頃になると戦局は益々我が方に不利となり、空襲の激化、輸送力の低下等のため生産は急激に減退し、飛行機の減産はもちろん爆薬の原料たる塩の生産も極めて不充分となった。また食料難は益々深刻となり、冬期に至らば国民の不平が加わることも予想されて、戦争の継続は不可能なることが漸く有識者間に分って来たらしく、自分のところには石黒農相、左近司無任所相が特に来訪し、またその他の機会に太田文相、下村無任所相等より戦争終末に関する意思を述べたが、民間各方面からも戦争の急速終末を進言してくる状況となった。少しその後であったが古嶋一雄老も来て、最早終戦を必要とする時機に到達したと思うことを述べ、東大教授南原繁君、高木八尺君からも同様の話があった。よって右は自分の採っておる途と全然一致することを述べ、なお米国をして話合いの媾和に導くため、同国のいずれかの方面と直接連絡をつけ得るなれば尤も好都合であるから、米国通の高木教授に於て考案あらば持参を乞う旨を答えた。また社会党代議士平野君も来訪し、「モスコー」に赴いたうえ米国と聯絡をとりたいとの話であったから、自分は第二「インター」と第三「インター」の関係がさほど良好と思わないが、具体的に如何なる縁故により米国とは誰を云うのか聞きたいと云ったが、その後は来なかったことがある。しかし在東京元外務省員であった者から急速和平の意見に接しなかったことは、実に奇異の感があった。

特派使節問題

他方国際状勢に於ても、聯合国側の聯繋は益々緊密を加え、宋子文は「モスコー」にあって「ソ」聯要人と協議していたが、近く米英「ソ」三国巨頭が「ポツダム」に会合することが伝えられ、日本の地歩は益々困難となる状勢が明瞭であったので、自分は右巨頭会談開始前に媾和に入る足場を作りたいと思った。然るに広田「マリク」会談は、我が方から督促を加えるけれども進捗を見せない。自分も大使に会って直接その意向を探ろうと思って来訪を求めたが、病気のため当分参上し兼ぬるとの挨拶あり、かつ同大使館員が外務省係官に対する話では、前記の日本側具体案なるものは「クーリエ」便で送ったとのことであったから、これではこの会談は到底進展の見込みなしと認めた。

それで七月に入った後は、急速に「モスコー」に対し、戦争終末に関する措置を採るため特使を送ることを考究して、総理との間に協議を進めた。現に七月二日高松宮から御召しの際にも、右の趣旨を言上したが、「モスコー」行の使節は誰にする考えかとの御尋ねに対しては、近衛公を考えおる旨を申し上げたが、殿下よりは、近衛公を派遣の場合には相当の者を補佐として同行せしむるを可とすとの御注意があった。なお同月六日平沼男と会談の際にも、戦争の急速終結のため蘇聯を通ずることにつきて意見を交換した。そのようなわけで特使任命の時は陛下よりの直接の御下命とすることが本人も光栄とするだろうが、その地位も随分困難となる場合も予想せらるるのであるから、一応は予め本人に内話することが然るべしと考えたので、総理とその点について特に打合せたうえ、自分は軽井沢で同月八日に近衛公と会談し、前記の趣旨を説明し「モスコー」行に就てもその内諾を取付けた。近衛公から出発の際にはあまり窮屈な条件を押付けらるるのでは困るとの話があった。

翌九日帰京して直ちに総理に近衛公と会談の次第を報告したが、総理は七日陛下から戦争終結を取急ぐため、「ソ」聯へ特使を派遣することにしたらどうかとの御沙汰があったから、外務大臣がせっかくその意向で軽井沢に赴き近衛公とも会談しておりますから、その帰京を俟ち至急取運ぶことに致しますと申し上げておいたとの話があった。翌十日に最高戦争指導会議構成員の会合が催され、総理から思召しの次第を披露した。次で自分から、広田「マリク」会談が進展しないので、蘇聯の態度につきては未だ充分の偵察を為し得ないのであるが、戦局益々不利となって来た以外に、米英「ソ」三国会談が近く開始せらるる模様であるから、このさい直ちに戦争終結に関する大御心を伝えるのでなければ時機を逸する虞れがあるので、数日来総理と種々協議を重ねた次第であるとて、詳細に説明を加えた上種々論議があったが、結局戦争終結に関する大御心を蘇側に伝え、その影響を見つつ特派使節派遣を運ぶことに打合せを了した。

戦局の急迫と統帥部への申入れ

ここに当時の戦局を一瞥すれば、敵の機動部隊は本土付近に進出し、関東、東北、北海道、九州、中国各方面に於ける大都会は素より、中小都市に対す爆撃は激甚となったが、我が方の防禦は海陸共に目ぼしきものなく、むしろ拱手為すなき状態に近かった。これに就てはしばしば統帥部に対して、かかる戦況の下では外交活動は思いもよらざることであるが、殊に三国会談が開始せられんとする矢先に、我が国力は既に尽きたとの印象を敵国並びに蘇聯に与える場合には、その印象を基準として対日方策を定むることとなるべきは明瞭である。仮令三国会談後に至って相当な戦果を挙ぐることがあっても、外交的見地からすれば後の祭りで効果がないわけであるから、三国会談開始前に少なくとも敵の機動部隊を捕捉して一大打撃を与えることにして貰いたいと説き、陛下にも内奏し、陸海軍大臣にも要請した。阿南陸相はこの点に極めて同感の意を表し、同大臣からも統帥部に対し強く申し入れた旨の内話があった。

阿南陸相との意見交換

ここに阿南陸相の関係を略述しておく方が便利と思う。四月末独国崩壊の直後から、自分は支那問題および大東亜戦争の見透しについて再三意見を交換したが、陸相は支那問題につきては重慶との単独和平に一抹の望みを嘱し、南支方面に於ける我が軍の撤退に際して停戦協定の締結に導き、この点から重慶との全面的単独和平に誘導したい考えであった。南京を通じて全面的和平に到達することの不可能に就ては、陸相も異存なかったが、米国関係と切離して重慶と全面和平を計ることも不可能であるとの自分の意見に対しては、全部的には賛成しないので、結局軍に於てその部隊の撤退に伴う地方停戦協定の成立を試みることに打合せた。大東亜戦の見透しに就ては、自分から米軍が本土に上陸し橋頭堡を構えた後は単に「ゲリラ」的行動を残すだけで、敗戦は時機の問題となるべきであると述べたに対し、同陸相もこれを肯定した。この点にはその後もしばしば触れたことがあるが、陸相は敵の上陸を初めは七月中に、軈《やが》ては八月に期待し、これに大打撃を加えた後和平に入りたい考えであった。

なおここに付記したいのは自分が軍、殊に憲兵の政治干与の非なること、かつまた軍部内閣が戦争遂行のためにも採らざるところなることを、吉田元大使釈放問題並びに外国人取扱い問題等に際し再三力説せるに対し、全然同意見なることを述べ、かつその趣旨を以て行動せる実例があることである。終戦間際に於て、軍部の若手連の間に企てられた「クーデター」決行にも遂に賛成しなかったのも、右の根本観念に出でたものと思う。

スチュアート門下生申し出

なお支那問題につきて想起するのは、これより少し後であるが、七月中旬に北京大学総長「スチュアート」の門下生から、日支間全面和平について日本側と会見したいとの申し出であったことを、中山および若林の両氏から報告があったことである。右の報告によれば、米にも充分その意図を明らかにして交渉したのであるが、「スチュアート」氏の意見では、日本に対しても苛酷な条件を課すべきでないと云うことであったから、自分はこの径路から或いは米国との話合いに入り得るかも知れないと考え、川越外務省顧問、田尻大東亜省次官、杉原大東亜省総務局長に申し出での筋道を検討せしめたが、真面目のものと判断せらるるとのことであったから、阿南陸相、梅津総長とも打合せた上、河相大東亜省顧問を急遽北支に派遣し、先方との話合いを開始することに取運んだ。河相君よりは終戦前にはなんらの報告に接しなかったが、その後に帰朝して報告したところによれば、北京に於て軍部が敏速な行動を採らなかったので遂に機会を失したとのことであった。

特派使節を近衛公に御下命

特派使節の人選につきては、総理と外務大臣との権限に属するわけであるが、この「ソ」聯への使節につきては、陛下より直接御沙汰があること然るべき旨を総理へ進言しておいたことは、前に述べた通りであるが、七月十二日、近衛公が日華協会発会式列席のため軽井沢より上京した機会に御召しになった。そのとき陛下から戦争の急速終結を計る必要があるが、「モスコー」に特使を派遣したらどうだろうと云う御質ねがあり、近衛公より、それは結構と存じますと奉答したので、陛下はそれでは向うへ行ってくれないかとの仰せがあったことを、右日華協会発会式終了後聞いたので、その会場であった霞山会館から連れ立ちて首相官邸に赴き、さらに首相と鼎坐して協議したのであった。右謁見の際、陛下から「モスコー」に行ったらどんな条件でもいいから直接に電報するように、近衛公に御内訓があったとの説があるそうであるが、自分はその時またはその後に於てもいずれの方面からも聞いたことはなく、また尤もその辺の事情に通じているはずの木戸内府に聞いたが、内府はその話は聞いたこともなければ、また有り得ないことと思うとのことであった。なおその少し後のことであるが、陛下が佐藤大使の無条件降伏の電報に非常に影響せられたとの説もあるとのことであるが、これまた木戸君の話によると事実ではないとのことである。当時日本ではいずれの方面でも無条件降伏に近いものかも知れないが、いささかなりとも有条件にしたいとの考えであったので、理論的にもおかしいとの話であった。またその頃「ソ」聯は無条件降伏でなくては取次ぐわけに行かぬと述べたこともないのである。

莫斯科への申入れ

右鼎談に於て、昨今事態が急速に進展しつつあるので、至急先方に対し熱意を示す必要があるから、戦争終末に関する大御心のみならず、特派使節を派遣することも速かに蘇聯に通報すること然るべしとの意見に一致したので、同日夜在蘇佐藤大使に電報を以て、天皇陛下に於かせられては、今次戦争が交戦各国を通じ国民の受くる惨禍と犠牲とを日々増大しつつあることを御心痛あらせられ、戦争が速かに終結に至らんことを念願せられ給う旨、並びに右の御趣旨を以て、近衛公を莫斯科《モスコー》に特派使節として派遣せられんとする次第を、「モロトフ」人民委員に申し入れ、特派使節一行の入国方に蘇聯の同意を取付くべき旨訓令した。

莫斯科では佐藤大使から七月十三日「モロトフ」に会見を求めたが、伯林への出発を控え多忙であって会見出来ずとのことであったから、「ロゾフスキー」人民委員代理に午後五時に面談して申し入れたとの報告があったが、更に同日深更に日本課長から、「スターリン」および「モロトフ」の伯林出発前多忙であるので、回答は遅延するだろうと云う挨拶があったとの電報があった。この時「ソ」聯政府当局がかかる重大案件であるに拘らず、出発前多忙との理由で我が大使との面談を避け、かつその回答を遅延せんとするは甚だ奇異なりとの感を受けたが、「ヤルタ」会談の結果独逸の屈伏後既に三カ月を経過しているので、日本に対し既に開戦の決意を為して大使との会見および近衛公の入国を肯じなかったとまでは、想像し得なかったのは甚だ迂闊の次第であった。

七月十四日最高戦争指導会議構成員が会同し、総理から近衛公御召しの次第を説明し、自分から「モスコー」へ申入れの経緯を説明し、近衛公入蘇の場合の随員等につき打合せを為したが、終戦の条件については陸相その他から、我が方は今なお敗戦せるに非ずとの主張があった。これに対し海相および自分は、本件条件については戦局が最悪の場合に到達することも考慮に加える必要あること、並びに屈して伸びる態度をとることも緊要であることを説示して議論を重ねたが、遂に纏まるに至らなかった。

ポツダム会談と我が方申入れ

かかる状態の下に七月十七日から、「トルーマン」「チャーチル」「スターリン」の三巨頭会談が開催せられたが、自分は十八日参内、三国会談に対する所見並びに蘇聯に対する施策につき詳細に内奏し、なお我が申入れが「ソ」聯首脳部に届いたかとの御尋ねに対し、和平に関する大御心は、十三日午後五時佐藤大使より申し入れ、「スターリン」「モロトフ」は、十四日午後莫斯科を出発したのでありますから、我が方の申入れは両人に届いたことは明瞭と認めらるる旨を言上した。陛下は右の結果がどうなるかは相手のあることであるし、かつ日本の運命によっても決せらるるわけで、如何になるとも致し方なき次第であるが、我が方申し出を先方に間に合うよう伝え得た事はまことに結構であったとの御言葉であった。終戦後米国側から仄聞したところによれば、米国国務省では前駐日大使「グルー」等が対日媾和の準備として作成した宣言案を「ポツダム」にも携行したが、同地で「ソ」聯側から日本では媾和の意志あることを聞いたので、右の準備せるものを発表したのが「ポツダム」宣言であるとのことである。然るに於ては、陛下の大御心は「ソ」聯首脳者に通じたのみならず、聯合側首脳者にも伝達せられ、「ポツダム」宣言なる有条件の媾和に導き得たことになるので、あの時の我が方申入れは結果から見ると、大体に於て効を奏したと云っても差支えないだろう。

蘇聯政府の応酬

その間のことであるが、「ソ」聯政府からは、我が方申し出は具体的提議を包含せざること、並びに近衛公の使命が不明瞭であるから確たる回答を為すことが困難であるとの挨拶があった、との電報を十九日に受取った。今まで莫斯科からの電報が遅延することはほとんどなかったのであるが、この頃から重要なる往復電報の遅延するのが目立った。なお右電報接受後、佐藤大使から話合いによる和平は見込みなしと思うから、直ちに無条件降伏をなすを可とすとの意見を電報して来た。しかし政府としては戦う者およびここまで困難に堪えた国民の気持も考える必要があり、また従来の成行きをも考えないで直ちに無条件降伏をなすわけにゆかない、また無条件降伏をなすとなれば、「ソ」聯に仲介を依頼する必要もないことであるから、佐藤大使には二十一日に電報して「ソ」聯政府に対し、我が方申し出の趣旨は「ソ」聯政府の尽力に依り戦争を速かに終結せしむるよう斡旋を求むるものなること、また近衛公は日「ソ」関係の調整につき交渉を進めると共に、戦争終結に関する日本の具体的意図を齎して莫斯科に赴くものなることを説明し、その理解を得るよう訓令した。然るにこの電報の配達は甚だしく遅延したので、二十五日に至って佐藤大使から「ロゾフスキー」に申し入れたが、同人は熱心かつ鄭重にこれを聴取したうえ政府に伝達し、なるべく速かに回答すべき旨を答えたとの電報があった。

第六章　ポツダム宣言受諾と終戦直後

ポツダム宣言

然るに「ポツダム」では英国総選挙の結果が発表せらるるため、「チャーチル」英国首相が帰国する前日即ち七月二十六日夜に、「トルーマン」大統領「チャーチル」首相および蔣介石主席の連名の共同宣言書を発表した。右宣言は左の通りである。

ポツダム宣言

千九百四十五年七月二十六日「ポツダム」ニ於テ

一、吾等合衆国大統領、中華民国政府主席及「グレート、ブリテン」国総理大臣ハ吾等ノ数億ノ国民ヲ代表シ協議ノ上日本国ニ対シ今次ノ戦争ヲ終結スルノ機会ヲ与フルコトニ意見一致セリ

二、合衆国、英帝国及中華民国ノ巨大ナル陸、海、空軍ハ西方ヨリ自国ノ陸軍及空軍ニ依ル数倍ノ増強ヲ受ケ日本国ニ対シ最後的打撃ヲ加フルノ態勢ヲ整ヘタリ右軍事力ハ日本国ガ抵抗ヲ終止スルニ至ル迄同国ニ対シ戦争ヲ遂行スルノ一切ノ聯合国ノ決意ニ依リ支持セラレ且鼓舞セラレ居ルモノナリ

三、蹶起セル世界ノ自由ナル人民ノ力ニ対スル「ドイツ」国ノ無益且無意義ナル抵抗ノ結果ハ日本国国民ニ対スル先例ヲ極メテ明白ニ示スモノナリ現在日本国ニ対シ集結シツツアル力ハ抵抗スル「ナチス」ニ対シ適用セラレタル場合ニ於テ全「ドイツ」国人民ノ土地、産業及生活様式ヲ必然的ニ荒廃ニ帰セシメタル力ニ比シ測リ知レザル程更ニ強大ナルモノナリ吾等ノ決意ニ支持セラルル吾等ノ軍事力ノ最高度ノ使用ハ日本国軍隊ノ不可避且完全ナル壊滅ヲ意味スベク又同様必然的ニ日本国本土ノ完全ナル破壊ヲ意味スベシ

四、無分別ナル打算ニ依リ日本帝国ヲ滅亡ノ淵ニ陥レタル我儘ナル軍国主義的助言者ニ依リ日本国ガ引続キ統御セラルベキカ又ハ理性ノ経路ヲ日本国ガ履ムベキカヲ日本国ガ決定スベキ時期ハ到来セリ

五、吾等ノ条件ハ左ノ如シ

吾等ハ右条件ヨリ離脱スルコトナカルベシ右ニ代ル条件存在セズ吾等ハ遅延ヲ認ムルヲ得ズ

六、吾等ハ無責任ナル軍国主義ガ世界ヨリ駆逐セラルルニ至ル迄ハ平和、安全及正義ノ新秩序ガ生ジ得ザルコトヲ主張スルモノナルヲ以テ日本国国民ヲ欺瞞シ之ヲシテ世界征服ノ挙ニ出ヅルノ過誤ヲ犯サシメタル者ノ権力及勢力ハ永久ニ除去セラレザルベカラズ

七、右ノ如キ新秩序ガ建設セラレ且日本国ノ戦争遂行能力ガ破砕セラレタルコトノ確証アルニ至ル迄ハ聯合国ノ指定スベキ日本国領域内ノ諸地点ハ吾等ノ茲ニ指示スル基本的目的ノ達成ヲ確保スル為占領セラルベシ

八、「カイロ」宣言ノ条項ハ履行セラルベク日本国ノ主権ハ本州、北海道、九州及四国並ニ吾等ノ決定スル諸小島ニ局限セラルベシ

九、日本国軍隊ハ完全ニ武装ヲ解除セラレタル後各自ノ家庭ニ復帰シ平和的且生産的ノ生活ヲ営ムノ機会ヲ得シメラルベシ

十、吾等ハ日本人ヲ民族トシテ奴隷化セントシ又ハ国民トシテ滅亡セシメントスルノ意図ヲ有スルモノニ非ザルモ吾等ノ俘虜ヲ虐待セル者ヲ含ム一切ノ戦争犯罪人ニ対シテハ厳重ナル処罰加ヘラルベシ日本国政府ハ日本国国民ノ間ニ於ケル民主主義的傾向ノ復活強化ニ対スル一切ノ障礙ヲ除去スベシ言論、宗教及思想ノ自由並ニ基本的人権ノ尊重ハ確立セラルベシ

十一、日本国ハ其ノ経済ヲ支持シ且公正ナル実物賠償ノ取立ヲ可能ナラシムルガ如キ

産業ヲ維持スルコトヲ許サルベシ但シ日本国ヲシテ戦争ノ為再軍備ヲ為スコトヲ得シムルガ如キ産業ハ此ノ限ニ在ラズ右目的ノ為原料ノ入手（其ノ支配トハ之ヲ区別ス）ヲ許サルベシ日本国ハ将来世界貿易関係ヘノ参加ヲ許サルベシ

十二、前記諸目的ガ達成セラレ且日本国国民ノ自由ニ表明セル意思ニ従ヒ平和的傾向ヲ有シ且責任アル政府ガ樹立セラルルニ於テハ聯合国ノ占領軍ハ直ニ日本国ヨリ撤収セラルベシ

十三、吾等ハ日本国政府ガ直ニ全日本国軍隊ノ無条件降伏ヲ宣言シ且右行動ニ於ケル同政府ノ誠意ニ付適当且充分ナル保障ヲ提供センコトヲ同政府ニ対シ要求ス右以外ノ日本国ノ選択ハ迅速且完全ナル壊滅アルノミトス

宣言に対する判断

予は米国放送による本宣言を通読して第一に感じたのは、これが「我等の条件は左の如し」と書いてあるから、無条件降伏を求めたものに非ざることは明瞭であって、これは大御心が米英にも伝わった結果、その態度を幾分緩和し得たのではないかとの印象を受け、また日本の経済的立場には相当の注意が加えられていると認めた。蓋し経済的条項に就ては、独逸に対し「モルゲンソー」案等の苛酷なるものが伝えられている際のこととて、これよりやや安心したようの感がしたが、日本の立場は、「ハル」長官が日米交渉に於ても

考慮していた加工国としての存立は差支えない、またそのためには賠償も苛酷なことはないとの趣旨が骨子であった。そしてまた「カイロ」宣言によって朝鮮の独立は別問題とするも台湾等の返還を必要とし、また日本の領土は本州、北海道、九州および四国以外は聯合国の決定する諸小島に局限すると云うので、大西洋憲章に照せば適当と思えぬ節があるし、また占領も地点の占領であり、かつ保障占領であって広汎なる行政を意味していない点は、独逸降伏後の取扱いとは非常なる懸隔があることは結構であるが、占領地点が東京等の大都市まで包含しているやに就て疑問があるし、なおまた日本政府の形態の問題にも不明瞭の点があり、その他武装解除、戦争犯罪人にも問題がありそうだと感じた。よって外務次官に法律的見地より厳密なる検討を加えるように命じた。

宣言の取扱い

これと同時になるべく聯合国側と交渉に入って、その不利かつ不明確な点を幾分なりと修正せしめたいと思った。されば翌二十七日午前参内、「モスコー」との交渉の経過および英国総選挙の結果について上奏し、更に進んで「ポツダム」宣言について詳細に御説明申し上げた。なおまたこれに付加して、この宣言に対する我が方の取扱いは内外共に甚だ慎重を要すること、殊にこれを拒否するが如き意思表示を為す場合には、重大なる結果を惹起する懸念があること、なお戦争終末については、「ソ」側との交渉は断絶せるに非ざるにより、その辺を見定めたるうえ措置すること可なりと思考する旨を言上した。

同日最高戦争指導会議構成員会同が開催せられたので、自分は前記内奏と同様の趣旨を説明した。この席上に軍令部総長は、いずれ本宣言は世上に伝わることになると思うが、このままにしておくと士気にも関することになるから、このさいこの宣言を不都合だと云う大号令を発することが然るべしと思うと述べたから、総理および自分はこれに反対し、結局のところ今暫く蘇聯の出方を見て処理することに意見が一致した。同日午後更に閣議が開催せられたので、自分は広田元総理に依嘱して「ソ」聯と交渉せしめ来りたる事情を加えて、最近の国際関係全般につき詳細報告し、更に「ポツダム」宣言につき解説を加え、本件の処置は今少しく蘇聯の態度を見定めたる上に決定すること然るべき旨を述べた。そして右の処置方に就てはなんら異論はなかったが、宣言を発表する方法および程度について相当の議論があった。結局のところ政府に於ては、この際なんらの意思表示をしないこと、新聞等に対しては情報局でなるべく小さく取扱わしむるように指導すること、したがってまた事務当局で宣言を短縮して発表せしむることに決定した。

宣言黙殺の新聞発表

然るに翌朝の新聞に、政府はこれを黙殺するに決したと報道したものがあったから、自分は早速内閣に対して、右は前日閣議で決定したところに相違せることを指摘して抗議した。然るに前日あたかも宮中に於て政府統帥部間の情報交換会が開催せられたのであるが、これは毎週恒例として開催せられ格別の意義あるものでなく、また自分は丁度他に重要な要務があったので欠席した。然るに右の会合に出席せる軍部の一人から、「ポツダム」宣言拒否の意見を持出した結果、首相、陸海軍大臣および両総長が突然の思いつきで別室に集り協議し、総理は遂に強硬派の意見に動かされ、その後の新聞記者会見に於てこれを黙殺するに決めたと述べて、大々的に報道せらるることになった趣である。自分は後になって始めて承知して随分不満を並べたが、取消しの方法はないとのことでそのままとなったが、米国新聞紙等は、日本は同宣言を拒否したと報じ、「トルーマン」大統領の原子爆弾使用に関する釈明、および「ソ」聯の参戦声明中にもこれを理由とすることになったのは、誠に不幸かつ不利なことであったと謂わざるを得ない。

とにかくさようの次第で、更に佐藤大使に再三「ソ」側を督促せしめたが、「ロゾフスキー」との外は折衝の機会を得なかったが、「モロトフ」は八月五日「ポツダム」より帰莫したる後、八月八日午後八時（日本時間八日午後十一時）に面会の通報があったとのことであるが、その面会は「ソ」聯の対日参戦通告のためであった。

原子爆弾攻撃

米国は八月六日朝八時十五分、広島市に対し世界史に特筆せらるべき原子爆弾攻撃を行った。その損害は非常なものであると聞いた。なお米国放送は原子爆弾を投下したと報じた。もしかかる異常の爆発物を使用したのであれば、米国に対し抗議の必要もあるので、すぐ陸軍側に就て聞かせしめたところ、性能の高い爆弾と思うが目下調査中であるとのことであった。米英は大規模の宣伝を開始して、原子爆弾の使用は戦争の様相を一変し、かつ社会の一大変革をも齎すべしと放送し、なおまた日本が三国共同宣言を受諾せざる場合には、更に連続使用してこれを滅亡せしむべしと宣伝した。七日午後関係閣僚の会合があり、陸相および内相からの報告があったが、陸軍はなお調査の結果を見る必要があるとて、原子爆弾攻撃なることを認めず、なるべく爆撃の効果を軽視せんとする模様があった。

翌八日宮中地下室にて拝謁、原子爆弾に関する敵側発表並びにこれに関連する事項を詳細に亙り上奏し、愈々これを転機として戦争終結に決すること然るべき旨を述べた。陛下はその通りである、この種武器が使用せらるる以上、戦争継続は愈々不可能になったから、有利な条件を得ようとして戦争終結の時機を逸することはよくないと思う、また条件を相談しても纏まらないではないかと思うから、なるべく早く戦争の終結を見るように取運ぶことを希望すと述べられて、総理にもその旨を伝えよとの御沙汰であった。よって内大臣に右の成行きを話し、かつ直ちに総理を訪ねて思召しを伝え、急速最高戦争指導会議構成員会同の召集を申し入れた。

蘇聯の対日参戦

然るに翌九日未明に外務省「ラジオ」室からの電話によって蘇聯が日本に宣戦し、満州に進撃したことを知った。即ち八日午後十一時、佐藤大使が「モロトフ」委員に面会したとき宣戦の通報を受けたのであるが、その会談、従って宣戦通告の電報は遂に東京には到着しなかったのである。自分は早朝総理を訪ねて「ソ」聯参戦の次第を伝え、急速戦争終結を断行するの必要あることを述べたが、総理もこれに同意したので、同席していた迫水書記官長から大至急戦争指導会議構成員を召集することに手筈を定めた。

外務省への途次海軍省に米内海相を訪ねて、総理へ説いたと同様のことを述べたが、更に同省にて邂逅したる高松宮に対しても成行きを説明して、直ちに「ポツダム」宣言を受諾することの必要を述べたが、殿下は領土の点につきて何とかならぬだろうかとの御話があったから、その点に就ても考慮して来たので方法があったらなお何とかしたいのですが、今日となっては恐らく致し方ないと思いますと云って退下した。

八月九日構成員会議の論争

午前十一時から構成員会同が開催せられて対策を講究することになった。自分は事態ますます切迫して勝利の成算立ち難い今日に於ては、直ちに和平に応ずる必要があるので、速かに「ポツダム」宣言を受諾することを適当と認める、また条件は日本にとって絶対必要のもののみに限る必要があることを述べた。戦争の継続が既に困難となったことは構成員全部が認め来った次第であるから、更に原子爆弾の使用および「ソ」聯の参戦を見た今日、「ポツダム」宣言の受諾を原則的に否認せんとする主張は何人からも出でなかった。また国体の擁護に就ては、絶対の要件としてこれを留保することには何人も異存なかったが、軍部からはその外に保障占領はなるたけこれを差控えしめ、やむなき場合にも東京等を除きかつこれを小規模とすること、武装解除は我が方に於て自主的にこれを行うこと、戦争犯罪人の処分は我が方に於て行うこととす、との条件を付加する必要があると主張した。

自分は最近英米「ソ」支の状勢から見れば、多数条件を出す時には拒絶せらるる懸念が甚大であり、根本的に不成立となることも予想せらるるから、軍に於て戦争を継続し勝利を得る見込みがない以上、条件として先方に提出するものは最小限に止むる必要がある、無論その他の事項を我が方の希望として先方に通ずることは差支えないが、これは条件とは異なるのであるから、ここに条件として提出すべきは、皇室の御安泰と云う条件のみに止むるの外ないことを説き、交渉決裂の後戦争に勝つ見込みがあるのかと質問したが、陸相は最後の勝利を得る確算は立たないが未だ一戦は交えらるると云った。それで自分は更に日本の本土に敵を上陸させないだけの成算があるかと聞いたが、参謀総長は非常にうまく行けば撃退も可能であるが戦争であるからうまく行くとばかりは考えられない、結局幾割かの上陸可能を認めなくてはならぬが、上陸に際して敵に大損害を与え得る自信はあると云うわけだ。

それで自分は、今の陸軍側の説明からすると、上陸部隊に大損害を与えても一部は上陸して来る可能性があることであるが、敵は第一次上陸作戦に充分の成果を収めなくても間もなく第二次作戦に出ずるは明らかだ、そして我が方では第一次上陸を撃退するために飛行機その他の重要兵器はほとんど全部喪失して、その後短期間に補充の見込みは立たないから、原子爆弾の問題は別としても、第一次上陸作戦以後の日本の地位は全く弱いものになってしまうではないか、即ち日本はなお一戦を交え得るが、その一戦を交えた後の日本の地位を敵国の地位に比較すれば、我が方は第一次上陸戦以前よりも甚だしく不利な状況に陥るのであるから、なるべくこのさい直ちに戦争を終結する以外に方法なしと云うことになる、従ってまた日本としては、絶対に必要なる条件のみを提出して和平の成立を計ることが絶対に必要だと述べ、随分烈しい議論を交えた。そのうち午後一時近くなって来たが、閣議も予定されていたので、総理はこの問題は閣議にも諮る必要があるからと述べ、決まらないままにして閣議に赴いた。

八月九日閣議

閣議は二時から開催せられたが、その以前、自分は総理に閣議の結果は意見の一致困難があると思うが、その場合には聖断を仰ぐ以外に方法なしと思うが、その以前陸相の辞職等に依り内閣の機能を発揮し得られないことのないように注意してほしいことを内話した。なおそのさい松本次官が来て、外務省内の多数もこのさい多数条件を提出しないようにと希望しているとの話があった。閣議では自分から蘇聯との交渉経過、原子爆弾使用、蘇の参戦につき説明を加え、急速なる戦争終結の必要なることを説き、そのためには絶対必要なる条件、即ち国体擁護のみを留保して、「ポツダム」宣言を受諾すべきことを述べた。

これに対し陸軍大臣から国体擁護の外に領土、武装解除および戦争犯罪人につきて条件を付すべきことを主張したので、先刻の戦争指導会議構成員会合に於ける同一の問題に遭逢することとなり、自分は同会合に於ける同一の理由を述べてこれに反対した。海軍大臣は戦争を継続する場合、到底見込みのないことを述べて自分の説に賛成したが、陸軍大臣は本土決戦となれば少なくとも一応は敵を撃退し得べく、その後は必勝の見込みは立たざるにせよ、死中活を得べき公算も出ずるかも知れぬと云う。これに対し予は、先刻構成員会合に於ける統帥部の意見によるも敵の撃退に就ては充分の見込みはない、またこれに大損害を与えてもその後敵に対する日本の比較的地位は反って上陸戦以前よりも不利となることを述べて反対し、議論数刻に渉った。しかし意見の一致を見ないので、総理は外務大臣の意見に対する賛否を各閣僚について求めたが、一部は反対であり、或る者は曖昧であったが、多数閣僚は自分に賛成であった。

八月九日御前会議

然るに総理は自分と同時謁見して上奏したいとのことであったから、閣議はそのままとして参内した。そして総理は自分から説明してくれとのことなので、共同拝謁して今までの議事の経過を詳細に申し上げた。総理は今夜直ちに最高戦争指導会議の御前会議を開くように御許しが願いたいことを申し上げ、その御許しがあったので、同夜十二時直前から御前会議が開催せられた。

同会議には総理、陸海軍大臣、両総長および自分のほか平沼枢府議長が特旨を以て列席仰付けられたが、幹事として迫水書記官長、池田綜合計画局長官、吉積陸軍軍務局長、保科海軍軍務局長が出席した。総理がまず、今朝構成員の会合に於て「ポツダム」宣言受諾につき審議せるも意見の一致を見ざりし次第なるが、ここに親しく御聴取を願いたいことを述べ、議案として「ポツダム」宣言を受諾するも、同宣言には天皇の国法上の地位を変更するの要求を含まざるものと了解すとの案と、前述の四条件を併記したものとが提出せられた。自分は曩《さき》に構成員会同および閣議に於て述べたと同一の趣旨、即ち戦局甚だ不利となった今日戦争を速かに終結する必要があること、それには「ポツダム」宣言を絶対必要の条件、即ち第一案により受諾するを可とすること、もし然らざるに於ては国際状勢より見て決裂の覚悟を要すること、決裂した場合なお一戦は交えらるることは然るべしと思うが、それが好結果であった場合にも、日本の敵国に対する地位はかえって不利となる懸念大なること、従ってこのさい速かに第一案によって戦争を終結するの必要なることを詳細に述べた。

海相は簡単に外務大臣の意見に全く同意なることを陳述したが、陸相は国体問題以外の三条件をも提出することの必要を述べて、死中活を求むべしと説き、参謀総長もまたほぼこれと同様の意見を述べた。平沼議長は一、二質問を発した後に、第一案の留保を、天皇の国家統治の大権を変更するの要求を含まざるものと了解すとの修正を力説した。右修正は差支えなしとのことになったので、第一案に賛成せられたが、依然全部の意見は一致を見ない。

第一回の聖断

そこで総理は甚だ恐懼に堪えぬが御聖断を仰ぎたいことを申し上げた。陛下は静かに発言せられて、外務大臣の意見に賛成である、何となれば従来軍の云えるところはしばしば事実に反するものあり、従って必勝の算ありと云うも信じ難し、現に九十九里浜等の設備も未だ完成せず、よって難きを忍びて三国共同宣言の条件を容れ、国体の安全を図る必要ありとの趣旨の御沙汰を拝した。二時半頃会議は終了したので、三時から閣議が開催せられ、全員挙げて原案に賛成決定した。

八月十日日本政府申入れ

よって自分は早速外務省に赴き、右決定に基いて聯合国に通告する電報案の作成を了し、米国政府へは利益保護国たる瑞西政府を通ずるため、在「ベルヌ」加瀬公使に十日午前七時左の電報を発送した。なお英蘇両国へは瑞典政府を通ずるため、在「ストックホルム」岡本公使へ同趣旨の電報を発した。なお中華民国政府にも瑞西政府を通じて通達する手続きを採った。

米英支三国宣言ノ条項受諾ニ関スル八月十日付帝国政府申入

帝国政府ニ於テハ常ニ世界平和ノ促進ヲ冀求シ給ヒ今次戦争ノ継続ニ依リ齎ラサルヘキ惨禍ヨリ人類ヲ免カレシメンカ為速ナル戦闘ノ終結ヲ祈念シ給フ天皇陛下ノ大御心ニ従ヒ数週間前当時中立関係ニ在リタル「ソヴィエト」聯邦政府ニ対シ敵国トノ平和恢復ノ為斡旋ヲ依頼セルカ不幸ニシテ右帝国政府ノ平和招来ニ対ス

ル努力ハ結実ヲ見ス茲ニ於テ帝国政府ハ
天皇陛下ノ一般的平和克服ニ対スル御祈念ニ基キ戦争ノ惨禍ヲ出来得ル限リ速ニ終止セシメンコトヲ欲シ左ノ通リ決定セリ
帝国政府ハ一九四五年七月二十六日「ポツダム」ニ於テ米、英、支三国政府首脳者ニ依リ発表セラレ爾後「ソ」聯政府ノ参加ヲ見タル共同宣言ニ挙ケラレタル条件ヲ右宣言ハ天皇ノ国家統治ノ大権ヲ変更スルノ要求ヲ包含シ居ラサルコトノ了解ノ下ニ受諾ス
帝国政府ハ右了解ニシテ誤リナキヲ信シ本件ニ関スル明確ナル意向ヲ速カニ表示セラレンコトヲ切望ス

蘇聯大使との会見

その間九日に在東京「ソ」聯大使「マリク」から面会したい旨の申し出があったから、自分は連絡会議で同日は面会出来ないから急用であったら次官に面会するように返事させたが、十日でよろしいとのことであったので、同日にこれを引見した。「ソ」聯大使は本日政府の命により宣戦通告を伝達するとのことであったから、自分はこれを聴取した後、蘇聯と日本との間に中立条約がなお有効であることを指摘した上に、日本から和平の斡旋を求められ、未だ確たる回答をしない間に宣戦する不都合を責め、かつその理由とする日

本が英米支三国共同宣言を拒否せりとの点につき、日本政府に確かめる方法を採らなかったことの不当なるを述べ、更に「ソ」聯の態度は後日歴史の批判を受くべきものだと云ったが、彼は「ソ」聯の行動はなんら間違いはないはずだとの趣旨を、抽象的の言葉で並べ立てるだけで更に要領を得なかった。引続き自分は、日本政府の「ポツダム」宣言受諾に関する通告につき説明を加え、「ソ」聯政府への伝達方を求めた。

八月十日重臣の御召し

同日午後三時から重臣を御召しになる趣で、それ以前に総理官邸へ重臣の参集があったから、自分から最近の交渉経緯を詳細説明した。小磯大将から「ポツダム」宣言と軍備との関係に就て質問があったから、宣言には軍備撤廃とはないが、軍国主義の絶滅とか戦争のための軍備はいけないとかの条項があるから、非常な制限を受けることは覚悟しなければならないと答えたところ、神勅は充分の軍備を命じてあるとの話があり、東条大将はこれに引続いて、右の意見は賛成であるが御聖断があった以上は何も述べないと云った。

なお翌十一日午後一時から高松宮御殿で、同宮、三笠宮、閑院宮、朝香宮、東久邇宮、賀陽宮、竹田宮等各殿下が参集せられたので、最近の事情および措置につき二時間近く説明した。殿下方は事態につき充分に了解せられたと思った。

但し右「ポツダム」宣言受諾の通告発送の事実が段々に洩れたので、軍部殊に参謀本部および軍務局の中堅将校が「クーデター」を企てつつありとの聞込みがあり、海軍軍令部方面でもその気配があるとの噂があったので、米内海相には直接注意したが、軍令部方面で過激の行動がある場合には首脳部の更迭を断行する積りだとのことであった。

聯合国回答

十二日になると、零時四十五分に外務省「ラジオ」室から、米英「ソ」支の対日回答が発表せられたとの放送があったとの電話に接した。しかしその内容に不明の点があったので、外務省事務当局にその研究を命じた。五時半、松本次官、安東政務局長、渋沢条約局長が麻布広尾の宅に参集して右回答につき検討を加えた。大体我が方より申し出たる了解事項を応諾せるものなりとの結論に到達せる旨を陳述した。そして「バーンズ」国務長官から瑞西政府を通じて発送した正式回答は、いささか遅延して十三日未明に接到したのであるが、その内容は左の通りであった。

合衆国、聯合王国、「ソヴィエト」社会主義共和国聯邦及中華民国ノ各政府ノ名ニ於ケル合衆国政府ノ日本国政府ニ対スル回答

「ポツダム」宣言ノ条項ハ之ヲ受諾スルモ右宣言ハ天皇ノ国家統治ノ大権ヲ変更スル

ノ要求ヲ包含シ居ラサルコトノ了解ヲ併セ述ヘタル日本国政府ノ通報ニ関シ吾等ノ立場ハ左ノ通ナリ

降伏ノ時ヨリ天皇及日本国政府ノ国家統治ノ権限ハ降伏条項ノ実施ノ為其ノ必要ト認ムル措置ヲ執ル聯合軍最高司令官ノ制限ノ下ニ置カルルモノトス

天皇ハ日本国政府及日本帝国大本営ニ対シ「ポツダム」宣言ノ諸条項ヲ実施スル為必要ナル降伏条項署名ノ権限ヲ与ヘ且之ヲ保障スルコトヲ要請セラレ又天皇ハ一切ノ日本国陸、海、空軍官憲及何レノ地域ニ在ルヲ問ハス右官憲ノ指揮下ニ在ル一切ノ軍隊ニ対シ戦闘行為ヲ終止シ、武器ヲ引渡シ及降伏条項実施ノ為最高司令官ノ要求スルコトアルヘキ命令ヲ発スルコトヲ命スヘキモノトス

日本国政府ハ降伏後直ニ俘虜及被抑留者ヲ聯合国船舶ニ速カニ乗船セシメ得ヘキ安全ナル地域ニ移送スヘキモノトス

最終的ノ日本国ノ政府ノ形態ハ「ポツダム」宣言ニ遵ヒ日本国国民ノ自由ニ表明スル意思ニ依リ決定セラルヘキモノトス

聯合国軍隊ハ「ポツダム」宣言ニ掲ケラレタル諸目的カ完遂セラルル迄日本国内ニ留マルヘシ

十二日早朝外務次官等が辞去した後、自分は直ちに総理を訪問して先方の回答を伝えた

後、午前十一時に参内して、回答の趣旨およびこれに対する措置振りについて上奏した。陛下は先方回答の通りでいいと思うから、そのまま応諾するように取運ぶがいいだろうとの御言葉で、総理にもその趣旨を伝えるようにと仰せられた。よって直ちに首相官邸に赴き、右の事情を報告して打合せをなしおる最中に平沼男が来訪せられて、右回答中の第二項および第四項につきて異存ある旨を述べられたので、自分は後に記載する閣議に於ける陳述と同趣旨のことを簡約して述べて退出したが、総理はその以前陸軍大臣からも「バーンズ」回答不充分との話を受けたらしかった。日本の国体または皇室の問題は、「ソ」支では強硬な反対意見があることは明瞭であったが、米でも先年の不戦条約批准当時の経緯でも分る如く、なかなか了解しないばかりでなく非常に機微の点があるので、その取扱いはなかなか面倒であった。

八月十二日閣議

午後三時に臨時閣議が開催せられ、「バーンズ」回答について審議を重ねた。まず自分は、右回答は満足のものとは云い得ないが、我が方から天皇の統治権の問題を持ち出したから、占領中は日本側の統治権能が無制限に行わるるわけではなく、「ポツダム」宣言の条件を実施するためには、聯合国最高司令官の権限が日本側のそれよりも上にあることを指摘して来たのである、即ち保障占領の下に於ては、降伏条件実施の枠内に於ては統治権に制限があるのは致し方ないことであるが、原則的には天皇の地位は儼存するのである、第二項は天皇が降伏条件に掲ぐる条項を実施せらるる義務あることを指摘して来たのである、第三の捕虜輸送の問題および第五の占領期間の問題は、いずれも当然であって特に説明する必要はないと思うが、問題は第四点である、国民の自由意思により政府の形態を決定する考え方は大西洋憲章にも記載せられており、「ポツダム」宣言も同様の趣旨に出ているものである、即ち日本の国体は日本人自身が決定すべき問題であること、また従って外部よりこれに干渉すべからずとの意味である、またもし先方で人民投票の方法によって決定する意図であるにしても、日本人の忠誠心に照し極く少数のものを別とし、大多数は我が国体の大本を変更せんとする考えを抱くものとは信ぜられぬ、他方各種の情報によれば、聯合国側の一部に於ては皇室問題についても強硬意見があるが、英米の当路者が「バーンズ」回答案の程度に止めた模様と見える、先方の回答について字句の修正を求めても、往年の不戦条約批准前に修正を求めてその目的を達しなかったと同様、我が方の趣旨を貫徹し得ざる結果となる虞れがあり、かつまたあくまでこの点に関する交渉を押進めんとする場合には、先方諸国に於ける強硬派に口実を与え、皇室否認の要求さえ提出せられずとは限らず、かくて遂に決裂を見るべき覚悟を要するところ、八月九日御前会議決定の根本、即ち戦争を継続することが不可能かつ不得策なりとの見地よりして、本件交渉はこの辺にて取纏むることを必要と認むと述べた。

これに対し陸軍大臣は、天皇が聯合国最高司令官の権限に従属すと記載せること、並びに日本政府の最終的形態を日本国民の意思に依り決定すとせることの不都合を挙げて、先方回答は不満足であると述べ、他の二、三閣僚から日本の国体は神代の時代から決っているので、国民の意思によって決定せらるるのではないとか、武装解除の強制は帝国軍人にとって忍び得ないことであるから戦争継続の外はない、とかの主張が持出された。自分はこれに対しても反駁し、海軍大臣は自分を支持したが、このとき総理は武装解除を強制せらるるなら戦争継続も致し方ないと発言した。これでは面倒な場面になると思ったから、自分は先方からの正式回答も未着でありますから、それが到着したうえ更に審議を重ねることにしたいと思う旨を述べた。それで翌日審議を継続することにして散会した。

そこで自分はすぐ総理の室に入って、今頃武装解除問題を持出す時機に非ざること、先方回答につき押し問答に入るの無益なることを説いて、決裂の覚悟がなければ先方回答をそのまま受諾する外ないが、陛下が戦争継続を欲しておられないのは御承知の通りである、戦争の見透しについては大元帥陛下の意見が基本となるべきは勿論であるが、このたびの問題は皇室の存否にも影響する問題であるから、篤と陛下の意図のあるところを按ずべきは当然のことである、されば首相および内閣の意見が戦争継続に傾くが如き場合には、単独上奏を致すことがあると御承知を願いたいと述べ、更に木戸内府を訪ねて右の事情を語った。然るに内府は陛下に重ねて申し上ぐるまでもなく、その御意図が先方回答をそのまま受諾すべきであることは明瞭であるから、自分から総理には話しすることにしたいとのことであった。そしてその夜木戸君から電話があって、総理に話したところ、総理はよく了解されたとのことであった。

八月十三日構成員会議

翌十三日首相官邸で八時半、最高戦争指導会議構成員の会同が開かれた。軍部から「バーンズ」回答第二項および第四項は不満足であるから、これを修正せしむる必要がある、更に保障占領および武装解除の二点について要求を追加する必要があると申し出た。自分は昨日閣議で述べたと同様の趣旨で反対し、殊に新要求の追加は、前回の御前会議で提出せざることに決定せるものを更に持出そうと云うのであるから、甚だ不都合であると述べ、総理並びに海相は自分を支持して論難長時間に及んだ。議論は再び戦争継続の可能如何にまで及んだが、阿南陸相および梅津参謀総長いずれも決裂の場合、なお一戦を為し得べきことを述べるばかりで、最後の勝利に就ては予言するを得ずと云うのであった。自分は米回答の到着について上奏するため、午後二時に参内して昨日来審議の状況についても上奏したが、自分の主張の通りでよろしいから総理にもその旨を伝えよとの御言葉であった。

陸軍内の動揺と阿南陸相

午後四時から閣議を開き更に論議を重ねた。最高戦争指導会議構成員会同に於て最も多く発言したのは阿南陸相であった関係上、自然自分と議論を交えることになり、更に閣議に於ても同一趣旨の議論を繰り返すことになり、八月九日の御前会議に於ても同一の傾向が現われて、時々はうんざりする気持にもなったが、緊張せる場面であったから誠意を以て議論したので、相互の気持は最後まで明朗であった。但し陸軍内部の動揺は、前述の通り段々激化の模様があり、十二日には陛下を擁しかつ自分等閣員を隔離し、「クーデター」を行う計画があるとの情報が頻々として伝わり、雲行き甚だ穏かならず、自分の宅なども従前よりは遥かに多数を加えた警官によって護衛せられた。この陸軍中堅将校一部の活動は陸軍大臣にも幾分か影響した模様が見えた。閣議等に於て今なお一戦は可能であるから更に交渉すべしとて自分を押すが、かえって自分から即時宣言受諾を以て強く押し返されるので、十二日から十三日にかけ、陸相は直接鈴木総理、平沼男、木戸内府の勧説にかかった。しかし総理へは常に、内大臣とは謁見の前後に於て面会して連絡を保持しているので、この方も効を奏しなかった。

その頃以後、陸相の態度につき種々の憶説があると云うことだが、自分が当時各種の機会に於て感知したるところを以てすると、死中活を求むると云う言は陸相の口より度々聞いたが、その脳裏には時々媾和前今一度敵に打撃を与えたしとの希望が浮んだが、大局上から見てこれを固執しなかったものと考えた。しかしあの際に陸相その他陸軍首脳部の気持が熟しない間に強圧のみを以てこれに接したならば、その圧迫がいずれより来るにしろ部内の反撥は激成せられ、意外の暴挙も起り、媾和の成立は不可能となる懸念があった。あのさい陸相が部下の刻々に盛り立つ動揺を抑え、大難局を収拾し得たのは、陛下の御聖断によることは勿論であるが、長期に亘り最高戦争指導会議構成員会同その他の機会に誠意を以てする協議によって、戦争終結の根本方策が各人の胸中に蔵せられていたに由ることが少なくなかったと思う。

八月十三日午後の閣議

右十三日午後の閣議では、陸相は時々思い惑う態が見え、いつもほど議論に熱心でなかったが、とにかく一応は自分と陸相との間に今朝構成員会同に於ける討議が繰り返され、安倍内相等から抗戦を覚悟して邁進すべしとの発言があったので、自分は聯合側の状勢その他から判断してこのうえ再回答を求めても効果がないばかりでなく、我が方の和平に対する真意を疑わしむることともなる、結局聯合国の回答は多数与国の主張の最低共通条件と見る外はないので、日本の再興と人類の福祉のためこの条件を受諾して和平に入るを急務とすと述べて、海軍大臣の支援を得たが、自分の意見に反対するものが若干あった。そこで総理は各人にその意見を質した結果、豊田軍需大臣の去就不明、桜井国務相の総理一任の外、受諾に賛成せるもの米内海相、広瀬蔵相、石黒農相、太田文相、安井国務相、左近司国務相、岡田厚生相、小日山運輸相、下村無任相および自分で、反対のもの阿南陸相、松阪法相、安倍内相であった。しかし全会一致の決定を得ないので総理は散会を宣した。自分は陸相は結局「クーデター」に賛成することなきを信じていたが、部下の動揺は激しいのでその圧迫を受け、辞職その他の困難なる局面発生の懸念あり、早急に決定の必要を認めたので、右散会ののち総理に荏苒時を移すの不可なることを述べたが、総理は参内して御聖断のことを御願いしましょうと云った。

両総長および軍令部次長と会見

同日夜自分は前々よりの約束により、松平、芳沢元両大使を主賓とせる小宴を開いていたが、突然参謀総長および軍令部総長が至急面会したいとのことであったから、首相官邸で会うことに約束し、九時から十一時まで懇談したが、会談の内容は彼我とも午前構成員会同の際の意見を繰り返すのみで、なんら進捗するところはなかった。会談中に大西軍令部次長が入室し、甚だ緊張した態度で両総長に対し、米国の回答が満足であるとか不満足であるとか云うのは事の末であって、根本は大元帥陛下が軍に対し信任を有せられないのである、それで陛下に対し、斯々の方法で勝利を得ると云う案を上奏した上にて、御再考を仰ぐ必要がありますと述べ、更に今後二千万の日本人を殺す覚悟でこれを特攻として用いれば、決して負けはせぬと述べたが、流石に両総長もこれには一語を発しないので、次長は自分に対し外務大臣はどう考えられますと聞いて来たので、自分は勝つことさえ確かなら、何人も「ポツダム」宣言の如きものを受諾しようとは思わぬはずだ、ただ勝ち得るかどうかが問題だよと云って、皆を残して外務省に赴いた。そこに集っていた各公館からの電報および放送記録など見て、益々切迫して来た状勢に目を通した上帰宅したが、途中車中で二千万の日本人を殺したところが総て機械や砲火の餌食とするに過ぎない、頑張り甲斐があるならどんな苦難も忍ぶに差支えないが、竹槍や弩弓では仕方がない、軍人が近代戦の特質を了解せぬのは余り烈しい、もはや一日も遷延を許さぬところまで来たから、明日は首相の考案通り決定に導くことがどうしても必要だと感じた。

八月十四日臨時閣議御前会議

翌十四日臨時閣議が開催せらるるので首相官邸に赴くと、総理から別室に呼ばれて、今朝これから政府および統帥部連合の御前会議を開催して、陛下の御聖断を仰いで万事を決定したいと思う、それで本問題の論議は十二分に尽し、陛下も充分御承知のことであるから、本日御前会議では、外務大臣の意見に反対なるものの論旨だけ御聴きを願うことにしたいとの相談があったから、それで結構ですと自分は全部的同意を表わした。やがて閣僚一同に参内せよとの御召しがあった。なお急なことであるから服装はその通りでいいとのことであったが、真夏のことで「ネクタイ」のない者などもあったが、これらの人は秘書官に借りるとかしてやっと一通りの格好をつけて参内した。閣僚以外両総長等、八月九日御前会議に参列せる者が防空壕内の会議室に参集したが、陛下の御親臨を俟ちて、総理は八月十日我が方申入れに対する米国回答につき慎重審議を尽したるも、最高戦争指導会議構成員会合に於ても閣議に於ても意見一致するに至らずとて、外務大臣の意見とこれに反対の意見とを説明し、御前にて右反対意見を御聴取せられんことを乞い奉る旨を述べ、梅津、豊田、阿南の順に指名した。陸相および参謀総長は、米国回答のままに「ポツダム」宣言を受諾するならば国体護持上由々しき大事である、されば更に米国と交渉することが必要であって、もし国体の護持が出来ないならば、一億玉砕を期して戦争を継続するより外にないと思うと述べた。軍令部総長は論旨やや穏かで、米国の回答そのままを鵜呑みにするに忍びないから、今一度日本の所信を披瀝することが適当であると思うとの趣旨を述べた。その後には指名はなかった。

第二回の聖断

そこで陛下は、この前「ポツダム」宣言を受諾する旨決意せるは軽々に為せるにあらず、内外の状勢殊に戦局の推移に鑑みて決意せるものなり、右は今に至るも変るところなし、今次回答につき色々議論ある由なるも、自分は先方は大体に於てこれを容れたりと認む、第四項に就ては外相の云う通り、日本の国体を先方が毀損せんとする意図を持ちおるものとは考えられず、なおこのさい戦局を収拾せざるに於ては、国体を破壊すると共に民族も絶滅することになると思う。故にこの際は難きを忍んでこれを受諾し、国家を国家として残し、また臣民の艱苦を緩げたしと思う、皆その気持になりてやって貰いたい、なお自分の意思のあるところを明らかにするために勅語を用意せよ、今陸海軍大臣より聴くところによれば、陸海軍内に異論ある由なるが、これらにも良く判らせるよう致せよとの仰せであった。

一同はこの条理を尽した有難い御言葉を拝し、かつまた御心中を察して嗚咽、慟哭した。誠に感激このうえもなき場面であった。退出の途次長い地下道、自動車の中、閣議室に於ても凡ての人が思い思いに泪を新たにした。今日なおその時を想うと、はっきりした場面が眼の前に浮かび泪が自ずとにじみ出る。日本の将来は無窮であるが、ここに今次戦争を終了に導き日本の苦悩を和げ数百万の人命を助け得たのを至幸とし、自分の仕事はあれで畢《おわ》った、これから先自分はどうなっても差支えないとの気持がまた甦る。

終戦の詔勅発布

御前会議後、閣僚と共に首相官邸に赴き閣議に参加したが、その間に外務次官を招致し、聯合諸国に対する通告書を準備するように話した。閣議は夜に入り詔勅案の審議を了えて捧呈し、同十一時詔勅が発布せられた。

阿南陸相の挨拶

右閣議終了後全部の人がまだ円卓に就ている間に、阿南陸相は自分のところに来て姿勢を正した上、先刻保障占領および武装解除につき聯合国側に申し入るる外務省案を見たが、あれはまことに感謝に堪えない、ああ云う取扱いをして貰えるのであったら御前会議でもさほど強く云う必要もなかったのだと挨拶したから、自分はこの二問題については、条件として提出するに反対であったが、我が方の希望として申し入るることは度々説明した通りであると答えたが、先方は重ねていろいろ御世話になりましたと丁寧に御礼を云うので、少しく鄭重過ぎる感じを受けたが、とにかく総て終了してよかったと笑って別れた。

一部の騒擾

同日深更から十五日早朝にかけ宮中に於て近衛兵一部の騒擾があり、また総理の私邸および平沼邸の焼打ち事件があった。また十五日早朝に陸相自決せる旨の報道に接した。それでその昨夜の態度が了解せられた。その他にも本庄大将以下多数者の自決があった。

四国政府に対する申入れ

十四日深夜、瑞西《スイス》および瑞典《スウェーデン》両国政府を通じて米英蘇支四国政府に対し、陛下に於かせられては「ポツダム」宣言受諾に関する詔書を発布せられ、右に関する諸手続を執らるる用意ある旨を申し入れた。なお前記の占領および武装解除の問題につき十五日朝

一、帝国政府は「ポツダム」宣言の条項を誠意を以て実行せんとするものなるに鑑みて帝国政府の責務を容易円滑ならしめ且無用の紛糾を避くるが如き配慮を希望する、之が為め

(イ)聯合国側の艦隊又は軍隊の本土進入に就きては予め通報せられたい。

(ロ)保障占領の地点は其数を少くし且派駐の兵力も小ならんことを希望する。

二、武装解除は帝国軍自ら之を実施し聯合国は右の結果として武器の引渡しを受くるものとせられたく、又随身兵器は認められたい。

旨を述べ、なお万一先方が強圧的態度に出で、双方共に不慮の困難に遭逢するが如きことなきよう、四箇国政府が我が希望に対し切実なる考慮を加えられんことを希望する旨を、瑞西国政府を通じ米国政府に伝達せしめた。

在中立国財産文書引渡要求拒否

なお十五日夕刻、在瑞西国加瀬公使から、在同地米国公使館より中立諸国に在る日本の公使館および領事館の財産および書類を聯合国側に引渡すべき旨の要求があったとの来電に接したから、十六日直ちに本件要求は我が方の受諾したる「ポツダム」宣言のいずれの条項にも該当するものでないから、米国の要求を応諾し得ざることを回答した。

枢密院本会議と陛下の御放送

十五日午前十時から枢密院本会議開催せらるることになっていたが、前夜宮城内に於ける騒擾のため幾分遅延して十一時半より陛下御親臨の下に開催せられ、自分から戦争終末に関する詳細の経緯を報告した。正午陛下の終戦に関する録音放送があったので、暫時休会して一同これを拝聴したが、陛下の大仁無私にして真摯なる態度がよく現われているので、国民一同の感動はさこそと察せられた。報告後二、三質問があり、本庄顧問官等は占領の長期に渉るを恐れているので、保障占領の性質上かつは近時の実例に照らし、さほど長かるべしと思われずと説明し、漸く安心を得た模様であった。更に深井顧問官はかねて戦争の成行きにつき甚大の憂いを持っていたが、かく終末に至ったのは誠に慶祝の至りで、これ御稜威《みいつ》の致すところなるも政府殊に外務大臣の苦心に対し満腔の謝意を表するもので、そのためわざわざ病軀を提げて出席したと述べて感銘を与えた。一時半までに報告および質問に対する応答を了えた。

鈴木内閣総辞職

右会議前、総理より内閣総辞職について相談があったから、自分は極めて適当の措置と思うと賛成したが、午後二時緊急閣議が開催せられ、総理から時局の収拾につき御聖断を煩したるはまことに恐懼に堪えず、かつこのさい少壮有為の人物が政局を担当することが適当と考える旨を述べ、右の理由を以て総辞職を為したいと申し出でたので、各閣僚凡てこれに賛成して総理より全部の辞表を捧呈した。

停　戦

十六日正午に戦闘を休止すべき旨の御命令があった。しかしこの命令が各地に到達するには内地に於ては二日、満州、支那、南洋地域に於ては六日、「ニューギニア」および比島は十二日の日子を要する旨を先方に通報した。

東久邇内閣入閣辞退

なお十六日午後二時、東久邇宮の御召しにより宮内省に出頭したところ、殿下から新内閣の外務大臣として留任せられたしとの御言葉があった。自分は終戦決定遂行の件は陛下の聖旨に基き先方に通告した以上、日本人としてこれに違背するものなきことは一点の疑いもなく、この点にはなんらの懸念も挿む必要はないわけであると考えたが、鈴木大将辞職の理由は自分にも適用があること、かつまた太平洋戦争勃発前、自分は極力平和的解決に努力した次第であるが、その際の外務大臣であったから、敗戦のこの際に於ては戦争犯罪の問題発生すべき懸念もあるから、御辞退申し上げたいことを述べた。殿下は御自身も戦争前その発生を阻止するため努力したことを述べられて、自分に就任を重ねて希望せられたが、自分は新内閣に御迷惑を懸けるが如きことが到来しては恐縮ですから是非とも御再考を願いますと申し上げて退出し、隣室にあった近衛公にも右の次第を述べて御謝りした。なおその問いに応じてその善後措置に就て詳細自分の意見を述べて置いた。

十七日午後、東久邇宮内閣が成立したので、翌十八日午前、外務省および大東亜省で重光新任大臣と事務引継ぎを為した上、両省省員に対し戦争終末の経緯を説明すると共に両省省員の覚悟につき希望を述べた。

右辞職後、終戦直前の過労より生じた心臓病療養旁々軽井沢に赴いている際に、戦犯容疑者としての通知を受けたので帰京したが、右病症のため自宅療養を許さるることとなった。そのさい第一に念頭したのは、いずれ裁判となればその後の成行きは予想するわけに行かぬが、終戦に際する事項で自分が責任を以て処理したことが少なくないので、この際これを明らかにしておくことが必要ではあるまいか、殊に陛下が如何に和平に御熱心であられたことを記録しておくことが必要ではあるまいかとの考えから、事件の進行中「ノート」に走り書きしてあったところを基礎として、同年九月末までに手記を作成して必要の際に備えた。右は多忙かつ病気の際であった関係上、簡単な記述に過ぎなかった。しかしてこの第三部の記述は、右手記を基本としているのであるが、終戦の後一九四九年より五〇年にかけ、聯合国最高司令部情報部歴史課で、終戦事情を調査するためとて諸般の質問を受けたので、その応答と前者と併録したようなものになった。

（一九五〇、三、一四了）

解　説

東郷茂彦

東郷茂徳――という名前を、今の若い人達が聞いたことがあるとすれば、昭和五十九年のＮＨＫ大河ドラマ「山河燃ゆ」で、日系二世の主人公に影響を与える、鶴田浩二演じるところの平和主義者の外交官、あるいは、「八月十五日」をめぐる終戦をテーマとした映画やテレビドラマの一コマに登場する外務大臣の姿くらいではないだろうか。

名優鶴田さんの役造りを含めてではあるが、こうしたおりの茂徳像に共通していたのが、軍部の強硬路線に悩む、どこか繊細な文官の姿である。しかし、家族あるいは東郷茂徳を直接知る者にとって、このイメージほど実際の茂徳像の対極にあるものはない。茂徳は、一般的な日本人としては珍しいほど「ノー」という否定詞を堂々と使う人間であった。頑固でこうと決めたら梃子でも動かない。己れの信ずるところを貫徹する力を持ち、それを遠慮なく実行したのである。

家庭の中でこそ、やさしく慈愛溢れる夫、父、祖父であったが、一旦公務に関わり、天下国家の大事を論じ実行する段になると、抜群の頭脳を駆使して論理を展開、交渉能力は他の追随を許さない。その行動力を支えたのが、強い意志と旺盛な意欲であり、厳しさは交渉の相手方はもちろん、自らの部下を畏怖させる程になったという。

茂徳の頑固さは、駐ソ大使時代、ノモンハン事件の処理をめぐるソ連のモロトフ外務大臣との交渉にも現われており、この名にし負うタフ・ネゴシエーターに音をあげさせ、ついには肝胆相照らす仲となったのである。

外交交渉とは、外国を相手に行なうものである。終局的にはその通りなのだが、実際はそれだけではない。むしろ、外国と交渉するにあたり、最大の難関は「内交」、即ち、国内の反対意見をいかにまとめ、一致した自国の体制をつくり出すかにある。最近の日米貿易摩擦を見ても、外交問題が即ち国内問題であることがよくわかるだろう。

東郷茂徳の最大の足跡は言うまでもなく、太平洋戦争――当時は大東亜戦争と言われたが――の開戦時と終戦時の外務大臣として、日本の命運に深く関わった点にあり、その中にも茂徳の特質が見られる。

東条英機内閣の外相として対米交渉に臨む茂徳が最も腐心したのは、開戦をなんとか避けるため、当時としてはギリギリの譲歩案である乙案を軍部に呑ませることにあり、その強硬な態度に「東郷を更迭すべし」の声が参謀本部などから上がった。鈴木貫太郎内閣下では、ポツダム宣言を直ちに受諾し、戦争を終結させねば、と阿南惟幾陸軍大臣と激論を交わす。「たとえ一度、敵を水際で撃退しても再び闘う力は日本にはない」と陸相を論駁する姿には鬼気迫るものがあったという。

また、交渉を成功裡に導くには、強硬論だけでなく、周到な準備と環境造りが肝要であるのを熟知していた茂徳が、戦争終結に向かう指導層の合意形成のため、深謀遠慮を発揮したのが「最高戦争指導会議構成員会議」であり、その意義については、本書にも詳しい。

ここで東郷茂徳の人間性や性格がどのように形成されたか、その生い立ちや家庭について触れておきたい。

誕生は明治十五年（一八八二年）、鹿児島県日置郡下伊集院村大字苗代川（現同郡東市来町美山）に、陶工朴寿勝の長男として生まれた。名前からわかるように、茂徳の祖先は韓国人であった。あの豊臣秀吉の時代、薩摩の島津家は朝鮮から連行した陶工の集団に、特別な庇護を与えると同時にこれを隔離下におき、焼物を子孫に伝承させた。苗代川は、その集団の居住地であり、薩摩焼を生んだ地である。

茂徳が東郷姓になったのは五歳の時、寿勝が東郷某の士族株を買い、完全に日本人として生きる決意をしたからであった。寿勝は陶工としての才も優れ、現在、薩摩焼の第一人者として知られる沈寿官氏の祖父第十二代沈寿官とほぼ同年代、明治中期の薩摩焼復興の立役者の一人であった。

しかし、東亜の新興国日本にあって当時「苗代川」出身者は、被差別の負い目をおうようにもなる。東郷茂徳の伝記を執筆された萩原延壽氏はこの関連で「東郷の寡黙と勤勉の背後に隠された鬱屈した激情を容易に想像することができる」と指摘している。

そうした背景に加え、勉学を尊ぶ苗代川の気風や開明的な家風の影響もあり、幼年時代から茂徳は学問に志し、鹿児島県第一中学校、第七高等学校造士館を経て、東京帝国大学文科大学独逸文学科に進む。良き師にも恵まれ、シラーを初めドイツ文学への造詣を深めるが「文学にかぶれて詩をいじくるなど僕のいさぎよしとするところではない」と当時の友人へ述べたように、人生の航路を決めるに当たっては、現実に関わりながら行動する人のそれを選んだ。だがそれは、父寿勝の希望した内務官僚の道ではなく、広く目を世界に向けた外交官であった。

茂徳の文学的でヒューマンな素質は、本書でも、奉天、スイス、アメリカなど、若い頃に勤務した国々の描写や、戦犯として巣鴨の獄につながれるようになってから創作した二百首をこえる短歌などに垣間見ることができる。本書を通読し、単なる外交史の記録を越えて、真理を求める哲学の書にも似た感動を受けるとしたら、その辺りにも理由があるのかもしれない。

茂徳が妻として選んだのは、第一次世界大戦直後の赴任先、疲弊したドイツで出会ったエディ・ド・ラロンドであり、その一人娘が私の母いせである。エディの前夫ゲオルグ（一九一四年死別）は在日の著名な建築家で、現存する神戸異人館の一つ「風見鶏の家」は、その作による。

苗代川出身でドイツ人を妻にもつ茂徳にとって、外務省で頼るものは出自閨閥であろうはずがない。外務省はまた、そうしたものがなければやっていけない所でもなかった。己れの頭脳と意欲意志のみを信じ、一つひとつ周囲の信頼をかち得ていった茂徳は、宮、政、軍、財、言論など各界に独自のネットワークを形成する。その気骨を買い、新聞記者はもちろん、意外に思えるかも知れないが、陸軍にも東郷ファンが出来、やがて外務省を背負って立つ人物として、局長の頃から大臣候補に上がるほどであった。

しかし、茂徳の交遊は、人におもねったり、派閥をつくることにはなく、相手をひとかどの人物と認め、その交わりの中に同憂の士を見出す、といった風であった。従って、その姿は時に孤高ともなる。新聞記者として直接茂徳を親しく取材した森元治郎氏（元参議院議員）は「人付き合が悪く、いつも孤影がつきまとう。常識的には面白くないが、そこが面白い。よく知れば、渋みのある深い人柄」と評している。外務省の先輩で茂徳を特にかわいがったのは松平恒雄（駐米大使、宮内大臣）、広田弘毅（首相、東京裁判で絞首刑）の二人だった。

『時代の一面』は、茂徳が東京裁判で禁固二十年の刑を受けた後、裁判関係の記録や開戦終戦直後に書いた手記など、限られた資料をもとに執筆されている。その記憶の正確で認識の透徹しているのには改めて驚かされる。本書の何よりもの強みは、大正から昭和へと、二つの世界大戦に挟まれて激動する日本と世界の中で、自ら体験した公務を中心に記述している点である。それは、歴史を形成した当事者の一人が語る直接証言であり、史料としての価値は極めて高い。日本の外交正史ともいえる『日本外交史』(鹿島研究所出版会)や、『外務省の百年』(原書房)などをはじめ、これまで数多くの関係書に引用されてきた。「日清戦争時の陸奥宗光外相の残した蹇蹇録《けんけんろく》に比肩する著作」と日本外交史の権威、外務省外交史料館の栗原健博士は述べている。

本書がこの度、中公文庫に収録されるに当たり、現代の読者にわかりやすいように仮名遣いを改めた。ただし、国名や地名、事件名などの固有名詞は原文どおりとし、必要に応じてルビをふることにした。本書を通じ、ひとつの時代を生きた人間の肌触りを直に感じてもらえればと思う。しかし、そこに読み取れる「時代精神」というようなものは、現在のそれと全く同じというわけではない。

例えば、日米交渉も大詰めにきた昭和十六年十一月末に米側から出されたハル・ノートが、いかに茂徳を怒らせ、かつ落胆させたかは本書にもよく出ている。ハル・ノートを受諾した方が、戦争による被害がないぶんだけ良かった、という考えについては「一国の名誉も権威も忘れた考え方」と強い調子で述べている。また、戦争を終結させる時、無条件降伏だけは呑むわけにはいかない、とあれほどまでに強い態度をとったのは、日本にとって「国体の護持」、即ち、皇室の安泰だけは確保しなければ、という信念に基づくものにほかならなかった。こうした思想は、「一人の人間の生命は地球より重い」といった類の考え方と同じではないだろう。

本書から何を汲み取られるのかは、読者一人ひとりの判断に待ちたいと思う。

最後に、東郷茂徳、あるいは、その時代に興味をもたれた方に、直接関係のある書を紹介しておきたい。

『外相東郷茂徳』東郷茂徳記念会編（原書房）
Ⅰ『時代の一面』　東郷茂徳著
Ⅱ『伝記と解説』　萩原延壽著
『終戦工作の記録　上下』　江藤淳監修 栗原健 波多野澄雄編（講談社文庫）
『ある終戦工作』　森元治郎著（中公新書）
『回想の日本外交』　西春彦著（岩波新書）
『日本外交の旗手』　加瀬俊一著（山手書房）
『霞が関外交』　大野勝巳著（日本経済新聞社）
『故郷忘じがたく候』　司馬遼太郎著（文春文庫）

令和版補遺解説

『時代の一面』は、これまでに、多くの外国語に翻訳されている。

東京裁判で、東郷茂徳の米人弁護人だったベン・ブルース・ブレイクニと、父文彦（茂徳の女婿。旧姓本城。日米安保改定時の担当課長、沖縄返還交渉時の担当局長。外務次官、駐米大使等）の共訳により、昭和三十一年、サイモン・アンド・シュースター社より『The Cause of Japan』（日本の大義）として英語訳が出版されている。第二部と第三部のみ。

昭和三十三年には、独語訳『JAPAN IM ZWEITEN WELTKRIEG』（第二次大戦の日本）がアテネアム出版より、上梓。その実現に、祖母エディが努めている。

ロシア語訳は、双子の弟和彦（外交官。ロシア語研修。欧亜局長、オランダ大使等。退官後、米欧アジアの諸大学で教鞭。令和二年まで京都産業大学世界問題研究所所長、静岡県対外関係補佐官等）の努力により、平成八年に上梓。和彦が「前文」を書いている。

Воспоминания японского дипломата (Новина、

ボリス・スラヴィンスキー訳）。

韓国語訳は、私の友人でドキュメンタリー映像監督・鄭秀雄《チョンスウン》氏により、平成十二年に出版。鄭氏は、茂徳の評伝も草し、日韓欧等を踏破した番組（「太平洋戦争、最後の外務大臣」平成十一年度　KBS1、NHK—BS1放映）も制作している。

東郷茂徳に焦点を絞った新たな書籍等を挙げる。

阿部牧郎『危機の外相』（新潮社、平成五年三月、平成七年には新潮文庫）。同時期の拙著『祖父東郷茂徳の生涯』（文藝春秋、平成五年十一月）がある。未公開だった当家の茂徳関連資料中、獄中メモ、書翰等を登載。百余人へのインタビューを経て纏めた。同書の出版時、在勤中のワシントン・ポスト紙の平成五年十二月五日付（C５頁）に、"Japanese Dove: My Grandfather Tried to Prevent Pearl Harbor"を草した。

また、拙著を元に、終戦時の茂徳に焦点を当てたテレビドラマ『命なりけり　悲劇の外相』（TBS系列、平成六年八月十五日放送。現在でも、WEBザテレビジョン、J：COM等で視聴可能の様）が制作された。茂徳を加藤剛、いせは中川安奈、鈴木貫太郎は小林桂樹、昭和天皇を北大路欣也が演じている。

東郷家では、それぞれが著書等で、茂徳について触れている。文彦『日米外交三十年　安保・沖縄とその後』(世界の動き社、昭和五十七年。中公文庫に平成元年収録。故人)。いせ『色無花火　東郷茂徳の娘が語る「昭和」の記憶』(六興出版、平成三年。故人)。和彦『戦後日本が失ったもの』(角川oneテーマ21、平成二十二年)の「第八章　皇室の安泰」等、である。

アカデミズムの世界でも、あらためて、茂徳は取り上げられている。長谷川毅、鈴木多聞、牛村圭、テレビ番組制作では、小谷松菊夫、吉見直人各氏のお名前を挙げさせていただく。紙幅のため、他の方々については、お許しを願いたい。

鹿児島県日置市東市来町美山(現)にある、茂徳生誕の地、東郷壽勝邸跡には、「元外相東郷茂徳記念館」が、建てられている(平成十年四月十七日より。現在は「日置市美山地区公民館」在中)。

常設展示・所蔵には、『時代の一面』オリジナル。終戦工作に奔走する茂徳が携帯し、手垢で黒ずんだ茶色皮ケース。大礼服等の遺品。大型二画面による「美山と茂徳」の映像等がある。永く、苗代川人の崇敬を集めてきた玉山神社ゆかりの文化財も、肝付兼光宮司により、安置。茂徳の父壽勝の薩摩焼も並ぶ。

朴家は、一五九八年に朝鮮より陶工たちが、苗代川の地へ到来した時の「朴平意」の流れを汲み、美山の荒木陶窯（荒木幹二郎氏・秀樹氏父子）へと連なり、壽勝は、その縁に当たる。壽勝の号「玉明山」は、幹二郎氏へと引き継がれている。

「記念館」入口に至る庭には、昭和三十九年十一月一日に建立された茂徳の「頌徳碑」が在る。石碑銘は、鈴木内閣で、茂徳と台閣に列した迫水久常書記官長（官房長官）の筆。裏面には、「終戦工作の主役を演じ大業を完成し国家と国民を救った」と刻されている。

壽勝邸は、美山小学校長宅等に使われていたが、記念館建設の頃には、廃屋と化していた。私の記憶では、座敷はなく、黒光りのする土間と奥の台所跡、登り窯へ通じる白壁が左手奥に見えていた。それらに手を加えず、雨覆いを付けるだけの知恵を、母いせ共々、出せなかったのかと省みる。

それはともかく、薩摩焼渡来四百周年（平成十年、一九九八年）に、鹿児島市内で行われた日韓首脳会談の後、小渕恵三総理と、金鍾泌国務総理が、記念館を訪れるなど、韓国系の要人や学者等が来館している。

茂徳の五十周忌（平成十二年、二〇〇〇年）を目処に、記念館前の広場には、銅像も建立された。第十四代沈壽官氏（故人）の尽力によっている。

茂徳の墓所は、東京・青山墓地の一画。墓石は、二メートルにも達する自然石。表の「東郷茂徳」は、文彦の父本城郡治郎の筆。右横には、「東郷家之墓」。文彦の筆。エディ、文彦、いせが眠る。その右手の区画は、ベン・ブルース・ブレイクニと妻マーゴの墓である。

令和三年初夏　　　　東郷茂彦

本書は一九八九年七月に中央公論社から刊行された中公文庫『時代の一面――大戦外交の手記』を改版にあたり『時代の一面――東郷茂徳大戦外交の手記』とし、東郷茂彦氏による令和版補遺解説を付記した。

中公文庫

時代《じだい》の一面《いちめん》
——東郷茂徳《とうごうしげのり》 大戦外交《たいせんがいこう》の手記《しゅき》

1989年7月10日　初版発行
2021年7月25日　改版発行

著　者　東郷《とうごう》 茂徳《しげのり》

発行者　松田陽三

発行所　中央公論新社
〒100-8152　東京都千代田区大手町1-7-1
電話　販売 03-5299-1730　編集 03-5299-1890
URL http://www.chuko.co.jp/

DTP　嵐下英治
印　刷　三晃印刷
製　本　小泉製本

Published by CHUOKORON-SHINSHA, INC.
Printed in Japan　ISBN978-4-12-207090-5 C1121

定価はカバーに表示してあります。落丁本・乱丁本はお手数ですが小社販売部宛お送り下さい。送料小社負担にてお取り替えいたします。

と-35-1
開戦と終戦　帝国海軍作戦部長の手記
富岡定俊
作戦課長として対米開戦に立ち会い、作戦部長として戦艦大和水上特攻に関わった軍人が、日本海軍の作戦立案や組織の有り様を語る。〈解説〉戸高一成
206613-7

い-131-1
真珠湾までの経緯　海軍軍務局大佐が語る開戦の真相
石川信吾
太平洋戦争へのシナリオを描いたとされる海軍軍人が語る日米開戦秘話。日独伊三国同盟を支持し対米強硬を貫いた背景を検証。初文庫化。〈解説〉戸高一成
206795-0

い-130-1
幽囚回顧録
今村均
部下と命運を共にしたいと南方の刑務所に戻った「聖将」が、理不尽な裁判に抵抗しながら、太平洋戦争を顧みる。巻末に伊藤正徳によるエッセイを収録。
206690-8

チ-2-1
第二次大戦回顧録 抄
チャーチル
毎日新聞社 編訳
ノーベル文学賞に輝くチャーチル畢生の大著のエッセンスをこの一冊に凝縮。連合国最高首脳が自ら綴った、第二次世界大戦の真実。〈解説〉田原総一朗
203864-6

マ-13-1
マッカーサー大戦回顧録
マッカーサー
津島一夫 訳
日米開戦、屈辱的なフィリピン撤退、反攻、そして日本占領へ。「青い目の将軍」として君臨した一軍人が回想する「日本」と戦った十年間。〈解説〉増田弘
205977-1

ハ-16-1
ハル回顧録
コーデル・ハル
宮地健次郎 訳
日本に対米開戦を決意させたハル・ノートで知られ、「国際連合の父」としてノーベル平和賞を受賞した外交官が綴る国際政治の舞台裏。〈解説〉須藤眞志
206045-6

か-80-1
兵器と戦術の世界史
金子常規
古今東西の陸上戦の勝敗を決めた「兵器と戦術」の役割と発展を、豊富な図解・注解と詳細なデータにより検証する名著を初文庫化。〈解説〉惠谷治
205857-6

か-80-2
兵器と戦術の日本史
金子常規
古代から現代までの戦争を、殺傷力・移動力・防護力の三要素に分類して捉えた兵器の戦闘力と運用する戦術の観点から豊富な図解で分析。〈解説〉惠谷治
205927-6

各書目の下段の数字はISBNコードです。978－4－12が省略してあります。

い-61-2
最終戦争論
石原莞爾
戦争術発達の極点に絶対平和が到来する。戦史研究と日蓮信仰を背景にした石原莞爾の特異な予見は、日本を満州事変へと駆り立てた。〈解説〉松本健一
203898-1

い-61-3
戦争史大観
石原莞爾
使命感過多なナショナリストの魂と冷徹なリアリストの眼をもつ石原莞爾。真骨頂を示す軍事学論・戦争史観・思索史的自叙伝を収録。〈解説〉佐高　信
204013-7

い-134-1
リデルハート　戦略家の生涯とリベラルな戦争観
石津朋之
平和を欲するなら戦争を理解せよ。「間接アプローチ戦略」「西側流の戦争方法」など戦略論の礎を築いた二十世紀最大の戦略家、初の評伝。
206867-4

ク-6-1
戦争論（上）
クラウゼヴィッツ
清水多吉 訳
プロイセンの名参謀としてナポレオンを撃破した比類なき戦略家クラウゼヴィッツ。その思想の精華たる本書は、戦略・組織論の永遠のバイブルである。
203939-1

ク-6-2
戦争論（下）
クラウゼヴィッツ
清水多吉 訳
フリードリッヒ大王とナポレオンという二人の名将の戦史研究から戦争の本質を解明し体系的な理論化をなしとげた近代戦略思想の聖典。〈解説〉是本信義
203954-4

キ-6-1
戦略の歴史（上）
ジョン・キーガン
遠藤利國 訳
先史時代から現代まで、人類の戦争における武器と戦術の変遷と、戦闘集団が所属する文化との相関関係を分析。異色の軍事史家による戦争の世界史。
206082-1

キ-6-2
戦略の歴史（下）
ジョン・キーガン
遠藤利國 訳
石・肉・鉄・火という文明の主要な構成要件別に「兵器と戦術」の変遷を詳述。戦争の制約・要塞・軍団・兵站などについても分析した画期的な文明と戦争論。
206083-8

は-68-1
大東亜戦争肯定論
林　房雄
戦争を賛美する暴論か？　敗戦恐怖症を克服する叡智の書か？「中央公論」誌上発表から半世紀、当時の論壇を震撼させた禁断の論考の真価を問う。〈解説〉保阪正康
206040-1